企业财务会计

主　编　邵　婷
副主编　麻鹏波　丁希宝
　　　　李艳梅　杨淑华

清华大学出版社
北京

内 容 简 介

本书以实际业务案例为载体,将教学内容划分为14个项目:会计核算基本要求,货币资金核算能力,应收与预付款项核算能力,存货核算能力,金融资产核算能力,长期股权投资核算能力,固定资产核算能力,无形资产核算能力,流动负债核算能力,非流动负债核算能力,所有者权益核算能力,收入、费用和利润核算能力,财务会计报告编制能力和特殊会计业务处理能力。每个项目由任务驱动,通过校企合作开发的典型案例,采取做中学的方法,加强高素质技术技能型会计人才的培养。本书根据最新的企业会计准则和相关税收规定,适当调整了相关内容。

本书可作为高职高专院校财经类专业教材,也可作为初级会计师专业技术资格考试参考书,还可供中小企业会计主管和财务工作者使用。

本书封面贴有清华大学出版社防伪标签,无标签者不得销售。

版权所有,侵权必究。举报: 010-62782989, beiqinquan@tup.tsinghua.edu.cn。

图书在版编目(CIP)数据

企业财务会计 / 邵婷主编. —北京:清华大学出版社,2022.1(2025.1重印)
ISBN 978-7-302-59681-3

Ⅰ.①企… Ⅱ.①邵… Ⅲ.①企业管理—财务会计 Ⅳ.①F275.2

中国版本图书馆 CIP 数据核字(2021)第 263038 号

责任编辑:王　定
封面设计:常雪影
版式设计:孔祥峰
责任校对:马遥遥
责任印制:刘　菲

出版发行:清华大学出版社
　　　　网　　址: https://www.tup.com.cn, https://www.wqxuetang.com
　　　　地　　址: 北京清华大学学研大厦 A 座　　邮　编: 100084
　　　　社 总 机: 010-83470000　　　　　　　　邮　购: 010-62786544
　　　　投稿与读者服务: 010-62776969, c-service@tup.tsinghua.edu.cn
　　　　质 量 反 馈: 010-62772015, zhiliang@tup.tsinghua.edu.cn
印 装 者:三河市科茂嘉荣印务有限公司
经　　销:全国新华书店
开　　本:185mm×260mm　　　印　张:19.25　　　字　数:480 千字
版　　次:2022 年 3 月第 1 版　　印　次:2025 年 1 月第 2 次印刷
定　　价:59.80 元

产品编号:093931-01

前言

"企业财务会计"是会计专业的核心课程,主要培养学生遵循《企业会计准则——基本准则》和《企业会计准则——具体准则》进行资产、负债、所有者权益、收入、费用、利润核算,以及编制财务报告的能力。本书根据高素质技术技能型会计人才的培养要求,以项目为导向,通过典型案例,采取做中学的方法,着重进行学生技能的培养。

本书主要以滨华有限责任公司的业务为载体,将教学内容划分为会计核算基本要求,货币资金核算能力,应收与预付款项核算能力,存货核算能力,金融资产核算能力,长期股权投资核算能力,固定资产核算能力,无形资产核算能力,流动负债核算能力,非流动负债核算能力,所有者权益核算能力,收入、费用和利润核算能力,财务会计报告编制能力及特殊会计业务处理能力等14个项目,每个项目包括知识目标、能力目标、素质目标、思考练习等内容。本书有配套实训教材《企业财务会计实训》(ISBN 978-7-302-59680-6),可以帮助学生掌握进行资产、负债、所有者权益、收入、费用、利润核算的能力,以及编制财务报告的能力。

本书由长期担任财务会计教学并具有丰富实践经验的双师素质教师编写,邵婷任主编,麻鹏波、丁希宝、李艳梅、杨淑华任副主编。其中,丁希宝编写项目一、五,封尊伟编写项目二,李艳梅编写项目三、四,麻鹏波编写项目六、十三,杨淑华编写项目七、十四,李琳编写项目八,刘俊杰编写项目九,邵婷编写项目十、十二,刘绪国编写项目十一。全书由邵婷、麻鹏波负责统稿。山东滨州东慧会计师事务所、滨州四环五海会计师事务所为本书提供了典型案例,并对本书的编写提供了很多宝贵的意见和建议,在此表示衷心的感谢。

本书免费提供教学课件、教学大纲、教学视频、电子教案、习题参考答案,读者可扫二维码获取。

教学课件　　　教学大纲　　　教学视频　　　电子教案　　　习题参考答案

由于编者水平有限,书中难免存在疏漏或不足,敬请使用本书的师生与读者批评指正,以期修订时改进。

编　者
2021年10月

目录

项目一　会计核算基本要求 ········· 1
　任务一　会计基本假设与会计基础 ······ 2
　　一、会计 ···················· 2
　　二、会计基本假设 ············ 2
　　三、会计基础 ················ 4
　任务二　会计信息质量要求 ·········· 4
　　一、可靠性 ·················· 4
　　二、相关性 ·················· 5
　　三、可理解性 ················ 5
　　四、可比性 ·················· 5
　　五、实质重于形式 ············ 6
　　六、重要性 ·················· 6
　　七、谨慎性 ·················· 7
　　八、及时性 ·················· 7
　任务三　会计要素及其计量属性 ······ 7
　　一、会计要素 ················ 7
　　二、会计要素计量属性及其
　　　　应用原则 ················ 10
　思考练习 ······················ 11

项目二　货币资金核算能力 ·········· 14
　任务一　库存现金核算 ············ 15
　　一、库存现金 ················ 15
　　二、库存现金管理规范 ········ 15
　　三、库存现金的账务处理 ······ 16
　任务二　银行存款核算 ············ 19
　　一、银行存款 ················ 19
　　二、银行存款管理规范 ········ 19

　　三、银行存款的账务处理 ······ 25
　任务三　其他货币资金核算 ········ 29
　　一、其他货币资金 ············ 29
　　二、其他货币资金的账务处理 ·· 29
　任务四　货币资金内部控制 ········ 33
　　一、岗位分工及授权批准 ······ 34
　　二、现金和银行存款的管理 ···· 34
　　三、票据及有关印章的管理 ···· 35
　　四、监督与检查 ·············· 35
　思考练习 ······················ 36

项目三　应收与预付款项核算能力 ···· 38
　任务一　应收票据核算 ············ 39
　　一、应收票据 ················ 39
　　二、应收票据的账务处理 ······ 40
　任务二　应收账款和坏账损失核算 ·· 42
　　一、应收账款 ················ 43
　　二、应收账款的账务处理 ······ 43
　　三、坏账损失的账务处理 ······ 45
　任务三　预付账款和其他应收款项
　　　　　核算 ···················· 47
　　一、预付账款核算 ············ 48
　　二、其他应收款项核算 ········ 48
　　三、应收股利和应收利息核算 ·· 50
　思考练习 ······················ 50

项目四　存货核算能力 ·············· 52
　任务一　原材料核算 ·············· 53
　　一、存货 ···················· 53

二、原材料按实际成本计价的
　　　　核算·····54
　　三、原材料按计划成本计价的
　　　　核算·····61
任务二　其他存货核算·····64
　　一、自制存货核算·····64
　　二、委托加工物资核算·····64
　　三、周转材料核算·····66
任务三　存货期末计量核算·····69
　　一、成本与可变现净值孰低法·····70
　　二、存货可变现净值确定·····70
　　三、存货期末计量的账务处理·····70
　　四、存货清查核算·····73
思考练习·····75

项目五　金融资产核算能力·····77
任务一　交易性金融资产核算·····78
　　一、金融资产的概念·····78
　　二、金融资产的分类·····78
　　三、交易性金融资产核算·····79
任务二　债权投资核算·····82
　　一、债权投资账户设置·····82
　　二、债权投资的账务处理·····83
任务三　其他债权投资核算·····87
　　一、其他债权投资账户设置·····87
　　二、其他债权投资的账务处理·····87
任务四　其他权益工具投资核算·····89
　　一、其他权益工具投资账户
　　　　设置·····89
　　二、其他权益工具投资的账务
　　　　处理·····90
思考练习·····91

项目六　长期股权投资核算能力·····94
任务一　长期股权投资初始核算·····95
　　一、长期股权投资·····95

　　二、企业合并形成的长期股权投
　　　　资初始核算·····95
　　三、企业合并以外其他方式取得
　　　　的长期股权投资核算·····98
任务二　长期股权投资后续核算·····99
　　一、长期股权投资的成本法
　　　　核算·····99
　　二、长期股权投资的权益法
　　　　核算·····100
　　三、长期股权投资的处置核算·····104
思考练习·····104

项目七　固定资产核算能力·····106
任务一　固定资产初始核算·····107
　　一、固定资产·····107
　　二、固定资产初始的账务
　　　　处理·····107
任务二　固定资产后续核算·····113
　　一、固定资产折旧·····113
　　二、固定资产计提折旧的账务
　　　　处理·····116
　　三、固定资产后续支出的账务
　　　　处理·····116
　　四、固定资产减值的账务
　　　　处理·····118
　　五、固定资产清查的账务
　　　　处理·····119
任务三　固定资产处置核算·····120
　　一、固定资产出售的账务
　　　　处理·····120
　　二、固定资产报废或毁损的账务
　　　　处理·····122
思考练习·····123

项目八　无形资产核算能力·····125
任务一　无形资产初始核算·····126
　　一、无形资产·····126

二、无形资产初始的账务处理……126
任务二 无形资产后续核算……129
　　一、无形资产摊销的账务处理……129
　　二、无形资产处置的账务处理……130
思考练习……132

项目九　流动负债核算能力……134
任务一 短期借款核算……135
　　一、短期借款……135
　　二、短期借款的账务处理……135
任务二 应付票据及应付账款核算……136
　　一、应付票据的账务处理……136
　　二、应付账款的账务处理……137
任务三 应付职工薪酬核算……139
　　一、职工薪酬……139
　　二、应付职工薪酬的账务处理……140
任务四 应交税费核算……145
　　一、应交增值税的账务处理……146
　　二、应交消费税的账务处理……155
　　三、其他应交税费的账务处理……157
任务五 其他流动负债核算……159
　　一、预收账款的账务处理……159
　　二、应付股利和应付利息的账务处理……160
　　三、其他应付款的账务处理……161
思考练习……161

项目十　非流动负债核算能力……163
任务一 长期借款核算……164
　　一、非流动负债……164
　　二、借款费用……164
　　三、长期借款的账务处理……169
任务二 应付债券核算……171
　　一、应付债券……171
　　二、应付债券发行的账务处理……172
任务三 长期应付款核算……175
　　一、长期应付款……176

二、长期应付款的账务处理……176
思考练习……180

项目十一　所有者权益核算能力……182
任务一 实收资本(股本)核算……183
　　一、所有者权益……183
　　二、实收资本(股本)增加核算……183
　　三、实收资本(股本)减少核算……185
任务二 资本公积和其他综合收益核算……186
　　一、资本公积核算……186
　　二、其他综合收益核算……188
任务三 留存收益核算……189
　　一、留存收益……189
　　二、盈余公积核算……189
　　三、未分配利润核算……191
思考练习……192

项目十二　收入、费用和利润核算能力……194
任务一 收入核算……195
　　一、收入……195
　　二、收入的确认与计量……195
　　三、收入核算应设置的会计科目……198
　　四、履行履约义务确认收入……199
　　五、合同成本……210
任务二 费用核算……212
　　一、费用……213
　　二、税金及附加……213
　　三、销售费用核算……213
　　四、管理费用核算……214
　　五、财务费用核算……214
任务三 利润核算……215
　　一、利润……215
　　二、所得税核算……217
　　三、营业外收支核算……226
思考练习……227

项目十三　财务会计报告编制能力 229

任务一　编制资产负债表 230
一、财务报告 230
二、资产负债表 231
三、资产负债表填列方法 232
四、资产负债表编制案例 237

任务二　编制利润表 246
一、利润表 246
二、利润表编制方法 247
三、利润表编制案例 248

任务三　编制现金流量表 249
一、现金流量表 250
二、现金流量表编制方法 250
三、现金流量表编制案例 256

任务四　编制所有者权益变动表 260
一、所有者权益变动表 260
二、所有者权益变动表编制方法 260
三、所有者权益变动表编制案例 260

任务五　编制会计报表附注 263
一、企业的基本情况 263
二、财务报表的编制基础 263
三、遵循企业会计准则的声明 263
四、重要会计政策和重要会计估计 263
五、会计政策和会计估计变更以及差错更正的说明 264
六、重要报表项目的说明 264
七、其他需要说明的重要事项 264

思考练习 265

项目十四　特殊会计业务处理能力 267

任务一　投资性房地产核算 268
一、投资性房地产 268
二、投资性房地产的账务处理 268

任务二　非货币性资产交换核算 273
一、非货币性资产交换 273
二、非货币性资产交换的账务处理 273

任务三　债务重组核算 278
一、债务重组 278
二、债务重组的账务处理 278

任务四　或有事项核算 283
一、或有事项 284
二、或有事项的账务处理 284

任务五　资产负债表日后事项核算 287
一、资产负债表日后事项 287
二、资产负债表日后事项的账务处理 288

思考练习 292

附录 294
附录A　会计科目 294
附录B　《企业会计准则》目录 296

参考文献 298

项目一 会计核算基本要求

会计核算是指以货币为主要计量单位，通过确认、计量、记录和报告等环节，对特定主体的经济活动进行记账、算账和报账，为相关会计信息使用者提供决策所需的会计信息。会计核算贯穿经济活动的整个过程，是会计最基本和最重要的职能，又叫反映职能。会计核算工作的质量水平是直接影响会计工作效率的关键，因此必须加强会计核算的管理工作，严格遵循会计核算的基本要求进行会计核算，以保证为会计信息使用者提供最精确的会计信息。

【知识目标】
1. 掌握会计的基本内涵；
2. 掌握我国会计准则体系的构成及会计核算的基本前提；
3. 掌握会计核算基础权责发生制原则；
4. 掌握会计信息的质量要求；
5. 掌握会计要素的含义及确认条件，掌握会计要素的计量属性。

【能力目标】
1. 能够理解和运用会计主体、持续经营、会计分期和货币计量等会计基本假设；
2. 能够在会计业务处理中运用权责发生制原则；
3. 能按照会计信息质量要求披露会计信息；
4. 能对资产、负债、所有者权益、收入、费用和利润等会计要素进行确认；
5. 能够按照计量属性的要求对会计要素进行计量。

【素质目标】
1. 培养客观、公正、诚实、守信的职业理念；
2. 培养谨慎、严谨的会计职业素质。

任务一　会计基本假设与会计基础

企业进行会计核算必须具备相应的前提条件，这是实现企业会计核算目标的基础。企业会计核算除应具备办公场所、办公设备和核算用财务软件系统等一般性前提条件外，更重要的是必须具备会计核算的理论基础。

一、会计

会计是以货币为主要计量单位，采用专门方法和程序，对企业、行政单位、事业单位的经济活动进行完整的、连续的、系统的核算和监督，以提供经济信息和反映受托责任履行情况为主要目的的经济管理活动。会计是随着人类社会生产的发展和经济管理的需要而产生、发展并不断完善起来的一项经济管理活动，按其报告对象的不同，又划分为财务会计与管理会计两个分支。在企业，会计主要反映企业的财务状况、经营成果和现金流量，并对企业经营活动和财务收支进行监督。

会计是现代企业的一项重要的基础性工作，通过一系列会计程序提供对决策有用的信息，并积极参与经营管理决策，提高企业经济效益，服务于市场经济的健康有序发展。会计的服务对象主要有管理当局、投资者、债权人、政府及有关部门、社会公众等。

二、会计基本假设

2006年2月，财政部颁布了《企业会计准则——基本准则》和38项具体准则，2006年10月发布了《企业会计准则——应用指南》，后又陆续印发《企业会计准则解释》。基本准则、具体准则、应用指南和解释构成了当前我国企业会计准则体系。截至目前，共有具体准则42项。其中，基本准则在整个企业会计准则体系中扮演概念框架的角色，起着统驭作用；具体准则是在基本准则的基础上，对具体交易或者事项进行会计处理的规范；应用指南是对具体准则的一些重点、难点问题做出的操作性规定；解释是随着企业会计准则的贯彻实施，就实务中遇到的实施问题对准则做出的具体解释。

我国《企业会计准则——基本准则》规定，会计的基本假设包括会计主体、持续经营、会计分期和货币计量四项。

会计基本假设又称为会计的基本前提，是企业会计确认、计量和报告的前提，是对会计核算所处时间、空间环境等所做的合理设定。会计假设为会计核算对象的确定、会计政策的选择和会计人员对会计事项的判断、数据的加工过程提供了基本依据。会计假设是会计工作的重要前提，也是会计基本理论的重要组成部分。

（一）会计主体

会计主体是指企业会计确认、计量和报告的空间范围。为了向财务报告使用者反映企业财务状况、经营成果和现金流量，提供与其决策有用的信息，会计核算和财务报告的编制应当集中于反映特定对象的活动，并将其与其他经济实体区别开来，才能实现财务报告的目标。

《企业会计准则——基本准则》第五条指出："企业应当对其本身发生的交易或者事项进行会计确认、计量和报告。"

需要注意的是，会计主体不同于法律主体。一般来说，法律主体往往是会计主体，但会计主体不一定是法律主体。

【案例1-1】 滨华有限责任公司是一家家具生产企业，主要部门有人力资源部、财务部、生产车间、销售部。滨华有限责任公司作为一个法律主体，应当建立财务会计系统，独立反映其财务状况、经营成果和现金流量，形成一个会计主体。同时，为了加强内部核算监督，其内设部门如人力资源部、财务部、生产车间、销售部等，也可以构成会计主体。

【案例1-2】 某母公司拥有5家子公司，母公司和子公司均属于不同的法律主体，但母公司对子公司拥有控制权，为了全面反映由母公司和子公司组成的企业集团整体的财务状况、经营成果和现金流量，需要将企业集团作为一个会计主体，编制合并财务报表。

(二) 持续经营

持续经营是指在可以预见的将来，企业将会按当前的规模和状态继续经营下去，不会停业，也不会大规模削减业务，能够完成其现有的各项经营目标。

一般情况下，应当假定企业将会按照当前的规模和状态继续经营下去。明确这个基本假设，就意味着会计主体将按照既定用途使用资产，按照既定的合约条件清偿债务，会计人员就可以在此基础上选择会计原则和会计方法。企业破产清算的风险始终存在，一旦企业发生破产清算，所有以持续经营为前提的会计程序与方法就不再适用，而应当采用破产清算的会计程序和方法。

《企业会计准则——基本准则》第六条指出："企业会计确认、计量和报告应当以持续经营为前提。"正是基于持续经营，在预计的使用寿命内对固定资产计提折旧、对无形资产进行摊销才能够进行。

(三) 会计分期

会计分期是指将企业持续经营的生产经营活动划分为一个个连续的、长短相同的期间，据以结算账目和编制会计报表，从而及时地提供有关企业财务状况、经营成果和现金流量的会计信息。

《企业会计准则——基本准则》第七条指出："企业应当划分会计期间，分期结算账目和编制财务会计报告。会计期间分为年度和中期。中期是指短于一个完整的会计年度的报告期间。"我国目前的会计分期采用公历年度，自公历1月1日至12月31日为一个会计年度，中期包括月度、季度和半年度。

会计分期对于确定会计核算的程序和方法具有极为重要的意义。有了会计分期假设，才产生了本期与非本期的区别，才产生了收付实现制和权责发生制、收益性支出和资本性支出、收入与费用配比等要求，以及应收、应付等会计处理。只有正确划分会计期间，才能准确地提供财务状况和经营成果的资料，才能进行会计信息的对比。

(四) 货币计量

货币计量是指会计主体在财务会计确认、计量和报告时以货币计量，反映会计主体的生产经营活动。

《企业会计准则——基本准则》第八条指出："企业会计应当以货币计量。"我国企业会计核算以人民币为记账本位币。业务收支以外币为主的企业，也可以选定某种外币为记账本位币，但编制的会计报表应当折算为人民币反映。境外企业向国内有关部门编报会计报表，应当折算为人民币反映。

三、会计基础

《企业会计准则——基本准则》第九条指出："企业应当以权责发生制为基础进行会计确认、计量和报告。"以权责发生制为基础要求，凡是当期已经实现的收入和已经发生或应当负担的费用，无论款项是否收付，都应当作为当期的收入和费用，计入利润表；凡是不属于当期的收入和费用，即使款项已在当期收付，也不应当作为当期的收入和费用。

【案例1-3】 2×08年12月25日，滨华有限责任公司收到甲公司预付货款100 000元，商品在2×09年1月6日发出并开具增值税专用发票。对于此项销售，滨华有限责任公司确认销售收入时间为2×09年1月。

收付实现制是与权责发生制相对应的一种会计基础，它是以收到或支付的现金作为确认收入和费用等的依据。目前，我国的行政单位会计采用收付实现制，事业单位会计除经营业务可以采用权责发生制外，其他大部分业务采用收付实现制。

任务二　会计信息质量要求

会计信息质量要求是对企业财务报告中所提供会计信息质量的基本要求，是使财务报告中所提供会计信息对投资者等使用者决策有用应具备的基本特征，也称为会计信息质量标准或者会计基本原则。《企业会计准则——基本准则》规定，会计信息质量要求主要包括可靠性、相关性、可理解性、可比性、实质重于形式、重要性、谨慎性和及时性等。

一、可靠性

可靠性要求企业应当以实际发生的交易或者事项为依据进行确认、计量和报告，如实反映符合确认和计量要求的各项会计要素及其他相关信息，保证会计信息真实可靠、内容完整。可靠性是对会计工作的基本要求。

为了贯彻可靠性要求，企业应当做到：

(1) 以实际发生的交易或者事项为依据进行确认、计量，将符合会计要素定义及其确认条件的资产、负债、所有者权益、收入、费用和利润等如实反映在财务报告中。

(2) 在符合重要性和成本效益原则的前提下，保证会计信息的完整性，其中包括应当编报的报表及其附注内容等应当保持完整，不能随意遗漏或者减少应予披露的信息。

(3) 财务报告中的会计信息应当是中立的、无偏的。如果企业在财务报告中为了达到事先设定的结果或效果，通过选择或列示有关会计信息以影响决策和判断，这样的财务报告信息就不是中立的。

【案例1-4】 某商业企业于2×08年年末发现公司销售收入萎缩，无法实现年初确定的销售收入目标，但考虑到在2×09年春节前后，公司销售可能会出现较大幅度的增长，公司为此提前预计库存商品销售，在2×08年年末制作了若干存货出库凭证，并确认销售收入实现。公司这种处理不是以其实际发生的交易事项为依据的，而是虚构的交易事项，违背了会计信息质量要求的可靠性原则，也违背了我国会计法的规定。

二、相关性

相关性又称有用性，要求企业提供的会计信息应当与投资者等财务报告使用者的经济决策需要相关，有助于投资者等财务报告使用者对企业过去、现在或者未来的情况做出评价或者预测。

会计信息的价值在于与决策相关，有助于决策。不同的信息使用者所需求的会计信息侧重点不同：投资者需要了解企业的获利能力以及企业的财务状况以做出是否增加、保持或减少投资的决策；债权人要求了解债务人的偿债能力，以做出继续或收回贷款的决策；企业管理当局需要掌握企业预算、计划的执行情况来控制企业的经营活动；国家宏观经济管理需要汇总各方面的信息以做出宏观经济决策。相关性要求会计在收集、加工和提供会计信息时，应该充分考虑各信息使用者的决策需求，提供与其经营决策相关的信息，以满足其共性需求。相关性是以可靠性为前提的，要求尽可能做到相关性，以满足会计信息使用者的决策需要。

三、可理解性

可理解性要求企业提供的会计信息应当清晰明了，便于财务报告使用者理解和使用。

企业编制财务报告、提供会计信息的目的在于使用，而要使使用者有效使用会计信息，应当能让其了解会计信息的内涵，弄懂会计信息的内容，这就要求财务报告所提供的会计信息应当清晰明了、易于理解。只有这样，才能提高会计信息的有用性，实现财务报告的目标，满足向投资者等财务报告使用者提供决策有用信息的要求。

坚持可理解性，一是做到会计提供的信息要简明、易懂、准确、清晰，容易被人理解；二是努力提高会计信息使用者认识和理解会计信息的水平。

四、可比性

可比性要求企业提供的会计信息应当相互可比，包括以下两层含义。

(一) 同一企业不同时期纵向可比

同一企业不同时期发生的相同或者相似的交易或者事项，应当采用一致的会计政策，不得随意变更,以便投资者等财务报告使用者了解企业财务状况、经营成果和现金流量的变化趋势,比较企业在不同时期的财务报告信息,全面、客观地评价过去、预测未来,从而做出决策。满足会计信息质量的可比性要求,并非表明企业不得变更会计政策,如果按照规定或者在会计政策变更后可以提供更可靠、更相关的会计信息,可以变更会计政策。有关会计政策变更的情况,应当在附注中予以说明,以防止会计信息使用者产生误解。

(二) 不同企业相同会计期间横向可比

不同企业发生的相同或者相似的交易或事项,应当采用规定的会计政策,确保会计信息口径一致、相互可比,以便使各企业提供的会计核算资料和数据具有可比性。

为了使不同企业相同会计期间横向可比,需要做好两方面的工作:一是国家在制定有关的会计法规时要尽量减少企业选择会计政策的余地;二是企业要严格按照国家统一的会计法规规定选择会计政策。

五、实质重于形式

实质重于形式要求企业应当按照交易或者事项的经济实质进行会计确认、计量和报告,不能仅以交易或者事项的法律形式为依据。

在实际工作中,大多数情况下,经济业务的法律形式反映了经济实质。但有些情况下,经济实质与法律形式不同,企业应该以经济实质为标准进行会计核算,而不能仅仅根据它们的法律形式进行核算和反映。例如,用融资租赁方式租入固定资产,在租赁期满前,从法律形式上看,承租企业未拥有租赁资产的所有权,但从经济实质上看,与该资产相关的收益和风险已经转移给承租人,因为租赁期很长,接近租赁资产的使用寿命;租赁期满后,承租人有优先购买该资产的权利。在租赁期内,承租人有权使用该项资产,获得资产收益,承担资产使用中所发生的费用,并应计提折旧。遵循实质重于形式要求,承租人应该将用融资租赁方式租入的固定资产视为其自有的固定资产进行会计核算。遵守该要求体现了对经济实质的尊重,能够保证企业所提供的会计信息与客观经济事实相符。又如,合并报表、售后回购、售后回租等业务的会计核算也应满足实质重于形式要求。

六、重要性

重要性要求企业提供的会计信息应当反映与企业财务状况、经营成果和现金流量有关的所有重要交易或者事项。

在实务中,如果会计信息的省略或者错报会影响投资者等财务报告使用者据此做出决策的,该信息就具有重要性。确认会计信息的重要性,很大程度上依赖会计人员的职业判断,企业应当根据其所处环境和实际情况,从项目的性质和金额大小两方面加以判断。从质的方面讲,只要该会计事项的发生可能对决策有重大影响,则属于重要事项;从量的方面讲,该会计事项的发生金额达到总资产一定比例时,则认为是重要事项。

七、谨慎性

谨慎性又称稳健性，要求企业对交易或者事项进行会计确认、计量和报告应当保持应有的谨慎，不应高估资产或者收益，也不应低估负债或者费用。

谨慎性贯穿会计核算的全过程，包括确认、计量、报告等方面。在会计核算工作中坚持谨慎性原则，要求企业在面临不确定的因素的情况下做出职业判断时应当保持必要的谨慎，充分估计各种风险和损失，既不高估资产或收益，也不低估负债或费用。例如，要求企业定期或者至少于每年年度终了，对可能发生的各项资产损失计提资产减值准备；固定资产的加速折旧等都是谨慎性要求的体现。谨慎性要求体现的是对历史成本的修正。

但是，企业应正确理解谨慎性，不得歪曲和任意使用，谨慎性的应用不允许企业设置秘密准备，如果企业故意低估资产或者收益、高估负债或者费用，将不符合会计信息的可靠性和相关性要求，会损害会计信息质量，扭曲企业实际的财务状况和经营成果，从而对使用者的决策产生误导，这是不符合会计准则要求的。

八、及时性

及时性要求企业对于已经发生的交易或者事项，应当及时进行确认、计量和报告，不得提前或者延后，以保证会计信息及时有用。

会计信息的提供具有较强的时效性，其使用价值会随着时间的推移而逐渐下降，失去其利用价值，甚至会误导信息使用者做出不正确的经营决策。在会计确认、计量和报告过程中贯彻及时性应做到：一是及时收集会计信息；二是及时处理会计信息；三是及时传递会计信息。

任务三　会计要素及其计量属性

会计要素是会计核算和监督的具体对象和内容，是构成会计对象具体内容的主要因素，也是构成会计报表的基本要素。会计要素是对会计对象的具体内容所做的基本分类，是会计对象基本的、主要的组成部分。按照会计要素分类，不仅有利于依据各个要素的性质和特点分别制定对其进行确认、计量、记录、报告的标准与方法，而且可以为合理地建立会计科目体系、设计会计报表提供依据和基本框架。

一、会计要素

会计要素是为了实现会计目标，根据交易或者事项的经济特征所确定的财务会计对象的基本分类，是会计核算对象的具体化，是财务报表所列示的内容，是会计用以反映会计主体财务状况、确定经营成果的基本单位。我国《企业会计准则——基本准则》规定，会计要素按照其性质分为资产、负债、所有者权益、收入、费用和利润，其中，资产、负债和所有者权益要素侧重于反映企业的财务状况，收入、费用和利润要素侧重于反映企业的经营成果。会计要素的界定和分类可以使财务会计系统更加科学、严密，为投资者等财务报告使用者提供更加有用的信息。

(一) 反映企业财务状况的会计要素

1. 资产

资产是指企业过去的交易或者事项形成的、企业拥有或者控制的、预期会给企业带来经济利益的资源，一个企业从事生产经营活动，必须具备一定的物质资源，或者说物质条件。

资产具有三个特征：一是由过去的交易或事项形成；二是必须由企业拥有或控制；三是预期能够给企业带来经济利益。

一项资源是否作为企业的资产确认，除符合上述资产的定义外，还必须同时满足以下两个条件：一是与该资源有关的经济利益很可能流入企业；二是该资源的成本或者价值能够可靠地计量。

为了正确反映企业的财务状况，通常将企业的全部资产按其流动性分为流动资产和非流动资产，当资产满足下列条件之一时，应当归类为流动资产：一是预计在一个正常营业周期中变现、出售或耗用；二是主要为交易目的而持有；三是预计在资产负债表日起一年内(含一年，下同)变现；四是在资产负债表日起一年内，交换其他资产或清偿负债的能力不受限制的现金或现金等价物。流动资产主要包括货币资金、交易性金融资产、应收票据、应收账款、预付账款、应收利息、应收股利、其他应收款和存货等。

流动资产以外的资产应当归类为非流动资产，并应按其性质分类列示。非流动资产主要包括债权投资资产、其他债权资产、长期股权投资、固定资产、在建工程、工程物资、无形资产等。

2. 负债

负债是指企业过去的交易或者事项形成的、预期会导致经济利益流出企业的现时义务。现时义务是指企业在现行条件下已承担的义务，而未来发生的交易或者事项形成的义务不属于现时义务，不应当确认为负债。

负债具有如下特征：一是过去的交易和事项形成的现时义务；二是义务包括法定义务和推定义务；三是义务的履行必须会导致经济利益的流出。

一项义务是否作为企业的负债确认，除符合上述负债的定义外，还必须同时满足以下两个条件：一是与该义务有关的经济利益很可能流出企业；二是未来流出的经济利益的金额能够可靠地计量。符合负债定义和负债确认条件的项目，应当列入资产负债表。

负债满足下列条件之一时，应当归类为流动负债：一是预计在一个正常营业周期中清偿；二是主要为交易目的而持有；三是在资产负债表日起一年内到期应予以清偿；四是企业无权自主地将清偿推迟至资产负债表日后一年以上。流动负债主要包括短期借款、应付票据、应付账款、预收账款、应付职工薪酬、应交税费、应付利息、应付股利和其他应付款等。

流动负债以外的负债应当归类为非流动负债，并应按其性质分类列示。非流动负债主要包括长期借款、应付债券和长期应付款等。

3. 所有者权益

所有者权益是指企业资产扣除负债后由所有者享有的剩余权益，又称净资产。所有者权益的来源包括所有者投入的资本、直接计入所有者权益的利得和损失(如其他综合收益)、留存收益等。所有者权益通常由股本(或实收资本)、资本公积(含股本溢价、资本溢价、其他资本公积)、其他综合收益、盈余公积和未分配利润等构成。

直接计入所有者权益的利得或损失是指不应计入当期损益、会导致所有者权益发生增减变动的、与所有者投入资本或者向所有者分配利润无关的利得或者损失。利得是指由企业非日常活动所形成的、会导致所有者权益增加的、与所有者投入资本无关的经济利益的流入。损失是指由企业非日常活动所发生的、会导致所有者权益减少的、与向所有者分配利润无关的经济利益的流出。

【案例1-5】 2×08年10月1日，甲公司以每股10元购入某公司股票10 000股，购入后甲公司将其划分为其他权益工具投资。2×08年12月31日，股票每股市价为12元。公允价值上涨20 000元，属于利得，直接计入所有者权益(其他综合收益)。

如果2×08年12月31日，股票每股市价为9元，公允价值下降10 000元，属于损失，也直接计入所有者权益(其他综合收益)。

留存收益是企业历年实现的净利润留存于企业的部分，主要包括累计计提的盈余公积和未分配利润。

所有者权益具有如下特征：一是所有者收益不像负债那样需要偿还，除非发生减资、清算，企业不需要偿还其所有者；二是企业清算时，负债往往优先清偿，而所有者权益只有在清偿所有的负债之后才返还给所有者；三是所有者权益能够分享企业实现的利润，而负债则不能参与企业利润的分配，只能按照预先约定的条件取得利息收入。

对于所有者权益的确认，由于所有者权益体现的是所有者在企业中的剩余权益，因此，所有者权益的确认主要依赖其他会计要素，尤其是资产和负债的确认；所有者权益金额的确定也主要取决于资产和负债的计量。

(二) 反映企业经营成果的会计要素

1. 收入

收入是指企业在日常活动中形成的、会导致所有者权益增加的、与所有者投入资本无关的经济利益的总流入。其中，日常活动包括销售商品、提供劳务及让渡资产使用权等。收入只有在经济利益很可能流入从而导致企业资产增加或者负债减少，且经济利益的流入额能够可靠计量时才能予以确认。符合收入定义和收入确认条件的项目，应当列入利润表。收入不包括为第三方或者客户代收的款项。

收入具有以下特征：一是收入是从企业的日常活动中产生的，如销售商品所获得的收入，收入不是从偶发的交易或事项中产生的，如处置固定资产获得的收益；二是收入可能表现为企业资产的增加或负债的减少，或两者兼而有之。

企业的收入按其从事日常活动的性质可分为销售商品收入、提供劳务收入和让渡资产使用权收入。收入按其日常活动在企业所处地位可分为主营业务收入和其他业务收入。主营业务收入是企业为完成其经营目标而从事的日常活动中的主要项目的收入，如工业企业出售商品等。

其他业务收入是主营业务以外的其他日常活动收入，如工业企业出售材料等。

2. 费用

费用是指企业在日常活动中发生的、会导致所有者权益减少的、与向所有者分配利润无关的经济利益的总流出。费用只有在经济利益有可能流出从而导致企业资产减少或者负债增加，且经济利益的流出额能够可靠计量时才能予以确认。符合费用定义和费用确认条件的项目，应当列入利润表。企业为生产产品、提供劳务等发生的可归属产品成本、劳务成本等的费用，应当在确认产品销售收入、劳务收入等时，将已销售产品、已提供劳务的成本等计入当期损益。企业发生的支出不产生经济利益的，或者即使能够产生经济利益，但不符合或者不再符合资产确认条件的，应当在发生时确认为费用，计入当期损益。企业发生的交易或者事项导致其承担了一项负债而又不确认为一项资产，应当在发生时确认为费用，计入当期损益。

企业的费用主要包括营业成本和期间费用两部分。营业成本是指销售商品或者提供劳务的成本，是可以对象化的费用，通常称为制造成本或劳务成本，营业成本按照其销售商品或提供劳务在企业日常活动中所处的地位可分为主营业务成本和其他业务成本。期间费用是不能予以对象化的费用，由销售费用、管理费用和财务费用构成。

3. 利润

利润是指企业在一定会计期间的经营成果，包括收入减去费用后的净额与直接计入当期利润的利得和损失等。直接计入当期利润的利得和损失，是指应当计入当期损益、会导致所有者权益发生增减变动的、与所有者投入资本或者向所有者分配利润无关的利得或者损失，如固定资产处置的净损益。利润有营业利润、利润总额和净利润。

【案例1-6】 2×08年12月10日，甲公司因自然灾害毁损一项固定资产，该项固定资产账面价值为90 000元，保险公司已承诺赔偿30 000元，残值折价5 000元。则固定资产的净损失为55 000元，直接计入当期损益(营业外支出)。

二、会计要素计量属性及其应用原则

(一) 会计要素计量属性

企业在将符合确认条件的会计要素登记入账并列报于财务报表时，应当按照规定的会计计量属性进行计量，确定相关金额。从会计角度来看，计量属性反映的是会计要素金额的确定基础，主要包括历史成本、重置成本、可变现净值、现值和公允价值等。

1. 历史成本

历史成本又称实际成本或原始成本，就是取得或制造某项财产物资时所实际支付的现金或者其他等价物。按照历史成本的计量属性，资产按照其购置时支付的现金或现金等价物的金额，或者按照购置资产时所付出的对价的公允价值计量。负债按照其因承担现时义务而实际收到的款项或资产的金额，或者承担现时义务的合同金额，或者日常活动中为偿还负债预期需要支付的现金或现金等价物的金额计量。

2. 重置成本

重置成本又称现行成本，是指按照当前市场条件，重新取得同样一项资产所需支付的现金或现金等价物的金额。按照重置成本的计量属性，资产按照现在购买相同或者相似资产所需支付的现金或现金等价物的金额计量。负债按照现在偿付该项债务所需支付的现金或现金等价物的金额计量。

3. 可变现净值

可变现净值是指在正常生产经营过程中以预计售价减去进一步加工的成本和销售所必需的预计税金、费用后的净值。按照可变现净值的计量属性，资产按照其正常对外销售所能收到的现金或现金等价物的金额扣减该资产至完工时估计将要发生的成本、估计的销售费用及相关税金后的金额计量。

4. 现值

现值是指资产或者负债形成的未来现金流量以恰当的折现率进行折现后的价值，是考虑货币时间价值等因素的一种计量属性。按照现值的计量属性，资产按照预计从其持续使用和最终处置中所产生的未来净现金流入量的折现金额计量。负债按照预计期限内需要偿还的未来净现金流出量的折现金额计量。

5. 公允价值

公允价值是指市场参与者在计量日的有序交易中，出售一项资产所能收到的或者转移一项负债所需支付的价格。企业以公允价值计量相关资产或负债，应当假定市场参与者在计量日出售资产或转移负债的交易是当前市场条件下的有序交易，应当使用在当前情况下适用并且有足够可利用数据和其他信息支持的估值技术。

(二) 会计要素计量属性的应用原则

企业在对会计要素进行计量时，一般应当采用历史成本。采用重置成本、可变现净值、现值、公允价值对会计要素进行计量的，应当保证所确定的会计要素金额能够取得并可靠计量。当一项资产在取得时，历史成本和公允价值一般是统一的，但随着资产的使用，两者出现了分离。

思考练习

一、单项选择题

1. 下列对会计核算的基本前提表述恰当的是(　　)。
   A. 持续经营和会计分期确定了会计核算的空间范围
   B. 一个会计主体必然是一个法律主体
   C. 货币计量为会计核算提供了必要的手段
   D. 会计主体确立了会计核算的时间范围

2. 确立会计核算空间范围所依据的会计核算基本前提是( )。
   A. 会计主体   B. 会计分期   C. 持续经营   D. 货币计量
3. 企业应当以实际发生的交易或者事项为依据进行确认、计量和报告,如实反映符合确认和计量要求的各项会计要素及其他相关信息,体现的是( )的原则。
   A. 实质重于形式   B. 可理解性   C. 可靠性   D. 相关性
   E. 可比性   F. 及时性   G. 实质重于形式   H. 谨慎性
4. 下列各项业务中,没有体现谨慎性会计信息质量要求的是( )。
   A. 对应收账款计提坏账准备   B. 固定资产采用双倍余额递减法计提折旧
   C. 对固定资产计提减值准备   D. 存货按历史成本计量
5. 我国《企业会计准则——基本原则》规定,企业会计的确认、计量和报告应当以( )为基础。
   A. 权责发生制   B. 实地盘存制   C. 永续盘存制   D. 收付实现制

二、多项选择题

1. 下列各项中,属于资产范围的有( )。
   A. 库存商品   B. 周转材料
   C. 经营租出的设备   D. 预收货款
   E. 预付货款
2. 下列各项中,符合谨慎性会计信息质量要求的有( )。
   A. 将融资租赁的固定资产作为自有固定资产入账
   B. 固定资产期末发生减值,计提减值准备
   C. 固定资产采用年限平均法计提折旧
   D. 固定资产采用双倍余额递减法计提折旧
   E. 固定资产采用年数总和法计提折旧
3. 下列各项中,不属于利得的有( )。
   A. 出租无形资产取得的收益   B. 出售无形资产取得的净收益
   C. 出租固定资产取得的收益   D. 出售固定资产取得的净收益
   E. 出售库存商品取得的收入
4. 反映企业经营成果的会计要素包括( )。
   A. 收入   B. 费用
   C. 资产   D. 所有者权益
   E. 利润
5. 下列业务事项中,可以引起资产和负债同时变化的有( )。
   A. 计提存货跌价准备   B. 收回前欠货款
   C. 预付采购货款   D. 取得长期借款
   E. 偿还前欠货款

三、判断题

1. 会计主体为会计核算提供了空间范围，持续经营为会计核算提供了时间范围。（ ）
2. 会计政策一经确定，不得变更，符合可比性要求。（ ）
3. 我国《企业会计准则——基本准则》规定，企业的会计核算应当以权责发生制为基础。（ ）
4. 一个会计主体必然是一个法律主体。（ ）
5. 业务收支以外币为主的企业，也可以选定某种外币为记账本位币，但编制的会计报表应当折算为人民币反映。（ ）

项目二 货币资金核算能力

货币资金是指企业生产经营过程中处于货币状态的资金,其基本特点是普遍可接受性和最强的流动性。企业可以直接用货币资金购买货物、支付劳务报酬和偿还债务等。任何企业进行生产经营活动都要拥有一定数额的货币资金。持有货币资金是企业进行生产经营活动的基本条件。在企业的各项经济活动中,货币资金起着非常重要的作用。货币资金按用途和存放地点的不同,可分为库存现金、银行存款和其他货币资金三类。

【知识目标】

1. 掌握货币资金的含义及组成;
2. 掌握库存现金的管理规范及核算要求;
3. 掌握银行存款的管理规范及核算要求;
4. 掌握其他货币资金的组成及核算要求;
5. 掌握货币资金内部控制的基本要求。

【能力目标】

1. 能够进行库存现金的序时核算,登记现金日记账;能够进行备用金的核算;能够进行库存现金清查及其核算。
2. 能够进行银行存款的序时核算,登记银行存款日记账;能够进行银行存款核对,能处理未达账项,编制银行存款余额调节表。
3. 能够对其他货币资金的各个项目进行核算。

【素质目标】

1. 培养诚实、守信、严谨、认真的职业素养;
2. 树立爱岗敬业的职业信念。

任务一　库存现金核算

库存现金是企业资产中流动性最强的一种货币资产，既可以用于支付各项费用和清偿各种债务，也可以立即投入流通，随时购买所需物品。

一、库存现金

库存现金是指存放于企业财会部门，由出纳人员经管的货币，包括库存的人民币和各种外币。

二、库存现金管理规范

库存现金流动性最强，最容易被挪用或侵占，且不便于携带，不利于远程交易及大额结算，企业应严格依据国务院颁布的《现金管理暂行条例》管理和使用库存现金，以提高其使用效率，保护其安全、完整。

(一) 库存现金的使用范围

《现金管理暂行条例》规定，开户单位可以在下列范围内使用库存现金：

(1) 职工工资、津贴；
(2) 个人劳务报酬；
(3) 根据国家规定颁发给个人的科学技术、文化艺术、体育等各种奖金；
(4) 各种劳保、福利费用以及国家规定的对个人的其他支出；
(5) 向个人收购农副产品和其他物资的价款；
(6) 出差人员必须随身携带的差旅费；
(7) 结算起点(1 000 元)以下的零星支出；
(8) 中国人民银行确定需要支付现金的其他支出。

除企业可以现金支付的款项中第(5)(6)项外，开户单位支付给个人的款项，超出使用现金限额(即个人劳务报酬)的部分，应当以支票或者银行本票等方式支出；确需全额支付现金的，经开户银行审核后，予以支付现金。

(二) 库存现金的保管与日常使用

由出纳人员负责库存现金的收、付及保管，非出纳人员不得经管库存现金。库存现金收入都应开具收款收据，签发库存现金收款收据与经手收款应当分开，收款后加盖"现金收讫"戳记。例如由业务部门人员或会计人员填制发票和收款收据，出纳人员据以收款，以防差错与作弊。收入的库存现金应当天入账，当天送存银行，如果款项是在银行停止收款后收取的，应于第二天送存银行，当日送存确有困难的，应取得开户银行同意后，按双方协商的时间送存。库存现金支出要有原始凭证，由经办人签名，经主管和有关人员审核批准后，会计人员审核编制付款凭证，出纳人员才能据以付款，付款后应加盖"现金付讫"戳记，妥善保管。

(三) 库存现金的限额

库存现金的限额是指为保证各单位日常零星支付，按规定允许留存的库存现金的最高数额。库存现金的限额，由开户行根据开户单位的实际需要和距离银行远近等情况核定，库存现金限额一般按照单位 3~5 天日常零星开支所需库存现金确定。远离银行机构或交通不便的单位可依据实际情况适当放宽，可按多于 5 天，但最高不得超过 15 天的日常零星开支的需要确定。

库存现金限额经银行核定批准后，应当严格遵守，每日结存数的库存现金不得超过核定的限额。如果库存现金不足限额时，可向银行提取现金，超过限额的库存现金应及时送存开户行。库存现金限额一般每年核定一次，如果需要增加或减少库存现金限额，可向开户银行提出申请，经批准后，方可进行调整，单位不得擅自超出核定限额增加库存现金的存放数额。

(四) 严禁坐支库存现金

所谓坐支，是指将本单位的库存现金收入直接用于库存现金支出。按照《现金管理暂行条例》及其实施细则的规定，收入的库存现金要送存开户行，支付的库存现金可以从现金库存中支付或者从开户银行提取，不得从库存现金收入中直接支出(即坐支)。坐支会使银行无法准确掌握各单位的库存现金收入来源和支出用途，干扰开户银行对各单位库存现金收付的管理，扰乱国家金融秩序，因此坐支库存现金是违反财经纪律的行为，会受到财经纪律的处罚。

坐支也不是一律都被禁止的。按照规定，开户单位因特殊需要确实需要坐支现金的，应事先向开户银行提出申请，说明申请坐支的理由、用途和每月预计坐支的金额，然后由开户银行根据有关规定进行审查，核定开户单位的坐支范围和坐支限额。

三、库存现金的账务处理

在强化库存现金管理的基础上，要设置相应的账户对库存现金进行日常核算，要对库存现金进行监督盘点，从而保证库存现金的真实存在性和库存现金管理的有效性。

(一) 库存现金的总分类核算与序时核算

库存现金总分类核算可以总括地反映库存现金的收入、支出和结存情况，一般设置"库存现金"总分类账户，有外币收支业务的企业，应按人民币、各种外币分别设置明细账进行明细核算。"库存现金"总分类账户应由不从事出纳工作的会计人员负责登记。收入现金，借记"库存现金"账户，贷记相关账户；支出现金，借记有关科目，贷记"库存现金"科目。

库存现金的序时核算可以逐笔序时核算，反映库存现金的收入、支出和结存情况，一般设置"库存现金日记账"进行核算。"库存现金日记账"由出纳人员逐笔序时登记，每日结出余额与实际库存数进行核对，做到账实相符；月份终了，"库存现金日记账"的余额必须与"库存现金"总账科目的余额核对相符，做到账账相符，即日清月结。

【案例 2-1】 滨华有限责任公司 2×08 年 6 月发生以下经济业务。

(1) 6 月 15 日，王玲借差旅费 3 000 元，以现金支付。

```
借：其他应收款——王玲                        3 000
    贷：库存现金                              3 000
```

(2) 6月18日，开出现金支票，提取现金6 000元，以备零星开支。

```
借：库存现金                                  6 000
    贷：银行存款                              6 000
```

(3) 6月20日，王玲出差回来，报销差旅费3 500元，超出部分以现金支付。

```
借：管理费用                                  3 500
    贷：库存现金                                500
        其他应收款——王玲                    3 000
```

（二）备用金的核算

备用金是单位财务部拨付给经常使用库存现金的部门或人员备作差旅费、零星采购、零星开支等使用的款项，由财务部根据实际情况核定备用金定额、规定其使用范围、设立专人管理。备用金经管人员必须妥善保管备用金的收据、发票及各种报销凭证，并设备用金登记簿，记录收到及支出的每笔备用金。

备用金通过"其他应收款"科目或专设"备用金"科目核算。拨付备用金时，借记"其他应收款"科目，贷记"库存现金"科目；备用金使用部门日常报销时，按报销金额补足备用金，借记"管理费用"等科目，贷记"库存现金"科目，不再通过"其他应收款"科目；收回备用金时，借记"库存现金"科目，贷记"其他应收款"科目。

【案例2-2】 滨华有限责任公司自2×08年6月对外地销售部采用定额备用金核算，备用金定额50 000元，用于除工资外的日常支出，由李红专人管理。2×08年6月发生以下经济业务。

(1) 6月1日，李红到财务部支取备用金50 000元，根据付款凭条编制现金付款凭证。

```
借：其他应收款——外地销售部                50 000
    贷：库存现金                            50 000
```

(2) 6月30日，李红持外地销售部本月电费发票10 500元、水费发票500元和广告费发票2 000元到财务部报销，补足备用金定额，根据附有上述发票的费用报销单编制现金付款凭证。

```
借：销售费用                                 13 000
    贷：库存现金                             13 000
```

（三）库存现金清查及其核算

1. 库存现金清查制度

通过库存现金的日清月结，出纳员完成了对库存现金的日常清查，在此基础上单位还应由有关领导和专业人员组成清查小组，对库存现金情况进行定期或不定期地清查，及时发现可能发生的库存现金差错或丢失，防止贪污、盗窃、挪用公款等不法行为的发生，确保库存现金安全、完整。清查重点放在账款是否相符、有无白条抵库、有无私借公款、有无挪用公款、有无账外资金等违纪违法行为上。

一般来说，清查小组清查库存现金多采用突击盘点方法，不预先通知出纳员，以防预先做手脚。盘点时间最好在一天业务没有开始之前或一天业务结束之后，由出纳员将截至清查时库存现金收付账项全部登记入账,并结出账面余额,这样可以避免干扰正常的业务。清查时,出纳员应始终在场,并给予积极的配合,清查结束后,应由清查人填制"库存现金清查盘点报告表",填列账存、实存以及溢余或短缺金额,并说明原因,上报有关部门或负责人进行处理。

2. 库存现金清查的主要账务处理

清查中发现的有待查明原因的库存现金短缺或溢余,报经批准前应通过"待处理财产损溢"科目核算。报经批准后,属于现金溢余,应支付给有关人员或单位的部分计入"其他应付款"科目,无法查明原因的部分计入"营业外收入"科目;属于现金短缺,由责任人赔偿的部分,计入"其他应收款",无法查明原因的部分计入"管理费用"科目。

【**案例2-3**】 滨华有限责任公司2×08年6月发生以下经济业务。

(1) 6月10日,清查发现现金短缺330元。

借:待处理财产损溢——待处理流动资产损溢 330
  贷:库存现金 330

(2) 6月15日,经审批,6月10日库存现金短缺330元应由出纳员刘红赔偿130元,其余200元无法查明原因,经批准作为管理费用。库存现金盘点表,如表2-1所示。

借:其他应收款——现金短款(刘红) 130
  管理费用——现金短缺 200
  贷:待处理财产损溢——待处理流动资产损溢 330

表2-1 库存现金盘点表

单位:滨华有限责任公司　　　　　　　　　　　　　　　　盘点日期:2×08年6月15日

票面额	张数	金额/元	票面额	张数	金额
壹佰元	15	1 500.00	伍角	23	11.50
伍拾元	4	200.00	贰角	66	13.20
贰拾元	2	40.00	壹角	7	0.70
拾元	7	70.00	伍分		
伍元	3	15.00	贰分		
贰元	6	12.00	壹分		
壹元	8	8.00	合计		1 870.40

减:已收讫未出账的账单	
调整后实际账面余额:	1 870.40
现金日记账账面余额:	2 200.40
差额	330.00

处理意见:

出纳员刘红赔偿130元,其余200元作为管理费用处理。

部长:刘华丽　　　　　　监盘人员:张海敏　　　　　　出纳员:刘红

(3) 6月26日，清查库存现金时发现库存现金盘盈900元(库存现金盘点表略)。

借：库存现金　　　　　　　　　　　　　　　　　　　　　　　900
　　贷：待处理财产损溢——待处理流动资产损溢　　　　　　　　900

(4) 6月30日，经调查，盘盈的现金中有300元是少付给职工刘艳的工资，另有600元无法查明原因，经批准核销，根据审批文件编制记账凭证。

借：待处理财产损溢——待处理流动资产损溢　　　　　　　　　900
　　贷：其他应付款——应付工资(刘艳)　　　　　　　　　　　　300
　　　　营业外收入——现金溢款　　　　　　　　　　　　　　　600

任务二　银行存款核算

银行存款是企业货币资金的重要组成部分。根据我国现金管理制度的规定，每一个企业必须在中国人民银行或专业银行开立存款户，办理存款、取款和转账结算，企业的货币资金，除了规定限额以内的少量现金外，都必须存入银行。

一、银行存款

银行存款是指企业存放在银行和其他金融机构的货币资金。按照国家有关规定，凡是独立核算的企业都必须在当地银行开设账户；企业在银行开设账户以后，在经营过程中所发生的一切货币收支业务，都必须通过银行存款账户进行结算。

二、银行存款管理规范

我国《银行账户管理办法》规定，企业必须按照银行存款有关规定开设账户，严格遵守银行结算纪律，合理选择国家规定的银行结算方式进行日常结算。

(一) 银行存款开户的有关规定

按照国家现金管理和结算制度的规定，每个企业都要在银行开立账户，用来办理存款、取款和转账结算。银行存款账户分为基本存款账户、一般存款账户、临时存款账户和专用存款账户。

(1) 基本存款账户。基本存款账户是指企业办理日常转账结算和现金存取的账户，企业的工资、奖金等库存现金的支取只能通过基本存款账户办理。一个企业只能选择一家银行的一个营业机构开立一个基本存款账户，不得在多家银行机构开立基本存款账户，也不得在同一家银行的几个分支机构开立基本存款账户。

(2) 一般存款账户。一般存款账户是指企业基本存款账户以外的用于银行借款转存的账户，以及与开立基本存款账户的企业不在同一地点的附属非独立核算单位开立的账户，企业可以通过该账户办理转账结算和现金缴存，但不能支取现金。

(3) 临时存款账户。临时存款账户是企业因临时经营活动需要开立的账户，企业暂时性的转账、库存现金收付业务可以通过本账户结算，如异地产品展销、临时性采购资金、基本存款账户开立过程中银行为企业临时设置的账户等。

(4) 专用存款账户。专用存款账户是企业因特定用途需要开立的账户，如专项建设资金账户、住房公积金账户等。

(二) 银行结算纪律

企业收入的一切款项，除国家另有规定的以外，都必须当日解缴银行；一切支出，除规定可以用现金支付的以外，应按照银行有关结算办法的规定，通过银行办理转账结算。企业支付款项时，存款账户内必须有足够的资金。不准出租、出借银行账户，不准签发空头支票和远期支票，不准套取银行信用。

(三) 国家规定的银行结算方式

国家规定的银行结算方式包括票据结算和非票据结算两类。票据结算包括支票、银行本票、银行汇票、商业汇票结算方式；非票据结算包括委托收款、托收承付、汇兑、信用卡和信用证结算方式。各种结算方式各具特点，各有其适用范围，客观上要求企业单位合理选择结算方式。

1. 支票

支票是出票人签发的，委托办理存款业务的银行在见票时无条件支付确定的金额给收款人或者持票人的票据。根据用途不同，支票分为现金支票、转账支票和普通支票。印有"现金"字样的支票为现金支票，只能用于支取现金；印有"转账"字样的支票为转账支票(见图2-1)，只能用于转账；未印有"现金"或"转账"字样的支票为普通支票，既可以用于支取现金，又可以用于转账，在普通支票左上角画两条平行线为画线支票，画线支票只能用于转账，不得支取现金。单位和个人在同一票据交换区域的各种款项结算，均可以使用支票。支票的付款期限为10天。用于支取现金的支票不能背书转让，转账支票在同一票据交换区内可以背书转让。支票丧失，可以挂失止付。出票人签发空头支票、签章与预留银行签章不符的支票、使用支付密码地区，支付密码错误的支票，银行应予以退票，并按票面金额处以5%但不低于1 000元的罚款，持票人有权要求出票人赔偿支票金额2%的赔偿金。对屡次签发的，银行应停止其签发支票。

收款单位收到支票时，应连同进账单一并送交银行办理转账，根据银行盖章退回的进账单第一联和有关的原始凭证编制收款凭证，借记"银行存款"账户，贷记有关账户。付款单位开出的支票时，应根据支票存根和有关的原始凭证编制付款凭证，借记有关账户，贷记"银行存款"账户。

图 2-1 转账支票

2. 银行本票

银行本票(见图 2-2)是银行签发的，承诺自己在见票时无条件支付确定金额给收款人或者持票人的票据。因委托人已将票款存入出票银行并指定用于银行本票，所以银行本票见票即付，支付能力超过支票。单位和个人在同一票据交换区域支付各种款项，均可以使用银行本票。银行本票可以用于转账，注明"现金"字样的银行本票可以支取现金。银行本票分为不定额本票和定额本票两种。定额银行本票面额为 1 000 元、5 000 元、10 000 元和 50 000 元。银行本票付款期限最长不得超过 2 个月。同一票据交换区域内可以背书转让。银行本票丧失，可以凭人民法院出具的享有票据权利的证明，向出票银行请求付款或退款。

图 2-2 银行本票

采用银行本票方式，收款单位收到银行本票后，填写进账单连同本票送交银行办理转账，根据银行盖章退回的进账单第一联和有关原始凭证编制收款凭证，借记"银行存款"账户，贷记有关账户。付款单位填制"银行本票申请书"并将款项交存银行，收到银行签发的银行本票后，根据申请书存根联编制付款凭证，借记有关账户，贷记"其他货币资金——银行本票存款"账户。企业因银行本票超过付款期限或其他原因要求退款时，交回本票和填制的进账单经银行审核盖章后，根据进账单第一联编制收款凭证。借记"银行存款"账户，贷记"其他货币资金——银行本票存款"账户。

3. 银行汇票

银行汇票(见图 2-3)是汇款人将款项交存当地开户银行,由银行签发给汇款人持往异地办理转账结算或支取现金的票据。银行汇票具有使用灵活、票随人到、兑现性强等特点,适用于先收取后发货或钱货两清的商品交易。单位和个人向异地支付的各种款项均可使用银行汇票。银行汇票可以用于转账,填明"现金"字样的银行汇票也可以用于支取现金。银行汇票一律记名,付款期为 1 个月,逾期银行汇票,兑付银行不予办理,汇款人可持汇票到签发银行办理退款。银行汇票在票据交换区域内可以背书转让。可以支取现金的银行汇票遗失后,应立即办理挂失;而不能提取现金的银行汇票,银行不予挂失。

图 2-3 银行汇票

采用银行汇票结算方式,收款单位对于收到的银行汇票,应连同进账单一并送交银行办理转账,根据银行盖章退回的进账单第一联和有关的原始凭证,借记"银行存款"账户,贷记有关账户。付款单位对于开出的银行汇票,应根据有关的原始凭证编制付款凭证,借记有关账户,贷记"其他货币资金——银行汇票存款"账户。

4. 商业汇票

商业汇票是收款人或付款人签发,由承兑人承兑,并于到期日向收款人或持票人支付款项的票据。承兑是指票据付款人承诺在票据到期日支付票据金额的票据行为,该行为是商业汇票中所特有的。采用商业汇票结算方式时,承兑人即付款人有到期无条件支付票款的责任。同城或异地在银行开立存款账户的法人与其他组织之间,订有购销合同的商品交易的款项结算才能使用商业汇票。商业汇票的付款期限由双方商定,但最长不得超过 6 个月,其提示付款期为汇票到期前 10 日内,付款人应当自收到提示承兑的汇票之日起 3 日内承兑或拒绝承兑,付款人拒绝承兑必须出具拒绝承兑的证明。商业汇票一律记名,允许背书转让,但背书应连续。符合条件的商业汇票可向银行申请贴现。

按承兑人的不同,商业汇票分为商业承兑汇票(见图 2-4)和银行承兑汇票(见图 2-5)。商业承兑汇票是由付款人承兑,承兑时,付款人应在汇票正面记载"承兑"字样、承兑日期并签字,承兑不得附有条件,否则视为拒绝承兑。商业承兑汇票到期时,持票人通过开户银行委托收款或直接向付款单位收款,对异地委托收款的,持票人可以匡算邮程,提示通过开户银行委托收款,付款人开户行收到商业承兑汇票和有关单据后将票款支付给持票人,如果付款人的存款不足支付票款，开户银行应将汇票退还持票人，银行不负责付款，由双方自行处理。银行承兑汇票的承兑人为银行，承兑银行按票面金额向承兑申请人收取万分之五的手续费。承兑申请人应于汇票到期前将票款足额交存开户银行，以备承兑银行在汇票到期日支付票款。持票人应在到期时将汇票连同进账单送交开户银行以便转账收款。承兑银行凭汇票将承兑款项无条件转给持票人，如果承兑申请人于汇票到期日未能足额交存票款，承兑银行除凭汇票向持票人无条件付款外，对承兑申请人尚未支付的汇票金额按照每天万分之五计收罚息。商业承兑汇票是一种商业信用，银行只作为清算的中介，而银行承兑汇票是银行的一种信用业务，银行既是商业汇票的债务人，同时又是承兑申请人的债权人。银行承兑汇票由于有银行保证无条件付款，因而有较高信誉。

图 2-4 商业承兑汇票

图 2-5 银行承兑汇票

采用商业汇票结算方式的，收款单位对于要到期的商业汇票连同填制的邮划或电划委托收款凭证，一并送交银行办理转账，根据银行的收账通知和有关原始凭证，借记"银行存款"账户，贷记"应收票据"账户。付款单位根据银行的付款通知和有关原始凭证，借记"应付票据"账户，贷记"银行存款"账户。

5. 委托收款

委托收款是收款人委托银行向付款人收取款项的结算方式。单位或个人凭已承兑商业汇票、债务、存单等付款人债务证明办理款项的结算，均可以使用委托收款结算方式。同城、异地均可以办理委托收款，不受金额起点限制。委托收款分为邮寄和电报划回两种，由收款人选择。在同城范围内，电话费、电费等付款人众多、分散的公用事业费等，可以使用同城特约委托收款。

企业委托银行收款时，应填写银行印制的委托收款凭证和有关债务证明。

采用委托收款结算方式的账务处理方法：收款单位对于托收款项，应填写银行印制的委托收款凭证和有关债务证明，收到银行的收款通知时，借记"银行存款"账户，贷记"应收账款"账户。付款单位收到银行转来的委托收款凭证后，在3天内审核，然后通知银行付款或出具拒付理由书通知开户银行拒付。根据委托收款凭证的付款通知和有关原始凭证，借记"应付账款"账户，贷记"银行存款"账户。如果拒绝付款，属于全部拒付的，不做账务处理；属于部分拒付的，企业应在付款期内出具部分拒付理由书并退回有关单位，根据银行盖章退回的拒付理由书第一联编制部分付款的凭证。

6. 托收承付

托收承付是指收款人根据购销合同发货后，托收银行向异地付款人收取款项，由付款单位向银行承认付款的结算方式。使用托收承付结算方式的收款单位和付款单位必须是国有企业、供销合作社，以及经营管理较好并经开户银行审查同意的城乡集体所有制工业企业。办理托收承付的款项，必须是商品交易以及因商品交易而产生的劳务供应的款项。代销、零售、赊销商品的款项不得办理托收承付结算。托收承付结算的金额起点为10 000元，新华书店系统每笔金额起点为1 000元。

托收承付款项的划回方式为邮寄和电报两种。销货单位按购销合同发货后，填写托收承付凭证，盖章后连同发运证件或其他有关证明和交易单证送交开户银行办理托收手续。销货单位开户银行接受委托后，将有关凭证寄往购货单位开户银行，由购货单位开户银行通知购货单位付款。购货单位应立即对有关凭证进行审查，承付货款分为验单付款和验货付款两种，承付期分别为3天和10天。对于符合规定的情况，付款人不得无理拒付。付款单位在承付期满日银行营业终了时，如无足够资金支付，其不足部分按逾期付款处理，并处以逾期付款赔偿金。付款单位经过验单或验货，发现收款单位托收款项计算错误或所收货物的品种、质量、规格、数量等与合同规定不符等情况，可以在承付期内提出全部或部分拒付，并填写"拒付理由书"送交开户银行，开户银行认为符合拒付条件的，即转给收款方开户银行再通知收款单位进行处理。

采用托收承付结算方式，收款单位对于托收款项，根据银行收款通知和有关原始凭证，借记"银行存款"账户，贷记"应收账款"账户。付款单位对于承付的款项，根据托收承付结算凭证的承付支款通知和有关原始凭证借记"材料采购"等账户，贷记"银行存款"账户。如全部拒绝付款，不做账务处理；部分拒绝付款的，付款部分按上述规定处理，拒付部分不做账务处理。

7. 汇兑

汇兑是汇款人委托银行将其款项支付给收款人的结算方式。单位或个人的各种款项的结算均可使用汇兑结算方式。汇兑分为信汇和电汇两种，由汇款人根据需要选择使用。汇兑结算方式适用于异地之间的各种款项结算，划拨款项简单、灵活，是单位间款项结算的主要方式之一。

采用汇兑结算方式，汇款单位应先填写汇款委托书，汇款单位开户银行受理后将回单联退回汇款单位，汇款单位根据回单联编制付款凭证，借记有关账户，贷记"银行存款"账户。汇款单位开户银行将款项划转收汇银行，收汇银行将汇款收进收款单位或个人存款账户后，将收款通知联转交收款单位或个人，收款单位根据收款通知编制收款凭证，借记"银行存款"账户，贷记有关账户。

8. 信用卡

信用卡是商业银行向个人和单位发行的，凭其向特约单位购物、消费和银行存取现金，具有消费信用的特制载体卡片。信用卡内有存款可以消费，无存款则可在授权额度内透支消费，方便、灵活、快捷，同城、异地均可使用。信用卡按使用对象不同可分为单位卡和个人卡，按信誉等级不同可分为金卡和普通卡。单位卡账户的资金一律从其基本存款账户转存，不得交存现金，不得将销货收入的款项存入信用卡账户。单位卡不得用于 10 万元以上的商品交易、劳务供应款项的结算。信用卡只限于合法持卡人本人使用，不得出租或转借，若信用卡丢失或被窃，持卡人应立即持本人身份证或其他有效证明，向发卡银行或代办银行申请挂失，在挂失生效前被非法使用的款项仍由本人负责。信用卡允许小额善意透支，不得恶意透支，透支利息自签单日或银行记账日起 15 日内按日息 0.05%计算，超过 15 日按日息 0.10%计算，超过 30 日或透支超过规定限额的，按日息 0.20%计算。透支计息不分段，按最后期限或最高透支额的最高利率档次计息。

采用信用卡结算方式，收款单位对于当日受理的信用卡签购单，填写进账单，连同签购单一并送交收单银行办理进账，收到银行进账通知时，借记"银行存款"账户，贷记有关账户。付款单位对于付出的信用卡资金，应根据银行转来的付款通知和有关的原始凭证编制付款凭证，借记有关账户，贷记"其他货币资金——信用卡保证金存款"账户。

9. 信用证

信用证结算方式是国际结算的一种主要方式。信用证是进口方银行向出口方开立的，以出口方按规定提供单据为前提支付一定金额的书面承诺，是一种有条件的付款凭证。经中国人民银行批准经营结算业务的商业银行总行以及经商业银行总行批准开办信用证结算业务的分支机构，也可以办理国内企业之间商品交易的信用证结算业务。企业使用信用证办理国际结算和国内结算，应当填写开证申请书、信用证申请人承诺书，连同有关购销合同一并提交开证行，开证行受理开证业务后，企业需向开证行交存一定金额的保证金；开证行开立信用证并以邮寄或电传方式将其发送给通知行，通知行将信用证转交受益人；受益人收到信用证并审核无误后，即备货装运，持跟单汇票，连同信用证一同送交当地议付行；议付行审核后扣除利息，垫付货款之后将跟单汇票寄交开证行索回垫款；开证行收到跟单汇票后，通知申请人验单付款，赎单提货。

受益人根据议付单据及议付行退还的信用证等编制收款凭证，借记"银行存款"账户，贷记有关账户。申请人收到开证行的备款赎单通知时，根据付款赎回的有关单据编制付款凭证，借记有关账户，贷记"其他货币资金——信用证存款"账户。

三、银行存款的账务处理

在严格遵守银行存款管理规范的基础上，要设置相应的账户对银行存款进行日常核算，与开户行进行清查核对，从而准确把握可以用于支付的银行存款的额度。

(一) 银行存款总分类核算与序时核算

银行存款的总分类核算可以总括地反映银行存款的收入、支出和结存情况，一般设置"银行存款"总分类账户，有外币收支业务的企业，应按人民币、各种外币分别设置明细账进行明细核算。企业将款项存入银行或其他金融机构时，借记"银行存款"账户，贷记"库存现金"或有关账户；提取或支付存款时，借记"库存现金"或有关账户，贷记"银行存款"账户。企业在银行的其他存款，如外埠存款、银行汇票存款、银行本票存款、信用证存款等，在"其他货币资金"账户核算，不通过"银行存款"账户核算。"银行存款"总账应由不从事出纳工作的会计人员负责登记。

银行存款的序时核算可以逐笔序时反映银行存款的收入、支出和结存情况。企业必须设置银行存款日记账。银行存款日记账由出纳人员按照银行存款业务发生的先后顺序逐日逐笔登记，按期与银行对账单进行核对，做到账款相符。月份终了，银行存款日记账的余额必须与"银行存款"总账科目的余额核对相符，做到账账相符，即日清月结。

【案例2-4】 滨华有限责任公司2×08年6月发生以下银行存款业务。

(1) 6月4日，销售A商品，开具的增值税专用发票上载明价款20 000元，增值税2 600元，款项已收存入银行。

借：银行存款　　　　　　　　　　　　　　　　　　　　　22 600
　　贷：主营业务收入　　　　　　　　　　　　　　　　　　20 000
　　　　应交税费——应交增值税(销项税额)　　　　　　　　2 600

(2) 6月8日，购买甲材料，取得增值税专用发票，注明材料款10 000元，增值税1 300元，材料已验收入库并按实际成本核算，款项已用银行存款支付。

借：原材料——甲材料　　　　　　　　　　　　　　　　　10 000
　　应交税费——应交增值税(进项税额)　　　　　　　　　 1 300
　　贷：银行存款　　　　　　　　　　　　　　　　　　　　11 300

(3) 6月14日，收回上月B公司所欠货款100 000元，款项已收到存入银行。

借：银行存款　　　　　　　　　　　　　　　　　　　　　100 000
　　贷：应收账款——B公司　　　　　　　　　　　　　　　100 000

(4) 6月22日，以银行存款支付广告费，取得增值税专用发票，价款9 000元，增值税540元。

借：销售费用　　　　　　　　　　　　　　　　　　　　　9 000
　　应交税费——应交增值税(进项税额)　　　　　　　　　540
　　贷：银行存款　　　　　　　　　　　　　　　　　　　　9 540

(5) 6月26日，将现金5 000元交存银行。

借：银行存款　　　　　　　　　　　　　　　　　　　　　5 000
　　贷：库存现金　　　　　　　　　　　　　　　　　　　　5 000

(二) 银行存款的清查

为了防止银行存款账面发生差错,准确掌握银行存款实际金额,企业应按期对账。银行存款日记账的核对主要包括三个环节:一是银行存款日记账与银行收款、付款凭证互相核对,做到账证相符;二是银行存款日记账与银行存款总账互相核对,做到账账相符;三是银行存款日记账与银行开出的银行对账单互相核对,做到账实相符。

企业将银行存款日记账的记录同银行对账单进行逐笔核对时,如发现双方余额不一致,除记账错误外,还可能是由于未达账项引起的。未达账项是指企业与银行之间,由于收付款凭证传递上的时间差,一方已登记入账,而另一方尚未入账的账项。由于银行存款收支凭证在企业、银行间传递需要一定的时间,因而在同一日期的同一笔业务会出现一方已入账,另一方未入账的情况,使得银行存款日记账的余额同银行对账单的余额不相符。未达账项有如下4种情况:

(1) 银行已记作企业存款增加,而企业尚未接到收款通知,因而尚未记账的款项。
(2) 银行已记作企业存款减少,而企业尚未收到付款通知,因而尚未记账的款项。
(3) 企业已记作银行存款增加,而银行尚未办妥入账手续的款项。
(4) 企业已记作银行存款减少,而银行尚未支付入账的款项。

对于账目核对过程中发现的未达账项,由出纳人员编制"银行存款余额调节表"进行调节。调节后,双方余额如果相符,一般说明双方记账没有错误。双方余额如果不等,要么是未达账项未全部查出,要么是一方或双方记账有差错,无论哪种情况,都要进一步查清楚,对错账要加以更正,然后再调节,直到调节表中双方余额相等为止。需要注意的是,"银行存款余额调节表"的作用是核对企业与银行双方的记账有无差错,并不是用来记账的原始凭证,对于未达账项,必须待结算凭证到达,变成已达账项后方可进行相应账务处理。对于长期搁置的未达账项,应及时查阅凭证和有关资料,及时和银行联系,查明原因及时解决。

【案例2-5】 滨华有限责任公司 2×08 年 6 月 5 日与银行对账情况如下。

(1) 6 月 1 日到 6 月 5 日,企业银行存款日记账账面记录(见表 2-2)与银行出具的 6 月 5 日对账单(见表 2-3)资料及对账后勾对的情况如下。

表 2-2 银行存款日记账   单位:元

2×08年		凭证号数	摘要	结算凭证		对方科目	借方	贷方	余额
月	日			种类	号数				
			期初余额						23 344
6	1	00001	销售产品	转账支票	1245	主营业务收入 应交税费	22 600 √		45 944
6	2	00012	买办公用品	转账支票	5301	管理费用		7 000 √	45 944
6	2	00019	现金存银行	存款单	5679	库存现金	50 000 √		88 944
6	2	00024	购买材料	转账支票	5302	原材料 应交税费		56 500 √	32 444
6	3	00038	支付广告费	转账支票	5303	销售费用		4 000 √	28 444
6	3	00057	付前欠货款	电汇	7684	应付账款		20 000 √	8 444

(续表)

2×08年		凭证号数	摘要	结算凭证		对方科目	借方	贷方	余额
月	日			种类	号数				
6	3	00064	预收订金	收账通知	4537	预收账款	30 000 √		38 444
6	4	00089	收货款	托收承付	3457	应收账款	10 000 √		48 444
6	4	00090	提现	现金支票	2330	库存现金		5 000 √	43 444
6	5	00120	销售产品	转账支票	3451	主营业务收入 应交税费	33 900		77 344
6	5	00136	收回欠款	转账支票	7806	应收账款	5 678 √		83 022
6	5	00145	收出口退税	收账通知	2446	其他应收款	3 500 √		86 522
6	5	00169	付运费	转账支票	5304	管理费用		3 455	83 067
6	5	00170	付修理费	转账支票	5305	制造费用		8 000	75 067
			合　　计				157 678	105 955	75 067

表2-3　中国工商银行对账单

2×08年6月5日　　　　　　　　　　　　　　　　　　　　　　　　单位：元

日期	结算方式	结算号	支出	收入	余额
	期初余额				23 344
2×08年6月1日	转账支票	1245		22 600 √	45 944
2×08年6月2日	转账支票	5301	7 000 √		38 944
2×08年6月2日	现存	5679		50 000 √	88 944
2×08年6月2日	转账支票	5302	56 500 √		32 444
2×08年6月3日	转账支票	5303	4 000 √		28 444
2×08年6月3日	电汇	7684	20 000 √		8 444
2×08年6月3日	委托收款	4537		30 000 √	38 444
2×08年6月4日	托收承付	3457		10 000 √	48 444
2×08年6月4日	现金支票	2330	5 000 √		43 444
2×08年6月5日	转账支票	7806		5 678 √	49 122
2×08年6月5日	电汇	2446		3 500 √	52 622
2×08年6月5日	委托收款	7489		6 500	59 122
2×08年6月5日	委托收款	4790	3 000		56 122
2×08年6月5日	委托收款	4790	4 000		52 122
	合　　计		101 500	129 078	52 122

(2) 编制银行存款余额调节表，如表2-4所示。

表 2-4　银行存款余额调节表

2×08 年 6 月 5 日　　　　　　　　　　　　　　　　　　单位：元

项目	金额	项目	金额
银行存款日记账余额	75 067	银行对账单余额	52 122
加：银行已收企业未收款		加：企业已上银行未收款	
委托收款	6 500	5 日货款	33 900
减：银行已付企业未付款		减：企业已付银行未付款	
代付电费	3 000	转支运费	3 455
代付电话费	4 000	转支修理费	8 000
调节后存款余额	74 567	调节后存款余额	74 567

调节后的余额既不是企业银行存款日记账的余额，也不是银行对账单的余额，它是企业银行存款的真实数字，是企业当日可以动用的银行存款额。

任务三　其他货币资金核算

其他货币资金是存放地点和用途均与现金和银行存款不同的货币资金，在资产负债表中并入货币资金项目中，这一科目的设置是为了反映和监督其他货币资金的收支与结存情况。

一、其他货币资金

其他货币资金是指企业除库存现金和银行存款以外的其他各种货币资金。其他货币资金主要包括外埠存款、银行汇票存款、银行本票存款、信用卡存款、在途货币资金、信用证保证金存款、存出投资款等。

二、其他货币资金的账务处理

就性质而言，其他货币资金同库存现金和银行存款一样，均属于货币资金，但是存放地点和用途不同于库存现金和银行存款，因此在会计上是通过设置"其他货币资金"账户进行核算的。

（一）外埠存款

外埠存款是指企业到外地进行临时或零星采购时，汇往采购地采购专户的款项。企业将采购款项汇往采购地银行时，填写"汇款委托书"并加盖"采购资金"字样；汇入银行对汇入的采购款项，以汇款单位名义开立采购账户。采购专户存款不计利息，除采购员差旅费可以支取少量现金外，一律办理转账。采购专户只付不收，采购结束后，专户存款余额汇还汇出单位，结清采购专户。

采购款项汇往采购地银行，借记"其他货币资金——外埠存款"账户，贷记"银行存款"账户；外出采购人员报销用外埠存款支付的材料采购、货款等款项时，借记"原材料"或"在途物资""应交税费——应交增值税(进项税额)"等账户，贷记"其他货币资金——外埠存款"账户；用外埠存款采购结束后，如果还有剩余的外埠存款，应转回当地银行，借记"银行存款"账户，贷记"其他货币资金——外埠存款"账户。

【案例2-6】 滨华有限责任公司2×08年6月发生以下外埠存款业务。

(1) 6月1日，到外地采购材料，委托当地开户银行将采购款70 000元汇往采购地银行开立采购专户。

借：其他货币资金——外埠存款　　　　　　　　　　70 000
　　贷：银行存款　　　　　　　　　　　　　　　　　　70 000

(2) 6月10日，采购人员完成采购，增值税专用发票列明甲材料货款50 000元，增值税税款6 500元，采购人员车票1 030元(含允许抵扣的增值税30元)、住宿费单据2 120元(含允许抵扣的增值税120元)，材料尚未运达企业，按实际成本核算，会计处理如下：

借：在途物资——甲材料　　　　　　　　　　　　　50 000
　　应交税费——应交增值税(进项税额)　　　　　　　6 500
　　贷：其他货币资金——外埠存款　　　　　　　　　　56 500
借：管理费用　　　　　　　　　　　　　　　　　　 3 000
　　应交税费——应交增值税(进项税额)　　　　　　　 150
　　贷：其他货币资金——外埠存款　　　　　　　　　　 3 150

(3) 6月13日，接当地开户银行通知，采购专户存款余额10 350元汇回，已存入公司的银行存款账户，会计处理如下：

借：银行存款　　　　　　　　　　　　　　　　　　10 350
　　贷：其他货币资金——外埠存款　　　　　　　　　　10 350

(二) 银行汇票存款

汇款人使用银行汇票必须先向开户银行提交"汇票委托书"，并将票款送交银行。银行受理后，签发银行汇票并连同"解讫通知"一并交汇款人持往异地办理结算。对超过付款期而不能在兑付地办理结算的银行汇票，汇款人可向签发银行申请退汇。收款人收到银行汇票后，应在汇票金额额度内根据实际结算金额办理结算，并将实际结算金额和多余金额填入银行汇票，填写进账单送交银行，银行将实际结算金额转入收款人的存款账户，多余金额退回汇款人。

企业向银行申请办理银行汇票时，借记"其他货币资金——银行汇票存款"账户，贷记"银行存款"账户；企业用银行汇票支付款项时，借记"原材料"或"在途物资""应交税费——应交增值税(进项税额)"等账户，贷记"其他货币资金——银行汇票存款"账户。采购支付后，银行将汇票多余款或因汇票超过付款期等原因而退回款项时，应根据开户行转来的银行汇票的第四联(多余款收账通知)，借记"银行存款"账户，贷记"其他货币资金——银行汇票存款"账户。如果企业在销货过程中收到银行汇票，借记"银行存款"账户，贷记"主营业务收入"和"应交税费——应交增值税(销项税额)"等账户。

【案例 2-7】 滨华有限责任公司 2×08 年 6 月发生以下银行汇票业务。

(1) 6 月 3 日，向开户银行申请办理银行汇票，填制汇票委托书，款项 10 000 元从账户中支付，取得银行汇票。

借：其他货币资金——银行汇票存款　　　　　　　　10 000
　　贷：银行存款　　　　　　　　　　　　　　　　　　10 000

(2) 6 月 15 日，将银行汇票交付给材料供应商，材料价款 8 000 元，增值税 1 040 元，材料已验收入库，按实际成本核算。

借：原材料　　　　　　　　　　　　　　　　　　　　8 000
　　应交税费——应交增值税(进项税额)　　　　　　　 1 040
　　贷：其他货币资金——银行汇票存款　　　　　　　　9 040

(3) 6 月 20 日，收到开户银行的收账通知，汇票余款 960 元已经汇还入账。

借：银行存款　　　　　　　　　　　　　　　　　　　　960
　　贷：其他货币资金——银行汇票存款　　　　　　　　　960

(4) 6 月 26 日，销售产品一批，开具的增值税专用发票上的价格为 100 000 元，增值税 13 000 元，收到金额为 113 000 元的银行汇票一张，填写进账单交存银行。

借：银行存款　　　　　　　　　　　　　　　　　　113 000
　　贷：主营业务收入　　　　　　　　　　　　　　　100 000
　　　　应交税费——应交增值税(销项税额)　　　　　13 000

(三) 银行本票存款

企业使用银行本票结算，也必须按规定先向银行提交本票申请书并将款项交存银行，方可取得银行本票。

企业取得银行本票，借记"其他货币资金——银行本票存款"账户，贷记"银行存款"账户。企业用银行本票支付购货等款项时，借记"原材料"或"在途物资""应交税费——应交增值税(进项税额)"等账户，贷记"其他货币资金——银行本票存款"账户。如果企业因银行本票超过付款期等原因而要求银行退款时，应填写进账单一式两联，连同本票一并送交银行，根据银行收回本票时盖章退回的进账单第一联，借记"银行存款"账户，贷记"其他货币资金——银行本票存款"账户。企业在销货过程中收到银行汇票时，应将银行本票连同进账单交银行办理转账收款手续，借记"银行存款"账户，贷记"主营业务收入"和"应交税费——应交增值税(销项税额)"等账户。银行本票的账务处理与银行汇票基本一致，此处不再举例。

(四) 信用卡存款

企业单位需要办理信用卡结算的，应先向银行提出申请，填写"信用卡申请书"，经银行审查符合条件后，企业交存信用卡备用金，银行为申请人开立信用卡存款专户，发放信用卡。企业持卡消费时，应根据信用卡余额的变化适时地向其账户续存资金，以保证其支付能力。

企业将款项及有关资料交存银行后，根据银行盖章退回的进账单，借记"其他货币资金——信用卡存款"账户，贷记"银行存款"账户。企业用信用卡购物或支付有关费用时，根据银行转来信用卡存款凭证及所附发票账单，借记有关账户，贷记"其他货币资金——信用卡存款"

账户。持卡人如果不需要继续使用信用卡，可向发卡银行办理销户，银行应把信用卡专户存款余额转入其基本存款账户，借记"银行存款"账户，贷记"其他货币资金——信用卡存款"账户。

【案例2-8】 滨华有限责任公司2×08年6月发生以下信用卡存款业务。

(1) 6月15日，向建设银行申请信用卡，填写申请表，备用金10 000元从银行账户直接转存，公司取得信用卡。

借：其他货币资金——信用卡存款	10 000
贷：银行存款	10 000

(2) 6月30日，收到银行转来信用卡付款凭证及所附发票账单，招待费发票700元，办公用品发票5 650元(含允许抵扣的增值税650元)。

借：管理费用——业务招待费	700
——办公用品	5 000
应交税费——应交增值税(进项税额)	650
贷：其他货币资金——信用卡存款	6 350

(3) 6月30日，决定不再使用信用卡结算，办理销户手续，信用卡存款余额3 650元转回基本存款账户。

借：银行存款	3 650
贷：其他银行存款——信用卡存款	3 650

(五) 在途货币资金

在途货币资金的核算一般只在月末结账时进行。企业收到上级单位或所属单位汇出款项的通知，但未收到开户银行收账通知的款项属于在途货币资金。

月末结账时，收到上级单位或所属单位汇出款项的通知，企业应借记"其他货币资金——在途货币资金"账户，贷记有关账户；待下月初收到汇入款项时，再借记"银行存款"账户，贷记"其他货币资金——在途货币资金"账户。由于在途货币资金是由银行之间划拨款项时间差所引起，在途时间不会很长，月中发生的在途款项，可以不进行账务处理。

【案例2-9】 滨华有限责任公司2×08年6月发生以下在途货币资金业务。

(1) 6月30日，收到主管部门通知已汇出企业出口退税金额90 000元，当日款项没有到达企业的开户行。

借：其他货币资金——在途货币资金	90 000
贷：其他应收款——出口退税	90 000

(2) 7月2日，收到出口退税金额90 000元。

借：银行存款	90 000
贷：其他货币资金——在途货币资金	90 000

(六) 信用证保证金存款

目前，我国只有存在进出口业务的企业使用信用证结算方式。企业向外商开出信用证时，必须向中国银行提出申请并填写"信用证委托书"，还应将信用证保证金交存银行开立专户。

企业向外商开出信用证时，借记"其他货币资金——信用证保证金存款"账户，贷记"银行存款"账户；收到境外供应单位信用证结算凭证及所附发票账单，经核对无误后，借记"材料采购"等账户，贷记"其他货币资金——信用证保证金存款"账户；收到银行收账通知，将未用完的信用证保证金存款余额转回开户银行时，借记"银行存款"账户，贷记"其他货币资金——信用证保证金存款"账户。

【案例2-10】 滨华有限责任公司2×08年6月发生以下信用证保证金存款业务。

(1) 6月19日，委托银行对境外供货单位开出信用证，从开户行转出信用证保证金110 000元。

借：其他货币资金——信用证保证金存款　　　110 000
　　贷：银行存款　　　　　　　　　　　　　　　　110 000

(2) 6月23日，收到境外供货单位信用证结算凭证及发票账单，材料价款90 000元，海上运杂费10 000元。该批材料尚未收到，按实际成本核算。

借：在途物资　　　　　　　　　　　　　　　100 000
　　贷：其他货币资金——信用证保证金存款　　　　100 000

(3) 6月30日，有未用完的信用证保证金余额10 000元转回银行结算户。

借：银行存款　　　　　　　　　　　　　　　10 000
　　贷：其他货币资金——信用证保证金存款　　　　10 000

(七) 存出投资款

存出投资款是指企业已存入证券公司但尚未进行短期投资的货币，企业向证券公司划出资金时，应按实际划出的金额，借记"其他货币资金——存出投资款"账户，贷记"银行存款"账户；购买股票、债券等有价证券时，按实际发生的金额，借记"交易性金融资产"账户，贷记"其他货币资金——存出投资款"账户。

【案例2-11】 滨华有限责任公司2×08年6月发生以下存出投资款业务。

(1) 6月5日，将银行存款800 000元存入华夏证券公司指定的中国建设银行某支行开立的投资款账户，以备进行证券投资。

借：其他货币资金——存出投资款　　　　　　800 000
　　贷：银行存款　　　　　　　　　　　　　　　　800 000

(2) 6月23日，通过该投资款专户购入某上市公司股票30 000股，每股买价25元，购入后划分为交易性金融资产。另发生交易费用1 000元，取得的增值税专用发票上的增值税税额为60元。

借：交易性金融资产　　　　　　　　　　　　750 000
　　投资收益　　　　　　　　　　　　　　　　1 000
　　应交税费——应交增值税(进项税额)　　　　60
　　贷：其他货币资金——存出投资款　　　　　　　751 060

任务四　货币资金内部控制

为了规范企业的内部会计控制，加强货币资金的管理，中华人民共和国财政部于2001年6

月 22 日发布了《内部会计控制规范——货币资金》。

一、岗位分工及授权批准

单位应当建立货币资金业务的岗位责任制，明确相关部门和岗位的职责权限，确保办理货币资金业务的不相容岗位相互分离、制约和监督。出纳人员不得兼任稽核、会计档案保管和收入、支出、费用、债权债务账目的登记工作。单位不得由一人办理货币资金业务的全过程。

单位办理货币资金业务，应当配备合格的人员，并根据单位具体情况进行岗位轮换。办理货币资金业务的人员应当具备良好的职业道德，忠于职守，廉洁奉公，遵纪守法，客观公正，不断提高会计业务素质和职业道德水平。

单位应当对货币资金业务建立严格的授权批准制度，明确审批人对货币资金业务的授权批准方式、权限、程序、责任和相关控制措施，规定经办人办理货币资金业务的职责范围和工作要求。

审批人应当根据货币资金授权批准制度的规定，在授权范围内进行审批，不得超越审批权限。经办人应当在职责范围内，按照审批人的批准意见办理货币资金业务。对于审批人超越授权范围审批的货币资金业务，经办人员有权拒绝办理，并及时向审批人的上级授权部门报告。

单位应当按照规定的程序办理货币资金支付业务，具体如下。

(1) 支付申请。单位有关部门或个人用款时，应当提前向审批人提交货币资金支付申请，注明款项的用途、金额、预算、支付方式等内容，并附有效经济合同或相关证明。

(2) 支付审批。审批人根据其职责、权限和相应程序对支付申请进行审批。对不符合规定的货币资金支付申请，审批人应当拒绝批准。

(3) 支付复核。复核人应当对批准后的货币资金支付申请进行复核，复核货币资金支付申请的批准范围、权限、程序是否正确，手续及相关单证是否齐备，金额计算是否准确，支付方式、支付单位是否妥当等。复核无误后，交由出纳人员办理支付手续。

(4) 办理支付。出纳人员应当根据复核无误的支付申请，按规定办理货币资金支付手续，及时登记现金和银行存款日记账。

对于重要货币资金支付业务，单位应当实行集体决策和审批，并建立责任追究制度，防范贪污、侵占、挪用货币资金等行为。

严禁未经授权的机构或人员办理货币资金业务或直接接触货币资金。

二、现金和银行存款的管理

单位应当加强现金库存限额的管理，超过库存限额的现金应及时存入银行。

单位必须根据《现金管理暂行条例》的规定，结合本单位的实际情况，确定本单位现金的开支范围。不属于现金开支范围的业务应当通过银行办理转账结算。

单位现金收入应当及时存入银行，不得用于直接支付单位自身的支出。因特殊情况需坐支现金的，应事先报经开户银行审查批准。单位借出款项必须执行严格的授权批准程序，严禁擅自挪用、借出货币资金。

单位取得的货币资金收入必须及时入账，不得私设"小金库"，不得账外设账，严禁收款不入账。

单位应当严格按照《支付结算办法》等国家有关规定，加强银行账户的管理，严格按照规定开立账户，办理存款、取款和结算。单位应当定期检查、清理银行账户的开立及使用情况，发现问题，及时处理。单位应当加强对银行结算凭证的填制、传递及保管等环节的管理与控制。

单位应当严格遵守银行结算纪律，不准签发没有资金保证的票据或远期支票，套取银行信用；不准签发、取得与转让没有真实交易和债权债务的票据套取银行及他人资金；不准无理拒绝付款，任意占用他人资金；不准违反规定开立和使用银行账户。

单位应当指定专人定期核对银行账户，每月至少核对一次，编制银行存款余额调节表，使银行存款账面余额与银行对账单调节相符。如调节不符，应查明原因，及时处理。

单位应当定期和不定期地进行现金盘点，确保现金账面余额与实际库存相符。发现不符，及时查明原因，做出处理。

三、票据及有关印章的管理

单位应当加强与货币资金相关的票据的管理，明确各种票据的购买、保管、领用、背书转让、注销等环节的职责权限和程序，并专设登记簿进行记录，防止空白票据的遗失和被盗用。

单位应当加强银行预留印鉴的管理。财务专用章应由专人保管，个人名章必须由本人或其授权人员保管。严禁一人保管支付款项所需的全部印章。按规定需要有关负责人签字或盖章的经济业务，必须严格履行签字或盖章手续。

四、监督与检查

单位应当建立对货币资金业务的监督与检查制度，明确监督与检查机构或人员的职责和权限，定期和不定期地进行检查。

货币资金监督与检查的内容主要包括：

(1) 货币资金业务相关岗位及人员的设置情况。重点检查是否存在货币资金业务不相容，职务混岗的现象。

(2) 货币资金授权批准制度的执行情况。重点检查货币资金支出的授权批准手续是否健全，是否存在越权审批行为。

(3) 支付款项印章的保管情况。重点检查是否存在办理付款业务所需的全部印章交由一人保管的现象。

(4) 票据的保管情况。重点检查票据的购买、领用、保管手续是否健全，票据保管制度是否存在漏洞。

对监督与检查过程中发现的货币资金内部控制中的薄弱环节，应当及时采取措施加以纠正和完善。

思考练习

一、单项选择题

1. 下列事项不属于货币资金特点的是（　　）。
   A. 普遍可接受性　　　　　　　　　　B. 最重要的资产
   C. 货币形态存在　　　　　　　　　　D. 最强的流动性
2. 一般情况下，下列可以用现金支付的是（　　）。
   A. 支付的材料款　　　　　　　　　　B. 支付的税金
   C. 发给职工的工资　　　　　　　　　D. 支付的办公用品款
3. 企业日常经营活动的资金收付通过（　　）办理。
   A. 基本存款账户　　　　　　　　　　B. 专用存款账户
   C. 一般存款账户　　　　　　　　　　D. 临时存款账户
4. 关于库存现金长款，无法查明原因应计入（　　）科目。
   A. "其他业务收入"　　　　　　　　　B. "营业外收入"
   C. "冲减营业外支出"　　　　　　　　D. "其他应付款"
5. 根据内部控制制度的要求，出纳人员不可以（　　）。
   A. 登记现金和银行存款日记账　　　　B. 保管库存现金和各种有价证券
   C. 保管会计档案　　　　　　　　　　D. 保管空白收据、空白支票及有关印章

二、多项选择题

1. 货币资金包括（　　）。
   A. 库存现金　　　B. 备用金　　　C. 银行存款　　　D. 其他货币资金
2. 下列行为中，可以用现金支付的有（　　）。
   A. 支付给职工的工资
   B. 支付出差人员的差旅费
   C. 支付办公用品款752元
   D. 支付向供销社采购农副产品的款项10万元
3. 在下列结算方式中，同城、异地均可使用的结算方式有（　　）。
   A. 委托收款　　　B. 银行本票　　　C. 银行汇票　　　D. 托收承付
4. 下列项目中，在其他货币资金中核算的有（　　）。
   A. 汇往采购地采购专户的款项　　　　B. 银行签发银行汇票
   C. 信用证存款　　　　　　　　　　　D. 银行签发银行本票
5. 下列结算方式中，应在应收账款中核算的有（　　）。
   A. 银行汇票　　　B. 委托收款　　　C. 商业汇票　　　D. 托收承付

三、判断题

1. 货币资金按其存放的地点和用途不同,可分为库存现金、银行存款和其他货币资金。
(　)
2. 按照规定,单位库存现金的支出应由出纳人员一人办理。(　)
3. 如果拨付备用金、收回备用金通过"其他应收款"科目核算,按报销金额补足备用金,不再通过"其他应收款"科目。(　)
4. 银行存款日记账的记录同银行对账单进行逐笔核对时,如发现双方余额不一致,调节后相符,应依照"银行存款余额调节表"调整银行存款账。(　)
5. 出纳员可以登记固定资产明细账。(　)

项目三　应收与预付款项核算能力

应收与预付款项是指企业在日常生产经营活动中发生的各种债权，包括应收票据、应收账款和坏账损失、预付账款、其他应收款项、应收股利和应收利息等，属于流动资产的重要组成部分。企业及时地反映和监督各应收及预付款项，对保证资产的安全和完整，促进企业流动资金的周转具有重要意义。

【知识目标】

1. 掌握应收与预付款项的内容；
2. 掌握应收票据的含义及种类；
3. 掌握应收账款、商业折扣、现金折扣、总价法的概念，掌握应收账款核算的要求和应收账款计提坏账准备的方法；
4. 掌握其他应收款、预付账款的核算要求。

【能力目标】

1. 能够对不带息应收票据、带息应收票据进行核算；
2. 能够对不含折扣的应收账款、含折扣的应收账款进行核算；
3. 能够运用应收款项余额百分比法、账龄分析法、销货百分比法计提坏账准备，并能进行坏账准备的核算；
4. 能够对其他应收款及备用金核算，能够对预付账款进行核算。

【素质目标】

1. 树立诚信意识，明确履约责任；
2. 培养风险意识和合理控制坏账的意识。

任务一 应收票据核算

票据作为一种债权凭证，是一种记载有一定的付款日期、付款地、付款金额的流通证券，也是一种可以由持票人自由转让给他人的债权凭证，包括企业持有的未到期兑现的汇票、本票和支票。在我国会计实务中，支票、银行本票、银行汇票均为即期票据，收到这种票据，即可视同收到货币资金，无须将其列为应收票据予以处理。只有商业汇票是远期票据，企业取得商业汇票时，只是取得了一项债权。

一、应收票据

(一) 应收票据的概念

应收票据是指企业因销售商品、提供劳务等而收到的商业汇票。

商业汇票是出票人签发的，委托付款人在指定日期无条件支付确定的金额给收款人或者持票人的票据。在银行开立存款账户的法人以及其他组织之间必须具有真实的交易关系或债权债务关系，才能使用商业汇票，商业汇票可以背书转让。根据我国现行法规制度的规定，商业汇票的付款期限由交易双方商定，但最长不得超过 6 个月。因此，企业持有的应收票据是一项短期债权，在资产负债表上列示为一项流动资产。

(二) 应收票据的种类

商业汇票按其承兑人的不同，可以分为商业承兑汇票和银行承兑汇票两种。

商业承兑汇票是指由收款人签发，经付款人承兑，或者由付款人签发并承兑的汇票；银行承兑汇票是指由收款人或承兑申请人签发，并由承兑申请人向开户银行申请，经银行审查同意承兑的汇票。

商业汇票按票面是否载明利率，划分为带息商业汇票和不带息商业汇票。带息商业汇票是指在商业汇票到期时，承兑人必须按票面金额加上应计利息向收款人或被背书人支付票款的票据；不带息商业汇票是指在商业汇票到期时，承兑人只按票面金额向收款人或被背书人支付票款的票据。

(三) 应收票据的计价

我国《企业会计准则》规定，应收票据应当按票据的面值计价，即企业收到应收票据时，应按照票据的面值入账。对于带息的应收票据，应于期末(中期期末或年度终了)按照票据的票面价值和确定的利率计提利息，计提的利息应计入应收票据的账面金额。到期不能收回的应收票据，应将其账面余额转入应收账款或短期借款，并不再计提利息。

二、应收票据的账务处理

为了反映和监督应收票据取得、收回与转让等业务,企业应设置"应收票据"账户,该账户属于资产类账户。该账户借方登记取得的应收票据面值,贷方登记到期收回的票款。期末余额在借方,反映企业持有的商业汇票的账面金额。本科目应按照商业汇票的种类设置明细账,进行明细分类核算。

1. 不带息应收票据的核算

不带息票据的到期价值等于应收票据的面值。企业销售产品、商品或提供劳务等收到开出并承兑的商业汇票时,按应收票据的面值,借记"应收票据"科目,贷记"主营业务收入""应交税费"等科目;应收票据到期收回时,按票面金额,借记"银行存款"科目,贷记"应收票据"科目;商业承兑汇票到期,承兑人违约拒付或无力偿还票款,收款企业应将到期票据的票面金额转入"应收账款"科目。

【案例 3-1】2×08 年 1 月 10 日,滨华有限责任公司向乙公司销售一批产品,货款为 60 000 元,增值税税额为 7 800 元,收到一张不带息的 3 个月商业承兑汇票,面值为 67 800 元。买方已提取货物。滨华有限责任公司应编制会计分录如下。

确认收入,收到票据:
借:应收票据　　　　　　　　　　　　　　　　　　　67 800
　　贷:主营业务收入　　　　　　　　　　　　　　　　60 000
　　　　应交税费——应交增值税(销项税额)　　　　　　7 800

应收票据到期收回票款存入银行:
借:银行存款　　　　　　　　　　　　　　　　　　　67 800
　　贷:应收票据　　　　　　　　　　　　　　　　　　67 800

如果乙公司无力偿付票款:
借:应收账款——乙公司　　　　　　　　　　　　　　67 800
　　贷:应收票据　　　　　　　　　　　　　　　　　　67 800

2. 带息应收票据的核算

带息应收票据利息的计算公式为

$$应收票据利息 = 应收票据面值 \times 利率 \times 期限$$

式中,利率一般指年利率,如果按月计算利息,应将利率换算为月利率;如果按日计算利息,应将利率换算为日利率,为计算方便,通常一年按 360 天计算。期限是指票据签发日至到期日的间隔时间。按月表示期限时,应以到期月份中与出票日相同的日子为到期日。例如出票日为 3 月 20 日,期限 2 个月,则到期日为 5 月 20 日。月末签发的票据,不论月份大小,均以到期月份的月末为到期日。按日表示期限时,到期日应从出票日起,按实际经历天数计算,对出票日和到期日只计算其中的一天,计算时按算尾不算头的方式确定。例如,4 月 20 日开出的 60 天商业汇票的到期日为 6 月 19 日。

【**案例3-2**】 2×08年4月1日,滨华有限责任公司销售一批商品,货款100 000元,增值税税额为13 000元,当日收到一张商业承兑汇票,面值113 000元,年利率为6%,期限5个月,每月末计算利息。根据上述资料,做会计分录如下。

4月1日收到票据时:

借:应收票据　　　　　　　　　　　　　　　　　113 000
　　贷:主营业务收入　　　　　　　　　　　　　　　　　100 000
　　　　应交税费——应交增值税(销项税额)　　　　　　 13 000

4月30日计算利息:113 000×6%÷12＝565(元)。

借:应收票据　　　　　　　　　　　　　　　　　565
　　贷:财务费用　　　　　　　　　　　　　　　　　　　565

后4个月利息计算方式相同。

9月1日到期收到票款和利息时:

借:银行存款　　　　　　　　　　　　　　　　　115 825
　　贷:应收票据　　　　　　　　　　　　　　　　　　　115 825

商业承兑汇票到期日,如果付款人无力支付票款,企业收到银行退回的商业承兑汇票、委托收款凭证、未付票款通知书等,按应收票据的账面价值,借记"应收账款"科目,贷记"应收票据"科目,以后不再计提利息。

3. 应收票据转让的核算

应收票据转让是指持票人因偿还前欠货款等原因,将未到期的商业汇票背书后转让给其他单位或个人的业务活动。

企业将持有的应收票据背书转让,以取得所需物资时,按应计入物资成本的价值,借记"材料采购""原材料""库存商品"等科目,按专用发票上注明的增值税,借记"应交税费——应交增值税(进项税额)"科目,按应收票据的账面余额,贷记"应收票据"科目,如有差额,借记或贷记"银行存款"等科目。

4. 应收票据贴现的核算

应收票据贴现是指持票人因急需资金,将未到期的商业汇票背书后转让给银行,银行受理后,从票面金额中扣除按银行的贴现率计算确定的贴现息后,将余额付给贴现企业的一项融资活动。

在贴现过程中,企业付给银行的利息称为贴现利息,银行计算贴现利息的利率称为贴现率,企业从银行获得的票据到期值扣除贴现利息后的货币收入称为贴现所得,即贴现净额。

贴现计算公式为

$$贴现净额＝票据到期值-贴现利息$$

$$贴现利息＝票据到期值×贴现率×贴现期$$

式中,贴现期是指自贴现日起至到期日止的实际天数,也是由算头不算尾或算尾不算头的方法计算确定。带息应收票据的到期值是其面值加上按票据载明的利率计算的票据全部期间的利息;不带息应收票据的到期值就是其面值。

企业持未到期的应收票据向银行申请贴现时,应根据银行盖章退回的贴现凭证第四联收账通知做如下账务处理:如果商业承兑汇票附追索权贴现时,按贴现净额,借记"银行存款"账户,按应收票据的到期值,贷记"短期借款"账户,按两者的差额计入"财务费用"账户;如果不附追索权贴现时,按贴现净额,借记"银行存款"账户,按应收票据的账面余额,贷记"应收票据"账户,按两者的差额计入"财务费用"账户。

【案例3-3】 滨华有限责任公司将一张180天到期,年利率为4%,利息到期一次计提,面值为10 000元的商业承兑汇票,向银行申请贴现。该票据的出票日是2×08年6月1日,申请贴现日是2×08年8月30日,银行年贴现率为6%,假定该贴现不附追索权,其计算过程如下。

票据到期值=票面额×(1+票面利率×票据期限)
　　　　　=10 000×(1+4%×180÷360)=10 200(元)

贴现期:8月30日至11月28日共90天。

贴现利息=票据到期值×贴现率×贴现期=10 200×6%×90÷360=153(元)

贴现净额=票据到期值-贴现利息=10 200-153=10 047(元)

根据上述结果,贴现时账务处理如下:

借:银行存款　　　　　　　　　　　　　　　　　　　　10 047
　　贷:应收票据　　　　　　　　　　　　　　　　　　　　10 000
　　　　财务费用　　　　　　　　　　　　　　　　　　　　　　47

假定贴现时附追索权,账务处理如下:

借:银行存款　　　　　　　　　　　　　　　　　　　　10 047
　　财务费用　　　　　　　　　　　　　　　　　　　　　　153
　　贷:短期借款　　　　　　　　　　　　　　　　　　　　10 200

票据到期时,如果银行如期收款,公司会计处理如下:

借:短期借款　　　　　　　　　　　　　　　　　　　　10 200
　　贷:应收票据　　　　　　　　　　　　　　　　　　　　10 200

票据到期时,如果银行没能如期收款,从公司账户划款,公司会计处理如下:

借:短期借款　　　　　　　　　　　　　　　　　　　　10 200
　　贷:银行存款　　　　　　　　　　　　　　　　　　　　10 200
借:应收账款　　　　　　　　　　　　　　　　　　　　10 200
　　贷:应收票据　　　　　　　　　　　　　　　　　　　　10 200

任务二　应收账款和坏账损失核算

应收账款主要包括应收取的货款、代购货方垫付的运杂费、应收取的增值税销项税额等,不包括各种非主要经营业务发生的各种应收款项,如职工欠款、存出保证金、应收股利和利息等债权。应收账款是因企业赊销业务而产生的,所以应在赊销成立时确认入账。

一、应收账款

(一) 应收账款的概念

应收账款是指企业在正常的生产经营过程中,由于销售商品、产品或提供劳务等应向客户收取的款项,是企业因销售商品、产品或提供劳务经营活动所形成的债权。应收账款的收回期一般不超过两个月,最多不超过一年。应收账款建立在商业信用的基础上,账款的偿付缺乏法律约束力。确认应收账款的依据是一些表明产品销售或劳务提供过程已经完成,债权债务已经成立的书面文件,如购销合同、发票、产品出库单和发运单据等。

(二) 应收账款的计价

《企业会计准则》规定,应收账款按实际发生金额计价入账,其入账价值包括销售货物或提供劳务的价款、增值税,以及代购货方垫付的运杂费等。确认应收账款的入账价值时,还要考虑商业折扣和现金折扣等因素。

1. 商业折扣

商业折扣是指因时间性因素或因销售数量或客户不同而给予客户的价格上的让渡。商业折扣通常用百分数来表示,如5%、10%、15%等。扣减商业折扣后的价格才是商品的实际销售价格。商业折扣通常作为促销的手段,目的是扩大销路、增加销量。一般情况下,商业折扣都直接从商品价目单价格中扣减,购买单位应付的货款和销售单位应收的货款,都根据直接扣减商业折扣后的价格来计算。因此,商业折扣对企业的会计记录没有影响。

2. 现金折扣

现金折扣是指企业为了鼓励客户在一定期限内早日偿还货款而给予客户的折扣优惠。现金折扣对于销售企业来说,称为销货折扣;对于购货企业来说,称为购货折扣。现金折扣一般表示为"2/10,1/20,n/30"等。2/10表示如果客户在10天内偿付货款,给予2%的折扣;1/20表示如果客户在20天内偿付货款,给予1%的折扣;n/30表示如果客户在30天内付款,则无折扣。现金折扣使得企业应收账款的实收数额随着客户付款的时间不同而有所差异,这样就产生了应收账款的现金折扣计价核算问题。

《企业会计准则》规定,在存在现金折扣的情况下,应收账款应以未减去现金折扣的金额入账,即以总价法入账。实际发生的现金折扣作为一种理财费用,计入当期损益。

二、应收账款的账务处理

(一) 无折扣

企业因销售商品、产品和提供劳务等经营活动发生的应收账款,在没有折扣的情况下,企业按应收取的全部金额,借记"应收账款"科目,按实现的营业收入,贷记"主营业务收入""其他业务收入"等科目,按专用发票上注明的增值税税额,贷记"应交税费——应交增值税(销项税额)"科目。

企业代购货单位垫付运杂费时，借记"应收账款"科目，贷记"银行存款"科目；收回代垫费用时，借记"银行存款"科目，贷记"应收账款"科目。

【案例 3-4】 2×08 年 2 月 12 日，滨华有限责任公司销售一批产品，价值 50 000 元，适用的增值税税率为 13%，代购货单位垫付运杂费 1 000 元，已办妥委托银行收款手续。公司做会计分录如下：

借：应收账款	57 500
贷：主营业务收入	50 000
应交税费——应交增值税(销项税额)	6 500
银行存款	1 000

收到货款时，做会计分录如下：

借：银行存款	57 500
贷：应收账款	57 500

(二) 存在商业折扣

在这种情况下，企业发生的应收账款应按扣除商业折扣后的金额入账。

【案例 3-5】 2×08 年 5 月 12 日，滨华有限责任公司销售一批产品，按价目表标明的价格计算，金额为 30 000 元，由于是成批销售，销货方给购货方 10%的商业折扣，金额为 3 000 元，销货方实际销售额为 27 000 元，适用增值税税率为 13%，公司做会计分录如下：

借：应收账款	30 510
贷：主营业务收入	27 000
应交税费——应交增值税(销项税额)	3 510

收到货款时，做会计分录如下：

借：银行存款	30 510
贷：应收账款	30 510

(三) 存在现金折扣

企业发生的应收账款在有现金折扣的情况下，采用总价法入账，发生的现金折扣作为财务费用处理。

【案例 3-6】 2×08 年 5 月 16 日，滨华有限责任公司销售一批产品给 A 公司，价值 20 000 元，规定的现金折扣条件为"2/10，1/20，n/30"，适用的增值税税率为 13%，产品交付并办妥托收手续，计算现金折扣时考虑增值税。公司做会计分录如下：

借：应收账款——A 公司	22 600
贷：主营业务收入	20 000
应交税费——应交增值税(销项税额)	2 600

如果上述货款在 10 天内收到：

借：银行存款	22 148
财务费用	452
贷：应收账款——A 公司	22 600

如果上述货款在 20 天内收到：

借：银行存款　　　　　　　　　　　　　　　　　22 374
　　财务费用　　　　　　　　　　　　　　　　　　　226
　　贷：应收账款——A 公司　　　　　　　　　　　　　　22 600

如果超过了现金折扣的最后期限才收到货款：

借：银行存款　　　　　　　　　　　　　　　　　22 600
　　贷：应收账款——A 公司　　　　　　　　　　　　　　22 600

三、坏账损失的账务处理

(一) 坏账的概念

坏账是指企业无法收回的应收账款，由此而产生的损失称为坏账损失。在市场经济条件下，由于商业信用的存在，企业不可避免地会产生坏账损失。现行制度规定，确认坏账损失应符合下列条件：

(1) 因债务人破产或者死亡，以其破产财产或者遗产清偿后，仍然不能收回的应收账款；

(2) 因债务人逾期未履行偿债义务，并有足够证据表明无法收回或收回的可能性极小。

但是，按照会计程序确认为坏账的应收账款，并不意味着企业放弃其法律上的追索权，一旦重新收回，应及时入账。

(二) 坏账损失的核算方法

坏账损失的核算方法有直接转销法和备抵法两种。我国《企业会计准则》规定，企业应采用备抵法核算坏账损失。

备抵法是指在坏账损失实际发生前，就依据权责发生制原则估计损失，并同时形成坏账准备，待坏账损失实际发生时再冲减坏账准备，同时转销相应的应收款项的方法。

企业应当在资产负债表日对应收款项的账面价值进行评估，应收款项发生减值的，应将减记的金额确认为减值损失，计提坏账准备。

采用备抵法核算坏账，应设置"坏账准备"科目。"坏账准备"科目是"应收账款""其他应收款"等科目的备抵科目，其贷方登记坏账准备的计提数，借方登记坏账准备的转销数或收回的以前年度已确认并转销的坏账，余额期末在贷方，表示已计提但尚未转销的坏账准备数额。

企业提取坏账准备时，借记"信用减值损失"科目，贷记"坏账准备"科目，如果应提取的坏账准备大于"坏账准备"账户的贷方余额，应按其差额提取坏账准备；如果应提取的坏账准备小于"坏账准备"的贷方余额，应按其差额冲减已计提的坏账准备，借记"坏账准备"科目，贷记"信用减值损失"科目。

实际发生坏账时，借记"坏账准备"科目，贷记"应收账款""其他应收款"科目。如果已确认并转销的坏账以后又收回，则应按收回的金额，借记"应收账款""其他应收款"科目，贷记"坏账准备"科目，同时借记"银行存款"科目，贷记"应收账款""其他应收款"科目。

企业采用备抵法核算坏账损失时，首先应按期估计坏账损失。估计坏账损失的方法主要有应收款项余额百分比法、账龄分析法和销货百分比法。

1. 应收款项余额百分比法

应收款项余额百分比法是先根据会计期末应收款项的余额乘以估计坏账率计算当期应估计的坏账损失,再据此提取坏账准备的方法。坏账率可以按照以往的数据资料加以确定,也可以根据规定的百分比计算。企业发生的坏账多,比例相应就高些;反之,则低些。

当期应提取的坏账准备＝当期按应收款项计算的应提坏账准备金额-坏账准备账户贷方余额＋坏账准备账户借方余额

当期按应收款项计算的应提坏账准备金额＝期末应收款项余额×坏账准备的计提比例

【案例3-7】 2×08年1月1日,滨华有限责任公司"坏账准备"期初余额为贷方10 000元。2×08年12月31日,"应收账款"余额为1 000 000元,提取坏账准备的比例为3%。2×09年5月10日,发生坏账损失6 000元,其中甲公司1 000元,乙公司5 000元,年末应收账款余额为1 200 000元。2×10年8月9日,已冲销的上年乙公司应收账款5 000元又收回,期末应收账款余额1 300 000元。各年度账务处理如下。

(1) 2×08年,年末计提坏账准备:1 000 000×3%-10 000＝20 000(元)。

借:信用减值损失　　　　　　　　　　　　　　　　　　20 000
　　贷:坏账准备　　　　　　　　　　　　　　　　　　　　　20 000

"坏账准备"期末余额30 000元。

(2) 2×09年,发生坏账:

借:坏账准备　　　　　　　　　　　　　　　　　　　　6 000
　　贷:应收账款——甲公司　　　　　　　　　　　　　　　1 000
　　　　　　　　——乙公司　　　　　　　　　　　　　　　5 000

年末计提坏账准备:1 200 000×3%-30 000＋6 000＝12 000(元)。

借:信用减值损失　　　　　　　　　　　　　　　　　　12 000
　　贷:坏账准备　　　　　　　　　　　　　　　　　　　　　12 000

"坏账准备"期末余额36 000元。

(3) 2×10年,收回坏账:

借:应收账款——乙公司　　　　　　　　　　　　　　　5 000
　　贷:坏账准备　　　　　　　　　　　　　　　　　　　　　5 000
借:银行存款　　　　　　　　　　　　　　　　　　　　5 000
　　贷:应收账款——乙公司　　　　　　　　　　　　　　　5 000

年末计提坏账准备:1 300 000×3%-(36 000＋5 000)＝-2 000(元)。

借:坏账准备　　　　　　　　　　　　　　　　　　　　2 000
　　贷:信用减值损失　　　　　　　　　　　　　　　　　　　2 000

"坏账准备"期末余额39 000元。

2. 账龄分析法

账龄分析法是指根据应收账款的时间长短来估计坏账损失的方法。采用账龄分析法时,将不同账龄的应收账款进行分组,并根据前期坏账实际发生的有关资料,确定各账龄组的估计坏账损失百分比,再将各账龄组的应收账款金额乘以对应的估计坏账损失百分比数,计算出各组的估计坏账损失额之和,即为当期的坏账损失预计金额。账龄分析法下应计提的坏账准备的计算方法与应收账款余额百分比法类似。

【案例 3-8】 2×08 年 12 月 31 日,滨华有限责任公司应收账款账龄及估计坏账损失的情况如表 3-1 所示。

表 3-1 应收账款账龄及坏账损失估计表

应收账款账龄	应收账款金额/元	估计损失/%	估计损失金额/元
未到期	400 000	0.5	2 000
过期 1 个月	300 000	1	3 000
过期 2 个月	100 000	2	2 000
过期 3 个月	150 000	3	4 500
过期 3 个月以上	50 000	4	2 000
合计	1 000 000		13 500

假设在估计坏账损失前,"坏账准备"账户有贷方余额 10 000 元,则该企业本期应提取的坏账准备为 13 500-10 000=3 500(元)。账务处理如下:

借:信用减值损失　　　　　　　　　　　　　　3 500
　　贷:坏账准备　　　　　　　　　　　　　　　　3 500

假设在估计坏账损失前,"坏账准备"账户有借方余额 3 000 元,则该企业本期应提取的坏账准备为 13 500+3 000=16 500(元)。账务处理如下:

借:信用减值损失　　　　　　　　　　　　　　16 500
　　贷:坏账准备　　　　　　　　　　　　　　　　16 500

3. 销货百分比法

销货百分比法是以赊销金额的一定百分比来估计坏账损失的方法,即首先估计不能收回的应收账款占赊销总额的百分比,期末用此百分比乘以赊销总额,以估计本会计期间的坏账损失。采用该方法计提坏账准备时,不用考虑上年坏账准备的余额。

【案例 3-9】 2×08 年滨华有限责任公司全年赊销金额为 2 000 000 元,根据以往资料和经验,估计坏账损失率为 2%。

年末估计坏账损失为 2 000 000×2%=40 000(元),账务处理如下:

借:信用减值损失　　　　　　　　　　　　　　40 000
　　贷:坏账准备　　　　　　　　　　　　　　　　40 000

任务三　预付账款和其他应收款项核算

预付账款是指企业按照合同规定预付的款项。其他应收款项是企业应收款项的重要组成部分之一，它的发生一般与企业的正常生产经营活动无直接联系，因而在性质上属于非营业应收项目。

一、预付账款核算

预付账款是指按照购货或劳动合同，预先支付给供应方的账款。

为了加强对预付账款的管理，一般应单独设置"预付账款"科目进行核算。预付账款时，借记"预付账款"科目，贷记"银行存款"科目。收到所购物资时，按发票账单所列物资成本的金额，借记"材料采购"或"原材料""库存商品"等科目，按专用发票注明的增值税，借记"应交税费——应交增值税(进项税额)"科目，按应付金额，贷记"预付账款"科目。补付款项时，借记"预付账款"科目，贷记"银行存款"科目。退回多付的款项时，做相反的会计分录。

预付账款业务较少的企业，也可以不设"预付账款"科目，将预付的货款计入"应付账款"科目的借方。企业的预付账款，如有确凿证据表明其不符合预付账款性质，或因供货单位破产、撤销等原因已无望再收到所购货物的，应将原计入预付账款的金额转入其他应收款。企业应按预计不能收到所购货物的预付账款账面余额，借记"其他应收款——预付账款转入"科目，贷记"预付账款"科目。

【案例3-10】 2×08年7月6日，滨华有限责任公司根据购货合同规定，通过银行转账预付给乙公司定购材料款9 000元。账务处理如下：

借：预付账款——乙公司　　　　　　　　　　　　　　9 000
　　贷：银行存款　　　　　　　　　　　　　　　　　　　　9 000

【案例3-11】 向乙公司订购的材料已经收到并验收入库，增值税专用发票列明材料价款是10 000元、增值税税额是1 300元，共计11 300元。账务处理如下：

借：原材料　　　　　　　　　　　　　　　　　　　　10 000
　　应交税费——应交增值税(进项税额)　　　　　　　　 1 300
　　贷：预付账款——乙公司　　　　　　　　　　　　　　11 300

【案例3-12】 通过银行转账补付给乙公司材料款2 300元。账务处理如下：

借：预付账款——乙公司　　　　　　　　　　　　　　 2 300
　　贷：银行存款　　　　　　　　　　　　　　　　　　　　2 300

【案例3-13】 2×08年9月12日，滨华有限责任公司预付给丙公司货款12 000元，因丙公司撤销，所购货物已经无法收到。经批准，应做如下账务处理：

借：其他应收款——预付账款转入　　　　　　　　　　12 000
　　贷：预付账款——丙公司　　　　　　　　　　　　　　12 000

二、其他应收款项核算

(一) 其他应收款项的含义

其他应收款是企业除应收票据、应收账款和预付账款等经营活动以外的其他各种应收、暂付款项，其内容包括：

(1) 应收的各种赔款、罚款；
(2) 应收出租包装物的租金；
(3) 应向职工收取的各种垫付款项；
(4) 备用金(向企业各职能科室、车间等拨付的备用金)；
(5) 存出的保证金，如租入包装物支付的押金；
(6) 其他各种的应收、暂付款项；
(7) 预付账款转入。

企业应设置"其他应收款"科目，核算企业应收票据、应收账款、预付账款等以外的其他各种应收、暂付款项。企业发生其他各种应收款项时，借记"其他应收款"科目，贷记有关科目；收回各种款项时，借记"银行存款"等科目，贷记"其他应收款"科目。

(二) 其他应收款项的账务处理

1. 备用金的核算

备用金是指付给单位内部各部门或工作人员用作零星开支、零星采购或差旅费等的款项。对于借用的备用金，会计上可以通过"其他应收款——备用金"账户来核算，也可以单独设置"备用金"账户。

(1) 定额备用金制。定额备用金制，是指根据使用部门和人员的实际工作需要，先核定其备用金定额并依此拨付备用金，使用后再拨付现金补足其定额的制度。

【案例3-14】2×08年1月1日，滨华有限责任公司核定的基本生产车间备用金定额为30 000元，以现金支票拨付，账务处理如下：

借：其他应收款——备用金(基本生产车间)　　　　30 000
　　贷：银行存款　　　　　　　　　　　　　　　　　　30 000

基本生产车间报销日常管理支出1 000元，现金支票补足备用金，账务处理如下：

借：制造费用　　　　　　　　　　　　　　　　　　1 000
　　贷：银行存款　　　　　　　　　　　　　　　　　　1 000

年终收回基本车间备用金，账务处理如下：

借：银行存款　　　　　　　　　　　　　　　　　　30 000
　　贷：其他应收款——备用金(基本生产车间)　　　30 000

(2) 非定额备用金制。非定额备用金制是指为了满足临时性需要而暂付给有关部门或个人现金，使用后实报实销的制度。实行非定额备用金制度的，在"其他应收款"科目核算，不在"备用金"科目核算。

【案例3-15】2×08年3月6日，滨华有限责任公司行政管理部门程华外出预借差旅费4 000元，以现金付讫。公司账务处理如下：

借：其他应收款——程华　　　　　　　　　　　　4 000
　　贷：库存现金　　　　　　　　　　　　　　　　　　4 000

【案例 3-16】 程华出差归来，报销 3 600 元，退回现金 400 元。公司账务处理如下：

借：管理费用　　　　　　　　　　　　　　　　　　　　　3 600
　　库存现金　　　　　　　　　　　　　　　　　　　　　　 400
　　贷：其他应收款——程华　　　　　　　　　　　　　　　　　　4 000

2. 备用金以外的其他应收款的核算

【案例 3-17】 2×08 年 4 月 8 日，滨华有限责任公司租入包装物一批，以银行存款向出租方支付押金 10 000 元。

借：其他应收款——存出保证金　　　　　　　　　　　　　10 000
　　贷：银行存款　　　　　　　　　　　　　　　　　　　　　　10 000

租入包装物按期如数退回，收到出租方退还的押金 10 000 元，已存入银行，账务处理如下：

借：银行存款　　　　　　　　　　　　　　　　　　　　　10 000
　　贷：其他应收款——存出保证金　　　　　　　　　　　　　　10 000

三、应收股利和应收利息核算

应收股利是指企业因股权投资而应向被投资单位收取的现金股利和企业应收其他单位的利润等；应收利息是指企业因债权投资而应该收取的利息。

企业应设置"应收股利""应收利息"账户核算股利、利息，"应收股利""应收利息"账户都属于资产类账户，借方分别登记应收的股利、利息，贷方登记实际收到的股利、利息，期末余额在借方，表示尚未收到的股利、利息。

思考练习

一、单项选择题

1. 企业将持有的不带息商业汇票向银行申请贴现，支付给银行的贴现利息应计入的会计科目是(　　)。
   A. 财务费用　　　　B. 管理费用　　　　C. 投资收益　　　　D. 营业外支出

2. 某公司 1 月 1 日销货一批，收到一张面值为 40 000 元、期限为 3 个月的商业承兑汇票，票面年利率为 6%，则该票据的到期值为(　　)元。
   A. 40 600　　　　　B. 40 100　　　　　C. 40 010　　　　　D. 41 200

3. 某企业销售商品一批，增值税专用发票上注明的价款为 60 万元，适用的增值税税率为 13%，为购买方代垫运杂费 2 万元，款项尚未收回。该企业确认的应收账款为(　　)万元。
   A. 60　　　　　　　B. 62　　　　　　　C. 67.8　　　　　　D. 69.8

4. 采用备抵法核算坏账的企业，提取坏账准备的依据是(　　)。
   A. 应收票据的余额　　　　　　　　　　B. 应账款项的余额
   C. 应收账款的余额　　　　　　　　　　D. 预付账款的余额

5. A公司2×02年成立并开始采用应收账款余额百分比法计提坏账准备,计提比率为2%。2×02年年末应收账款余额750万元;2×03年2月确认坏账损失15万元,2×03年11月收回已作为坏账损失处理的应收账款3万元,2×03年年末应收账款余额600万元,该企业2×03年年末提取坏账准备的金额是(　　)万元。

　　A. 9　　　　　　B. 15　　　　　　C. 12　　　　　　D. 3

二、多项选择题

1. 应收款项包括(　　)。
　　A. 应收账款　　　B. 预收账款　　　C. 应收票据　　　D. 其他应收款
2. 现行制度规定,不能用"应收票据"及"应付票据"账户核算的票据包括(　　)。
　　A. 银行本票存款　B. 银行承兑汇票　C. 外埠存款　　　D. 商业承兑汇票
3. 某企业收到商业承兑汇票一张,票面金额30 000元,票面年利息率为8%,期限为3个月,票据到期后,付款单位未能兑现,企业则应做(　　)的账务处理。
　　A. 借记应收账款30 000元
　　B. 借记应收账款30 600元
　　C. 贷记应收票据30 000元,财务费用600元
　　D. 贷记应收票据30 600元,财务费用100元
4. 下面是一些票据贴现的公式,其中正确的有(　　)。
　　A. 贴现息＝票据到期值×贴现率×贴现期
　　B. 贴现实收金额＝票据到期值−贴现息
　　C. 贴现实收金额＝票据到期值(1−贴现率×贴现期)
　　D. 贴现利息＝面值×利率×期限
5. 下列各项中,应通过"应收账款"账户核算的有(　　)。
　　A. 应收销货款
　　B. 应收代垫运杂费
　　C. 未设置"预收账款"账户的企业预收的销货款
　　D. 未设置"预付账款"账户的企业预付的购货款

三、判断题

1. 企业预付款项给供货单位形成的债权,应在"预付账款"或"应付账款"科目核算。
   (　　)
2. 企业需要到外地临时或零星采购,可以将款项通过银行汇入采购地银行,这部分汇入采购地银行的资金应通过"银行存款"科目核算。(　　)
3. 我国的会计实务中,带息应收票据贴现时,应将其贴现利息直接计入当期损益。
   (　　)

项目四　存货核算能力

存货是制造业等各类企业资产的一个重要组成项目,企业没有存货就无法生产经营。企业在生产经营过程中,存货不断被销售、耗用和重制,所以正常经营状态下存货储存时间也不会很长,一般情况下,企业存货大多在一年之内被出售或者被消耗,因此存货属于流动资产。在大多数企业中,存货在流动资产中占有很大比重,是流动资产的重要组成部分。

【知识目标】
1. 掌握存货的概念及范围;
2. 掌握原材料按实际成本计价和按计划成本计价的方法;
3. 了解自制存货的核算要求;
4. 掌握周转材料的核算要求;
5. 掌握委托加工物资的成本构成及核算要求;
6. 掌握存货采用成本与可变现净值孰低法的期末计价方法;
7. 掌握存货的盘点方法及盘盈、盘亏的会计处理要求。

【能力目标】
1. 能够采用实际成本法对存货收入、发出、结存进行核算;
2. 能够采用计划成本法对存货收入、发出、结存进行核算;
3. 能够对低值易耗品、包装物等周转材料进行核算;
4. 能够对委托加工物资进行核算;
5. 能够确定存货的可变现净值,能采用成本与可变现净值孰低法对存货进行期末计量;
6. 能够对存货进行盘点,并对盘盈、盘亏进行会计处理。

【素质目标】
1. 培养踏实、严谨、认真的职业素养;
2. 认知各种存货的功能、特点、属性,加强存货管理,防范经营风险。

任务一 原材料核算

原材料是工业企业的主要存货，企业原材料的日常收发及结存可以采用实际成本计价核算，也可以采用计划成本计价核算。即使在同一个企业，对于不同存货，也可以分别采用实际成本计价和计划成本计价进行日常核算，这都取决于企业的实际需要。

一、存货

(一) 存货的概念

存货是指企业在日常活动中持有以备出售的产成品或商品、处在生产过程中的在产品、在生产过程或提供劳务的过程中耗用的材料和物料等。存货包括库存的、加工中的、在途的各类材料、商品、在产品、半成品、产成品、包装物、低值易耗品、委托加工物资等。存货是保证企业生产经营过程顺利进行的必要条件，是企业的一项重要的流动资产，其价值在企业流动资产中占有很大的比重。

存货必须在符合定义的前提下，同时满足下列两个条件，才能予以确认：

(1) 与该存货有关的经济利益很可能流入企业；

(2) 该存货的成本能够可靠地计量。

(二) 存货的范围

企业的存货通常包括以下具体内容。

(1) 原材料，指企业在生产过程中经加工改变其形态或性质并构成产品主要实体的各种原料及主要材料、辅助材料、外购半成品(外购件)、修理用备件(备品备件)、包装材料、燃料等。为建造固定资产等各项工程而储备的各种材料，虽然同属于材料，但是由于用于建造固定资产等各项工程，因此不符合存货的定义，不能作为企业的存货进行核算。

(2) 在产品，指企业正在制造、尚未完工的产品，包括正在各个生产工序加工的产品和已加工完毕但尚未检验，或已检验但尚未办理入库手续的产品。

(3) 产成品，指工业企业已经完成全部生产过程并验收入库，可以按照合同规定的条件送交订货单位，或者可以作为商品对外销售的产品。企业接受外来原材料加工制造的代制品和为外单位加工修理的代修品，制造和修理完成验收入库后，应视同企业的产成品。

(4) 商品，指商品流通企业外购或委托加工完成验收入库用于销售的各种商品。

(5) 周转材料，指企业能够多次使用但不符合固定资产定义的材料，如为了包装本企业商品而储备的各种包装物，各种工具、管理用具、玻璃器皿、劳动保护用品，以及在经营过程中周转使用的容器等低值易耗品，建造承包商的钢模板、木模板、脚手架等其他周转材料。但是，周转材料符合固定资产定义的，应当作为固定资产处理。

下列项目不应计入企业存货范围：库存的依照合同开出发票账单，但客户尚未提取的库存货物；库存受其他单位委托代销、代加工的存货；约定未来购入的存货。

二、原材料按实际成本计价的核算

(一) 存货初始成本计量

企业取得存货应当按照成本进行计量。存货成本包括采购成本、加工成本和其他成本。

1. 外购存货

外购存货的实际成本包括下列各项：

(1) 买价，指进货发票所注明的货款金额。

(2) 运输费、装卸费、保险费、包装费、仓储费等费用。

(3) 运输途中的合理损耗。有些物资，在运输途中会发生一定的短缺和损耗。除合理的途耗应当计入物资的采购成本外，能确定由过失人负责的，应向责任单位或过失人索取赔偿，不计入进货成本。至于因自然灾害而发生的意外损失，减去保险赔偿款和可以收回的残值作价后的净损失，应作为营业外支出处理，不得计入进货成本。属于无法收回的其他损失，计入管理费用，也不得计入进货成本。

(4) 入库前的挑选整理费用，指购入的物资需要经过挑选整理才能使用，因而在挑选整理过程中发生的工资、费用支出，以及挑选整理过程中所发生的数量损耗(扣除可回收的下脚废料等)的价值。

(5) 按规定应计入成本的税金，如进口物资按规定支付的进口关税。

(6) 其他费用，如大宗物资的市内运杂费。市内零星运杂费、采购人员的差旅费和采购机构的经费，以及企业供应部门和仓库的经费等，一般都不包括在存货的实际成本中。

2. 加工取得的存货

加工取得的存货有自制原材料、包装物、低值易耗品、在产品、半成品、产成品等，它们的实际成本包括制造过程中所耗用的原材料、工资薪酬和有关费用等实际支出。

3. 其他方式取得的存货

(1) 投资者投入的存货，应当按照投资合同或协议约定的价值确定，但合同或协议约定价值不公允的除外。

(2) 接受捐赠的存货，捐赠方提供了有关凭据(如发票、报关单、有关协议)的，按凭据上标明的金额加上应支付的相关税费，作为实际成本。捐赠方没有提供有关凭据的，按如下顺序确定其实际成本：

① 同类或类似存货存在活跃市场的，按同类或类似存货的市场价格估计的金额，加上应支付的相关税费，作为实际成本；

② 同类或类似存货不存在活跃市场的，按该接受捐赠的存货的预计未来现金流量现值，作为实际成本。

(3) 非货币性资产交换、债务重组等方式取得的存货，参见《项目十四 特殊会计业务处理能力》。

(4) 盘盈的存货，按照同类或类似存货的市场价格作为实际成本。

(二) 原材料初始取得核算

原材料是企业通过采购或其他方式获取的、直接或间接用于生产产品的各种物资。原材料或者形成产品实体的一部分，或者有助于生产的进行。原材料一般可以分成原料及主要材料、辅助材料、修理用备件、燃料等。

原材料按实际成本计价就是每一种原材料的取得、入库、发出和结存，在总账和明细账中都按原材料的实际成本登记入账，在实际成本下取得原材料通过"原材料"和"在途物资"科目核算。

"原材料"账户属于资产类账户，用来核算和反映原材料的收入、发出和结存情况。借方登记收入原材料的实际成本，贷方登记发出原材料的实际成本。期末余额在借方，反映库存原材料的实际成本。该账户应按原材料的类别、品种和规格进行明细分类核算。

"在途物资"账户也属于资产类账户，用来核算企业购入尚未到达或尚未验收入库的各种原材料的实际成本。借方登记已经付款或已经开出经过承兑的商业汇票，而原材料尚在运输途中或虽已运达企业但尚未点验入库的原材料实际成本；贷方登记验收入库的各种原材料的实际成本。期末余额在借方，反映企业已付款或已开出承兑商业汇票但尚未到达或尚未验收入库的各种原材料的实际成本。该账户应按照材料类别或供货单位设置明细账，进行明细分类核算。

1. 外购原材料

外购原材料的实际成本包括买价，运杂费，运输途中的合理损耗，入库前的挑选、整理费用，有关税金，以及其他可归属于原材料采购成本的费用。

从外部购入材料由于结算方式、采购地点和交接货物的方式，支付款项和验收货物的时间，可能不尽相同，其账务处理也有所不同。

(1) 付款与收货同时办理(单货同到)。按材料的实际成本，借记"原材料"账户，贷记"银行存款"或"应付票据"账户，如果是一般纳税人，还应根据增值税专用发票，将购进材料所支付的增值税单独记账(购进用于非应税项目或免税项目货物支付的增值税不得单独记账)，即借记"应交税费——应交增值税(进项税额)"账户(以下相同，不再赘述)。

【案例4-1】2×08年1月20日，滨华有限责任公司从本地某企业购进A材料1 000千克，单价为100元，取得增值税专用发票，货款为100 000元，增值税为13 000元，价税均以转账支票付清，材料已验收入库。企业应编制会计分录如下：

借：原材料——A材料　　　　　　　　　　　　　100 000
　　应交税费——应交增值税(进项税额)　　　　 13 000
　　贷：银行存款　　　　　　　　　　　　　　　113 000

(2) 先支付货款或开出经承兑的商业汇票，材料尚未到达或尚未验收入库(单到、货未到)。企业先收到结算凭证及发票等单据，经审核无误后即可承付货款或开出经承兑的商业汇票，并根据有关凭证，借记"在途物资""应交税费——应交增值税(进项税额)"账户，贷记"银行存款"或"应付票据"账户。收到材料时，借记"原材料"账户，贷记"在途物资"账户。

【案例4-2】2×08年1月20日，滨华有限责任公司从外地甲公司购进B材料3 000千克，收到银行转来该公司的结算凭证及所附的增值税专用发票和代垫费用单据，B材料的单价为20元，货款为60 000元，增值税为7 800元；支付运费取得运输业增值税专用发票，价款1 000

元，增值税为90元。经审核无误承付款项，材料尚未收到。企业应编制会计分录如下：

B材料采购成本＝60 000＋1 000＝61 000(元)。

借：在途物资——甲公司　　　　　　　　　　　　　　　　　61 000
　　应交税费——应交增值税(进项税额)　　　　　　　　　　 7 890
　　贷：银行存款　　　　　　　　　　　　　　　　　　　　　　　68 890

1月25日，B材料到达并验收入库。企业应编制会计分录如下：

借：原材料——B材料　　　　　　　　　　　　　　　　　　　61 000
　　贷：在途物资——甲公司　　　　　　　　　　　　　　　　　　61 000

(3) 材料先到，发票账单未到，货款尚未支付(货到、单未到)。在这种情况下，由于材料的实际成本无法确定，月末可按材料的暂估价格(合同订价或计划价格)计价入账，借记"原材料"账户，贷记"应付账款——暂估应付账款"账户。下月初用红字做同样的记账凭证予以冲回，以便下月付款或开出经承兑的商业汇票后，按正常程序入账，借记"原材料""应交税费——应交增值税(进项税额)"账户，贷记"银行存款"或"应付票据"等账户。为了简化核算手续，企业在先收到材料时，一般只登记材料明细账，暂不进行总分类核算。在收到结算凭证，支付货款时，再按实际成本进行总分类核算。

【案例4-3】 2×08年1月23日，滨华有限责任公司从外地乙公司购进B材料2 000千克，材料已经运到企业，并验收入库，但发票等结算凭证尚未收到，货款尚未支付。月末，结算凭证仍未到达，按合同约定价格每千克20元暂估价入账。企业应编制会计分录如下：

借：原材料——B材料　　　　　　　　　　　　　　　　　　　40 000
　　贷：应付账款——暂估应付款　　　　　　　　　　　　　　　　40 000

下月初用红字将其冲回：

借：原材料——B材料　　　　　　　　　　　　　　　　　　　40 000
　　贷：应付账款——暂估应付款　　　　　　　　　　　　　　　　40 000

下月收到有关结算凭证，价款40 000元，增值税5 200元，支付货款时：

借：原材料——B材料　　　　　　　　　　　　　　　　　　　40 000
　　应交税费——应交增值税(进项税额)　　　　　　　　　　 5 200
　　贷：银行存款　　　　　　　　　　　　　　　　　　　　　　　45 200

(4) 购入材料发生短缺和毁损。购入材料在验收入库时，如发生短缺或毁损，应及时查明原因，根据不同的情况进行处理。属于定额内的合理损耗应计入材料的采购成本，不另做账务处理。属于运输部门、保险公司或个人负责的损失，应根据赔偿请求单所列的索赔金额计入"其他应收款"账户；属于供货单位少发货造成的短缺，应将短缺损失计入"应付账款"账户；属于自然灾害等非常原因造成的损失，应将扣除残料价值和过失人、保险公司赔款后的净损失，计入"营业外支出"账户，属于无法收回的其他损失，计入"管理费用"账户。材料入库的当时不能确定短缺毁损原因的，应按短缺材料的实际成本，先计入"待处理财产损溢"账户，待查明原因后再结转到有关账户。

【案例4-4】 2×08年4月3日，滨华有限责任公司从外地丙公司购进A材料1 000千克，单价为100元，取得增值税专用发票，货款为100 000元，增值税为13 000元；取得运输业增值税专用发票，运费2 000元，增值税180元。款项已经用银行存款付清。4月25日，A材料运达企业，验收入库 950 千克，短缺 50 千克，其中 2 千克属于定额内合理损耗，其余 48 千克短缺原因不明。企业应编制会计分录如下。

4 月 3 日付款时：

借：在途物资——丙公司　　　　　　　　　　　　　102 000
　　应交税费——应交增值税(进项税额)　　　　　　 13 180
　　贷：银行存款　　　　　　　　　　　　　　　　　　　　115 180

4 月 25 日，A 材料验收入库时：

在途材料的单位成本＝102 000÷1 000＝102(元/千克)

验收入库材料的实际成本＝(1 000-48)×102＝97 104(元)

短缺材料的实际成本＝48×102＝4 896(元)

借：原材料——A 材料　　　　　　　　　　　　　　97 104
　　待处理财产损溢——待处理流动资产损溢　　　　 4 896
　　贷：在途物资——丙公司　　　　　　　　　　　　　　102 000

4 月 29 日，上述短缺的 48 千克材料原因已查明，属于运输部门的责任，对方已经同意赔偿，款项尚未收到。

进项税额转出＝13 180÷1 000×48＝632.64(元)

借：其他应收款　　　　　　　　　　　　　　　　5 528.64
　　贷：待处理财产损溢——待处理流动资产损溢　　　　　4 896
　　　　应交税费——应交增值税(进项税额转出)　　　　　632.64

假定 4 月 29 日，上述短缺的 48 千克材料原因已查明，属于供货部门的责任，对方已经补发材料并收到验收入库。

借：原材料——A 材料　　　　　　　　　　　　　　4 896
　　贷：待处理财产损溢——待处理流动资产损溢　　　　　4 896

2. 投资者投入的原材料

投资者投入的原材料，在材料验收入库时，按投资各方确认的材料价值(不公允的除外)，借记"原材料""应交税费——应交增值税(进项税额)"等账户，按确定的出资额，贷记"实收资本"(或"股本")账户，按其差额借记或贷记"资本公积"账户。

【案例 4-5】 2×08 年 7 月 1 日，滨华有限责任公司接受甲公司投入的 A 材料一批，增值税专用发票，货款为 100 000 元，增值税为 13 000 元。滨华有限责任公司注册资本为 10 000 000 元，甲公司享有的比例为 1%。

借：原材料——A 材料　　　　　　　　　　　　　　100 000
　　应交税费——应交增值税(进项税额)　　　　　　 13 000
　　贷：实收资本　　　　　　　　　　　　　　　　　　　100 000
　　　　资本公积——资本溢价　　　　　　　　　　　　　 13 000

(三) 原材料发出核算

1. 存货发出计量方法

企业应当根据各类存货的实物流转方式、企业管理的要求、存货的性质等实际情况,合理地选择发出存货成本的计算方法,以合理确定当期发出存货的实际成本。

对于性质和用途相似的存货,应当采用相同的成本计算方法确定发出存货的成本。企业在确定发出存货的成本时,可以采用先进先出法、移动加权平均法、月末一次加权平均法和个别计价法四种方法。企业不得采用后进先出法确定发出存货的成本。

(1) 先进先出法。先进先出法是以先购入的存货应先发出(销售或耗用)这样一种存货实物流动假设为前提,对发出存货进行计价。采用这种方法,先购入的存货成本在后购入存货成本之前转出,据此确定发出存货和期末存货的成本。

【案例 4-6】 滨华有限责任公司 2×08 年 6 月 A 材料的期初结存和本期收发情况如表 4-1 所示。

表4-1 A材料收发存数量一览表

业务	收入		发出	结存	
	数量/件	单价/元	数量/件	数量/件	单价/元
6月1日				150	60
6月8日发出			70	80	
6月15日购进	100	62		180	
6月20日发出			50	130	
6月24日发出			90	40	
6月28日购进	200	68		240	
6月30日发出			60	180	

本案例采用先进先出法计价,A 材料的明细分类账的登记结果如表 4-2 所示。

表4-2 原材料明细分类账(采用先进先出法)

材料名称:A 材料

2×08年		摘要	收入			发出			结存		
月	日		数量	单价	金额	数量	单价	金额	数量	单价	金额
6	1	期初结存							150	60	9 000
	8	发出				70	60	4 200	80	60	4 800
	15	购进	100	62	6200				80 100	60 62	11 000
	20	发出				50	60	3 000	30 100	60 62	8 000
	24	发出				30 60	60 62	1 800 3 720	40	62	2 480

(续表)

2×08年		摘要	收入			发出			结存		
月	日		数量	单价	金额	数量	单价	金额	数量	单价	金额
	28	购进	200	68	13 600				40 200	62 68	16 080
	30	发出				40 20	62 68	2 480 1 360	180	68	12 240
		本期发出成本				270		16 560			

(2) 移动加权平均法。移动加权平均法是指以每次进货的成本加上原有库存存货的成本，除以每次进货数量与原有库存存货的数量之和，据以计算加权平均单位成本，作为在下次进货前计算各次发出存货成本的依据，其平均单价的计算公式为

$$移动加权平均单价=\frac{本次入库前结存金额+本次购入金额}{本次入库前结存数量+本次购入数量}$$

【案例4-7】承案例4-6，第一批材料购入后的平均单价为

移动加权平均单价=(4 800+6 200)÷(80+100)=61.11(元)

第二批购入后的平均单价为

移动加权平均单价=(2 444+13 600)÷(40+200)=66.85(元)

本案例采用移动加权平均法计价，A材料的明细分类账的登记结果如表4-3所示。

表4-3 原材料明细分类账(采用移动加权平均法)

材料名称：A材料

2×08年		摘要	收入			发出			结存		
月	日		数量	单价	金额	数量	单价	金额	数量	单价	金额
6	1	期初结存							150	60	9 000
	8	发出				70	60	4 200	80	60	4 800
	15	购进	100	62	6 200				180	61.11	11 000
	20	发出				50	61.11	3 056	130	61.11	7 944
	24	发出				90	61.11	5 500	40	61.11	2 444
	28	购进	200	68	13 600				240	66.85	16 044
	30	发出				60	66.85	4 011	180	66.85	12 033
		本期发出成本				270		16 767			

采用移动加权平均法可以随时结转销售成本，随时提供存货明细账上的结存数量和金额，有利于对存货进行数量、金额的日常控制。但采用这种方法，由于每次进货后都要计算一次平均价，势必会增加会计核算工作量。

(3) 月末一次加权平均法。月末一次加权平均法是指以当月全部进货数量加上月初存货数量作为权数，去除当月全部进货成本加上月初存货成本，计算出存货的加权平均单位成本，以

此为基础计算当月发出存货的成本和期末存货的成本的方法。

采用月末一次加权平均法，本月发出或耗用的存货，平时只登记数量，不登记单价和金额，月末按一次计算的加权平均单价，计算期末存货成本和本期销售或耗用成本。存货的加权平均成本的计算公式为

$$加权平均成本 = \frac{月初库存存货的总成本 + 本月购入存货的总成本}{月初库存存货的总数量 + 本月购入存货的总数量}$$

【案例4-8】 承案例4-6，A材料的加权平均成本=(9 000+6 200+13 600)÷(150+100+200)=64(元)。

本案例采用月末一次加权平均法计算期末A材料成本和本期发出成本，A材料明细分类账的登记结果如表4-4所示。

表4-4 原材料明细分类账(采用月末一次加权平均法)

材料名称：A材料

2×08年		摘要	收入			发出			结存		
月	日		数量	单价	金额	数量	单价	金额	数量	单价	金额
6	1	期初结存							150	60	9 000
	8	发出				70			80		
	15	购进	100	62	6 200				180		
	20	发出				50			130		
	24	发出				90			40		
	28	购进	200	68	13 600				240		
	30	发出				60			180	64	11 520
		本期发出成本				270	64	17 280			

(4) 个别计价法。个别计价法又称个别认定法、具体辨认法、分批实际法，是指认定每一件或每一批存货的实际单价，计算发出该件或该批存货成本的方法。其计算公式为

$$发出存货成本 = 发出存货数量 \times 该件(或批)存货单价$$

个别计价法的特征是注重所发出存货具体项目的实物流转与成本流转之间的联系，逐一辨认各批发出存货和期末存货所属的购进批别或生产批别，分别按其购入或生产时所确定的单位成本计算各批发出存货和期末存货的成本。对于不能替代使用的存货、为特定项目专门购入或制造的存货以及提供的劳务，通常采用个别计价法确定发出存货的成本。在实际工作中，越来越多的企业采用计算机信息系统进行会计处理，个别计价法可以广泛应用于发出存货的计价，并且个别计价法确定的存货成本最为准确。

2. 原材料发出会计核算

在会计实务中，材料的收发业务是比较频繁的，为了简化材料的日常核算工作，平时一般只进行材料明细核算，即只登记材料明细账，反映材料的收入、发出、结存情况。月末根据按实际成本计价的发料凭证，按领用部门和用途编制"发料凭证汇总表"，进行总分类核算。企

业发出的材料,根据不同的用途,借记"生产成本""制造费用""管理费用""销售费用""其他业务成本"等账户,贷记"原材料"账户。

【案例4-9】 滨华有限责任公司2×08年6月发料凭证汇总表如表4-5所示。

根据表4-5,该企业应做如下账务处理:

借:生产成本——甲产品　　　　　　　　　90 000
　　制造费用　　　　　　　　　　　　　　13 000
　　管理费用　　　　　　　　　　　　　　　 500
　　销售费用　　　　　　　　　　　　　　　 200
　　其他业务成本　　　　　　　　　　　　 1 000
　　贷:原材料　　　　　　　　　　　　　104 700

表4-5　发料凭证汇总表

日期	领料单张数	用途	原材料				
			原料及主要材料	辅助材料	修理用备件	其他材料	合计
略	略	生产甲产品	90 000				90 000
		车间一般耗用		10 000	3 000		13 000
		行政管理部门		500			500
		销售部门耗用		200			200
		销售剩余材料				1 000	1 000
		合计	90 000	10 700	3 000	1 000	104 700

三、原材料按计划成本计价的核算

材料按实际成本计价进行核算时,材料成本的计算相对比较准确,但对于收发料业务频繁的企业,材料计价的工作量较大,账簿中不能提供材料采购业务情况,不利于加强对材料采购业务的管理。此外,在这种计价方式下,不能反映材料价格变动对产品成本的影响,不利于考核各生产部门的经营成果。因此,这种方法只适用于材料收发业务较少的企业。对于材料收发业务频繁,且具备材料计划成本资料的企业,原材料应按计划成本计价核算。

计划成本法是指企业存货的收入、发出和结存的总分类核算与明细分类核算均按预先制定的计划成本计价,同时另设"材料成本差异"科目,登记实际成本与计划成本的差额。计划成本法一般适用于存货品种繁多、收发频繁的企业。

(一)原材料初始取得核算

在计划成本法下,原材料的核算是指企业原材料的收入、发出和结存均按事先制定的计划成本计价,将实际成本与计划成本的差额通过"材料成本差异"账户反映,期末时,将发出材料的计划成本调整为实际成本。原材料按计划成本核算时,应设置"材料采购""原材料"和"材料成本差异"等账户。

(1)"材料采购"账户用于核算企业购入各种材料的采购成本,此账户为采用计划成本进行材料核算的企业所使用。月末借方余额表示尚未验收入库的在途材料。"材料采购"账户应按材料类别设置明细账，进行明细核算。

(2) "原材料"账户属资产类账户，在计划成本法下，该账户用来核算企业库存的各种原材料的计划成本。该账户借方登记验收入库原材料的计划成本，贷方登记发出原材料的计划成本，期末余额在借方，表示库存原材料的计划成本。

(3) "材料成本差异"账户用于核算各种材料的计划成本与实际成本之间的差异，其借方登记材料的实际成本大于计划成本的超支差异，以及发出材料应负担的超支或节约差异，贷方登记材料的实际成本小于计划成本的节约差异。期末余额如果在借方，表示材料实际成本大于计划成本的超支差异；如果在贷方，表示实际成本小于计划成本的节约差异。此账户应按材料类别设置明细账进行明细核算。

【案例4-10】 2×08年9月5日，滨华有限责任公司从本市购入甲材料1 000千克，计45 000元，增值税为5 850元，以银行存款支付，材料验收入库。甲材料的计划成本为30元/千克。

收到发票账单并付款时：

借：材料采购——甲材料　　　　　　　　　　　　　　　　45 000
　　应交税费——应交增值税(进项税额)　　　　　　　　　 5 850
　　贷：银行存款　　　　　　　　　　　　　　　　　　　50 850

甲材料验收入库：

借：原材料——甲材料　　　　　　　　　　　　　　　　　30 000
　　材料成本差异　　　　　　　　　　　　　　　　　　　15 000
　　贷：材料采购——甲材料　　　　　　　　　　　　　　45 000

【案例4-11】 2×08年9月8日，滨华有限责任公司从外地购入甲材料2 000千克，计58 000元，增值税为7 540元，材料尚未验收入库。

① 收到发票、账单并支付货款时：

借：材料采购——甲材料　　　　　　　　　　　　　　　　58 000
　　应交税费——应交增值税(进项税额)　　　　　　　　　 7 540
　　贷：银行存款　　　　　　　　　　　　　　　　　　　65 540

② 等到材料验收入库时再做入库并转料差的账务处理。

【案例4-12】 2×08年9月8日，滨华有限责任公司从外地购入甲材料1 000千克，材料已到并验收入库，发票账单未到。甲材料的计划成本为30元/千克。

由于发票、账单未到，先按计划成本计入材料明细账。

① 如果月末发票、账单还未到达，应按计划成本暂估入账。编制会计分录如下：

借：原材料——甲材料　　　　　　　　　　　　　　　　　30 000
　　贷：应付账款——暂估应付款　　　　　　　　　　　　30 000

② 下月初以红字冲销上笔会计分录：

借：原材料——甲材料　　　　　　　　　　　　　　　　　30 000
　　贷：应付账款——暂估应付款　　　　　　　　　　　　30 000

③ 待收到发票账单后，再根据发票账单等结算凭证做材料购进和入库的处理。

注：在会计实务中，购入材料的材料成本差异在月末一次结转。

(二) 原材料发出核算

按计划成本计价核算，企业发出原材料时，一律采用计划成本计价，根据发出材料的不同用途，借记"生产成本""制造费用""管理费用"等账户，贷记"原材料"账户。同时将成本差异在发出材料和结存材料之间进行分配，将发出材料的计划成本调整为实际成本，计算公式为

$$材料成本差异率=\frac{月初结存材料成本差异+本月收入材料成本差异}{月初材料计划成本+本月收入材料计划成本}$$

式中，材料成本差异超支差异为正，节约差异为负。本月收入材料计划成本中不包括暂估入账材料成本。

企业也可按上月材料成本差异率将发出材料的计划成本调整为实际成本。

上月材料成本差异率＝月初结存材料成本差异÷月初材料计划成本

发出材料应负担的成本差异＝发出材料的计划成本×材料成本差异率

发出材料的实际成本＝发出材料的计划成本±发出材料应负担的成本差异

【案例4-13】滨华有限责任公司采用计划成本法核算，2×09年9月A材料收、发、存情况如下。

(1) 原材料期初余额为5 800元，"材料成本差异"账户期初贷方余额为212元，原材料计划单位成本为5.2元。

(2) 9月5日和9月19日购入材料的数量分别为1 500千克和2 000千克，实际购货成本分别为7 600元和10 332元。

(3) 本月发出材料1 600千克用于生产产品。

根据以上资料进行如下账务处理：

9月5日购入材料的成本差异＝7 600-1 500×5.2＝-200(元)

9月19日购入材料的成本差异＝10 332-2 000×5.2＝-68(元)

材料成本差异率＝[-212+(-200)+(-68)]÷(5 800+1 500×5.2+2 000×5.2)

＝-480÷2 4000

＝-2%

本月发出材料的会计分录如下：

借：生产成本　　　　　　　　　　　　　　　　　　8 320

　　贷：原材料　　　　　　　　　　　　　　　　　　8 320

本月发出材料应负担的材料成本差异＝8 320×(-2%)＝-166.40(元)

借：生产成本　　　　　　　　　　　　　　　　　　166.40

　　贷：材料成本差异　　　　　　　　　　　　　　　166.40

任务二 其他存货核算

存货作为企业一项重要的流动资产，其内容广泛，除了原材料之外，下面重点介绍自制存货、委托加工物资和周转材料的核算。

一、自制存货核算

自制存货包括自制材料、自制半成品和自制商品等，是企业通过生产活动自行加工制造完成并验收入库的存货。为了核算企业自制的各种存货，应设置"自制半成品""生产成本""制造费用""库存商品"等账户。

"自制半成品"账户属于资产类账户，用来核算企业各种自制半成品的增减变动以及结存情况。该账户的借方登记验收入库自制半成品的实际成本或计划成本，贷方登记发出自制半成品的实际成本或计划成本，期末余额在借方，表示库存自制半成品的实际成本或计划成本。按计划成本核算的企业，还应当同时结转成本差异。该账户应按照自制半成品的品种、规格设置"自制半成品明细账"进行明细分类核算。

"库存商品"账户属于资产类账户，用来核算库存的各种商品的增减变动及结存情况。该账户的借方登记验收入库商品成本，贷方登记发出商品的成本，期末余额在借方，表示库存商品成本。采用计划成本(或售价)核算的企业，应同时结转成本差异。该账户应按产品品种、规格设置库存商品明细账进行明细核算。

【案例4-14】滨华有限责任公司生产完成并验收入库一批自制半成品，其实际成本为42 000元。

编制会计分录如下：

借：自制半成品　　　　　　　　　　　　　　　　　　　　42 000
　　贷：生产成本　　　　　　　　　　　　　　　　　　　　　42 000

二、委托加工物资核算

委托加工物资是指企业委托外单位加工成新的材料或包装物、低值易耗品等物资。委托加工物资的成本应当包括加工中实际耗用物资的成本、支付的加工费用及应负担的运杂费、支付的税金等。委托加工物资实际成本的计算公式为

实际成本＝拨付加工物资实际成本＋加工费＋往返运杂费＋保险费＋相关税金

企业应设置"委托加工物资"账户核算企业委托外单位加工的各种物资，该账户属于资产类账户，借方登记拨付加工物资的实际成本、支付的加工费、往返运杂费、保险费和相关税金，贷方登记制造完成并验收入库物资的实际成本和退回剩余物资的实际成本，期末余额在借方，表示尚未完工的委托加工物资的实际成本。该账户按受托加工单位设置明细账进行明细核算。

委托加工物资实际成本中的相关税金是指委托加工物资应负担的增值税、消费税。

一般纳税人委托外单位加工物资,凡属加工物资用于应交增值税项目并取得了增值税专用发票的,委托加工物资应负担的增值税可作为进项税额进行抵扣,不计入委托加工物资成本;凡属加工物资用于非应交增值税项目或免征增值税项目,以及小规模纳税人和未取得增值税专用发票的一般纳税人委托加工物资应负担的增值税,应当计入委托加工物资成本。

委托加工物资应负担的消费税,加工后直接用于销售的应计入委托加工物资成本(由受托方代扣代缴);收回的委托加工物资用于连续生产应税消费品的,应借记"应交税费——应交消费税"用以抵扣加工的消费品销售后所负担的消费税。

【案例4-15】 A企业委托B企业加工一批材料(属于应税消费品),原材料成本为240 000元,支付的加工费为60 000元(不含增值税),已经转账支付。消费税为20 000元,材料加工完毕验收入库。双方适用的增值税税率均为13%。

第一种情况,A企业委托加工后的材料,收回后用于继续生产应税消费品。

① 根据本企业供应部门签发的"委托加工领料单"发出材料:

借:委托加工物资　　　　　　　　　　　　　　　　　240 000
　　贷:原材料　　　　　　　　　　　　　　　　　　　　240 000

② 根据有关结算凭证以银行存款支付加工费及相关税费:

应交增值税=60 000×16%=9 600(元)

借:委托加工物资　　　　　　　　　　　　　　　　　60 000
　　应交税费——应交增值税(进项税额)　　　　　　　　7 800
　　　　　　——应交消费税　　　　　　　　　　　　　20 000
　　贷:银行存款　　　　　　　　　　　　　　　　　　87 800

③ 将完工的委托加工物资根据"委托加工收料单"验收入库:

借:原材料　　　　　　　　　　　　　　　　　　　　300 000
　　贷:委托加工物资　　　　　　　　　　　　　　　　300 000

第二种情况,A企业委托加工后的材料,直接用于对外销售。

① 根据本企业供应部门签发的"委托加工领料单"发出材料:

借:委托加工物资　　　　　　　　　　　　　　　　　240 000
　　贷:原材料　　　　　　　　　　　　　　　　　　　240 000

② 根据有关结算凭证以银行存款支付加工费:

应交增值税=60 000×16%=9 600(元)

借:委托加工物资　　　　　　　　　　　　　　　　　80 000
　　应交税费——应交增值税(进项税额)　　　　　　　　7 800
　　贷:银行存款　　　　　　　　　　　　　　　　　　87 800

③ 将完工的委托加工物资根据"委托加工收料单"验收入库:

借:原材料　　　　　　　　　　　　　　　　　　　　320 000
　　贷:委托加工物资　　　　　　　　　　　　　　　　320 000

如果企业原材料按计划成本核算,还应当同时结转材料成本差异。

三、周转材料核算

周转材料是指企业能够多次使用、逐渐转移其价值但仍保持原有形态不确认为固定资产的材料,如包装物和低值易耗品等。

《企业会计准则》附录规定,"周转材料"科目用来核算企业周转材料的计划成本或实际成本,包括包装物、低值易耗品及钢(木)模板、脚手架等。企业购入、自制、委托外单位加工完成并已验收入库的周转材料等,应比照"原材料"科目的相关规定进行处理,涉及增值税进项税的进行相应的处理。

(一) 包装物

包装物是指为包装本企业产品而储备的各种包装容器,如桶、箱、瓶、坛、袋等。包装物按其用途可分为以下几类:

(1) 生产过程中用于包装产品作为产品组成部分的包装物;
(2) 随同产品出售不单独计价的包装物;
(3) 随同产品出售并单独计价的包装物;
(4) 出租或出借给购买单位使用的包装物。

下列材料虽也是用于包装,但不在包装物的核算范围内:①如纸、绳、铁丝、铁皮等,在"原材料"账户中核算。②若用于储存和保管产品、材料,而不对外销售的包装物,假如价值大并且使用年限长,计入"固定资产"账户;价值小且使用年限短,则计入"低值易耗品"账户。③计划上单独列作企业产品的自制包装物品,则计入"库存商品"账户。

企业为了核算包装物,设置"周转材料——包装物"(也可直接设"包装物")账户,该账户属于资产类账户,核算包装物的取得、发出及结存情况,借方登记取得包装物的实际成本或计划成本,贷方登记发出包装物的实际成本或计划成本,期末余额在借方,表示库存包装物的实际成本或计划成本。该账户应按包装物的种类进行明细核算。

1. 取得包装物的核算

企业购入、自制、委托外单位加工完成并验收入库的包装物,通过"周转材料——包装物"科目核算,核算方法比照原材料的核算。

2. 发出包装物的核算

包装物发出的核算,按其使用情况分别处理。

(1) 生产领用包装物。对于生产领用的用于包装本企业产品并构成产品组成部分的包装物,应根据领用包装物的成本,借记"生产成本"等账户,贷记"周转材料——包装物"账户。如果企业包装物采用计划成本核算,应同时结转分摊的成本差异。

(2) 随同产品出售的包装物。随同产品出售不单独计价的包装物,当发出包装物时,按实际成本计入"销售费用"账户。

【案例 4-16】某企业销售洗衣粉领用编织袋 200 条,计划单位成本为 1.5 元,成本差异率为 1%,编织袋随洗衣粉出售不单独计价。账务处理如下:

```
借：销售费用                                    303
    贷：周转材料——包装物                         300
        材料成本差异——包装物                       3
```

随同产品出售单独计价的包装物，作为销售包装物处理，要单独反映其销售收入，计入"其他业务收入"账户，同时结转销售包装物的成本，计入"其他业务成本"账户。

【案例4-17】甲企业本月领用包装物随产品出售，实际成本为40 000元，该包装物单独计价，出售收入为48 000元，增值税为6 240元，收到转账支票存入银行。账务处理如下：

```
借：银行存款                                 54 240
    贷：其他业务收入                          48 000
        应交税费——应交增值税(销项税额)          6 240
```

同时结转领用的包装物成本：

```
借：其他业务成本                              40 000
    贷：周转材料——包装物                      40 000
```

(3) 出租、出借的包装物。出租的包装物是企业向顾客提供的一种有偿服务，其租金收入应计入"其他业务收入"账户，出租的包装物的实际成本应计入"其他业务成本"账户。出借的包装物是企业为了促进销售而免费提供给顾客使用，其实际成本应视为企业在销售过程中的耗费，计入"销售费用"账户。出租、出借的包装物因不能使用而报废时，其残料价值应冲减"其他业务成本""销售费用"账户。

【案例4-18】甲企业出租包装物一批，成本30 000元，收取押金40 000元，每月租金收入5 000元，经过一段时间后，退还对方押金，同时包装物报废，其残料价值为2 800元。假设不考虑相关税费，出租包装物成本采用一次摊销法核算。账务处理如下：

领用时结转成本：

```
借：其他业务成本                              30 000
    贷：周转材料——包装物                      30 000
```

收到押金时：

```
借：银行存款                                  40 000
    贷：其他应付款                            40 000
```

收到租金时：

```
借：银行存款                                   5 000
    贷：其他业务收入                           5 000
```

退还押金时：

```
借：其他应付款                                40 000
    贷：银行存款                              40 000
```

包装物报废时：

```
借：原材料                                    2 800
    贷：其他业务成本                           2 800
```

出租、出借的包装物频繁且数量多、金额大的企业，出租、出借的包装物成本也可以采用五五摊销法核算，在这种核算方式下，"周转材料——包装物"账户应设置"在库包装物""在用包装物""包装物摊销"等账户。具体核算过程参照低值易耗品的五五摊销法。

(二) 低值易耗品

低值易耗品是指劳动资料中单位价值在规定限额以下或使用年限比较短(一般在一年以内)的物品。它与固定资产有相似的地方，在生产过程中可以多次使用且不改变其实物形态，在使用时也需要维修，报废时可能也有残值。由于它价值低，使用期限短，所以采用简便的方法将其价值摊入产品成本。

低值易耗品按其用途一般可以分为以下几类。

(1) 一般工具：直接用于生产过程的各种工具，如刀具、夹具、模具及其他各种辅助工具。

(2) 专用工具：专门用于生产各种产品或仅在某道工序中使用的各种工具，如专门模具、专用夹具等。

(3) 替换设备：容易磨损、更换频繁或为生产不同产品需要替换使用的各种设备，如轧制钢材用的轧辊、浇铸钢锭的锭模。

(4) 包装容器：用于企业内部周转使用，既不出租也不出借的各种包装物品，如盛放材料、储存商品的木桶、瓷缸等。

(5) 劳动保护用品：发给工人用于劳动保护的安全帽、工作服和各种防护用品。

(6) 管理用具：管理部门和管理人员用的各种家具与办公用品，如文件柜、打字机等。

(7) 其他低值易耗品：不属于以上各类的低值易耗品。

企业为了加强低值易耗品的管理与核算，应设置"周转材料——低值易耗品"账户，该账户属于资产类账户，核算低值易耗品的取得、发出及结存情况，借方登记取得低值易耗品的实际成本或计划成本，贷方登记发出低值易耗品的实际成本或计划成本，期末余额在借方，表示库存低值易耗品的实际成本或计划成本。该账户应按低值易耗品的种类进行明细核算。

1. 取得低值易耗品的核算

企业购入、自制、委托外单位加工完成并验收入库的低值易耗品，通过"周转材料——低值易耗品"科目核算，核算方法比照原材料的核算。

2. 低值易耗品摊销的核算

根据《企业会计准则》的规定，低值易耗品的摊销方法可以使用一次摊销法和五五摊销法中的一种，摊销方法一经确定，不得随意变动。

(1) 一次摊销法是指在领用时一次性计入成本或费用。报废时，将残值作为当月低值易耗品的减少，冲减有关成本、费用，借记"原材料"等科目，贷记"管理费用""制造费用"等科目。一次摊销法适用于单位价值较低、使用期限较短、一次性领用数量不多以及容易破损的低值易耗品。

【案例4-19】假设企业基本生产车间3月份领用生产工具20件，每件成本30元，总成本为600元。三个月后，该批生产工具收回入库12件，损坏报废8件，出售取得现金40元。企业对低值易耗品在领用时采用一次摊销法。会计分录如下：

领用时：
借：制造费用　　　　　　　　　　　　　　　　600
　　贷：周转材料——低值易耗品　　　　　　　　　　600
报废时：
借：库存现金　　　　　　　　　　　　　　　　40
　　贷：制造费用　　　　　　　　　　　　　　　　　40

(2) 五五摊销法是指低值易耗品在领用时先摊销其账面价值的一半，在报废时再摊销其账面价值的另一半。在这种情况下，应设置"周转材料——低值易耗品(在用)""周转材料——低值易耗品(在库)""周转材料——低值易耗品(摊销)"三个明细科目进行核算。

【案例4-20】 承案例14-19，企业采用五五摊销法分摊低值易耗品价值，会计分录如下：

① 领用：
借：周转材料——低值易耗品(在用)　　　　　　600
　　贷：周转材料——低值易耗品(在库)　　　　　　600
同时摊销50%：
借：制造费用　　　　　　　　　　　　　　　　300
　　贷：周转材料——低值易耗品(摊销)　　　　　　300

② 收回12件入库：
借：周转材料——低值易耗品(在库)　　　　　　360
　　贷：周转材料——低值易耗品(在用)　　　　　　360

③ 损坏报废8件，按报废低值易耗品的成本再摊销50%：
借：制造费用　　　　　　　　　　　　　　　　120
　　贷：周转材料——低值易耗品(摊销)　　　　　　120
同时冲销已报废低值易耗品明细账上的在用数和摊销数：
借：周转材料——低值易耗品(摊销)　　　　　　240
　　贷：周转材料——低值易耗品(在用)　　　　　　240
报废残料出售：
借：库存现金　　　　　　　　　　　　　　　　40
　　贷：制造费用　　　　　　　　　　　　　　　　　40

对在用低值易耗品以及使用部门退回仓库的低值易耗品，应加强管理，并在备查簿上进行登记。五五摊销法适合对在用低值易耗品按使用车间、部门进行数量和金额明细核算的企业。

任务三 存货期末计量核算

会计期末，为了客观、真实、准确地反映企业期末存货的实际价值，企业在编制资产负债表时，要确定期末存货的价值。企业期末存货的价值通常以历史成本来确定，但是由于存货市价的下跌、存货陈旧、过时、毁损等原因会导致存货的价值减少，采用历史成本不能真实地反映存货的价值，因此，基于谨慎性原则，企业会计制度规定存货采用成本与可变现净值孰低法来计价。

一、成本与可变现净值孰低法

资产负债表日，存货应当按照成本与可变现净值孰低法计量。

成本与可变现净值孰低法是指对期末存货按照成本与可变现净值两者之中较低者计价的方法。当存货成本低于可变现净值时，期末存货按成本计价；当存货成本高于可变现净值时，期末存货按可变现净值计价。存货成本是指存货的实际成本，即历史成本。可变现净值是指在日常活动中，以存货的估计售价减去至完工时估计将要发生的成本、估计的销售费用以及相关税费后的金额。

二、存货可变现净值确定

企业确定存货的可变现净值，应当以取得的确凿证据为基础，并且考虑持有存货的目的、资产负债表日后事项的影响等因素。

(1) 为生产而持有的材料等，用其生产的产成品的可变现净值高于成本的，该材料仍然应当按成本计量；材料价格的下降表明产成品的可变现净值低于成本的，该材料应当按照可变现净值计量。

(2) 为执行销售合同或者劳务合同而持有的存货，其可变现净值应当以合同价格为基础计算。

(3) 企业持有存货的数量多于销售合同订购数量的，超出部分的存货可变现净值应当以一般销售价格为基础计算。

三、存货期末计量的账务处理

(一) 存货成本低于可变现净值

如果期末存货的成本低于可变现净值，不需要做任何账务处理，资产负债表中的存货项目仍按其账面价值列示。

(二) 存货成本高于可变现净值

如果期末存货成本高于其可变现净值，应当计提存货跌价准备，计入当期损益。为了核算计提的存货跌价准备，企业应设置"资产减值损失"和"存货跌价准备"账户。

"存货跌价准备"账户用于核算企业提取的存货跌价准备，该账户属于资产类账户，是有关存货账户的备抵账户，贷方登记存货跌价准备的提取数，借方登记存货跌价准备的冲减数以及发出存货应结转的存货跌价准备，期末余额在贷方，表示存货可变现净值低于成本的差额。该账户按存货项目或类别进行明细分类核算。

"资产减值损失"账户是损益类账户，用来核算企业各种资产发生的减值，借方登记各种资产发生的减值金额,贷方登记冲减和结转的各种资产减值金额,期末无余额。

【案例4-21】甲公司期末A产品成本为50 000元,数量为80件,单位成本625元/件。甲公司与乙公司签订了一份不可撤销合同,规定未来3个月内甲公司向乙公司提供A产品100件,合同订购单价为500元/件。A产品一般市场销售价格为510元/件。估计销售每件A产品尚需发生相关税费2元。

A产品可变现净值=80×(500-2)=39 840(元)

应提存货跌价准备=50 000-39 840=10 160(元)

借:资产减值损失——计提的存货跌价准备　　　　　　10 160
　　贷:存货跌价准备　　　　　　　　　　　　　　　　　　10 160

【案例4-22】甲公司期末原材料的账面余额为100 000元,数量为10吨,单位成本为10 000元/吨。该原材料专门用于生产与丙公司所签合同约定的20台B产品。该合同约定:甲公司为丙公司提供B产品20台,每台售价10 000元(不含增值税)。将该原材料加工成20台B产品尚需加工成本总额为95 000元。本期期末市场上该原材料每吨售价为9 000元。估计销售每吨原材料或每台B产品尚需发生相关税费1 000元。

原材料可变现净值=20×(10 000-1 000)-95 000=85 000(元)

应提存货跌价准备=100 000-85 000=15 000(元)

借:资产减值损失——计提的存货跌价准备　　　　　　15 000
　　贷:存货跌价准备　　　　　　　　　　　　　　　　　　15 000

【案例4-23】甲公司期末C产品成本为85 000元,数量为1 000件,单位成本为85元/件。甲公司与丁公司签订了一份不可撤销合同,规定未来3个月内甲公司向丁公司提供C产品800件,合同订购单价为100元/件。A产品一般市场销售价格为90元/件。估计销售每件A产品尚需发生相关税费10元。

资产负债表日,同一项存货中一部分有合同价格约定,其他部分不存在合同价格的,应当分别确定其可变现净值,并与其相对应的成本进行比较,分别确定存货跌价准备的计提或转回的金额,由此计提的存货跌价准备不得相互抵销。

① C产品有合同部分:

可变现净值=800×(100-10)=72 000(元)

存货成本=800×85=68 000(元)

C产品有合同部分没有发生减值。

② C产品无合同部分:

可变现净值=200×(90-10)=16 000(元)

存货成本=200×85=17 000(元)

应计提存货跌价准备=17 000-16 000=1 000(元)

借:资产减值损失——计提的存货跌价准备　　　　　　1 000
　　贷:存货跌价准备　　　　　　　　　　　　　　　　　　1 000

企业通常应按照单个存货项目计提存货跌价准备。企业应将每个存货项目的成本与其可变现净值逐一进行比较,按较低者计量存货,并且按成本高于可变现净值的金额计提存货跌价准备。

如果某一类存货的数量繁多并且单价较低,企业可以按存货类别计量成本与可变现净值,即将存货类别的成本的总额与可变现净值的总额进行比较,每个存货类别均取较低者确定存货期末价值。

与在同一地区生产和销售的产品系列相关、具有相同或类似最终用途或目的,且难以与其他项目分开计量的存货,可以合并计提存货跌价准备。

【案例4-24】 甲公司的有关资料及存货期末计量如表4-6所示,假设甲公司在此之前没有对存货计提跌价准备。假定不考虑相关税费和销售费用。

表4-6 按存货类别计提存货跌价准备

2×08年12月31日　　　　　　　　　　　　　　　　　　　　金额单位:元

商品	数量/台	成本		可变现净值		按存货单项计提存货跌价准备	按存货类别计提存货跌价准备	按存货总体计提存货跌价准备
		单价	总额	单位	总额			
第一组								
A商品	1 000	20	20 000	21	21 000			
B商品	5 000	10	50 000	9	45 000	5 000		
合　计			70 000		66 000		4 000	
第二组								
C商品	2 000	30	60 000	29	58 000	2 000		
D商品	1 000	15	15 000	18	18 000			
合　计			75 000		76 000			
总　计			145 000		142 000	7 000	4 000	3 000

存货存在下列情形之一的,通常表明存货的可变现净值低于成本:①该存货的市场价格持续下跌,并且在可预见的未来无回升的希望;②企业使用该项原材料生产的产品的成本大于产品的销售价格;③企业因产品更新换代,原有库存原材料已不适应新产品的需要,而该原材料的市场价格又低于其账面成本;④因企业所提供的商品或劳务过时,或消费者偏好改变而使市场的需求发生变化,导致市场价格逐渐下跌;⑤其他足以证明该项存货实质上已经发生减值的情形。

存货存在下列情形之一的,通常表明存货的可变现净值为零:①已霉烂变质的存货;②已过期且无转让价值的存货;③生产中已不再需要,并且已无使用价值和转让价值的存货;④其他足以证明已无使用价值和转让价值的存货。

企业的存货在符合条件的情况下,可以转回计提的存货跌价准备。存货跌价准备转回的条件是以前减记存货价值的影响因素已经消失,而不是在当期造成存货可变现净值高于成本的其他影响因素。当符合存货跌价准备转回的条件时,应在原已计提的存货跌价准备的金额内转回,即在对该项存货、该类存货或该合并存货已计提的存货跌价准备的金额内转回。转回的存货跌价准备与计提该准备的存货项目或类别应存在直接对应关系,但转回的金额以将存货跌价准备余额冲减至零为限。

【案例 4-25】 某企业采用成本与可变现净值孰低法对期末存货计价。该企业 2×08 年年末甲类存货的账面成本为 800 000 元，可变现净值为 750 000 元。企业做会计处理如下：

应提存货跌价准备＝800 000－750 000＝50 000(元)

借：资产减值损失——计提的存货跌价准备　　　50 000
　　贷：存货跌价准备　　　　　　　　　　　　　　　50 000

2×09 年该批甲类存货销售 80%，剩余存货可变现净值为 155 000 元。企业的会计处理如下：

结转销售部分应承担的存货跌价准备：

借：存货跌价准备　　　　　　　　　　　　　　40 000
　　贷：主营业务成本　　　　　　　　　　　　　　　40 000

剩余存货跌价准备应转回：50 000×(1－80%)－[800 000×(1－80%)－155 000]＝5 000(元)

借：存货跌价准备　　　　　　　　　　　　　　5 000
　　贷：资产减值损失——计提的存货跌价准备　　　　5 000

采用成本与可变现净值孰低法可以避免虚夸企业资产和所有者权益的现象，体现了稳健性原则。但在确认存货的可变现净值时，在一定程度上会受某些主观因素的影响。

四、存货清查核算

会计核算要求企业必须定期或不定期地组织存货的清查，以确定存货的实存数，使账实相符，保证会计资料的可靠。

存货清查是对在库、在用、出借、出租和加工中的商品、在产品、自制半成品、产成品、材料、包装物、低值易耗品的数量与质量所进行的盘点及核对。

《企业会计准则》规定，经股东大会或董事会，或经理(厂长)会议或类似机构批准后，对盘盈、盘亏和毁损的存货，在期末结账前处理完毕。如在期末结账前未经批准的，应在对外提供财务报告时先进行处理，并在会计报表附注中做出说明。如果其后批准处理的金额与已处理的金额不一致，应按其差额调整会计报表相关项目的年初数。

(一) 存货盘盈的核算

对存货盘盈的金额一般做冲减管理费用处理。

【案例 4-26】 甲企业在财产清查中盘盈原材料 1 300 元，期末报经批准冲减管理费用。

批准前，根据盘存结果做以下账务处理：

借：原材料　　　　　　　　　　　　　　　　　1 300
　　贷：待处理财产损溢——待处理流动资产损溢　　　1 300

报批后，将溢余结果做以下账务处理：

借：待处理财产损溢——待处理流动资产损溢　　1 300
　　贷：管理费用　　　　　　　　　　　　　　　　　1 300

上述处理如果按计划成本计价，还需对成本差异做出调整。

(二) 存货盘亏的核算

对盘亏、毁损的损失要根据其产生原因分别进行处理：由于自然损耗造成的定额以内的短缺，应在相关成本费用中核销；由于各种原因造成的超定额损耗，应该在明确责任后，由有关单位或个人赔偿，实在无法确定责任人的，可在管理费用中核销；由于自然灾害等不可抗拒原因造成的严重损失，应在扣除保险公司的赔偿后，列入企业的营业外支出。

【案例 4-27】 甲公司盘亏原材料一批，价格为 20 000 元，后经查明属于保管不善造成的原材料损失 10 000 元，另外 10 000 元属于自然损耗。原材料增值税税率为 13%。

存货盘亏时，会计分录如下：

借：待处理财产损溢——待处理流动资产损溢　　　　　　20 000
　　贷：原材料　　　　　　　　　　　　　　　　　　　　　　20 000

查明原因后，自然损耗部分的进项税额允许抵扣，对因保管不善造成的原材料损失，其进项税不得抵扣，应做进项税额转出。

借：待处理财产损溢——待处理流动资产损溢　　　　　　 1 300
　　贷：应交税费——应交增值税(进项税额转出)　　　　　　 1 300

根据企业内部的管理权限，报经股东大会或董事会，或经理(厂长)会议或类似机构批准，因保管不善造成的损失，保管员张明应承担 50%，其余作为营业外支出处理，在期末结账前处理完毕。

借：其他应收款——张明　　　　　　　　　　　　　　　　 5 650
　　营业外支出　　　　　　　　　　　　　　　　　　　　　 5 650
　　管理费用　　　　　　　　　　　　　　　　　　　　　　10 000
　　贷：待处理财产损溢——待处理流动资产损溢　　　　　　21 300

【案例 4-28】 甲公司盘亏原材料一批，价格为 50 000 元，原因为由洪灾造成材料毁损，原抵扣的进项税额为 6 500 元，某保险公司已确认赔偿损失 30 000 元。

存货盘亏时，会计分录如下：

借：待处理财产损溢——待处理流动资产损溢　　　　　　50 000
　　贷：原材料　　　　　　　　　　　　　　　　　　　　　　50 000

查明原因后，因洪灾属于自然灾害，原抵扣的进项税额仍然允许抵扣，无须转出。报经批准后，会计分录如下：

借：营业外支出　　　　　　　　　　　　　　　　　　　　20 000
　　其他应收款——某保险公司　　　　　　　　　　　　　　30 000
　　贷：待处理财产损溢——待处理流动资产损溢　　　　　　50 000

思考练习

一、单项选择题

1. 对存货不多的企业，发出存货一般按（　　）对存货进行计价。
   A. 个别计价法　　B. 后进先出法　　C. 售价法　　D. 计划成本
2. 工业企业外购存货在运输途中的合理损耗应计入（　　）。
   A. 管理费用　　B. 营业外支出　　C. 其他业务成本　　D. 采购成本
3. A 企业为一般纳税人，委托 C 单位加工 B 材料(非金银首饰)，发出原材料价款 20 000 元，支付加工费 10 000 元，取得的增值税专用发票上注明增值税税额为 1 300 元，由受托方代收代交的消费税为 1 000 元，材料已加工完毕并验收入库，款项均已支付。委托方收回后的 B 材料用于连续生产应税消费品，该 B 材料收回时的成本为（　　）元。
   A. 30 000　　B. 31 000　　C. 32 700　　D. 22 700
4. "在途物资"账户应该按（　　）计价。
   A. 计划成本　　　　　　　　　　B. 实际成本
   C. 生产成本　　　　　　　　　　D. 计划成本与实际成本之间的差异
5. 发出材料成本差异应从"材料成本差异"账户（　　）转出。
   A. 借方　　　　　　　　　　　　B. 贷方
   C. 借方或贷方均可　　　　　　　D. 由企业自定借方或贷方

二、多项选择题

1. 下列各项中，期末应反映在企业资产负债表"存货"项目的有（　　）。
   A. 生产成本　　B. 委托代销商品　　C. 发出商品　　D. 材料成本差异
2. 材料按实际成本计价进行核算，一般需要设置的账户有（　　）。
   A. 材料采购　　B. 材料成本差异　　C. 原材料　　D. 在途物资
3. 企业购进货物已验收入库，但月底发票单据未到，货款尚未支付，应做的账务处理有（　　）。
   A. 购入材料验收入库时，按暂估价入账
   B. 购入材料在月底按暂估价入账
   C. 下月初用红字冲销月末的记录
   D. 收到发票单据时正式入账
4. 按计划成本核算原材料的企业，月末结转发出原材料的成本差异时的方法是（　　）。
   A. 超支差异用蓝字贷记"材料成本差异"
   B. 超支差异用蓝字借记"材料成本差异"
   C. 节约差异用红字借记"材料成本差异"
   D. 节约差异用红字贷记"材料成本差异"

5. 2×10年12月31日,中材公司库存甲材料的账面价值(成本)为780万元,市场购买价格总额为740万元,假设不发生其他购买费用,用甲材料生产的A产品的可变现净值1 250万元,A产品的成本为1 150万元。则2×10年12月31日中材公司的会计处理中,正确的有( )。

    A. 计提存货跌价准备40万元

    B. 不应计提存货跌价准备

    C. 计提存货跌价准备后,材料的账面价值为740万元

    D. 甲材料期末应按成本计价

三、判断题

1. 存货计价方法的选择直接影响资产负债表中的资产总额,而与利润表中净利润的大小无关。( )

2. 外购材料发生的合理损耗不影响采购总成本,发生的非合理损耗不影响采购的单位成本。( )

3. 发出材料采用先进先出法进行计价,在物价持续上涨的情况下,会使企业计入生产成本的材料费用偏低。( )

项目五 金融资产核算能力

金融资产属于金融工具。金融工具是指形成一个企业的金融资产,并形成其他单位的金融负债或权益工具的合同。例如,甲公司发行公司债券,则甲公司持有金融负债,同时乙公司进行债券投资,则乙公司拥有金融资产。一般生产企业和销售企业的金融资产包括货币资金、应收款项、交易性金融资产、债权投资、其他债权投资、其他权益工具投资等,本项目主要介绍后4种金融资产的核算。

【知识目标】
1. 掌握金融资产的概念及分类;
2. 掌握交易性金融资产初始确认、后续计量及其处置的规定;
3. 掌握债权投资初始确认、后续计量及其处置的规定;
4. 掌握其他债权投资初始确认、后续计量及其处置规定;
5. 掌握其他权益工具投资初始确认、后续计量及其处置规定。

【能力目标】
1. 能区分各类金融资产,会对实际交易的金融资产进行分类;
2. 能够熟练依据交易性金融资产的会计准则进行交易性金融资产的初始确认的处理,持有期间应收股利、应收利息的处理,公允价值变动的处理,以及交易性金融资产处置的会计处理;
3. 会运用实际利率法确定债权投资的摊余成本,会进行债权投资的初始确认、持有期间应收利息的处理、债权投资处置的会计处理;
4. 能正确处理其他债权投资的初始确认,持有期间应收利息、公允价值变动的处理,其他债权投资处置的会计处理;
5. 能正确处理其他权益工具投资的初始确认,持有期间应收股利、公允价值变动的处理,其他权益工具投资处置的会计处理。

【素质目标】
1. 培养客观、公正、不做假账的职业素养;
2. 树立风险意识,防范信用风险。

任务一　交易性金融资产核算

金融资产是实物资产的对称,是一种索取实物资产的无形的权利,是一切可以在有组织的金融市场上进行交易、具有现实价格和未来估价的金融工具的总称。金融资产是资产的重要组成部分,金融资产交易在经济生活中日益频繁,金融资产相关概念也被引入会计准则。

一、金融资产的概念

金融资产是指企业持有的现金、其他方的权益工具,以及符合下列条件之一的资产:

(1) 从其他方收取现金或其他金融资产的合同权利。例如,企业的银行存款、应收账款、应收票据和发放的贷款等均属于金融资产。而预付账款不是金融资产,因其产生的未来经济利益是商品或服务,不是收取现金或其他金融资产的权利。

(2) 在潜在有利条件下,与其他方交换金融资产或金融负债的合同权利。例如,企业购入的看涨期权或看跌期权等衍生工具。

(3) 将来须用或可用企业自身权益工具进行结算的非衍生工具合同,且企业根据该合同将收到可变数量的自身权益工具。

(4) 将来须用或可用企业自身权益工具进行结算的衍生工具合同,但以固定数量的自身权益工具交换固定金额的现金或其他金融资产的衍生工具合同除外。其中,企业自身权益工具不包括应当按照《企业会计准则第37号——金融工具列报》分类为权益工具的可回售工具或发行方仅在清算时才有义务向另一方按比例交付其净资产的金融工具,也不包括本身就要求在未来收取或交付企业自身权益工具的合同。

二、金融资产的分类

企业应当根据其管理金融资产的业务模式和金融资产的合同现金流量特征,将金融资产划分为以下3类。

(一) 以摊余成本计量的金融资产

金融资产同时符合下列条件的,应当分类为以摊余成本计量的金融资产:
(1) 企业管理该金融资产的业务模式是以收取合同现金流量为目标。
(2) 该金融资产的合同条款规定,在特定日期产生的现金流量,仅为对本金和以未偿付本金金额为基础的利息的支付。

(二) 以公允价值计量且其变动计入其他综合收益的金融资产

金融资产同时符合下列条件的,应当分类为以公允价值计量且其变动计入其他综合收益的金融资产:
(1) 企业管理该金融资产的业务模式既以收取合同现金流量为目标,又以出售该金融资产

为目标;

(2) 该金融资产的合同条款规定,在特定日期产生的现金流量仅为对本金和以未偿付本金金额为基础的利息的支付。

(三) 以公允价值计量且其变动计入当期损益的金融资产

企业分类为以摊余成本计量的金融资产和分类为以公允价值计量且其变动计入其他综合收益的金融资产之外的金融资产,企业应当将其分类为以公允价值计量且其变动计入当期损益的金融资产。例如企业持有的股票、基金、可转换债券通常应当分类为以公允价值计量且其变动计入当期损益的金融资产。

上述分类一经确定,不得随意变更。

三、交易性金融资产核算

(一) 交易性金融资产账户设置

以公允价值计量且其变动计入当期损益的金融资产通过设置交易性金融资产进行核算。为了核算交易性金融资产的取得,现金股利或利息的收取、处置等业务,企业应当设置"交易性金融资产""公允价值变动损益""投资收益"等科目。

(1) "交易性金融资产"科目。该科目属于资产类,核算企业为交易目的所持有的债券投资、股票投资、基金投资等交易性金融资产的公允价值。该科目应当按照交易性金融资产的类别和品种分别设置"成本""公允价值变动"等科目进行明细核算。期末借方余额,反映企业持有的交易性金融资产的公允价值。

(2) "公允价值变动损益"科目。该科目属于损益类,核算企业交易性金融资产的公允价值变动而形成的应计入当期损益的利得或损失。期末,应将该科目余额转入"本年利润"科目,结转后该科目无余额。

(3) "投资收益"科目。该科目属于损益类,核算企业在持有交易性金融资产等期间取得的投资收益以及处置交易性金融资产等实现的投资收益或投资损失。期末,应将该科目余额转入"本年利润"科目,该科目结转后应无余额。

(二) 交易性金融资产的账务处理

1. 交易性金融资产的初始确认

交易性金融资产初始确认时,应按公允价值计量,相关交易费用应当直接计入当期损益。其中,交易费用是指可直接归属于购买、发行或处置金融工具的增量费用。增量费用是指企业没有发生购买、发行或处置相关金融工具的情形就不会发生的费用,包括支付给代理机构、咨询公司、券商、证券交易所、政府有关部门等的手续费、佣金、相关税费,以及其他必要支出,不包括债券溢价、折价、融资费用、内部管理成本和持有成本等与交易不直接相关的费用。

当企业购入交易性金融资产时,应按其公允价值(不含已宣告但尚未发放的现金股利或已到付息期但尚未领取的债券利息),借记"交易性金融资产——成本"科目,按已宣告但尚未发放的现金股利或已到付息期但尚未领取的债券利息的金额,借记"应收股利"或"应收利息"科目,按支付的相关交易费用的金额,借记"投资收益"科目,按允许抵扣的增值税金额,借记"应交税费——应交增值税(进项税额)";按企业所支付的价款总额,贷记"其他货币资金——存出投资款"等科目。

【案例 5-1】 2×08 年 4 月 17 日,滨华有限责任公司从二级市场购入乙公司股票 100 000 股。每股价格 10.1 元,其中包含已宣告但尚未发放的现金股利 0.1 元/股,滨华有限责任公司另支付相关交易费用 2 500 元,允许抵扣的增值税 150 元。滨华有限责任公司将持有的乙公司股票划分为交易性金融资产。

① 购入乙公司股票时:

借:交易性金融资产——成本　　　　　　　　　　　1 000 000
　　应收股利　　　　　　　　　　　　　　　　　　　　 10 000
　　投资收益　　　　　　　　　　　　　　　　　　　　　2 500
　　应交税费——应交增值税(进项税额)　　　　　　　　　　150
　　贷:其他货币资金——存出投资款　　　　　　　　1 012 650

② 4 月 25 日,收到现金股利:

借:其他货币资金——存出投资款　　　　　　　　　　 10 000
　　贷:应收股利　　　　　　　　　　　　　　　　　　 10 000

【案例 5-2】 2×08 年 7 月 3 日,滨华有限责任公司从二级市场购入丁公司发行的债券 10 000 张,每张面值 100 元,每张价格为 102 元(含已到付息期但尚未领取的利息 2 元),另发生交易费用 3 000 元,允许抵扣增值税 180 元。该债券系 2×07 年 7 月 1 日发行,期限为 5 年,票面年利率为 4%,每半年付息一次,到期归还本金。滨华有限责任公司将该债券划分为交易性金融资产。

① 购入债券时:

借:交易性金融资产——成本　　　　　　　　　　　1 000 000
　　应收利息　　　　　　　　　　　　　　　　　　　　 20 000
　　投资收益　　　　　　　　　　　　　　　　　　　　　3 000
　　应交税费——应交增值税(进项税额)　　　　　　　　　　180
　　贷:其他货币资金——存出投资款　　　　　　　　1 023 180

② 7 月 15 日,收到利息:

借:其他货币资金——存出投资款　　　　　　　　　　 20 000
　　贷:应收利息　　　　　　　　　　　　　　　　　　 20 000

2. 交易性金融资产的后续计量

交易性金融资产的后续计量包括持有期间现金股利或利息的处理和持有期间公允价值变动的处理。

在持有期间取得的利息或现金股利,应当确认为投资收益。按相应金额,借记"应收股利"或"应收利息"科目,贷记"投资收益"科目。

资产负债表日,交易性金融资产应当按照公允价值计量,企业应将交易性金融资产或金融负债的公允价值变动计入当期损益。资产负债表日,交易性金融资产的公允价值如果大于账面余额,差额计入当期损益,借记"交易性金融资产——公允价值变动"科目,贷记"公允价值变动损益"科目;如果交易性金融资产公允价值低于账面余额的差额,则做相反的会计分录。

【案例5-3】 沿用案例5-1的数据,滨华有限责任公司和乙公司其他相关资料如下。

2×08年8月13日,乙公司宣告上半年度股利分配方案为每股支付现金股利0.10元,将于8月20日支付。2×08年12月31日,乙公司的股票价格上涨到12.20元。

① 乙公司宣告分配股利时:

借:应收股利	10 000	
贷:投资收益		10 000

② 收到现金股利时:

借:其他货币资金——存出投资款	10 000	
贷:应收股利		10 000

③ 2×08年12月31日,确认该股票的公允价值变动损益时:

借:交易性金融资产——公允价值变动	220 000	
贷:公允价值变动损益		220 000

【案例5-4】 沿用案例5-2的数据,滨华有限责任公司和丁公司的其他相关资料如下。

2×08年12月31日,丁公司的债券市价为100.50元(含2×09年下半年利息2元)。

① 2×08年12月31日,计算下半年利息收入:

借:应收利息	20 000	
贷:投资收益		20 000

② 收到2×08年下半年利息收入:

借:其他货币资金——存出投资款	20 000	
贷:应收利息		20 000

③ 2×08年12月31日,确认公允价值变动损益:

借:公允价值变动损益	15 000	
贷:交易性金融资产——公允价值变动		15 000

3. 交易性金融资产的处置

处置交易性金融资产时,应将该金融资产处置时的公允价值与其账面余额之间的差额作为投资收益进行会计处理。企业应按出售交易性金融资产实际收到的金额,借记"其他货币资金——存出投资款"等科目,按该金额资产的账面余额,贷记"交易性金融资产——成本或公允价值变动"科目,按其差额,贷记或借记"投资收益"科目。

【案例5-5】 沿用案例5-1和案例5-3的数据,滨华有限责任公司和乙公司其他相关资料如下。

2×09年1月30日,将该股票全部出售,共取得价款1 320 000元。

借:其他货币资金——存出投资款	1 320 000	
贷:交易性金融资产——成本		1 000 000
——公允价值变动		220 000
投资收益		100 000

【案例 5-6】 沿用案例 5-2 和案例 5-4 的数据，滨华有限责任公司和丁公司其他相关资料如下。

2×09 年 1 月 18 日，滨华有限责任公司将丁公司债券全部售出，取得价款 990 000 元。

借：其他货币资金——存出投资款　　　　　　　990 000
　　交易性金融资产——公允价值变动　　　　　　15 000
　　贷：交易性金融资产——成本　　　　　　　　　　1 000 000
　　　　投资收益　　　　　　　　　　　　　　　　　　5 000

4. 转让金融商品应交增值税

金融商品转让按照卖出价扣除买入价(不需要扣除已宣告未发放现金股利和已到付息期未领取的利息)后的余额作为销售额计算增值税，即转让金融商品按盈亏相抵后的金额作为销售额。若相抵后出现负差，可结转下一纳税期与下期转让金融商品销售额互抵，但年末时仍出现负差的，不得转入下一会计年度。

转让金融资产当月月末，如产生转让收益，则按应纳税额，借记"投资收益"科目，贷记"应交税费——转让金融商品应交增值税"科目；如产生转让损失，则按可结转下月抵扣税额，借记"应交税费——转让金融商品应交增值税"科目，贷记"投资收益"科目。

【案例 5-7】 沿用案例 5-1、案例 5-3 和案例 5-5 的数据，滨华有限责任公司转让金融商品应交增值税为(1 320 000-1 010 000)÷(1+6%)×6%=17 547.17(元)。

借：投资收益　　　　　　　　　　　　　　　　17 547.17
　　贷：应交税费——转让金融商品应交增值税　　　　17 547.17

【案例 5-8】 沿用案例 5-2、案例 5-4 和案例 5-6 的数据，滨华有限责任公司转让金融商品应交增值税为(990 000-1 020 000)÷(1+6%)×6%=-1 698.11(元)。

借：应交税费——转让金融商品应交增值税　　　1 698.11
　　贷：投资收益　　　　　　　　　　　　　　　　　1 698.11

任务二　债权投资核算

债权投资以收取合同现金流量为目标，且在特定日期产生的现金流量仅为对本金和以未偿付金额为基础的利息的支付，以摊余成本计量的金融资产。债权投资不能获取被投资单位的所有者权益，它只能获取投资单位的债权，债权投资自投资之日起即成为债务单位的债权人，并按约定的利率收取利息，到期收回本金。

一、债权投资账户设置

以摊余成本计量的债权投资需要设置债权投资进行核算。该科目可按持有的债权投资的类别和品种分别设置"成本""利息调整""应计利息"等科目进行明细核算。其中，成本指投资成本，是企业购入债券时的票面价值；利息调整指企业购入债券的成本与实际支付的购买价款的差额；应计利息是企业购买的到期一次还本付息债券在每个会计期末按权责发生制计算的本期应计债券利息。"债权投资"科目期末借方余额反映企业债权投资的摊余成本。

为了核算债权投资的取得，利息的收取、处置等业务，企业还需要设置"应收利息""利息收入"等科目。

二、债权投资的账务处理

(一) 债权投资的初始计量

债权投资初始确认时，应当按照公允价值和相关交易费用之和作为初始入账金额。实际支付的价款中包括的已到付息期但尚未领取的债券利息，应单独确认为应收项目。企业取得债权投资时，应按该投资的面值，借记"债权投资——成本"科目，按支付的价款中包括的已到付息期但尚未领取的债券利息，借记"应收利息"科目，按实际支付的金额，贷记"银行存款"等科目，按其差额借记或贷记"债权投资——利息调整"科目。

债权投资初始确认时，应当计算确定其实际利率，并在该债权投资预期存续期间或适用的更短期间内保持不变。实际利率是指将金融资产或金融负债在预期存续期间或适用的更短期间内的未来现金流量，折现为该金融资产或金融负债当前账面价值所使用的利率。

【案例5-9】 2×08年1月1日，滨华有限责任公司以银行存款，购入同日发行的公司债券10 000张，每张面值为100元，期限5年，票面利率为5%，每年年末计息，次年1月5日支付，最后一期利息与本金到期时一起收回。实际利率为4%，实际支付价款1 044 490元。滨华有限责任公司将购入的该公司债券划分为债权投资，且不考虑相关税费、减值损失等因素。

滨华有限责任公司2×08年1月1日购入债券的账务处理如下：

借：债权投资——成本　　　　　　　　　　　　1 000 000
　　　　　　——利息调整　　　　　　　　　　　　44 490
　　贷：银行存款　　　　　　　　　　　　　　　1 044 490

(二) 债权投资的利息

企业应在持有期间，采用实际利率法，按照摊余成本和实际利率计算确认利息收入，计入"利息收入"科目。

$$利息收入 = 期初摊余成本 \times 实际利率$$

摊余成本是指该金融资产的初始确认金额经下列调整后的结果：

(1) 扣除已偿还的本金；

(2) 加上或减去采用实际利率法将该初始确认金额与到期日金额之间的差额进行摊销形成的累计摊销额；

(3) 扣除计提的累计信用减值准备(仅适用于金融资产)。

在资产负债表日，债权投资若为分期付息、一次还本债券投资的，应按票面利率计算确定的应收未收利息，借记"应收利息"科目；按债权投资摊余成本和实际利率计算确定的利息收入，贷记"利息收入"科目；按其差额，借记或贷记"债权投资——利息调整"科目。债权投资若为一次还本付息债券投资的，企业应于资产负债表日按票面利率计算确定的应收未收利息，借记"债权投资——应计利息"科目，按债权投资摊余成本和实际利率计算确定的利息收入，贷记"利息收入"科目，按其差额，借记或贷记"债权投资——利息调整"科目。

【案例 5-10】 沿用案例 5-9 的数据，编制滨华有限责任公司持有债券期间的账务处理。

根据案例 5-9 的数据可编制表 5-1。

表 5-1　债权投资利息计算表(分期付息、一次还本)

金额单位：元

年份	期初摊余成本(a)	应收利息	实际利息(b)(按4%计算)	现金流入(c)	期末摊余成本(d=a+b-c)
2×08 年	1 044 490	50 000	41 780*	50 000	1 036 270
2×09 年	1 036 270	50 000	41 451*	50 000	1 027 721
2×10 年	1 027 721	50 000	41 109*	50 000	1 018 830
2×11 年	1 018 830	50 000	40 753*	50 000	1 009 583
2×12 年	1 009 583	50 000	40 417**	1 050 000	0

注：*数字四舍五入取整；**数字考虑了计算过程中出现的尾差。

根据上述数据，滨华有限责任公司的有关账务处理如下：

① 2×08 年 12 月 31 日，确认实际利息收入：

借：应收利息	50 000
贷：利息收入	41 780
债权投资——利息调整	8 220

② 2×09 年 1 月 5 日，收到票面利息：

| 借：银行存款 | 50 000 |
| 　　贷：应收利息 | 50 000 |

③ 2×09 年 12 月 31 日，确认实际利息收入：

借：应收利息	50 000
贷：利息收入	41 451
债权投资——利息调整	8 549

④ 2×10 年 1 月 5 日，收到票面利息：

| 借：银行存款 | 50 000 |
| 　　贷：应收利息 | 50 000 |

⑤ 2×10 年 12 月 31 日，确认实际利息收入：

借：应收利息	50 000
贷：利息收入	41 109
债权投资——利息调整	8 891

⑥ 2×11 年 1 月 5 日，收到票面利息：

| 借：银行存款 | 50 000 |
| 　　贷：应收利息 | 50 000 |

⑦ 2×11年12月31日，确认实际利息：

借：应收利息 50 000
　　贷：利息收入 40 753
　　　　债权投资——利息调整 9 247

⑧ 2×12年1月5日，收到票面利息：

借：银行存款 50 000
　　贷：应收利息 50 000

⑨ 2×12年12月31日，确认实际利息：

借：应收利息 50 000
　　贷：利息收入 40 417
　　　　债权投资——利息调整 9 583

⑩ 2×13年1月1日，收到票面利息、本金：

借：银行存款 1 050 000
　　贷：债权投资——成本 1 000 000
　　　　应收利息 50 000

假定滨华有限责任公司购买的是到期一次还本付息债券，票面利率5%，实际利率4%，支付价款1 027 375元，其他条件同案例5-9。债权投资利息如表5-2所示。

表5-2 债权投资利息计算表(到期一次还本付息)

金额单位：元

年份	期初摊余成本(a)	实际利息(b)(按4%计算)	现金流入(c)	期末摊余成本(d=a+b-c)
2×08年	1 027 375	41 095	0	1 068 470
2×09年	1 068 470	42 739	0	1 111 209
2×10年	1 111 209	44 448	0	1 155 657
2×11年	1 155 657	46 226	0	1 201 883
2×12年	1 201 883	48 117*	1 250 000	0.00

注：*考虑了计算过程中出现的尾差。

根据上述数据，滨华有限责任公司的有关账务处理如下：

① 2×08年1月1日，购入债券的账务处理如下：

借：债权投资——成本 1 000 000
　　　　　　——利息调整 27 375
　　贷：银行存款 1 027 375

② 2×08年12月31日，确认实际利息收入：

借：债权投资——应计利息 50 000
　　贷：利息收入 41 095
　　　　债权投资——利息调整 8 905

③ 2×09 年 12 月 31 日，确认实际利息收入：

借：债权投资——应计利息	50 000	
贷：利息收入		42 739
债权投资——利息调整		7 261

④ 2×10 年 12 月 31 日：

借：债权投资——应计利息	50 000	
贷：利息收入		44 448
债权投资——利息调整		5 552

⑤ 2×11 年 12 月 31 日，确认实际利息：

借：债权投资——应计利息	50 000	
贷：利息收入		46 226
债权投资——利息调整		3 774

⑥ 2×12 年 12 月 31 日，确认实际利息收入、收到本金和利息等：

借：债权投资——应计利息	50 000	
贷：利息收入		48 117
债权投资——利息调整		1 883
借：银行存款	1 250 000	
贷：债权投资——成本		1 000 000
——应计利息		250 000

(三) 债权投资的处置

处置债权投资时，应将所取得价款与债权投资账面价值之间的差额计入当期损益。出售债权投资时，应按实际收到的金额，借记"银行存款"等科目，按其账面余额，贷记"债权投资——成本""债权投资——利息调整""债权投资——应计利息"科目，按借贷双方的差额，贷记或借记"利息收入"科目。已计提信用减值准备的，还应同时结转信用减值准备。

【案例 5-11】 沿用案例 5-9、案例 5-10 的数据，假如 2×10 年 1 月 1 日，滨华有限责任公司将其债权投资全部出售，取得价款 1 080 000 元。

滨华有限责任公司应做会计分录如下：

借：银行存款	1 080 000	
贷：债权投资——成本		1 000 000
——利息调整		27 721
应收利息		50 000
利息收入		2 279

(四) 债权投资的到期兑现

债权投资到期时，若为到期一次还本付息的债权投资，应按实际收到的款项借记"银行存款"科目，按债权投资的账面价值贷记"债权投资——成本""债权投资——应计利息"科目；若为分期付息到期还本的债权投资，应按实际收到的款项借记"银行存款"科目，按债权投资的账面价值贷记"债权投资——成本"科目,按收到的最后一期利息贷记"应收利息"科目。

【案例 5-12】 沿用案例 5-9、案例 5-10 的数据,假如滨华有限责任公司将其债权投资持有至到期兑现。

滨华有限责任公司应做会计分录如下:
借:银行存款　　　　　　　　　　　　　　　　　　 1 050 000
　　贷:债权投资——成本　　　　　　　　　　　　　　　1 000 000
　　　　应收利息　　　　　　　　　　　　　　　　　　　　50 000

任务三　其他债权投资核算

其他债权投资,金融资产管理的业务模式是既收取合同现金流量又出售该金融资产,且在特定日期产生的现金流量仅为对本金和以未偿付金额为基础的利息的支付,以公允价值计量且其变动计入其他综合收益的金融资产。

一、其他债权投资账户设置

以公允价值计量且其变动计入其他综合收益的金融资产需要设置其他债权投资进行核算,该科目可按金融资产类别和品种,分为"成本""利息调整""公允价值变动"等进行明细核算。企业指定为以公允价值计量且其变动计入其他综合收益的非交易性权益工具投资,通过"其他权益工具投资"科目核算,不在"其他债权投资"科目反映。

为了核算其他债权投资的取得,利息的收取、处置等业务,企业还需要设置"其他综合收益""应收利息""利息收入"等科目。

二、其他债权投资的账务处理

(一) 其他债权投资的初始确认

企业取得其他债权投资时,按公允价值及相关交易费用之和作为初始入账金额。企业取得其他债权投资支付的价款中包含已到付息期但尚未领取的债券利息,应单独确认为应收项目。

企业取得其他债权投资时,应按该投资的面值,借记"其他债权投资——成本"科目,按支付的价款中包括的已到付息期但尚未领取的利息,借记"应收利息"科目,按实际支付的金额,贷记"银行存款"等科目,按其差额,借记或贷记"其他债权投资——利息调整"科目。

【案例 5-13】 2×08 年 1 月 1 日,滨华有限责任公司支付价款 1 028 240 元购入某公司同日发行的 3 年期公司债券,该公司债券的票面总金额为 1 000 000 元,票面利率 4%,实际利率为 3%,利息每年年末支付,本金到期支付。滨华有限责任公司将该公司债券划分为其他债权投资,相关税费不予考虑。

假定无交易费用和其他因素的影响,2×08 年 1 月 1 日,购入债券时,滨华有限责任公司的账务处理如下：

借：其他债权投资——成本　　　　　　　　　　　　1 000 000
　　　　　　　——利息调整　　　　　　　　　　　　28 240
　　贷：银行存款　　　　　　　　　　　　　　　　　1 028 240

（二）其他债权投资的利息

企业应在其他债权投资持有期间，采用实际利率法，按照摊余成本和实际利率计算确认利息收入，计入利息收入。实际利率应当在取得其他债权投资时确定，实际利率与票面利率差别较小的，也可以按票面利率计算利息收入。

企业在资产负债表日，其他债权投资若为分期付息、一次还本债券投资的，应按票面利率计算确定的应收未收利息，借记"应收利息"科目，按其他债权投资摊余成本和实际利率计算确定利息收入，贷记"利息收入"科目，按其差额借记或贷记"其他债权投资——利息调整"科目。其他债权投资若为一次还本付息债券投资的，企业应于资产负债表日按票面利率计算确定的应收未收利息，借记"其他债权投资——应计利息"科目，按其他债权投资摊余成本和实际利率计算确定利息收入，贷记"利息收入"科目，按其差额借记或贷记"其他债权投资——利息调整"科目。

【案例5-14】 沿用案例5-13的数据，2×08年12月31日，收到债券利息。

实际利息＝1 028 240×3%＝30 847.2(元)
利息调整摊销＝40 000－30 847.2＝9 152.8(元)
年末摊余成本＝1 028 240－9 152.8＝1 019 087.2(元)

借：应收利息　　　　　　　　　　　　　　　　　　40 000
　　贷：利息收入　　　　　　　　　　　　　　　　　30 847.2
　　　　其他债权投资——利息调整　　　　　　　　　9 152.8
借：银行存款　　　　　　　　　　　　　　　　　　40 000
　　贷：应收利息　　　　　　　　　　　　　　　　　40 000

（三）其他债权投资的公允价值变动

资产负债表日，其他债权投资应当以公允价值计量，且公允价值变动计入其他综合收益。当其他债权投资公允价值高于账面余额，应按其差额，借记"其他债权投资——公允价值变动"科目，贷记"其他综合收益"科目；当其他债权投资公允价值低于账面余额，企业应按其差额做相反的会计分录。

【案例5-15】 沿用案例5-13和案例5-14的数据，2×08年12月31日，该债券的市价为1 025 000元。

2×08年12月31日，年末摊余成本1 019 087.2元，公允价值变动5 912.8元(1 025 000－1 019 087.2)。

借：其他债权投资——公允价值变动　　　　　　　　5 912.8
　　贷：其他综合收益　　　　　　　　　　　　　　　5 912.8

(四) 其他债权投资的减值

确定其他债权投资发生减值的,应按减记的金额,借记"信用减值损失"科目,按从其他综合收益中累计转出的损失金额,贷记"其他综合收益"科目。

(五) 其他债权投资的处置

处置其他债权投资时,应将取得的价款与该金融资产账面价值之间的差额计入投资收益;同时,将原直接计入所有者权益的公允价值变动累计额对应处置部分的金额从"其他综合收益"科目转出,计入投资收益。

【案例 5-16】 沿用案例 5-13、案例 5-14 和案例 5-15 的数据,2×09 年 1 月 1 日,滨华有限责任公司将该债券全部售出,售价 1 026 000 元。

出售时,其他债权投资账面价值 1 025 000 元,其中成本 1 000 000 元。利息调整 19 087.2 元,公允价值变动 5 912.8 元。

借:银行存款　　　　　　　　　　　　　　　　1 026 000
　　贷:其他债权投资——成本　　　　　　　　　　1 000 000
　　　　　　　　　　——利息调整　　　　　　　　　19 087.2
　　　　　　　　　　——公允价值变动　　　　　　　5 912.8
　　　　投资收益　　　　　　　　　　　　　　　　10 000

其他综合收益转出:
借:其他综合收益　　　　　　　　　　　　　　　5 912.8
　　贷:投资收益　　　　　　　　　　　　　　　　5 912.8

任务四　其他权益工具投资核算

其他权益工具投资前身为可供出售金融资产,由于会计准则的调整,2019 年起被调整到其他权益工具投资科目下。企业对外投资准备长期持有,不以交易为目的,但达不到对被投资方实施控制和施加重大影响的程度,不能划为长期股权投资的投资,一般为股权或者股票。

一、其他权益工具投资账户设置

企业取得指定为以公允价值计量且其变动计入其他综合收益的非交易性权益工具投资需要通过其他权益工具投资进行核算,该科目可按其他权益工具投资的类别和品种,分为"成本""公允价值变动"等进行明细核算。

为了核算其他权益工具投资的取得,现金股利的收取、处置等业务,企业还需要设置"其他综合收益""应收股利"等科目。

二、其他权益工具投资的账务处理

(一) 其他权益工具投资的初始确认

企业取得其他权益工具投资时，按公允价值及相关交易费用之和作为初始入账金额。企业取得其他权益工具投资支付的价款中包含的已宣告但尚未发放的现金股利，应单独确认为应收项目。

企业取得其他权益工具投资时，按公允价值及相关交易费用之和，借记"其他权益工具投资——成本"科目，按支付的价款中包含的已宣告但尚未发放的现金股利，借记"应收股利"科目，按实际支付的金额，贷记"银行存款"等科目。

【案例5-17】2×08年5月5日，滨华有限责任公司支付价款2 080 000元(含交易费用10 000元和已宣告但尚未发放的现金股利50 000元)，购入乙公司发行的股票200 000股，占乙公司有表决权股份的0.2%。滨华有限责任公司将购入的股票划分为其他权益工具投资。2×08年5月8日，滨华有限责任公司收到乙公司发放的现金股利50 000元。

① 2×08年5月5日，购入股票：
借：其他权益工具投资——成本　　　　　　　　　　　　　2 030 000
　　应收股利　　　　　　　　　　　　　　　　　　　　　　　50 000
　　贷：银行存款　　　　　　　　　　　　　　　　　　　　2 080 000

② 2×08年5月8日，收到现金股利：
借：银行存款　　　　　　　　　　　　　　　　　　　　　　　50 000
　　贷：应收股利　　　　　　　　　　　　　　　　　　　　　50 000

(二) 其他权益工具投资的股利

企业应在其他权益工具投资持有期间，将收到的现金股利确认为投资收益。被投资单位宣告发放现金股利时，按相应金额，借记"应收股利"科目，贷记"投资收益"科目。

【案例5-18】沿用案例5-17的数据，2×09年5月9日，乙公司宣告发放现金股利每股0.2元。2×09年5月13日，滨华有限责任公司收到乙公司发放的现金股利。

① 2×09年5月9日，确认应收现金股利：
借：应收股利　　　　　　　　　　　　　　　　　　　　　　　40 000
　　贷：投资收益　　　　　　　　　　　　　　　　　　　　　40 000

② 2×09年5月13日，收到现金股利：
借：银行存款　　　　　　　　　　　　　　　　　　　　　　　40 000
　　贷：应收股利　　　　　　　　　　　　　　　　　　　　　40 000

(三) 其他权益工具投资的公允价值变动

资产负债表日，其他权益工具投资应当以公允价值计量，且公允价值变动计入其他综合收益。当其他权益工具投资公允价值高于账面余额，应按其差额，借记"其他权益工具投资——公允价值变动"科目，贷记"其他综合收益"科目；当其他债权投资公允价值低于账面余额，企业应按其差额做相反的会计分录。

【案例5-19】沿用案例5-17和案例5-18的数据，2×08年6月30日，该股票市价为每股10.3元。2×08年12月31日，滨华有限责任公司仍持有该股票，该股票当日每股市价10.1元。

① 2×08年6月30日，确认股票价格变动：

借：其他权益工具投资——公允价值变动　　　　　　30 000
　　贷：其他综合收益　　　　　　　　　　　　　　　　　30 000

② 2×08年12月31日，确认股票价格变动：

借：其他综合收益　　　　　　　　　　　　　　　　40 000
　　贷：其他权益工具投资——公允价值变动　　　　　　　40 000

(四) 其他权益工具投资的处置

处置其他权益工具投资时，应将取得的价款与该金融资产账面价值之间的差额，调整留存收益；同时，将原直接计入所有者权益的公允价值变动累计额对应处置部分的金额从"其他综合收益"科目转出，调整留存收益。

【案例5-20】沿用案例5-17、案例5-18和案例5-19的数据，2×09年5月20日，滨华有限责任公司以每股9.9元的价格将该股票全部转让，按净利润10%计提法定盈余公积。

借：银行存款　　　　　　　　　　　　　　　　　1 980 000
　　其他权益工具投资——公允价值变动　　　　　　　10 000
　　盈余公积　　　　　　　　　　　　　　　　　　　4 000
　　利润分配——未分配利润　　　　　　　　　　　　36 000
　　贷：其他权益工具投资——成本　　　　　　　　　　2 030 000

其他综合收益转出：

借：盈余公积　　　　　　　　　　　　　　　　　　1 000
　　利润分配——未分配利润　　　　　　　　　　　　 9 000
　　贷：其他综合收益　　　　　　　　　　　　　　　　10 000

思考练习

一、单项选择题

1. 下列项目中，应计入交易性金融资产取得成本的是(　　)。
   A. 支付的交易费用
   B. 支付的不含应收股利的购买价款
   C. 支付的已到付息期但尚未领取的利息
   D. 购买价款中已宣告尚未领取的现金股利

2. 甲公司于 2×01 年 12 月 5 日从证券市场上购入乙公司对外发行的股票 20 万股作为交易性金融资产，每股支付价款 5 元；2×01 年 12 月 31 日，该股票公允价值为 110 万元；2×02 年 1 月 10 日，甲公司将上述股票对外出售，收到款项 115 万元存入银行。这项投资从购买到售出计入投资收益的数额是(   )万元。

    A. 5   B. 10   C. 15   D. 20

3. 甲公司购入某上市公司股票 2% 的普通股份，暂不准备随时变现，甲公司应将该项投资划分为(   )。

    A. 其他债权投资   B. 其他权益工具投资
    C. 长期股权投资   D. 持有至到期投资

4. 阳光公司于 2×10 年 3 月 1 日从证券市场购入甲公司对外发行的股票 60 万股作为其他权益工具投资，每股支付价款 13 元(含已宣告但尚未发放的现金股利 3 元)，另支付相关费用 5 万元，阳光公司取得该项其他权益工具投资时的入账价值为(   )万元。

    A. 600   B. 785   C. 780   D. 605

5. 企业于 2×08 年 1 月 1 日支付 85 200 元(含应收债券利息)的价款购入面值 80 000 元、2×06 年 1 月 1 日发行、票面年利率为 5%、期限 4 年、次年 1 月 1 日付息的债券作为债权投资。2×08 年 1 月 1 日购入时应计入"债权投资——利息调整"科目的金额为(   )万元。

    A. 5 200   B. 4 000   C. 2 000   D. 1 200

二、多项选择题

1. 下列各项中，不应确认投资收益的事项有(   )。
    A. 交易性金融资产在持有期间获得现金股利
    B. 交易性金融资产在资产负债表日的公允价值大于账面价值的差额
    C. 债权投资在持有期间按摊余成本和实际利率计算确认的利息收入
    D. 其他债权投资在持有期间按摊余成本和实际利率计算确认的利息收入

2. 下列各项中，不应确认投资收益的事项有(   )。
    A. 交易性金融资产在持有期间获得现金股利
    B. 交易性金融资产在资产负债表日的公允价值大于账面价值的差额
    C. 债权投资在持有期间按摊余成本和实际利率计算确认的利息收入
    D. 其他债权投资在持有期间按摊余成本和实际利率计算确认的利息收入

3. 下列金融资产中，应按公允价值进行后续计量的有(   )。
    A. 交易性金融资产 B. 债权投资   C. 其他债权投资   D. 其他权益工具投资

4. 下列各项中，应计入当期损益的事项有(   )。
    A. 交易性金融资产取得时的公允价值
    B. 交易性金融资产在资产负债表日的公允价值小于账面价值的差额
    C. 债权投资取得的利息收入
    D. 其他债权投资在资产负债表日的公允价值小于账面价值的差额

5. 下列各项中，应作为债权投资取得时的初始成本入账的有(　　)。
   A. 投资时支付的不含应收利息的价款
   B. 投资时支付的手续费
   C. 投资时支付的税金
   D. 投资时支付款项中所含的已到期但尚未发放的利息

三、判断题

1. 债权投资初始确认时，应当计算确定其实际利率，并在持有至到期投资预期存续期间或适用的更短期间内保持不变。　　　　　　　　　　　　　　　　　　　　　(　　)
2. 其他债权投资取得时，应该按公允价值来确认初始入账金额，但应该按照摊余成本进行后续计量。　　　　　　　　　　　　　　　　　　　　　　　　　　　　(　　)
3. "交易性金融资产"科目的期末借方余额反映企业持有的交易性金融资产的成本与市价孰低值。　　　　　　　　　　　　　　　　　　　　　　　　　　　　　(　　)

项目六 长期股权投资核算能力

长期股权投资是企业为获取另一个企业的股权所进行的长期投资,通常为长期持有,不准备随时变现,投资企业成为被投资企业的股东。与短期投资和长期债权投资不同,长期股权投资的首要目的并非获取投资收益,而是强化与其他企业(如本企业的原材料供应商或商品经销商等)的商业纽带,或者是影响甚至控制其关联公司的重大经营决策和财务政策。股权代表一种终极的所有权,体现所有者对企业的经营管理和收益分配投票表决的权利。通过长期股权投资获得其他企业的股权,投资企业能参与被投资企业的重大经营决策,从而影响、控制或迫使被投资企业采取有利于投资企业利益的经营方针和利润分配方案。同时,长期股权投资还是实现多元化经营、减少行业系统风险的一种有效途径。

【知识目标】

1. 掌握同一控制下企业合并、非同一控制下企业合并初始投资成本确定的有关规定;
2. 掌握非企业合并中初始投资成本确定的有关规定;
3. 掌握长期股权投资采用成本法、权益法核算的有关规定;
4. 掌握长期股权投资处置的有关规定。

【能力目标】

1. 能够进行同一控制下企业合并、非同一控制下企业合并初始投资成本的确定;
2. 能够进行非企业合并中支付现金、发行权益性证券等投资方式初始投资成本的确定;
3. 能熟练采用成本法进行长期股权投资的后续计量;
4. 能够采用权益法进行长期股权投资的后续计量;
5. 能够对长期股权投资的处置进行账务处理。

【素质目标】

1. 培养求真务实、坚持准则、不做假账的职业素养;
2. 认知会计管理服务职能,为企业投资决策提供会计信息支持;
3. 具有投资风险意识,为企业对外投资保驾护航。

任务一　长期股权投资初始核算

长期股权投资的目的是长期持有被投资企业的股份，成为被投资企业的股东，并通过所持有的股份，对被投资企业实施控制或施加重大影响。长期股权投资的最终目标是获得较大的经济利益，但是，如果被投资企业经营状况不佳，或者进行破产清算时，投资企业作为股东，也需要承担相应的投资损失。

一、长期股权投资

长期股权投资是指投资方对被投资企业实施控制、重大影响的权益性投资，以及对其合营企业的权益性投资，包括以下内容：

(1) 投资企业能够对被投资企业实施控制的权益性投资，即对子公司投资；

(2) 投资企业与其他合营方一同对被投资企业实施共同控制的权益性投资，即对合营企业投资；

(3) 投资企业对被投资企业具有重大影响的权益性投资，即对联营企业投资。

上述以外其他的权益性投资，包括风险投资机构、共同基金及类似主体持有的、在初始确认时按照《企业会计准则第 22 号——金融工具确认和计量》的规定以公允价值计量且其变动计入当期损益的金融资产和其他权益性投资，不属于长期股权投资。

二、企业合并形成的长期股权投资初始核算

企业合并形成的长期股权投资，初始投资成本的确定应区分企业合并的类型，分为同一控制下企业合并与非同一控制下企业合并确定形成长期股权投资的初始投资成本。

(一) 同一控制下企业合并形成的长期股权投资

1. 合并方以支付现金、转让非现金资产或承担债务方式作为合并对价

合并方以支付现金、转让非现金资产或承担债务方式作为合并对价的，应当在合并日按照取得被合并方所有者权益账面价值的份额作为长期股权投资的初始投资成本。长期股权投资的初始投资成本与支付的现金、转让的非现金资产及所承担债务账面价值之间的差额，应当调整资本公积(资本溢价或股本溢价)；资本公积(资本溢价或股本溢价)的余额不足冲减的，调整留存收益。

合并方为企业合并发生的审计、法律服务、评估咨询等中介费用以及其他相关管理费用，应当于发生时计入当期损益。

具体进行会计处理时，合并方在合并日按取得被合并方所有者权益账面价值的份额，借记"长期股权投资"科目。按应享有被投资企业已宣告但尚未发放的现金股利或利润，借记"应收股利"科目，按支付的合并对价的账面价值，贷记有关资产或借记有关负债科目，按其差额，贷记"资本公积——资本溢价或股本溢价"科目；如为借方差额，应借记"资本公积——资本溢

价或股本溢价"科目，资本公积(资本溢价或股本溢价)不足冲减的，借记"盈余公积""利润分配——未分配利润"科目。如果发生合并费用，则借记"管理费用"科目，贷记"银行存款"科目等。

【案例6-1】 2×08年1月10日，甲公司以银行存款购入乙公司80%的股份。购入时，乙公司所有者权益账面价值为10 000 000元。两公司同为丙公司的子公司，且为一般公司。发生合并费用20 000元。

若甲公司支付7 000 000元：

借：长期股权投资——乙公司　　　　　　　　　　　　　　8 000 000
　　贷：银行存款　　　　　　　　　　　　　　　　　　　7 000 000
　　　　资本公积——资本溢价　　　　　　　　　　　　　1 000 000

若甲公司支付9 000 000元：

借：长期股权投资——乙公司　　　　　　　　　　　　　　8 000 000
　　资本公积——资本溢价　　　　　　　　　　　　　　　1 000 000
　　贷：银行存款　　　　　　　　　　　　　　　　　　　9 000 000

发生合并费用：

借：管理费用　　　　　　　　　　　　　　　　　　　　　　20 000
　　贷：银行存款　　　　　　　　　　　　　　　　　　　　20 000

若甲公司以一处闲置厂房投资，该厂房原入账价值10 000 000元，已提折旧1 000 000元，不考虑相关税费：

借：固定资产清理　　　　　　　　　　　　　　　　　　　9 000 000
　　累计折旧　　　　　　　　　　　　　　　　　　　　　1 000 000
　　贷：固定资产——厂房　　　　　　　　　　　　　　　10 000 000
借：长期股权投资——乙公司　　　　　　　　　　　　　　8 000 000
　　资本公积——资本溢价　　　　　　　　　　　　　　　1 000 000
　　贷：固定资产清理　　　　　　　　　　　　　　　　　9 000 000

2. 合并方以发行权益性证券作为合并对价

合并方以发行权益性证券作为合并对价的，应按发行股份的面值总额作为股本，长期股权投资初始投资成本与所发行股份面值总额之间的差额，应当调整资本公积(资本溢价或股本溢价)；资本公积(资本溢价或股本溢价)不足冲减的，调整留存收益。

合并方为企业合并发生的审计、法律服务、评估咨询等中介费用以及其他相关管理费用，应当于发生时计入当期损益。与发行权益性证券作为合并对价直接相关的交易费用，应当冲减资本公积；资本公积不足冲减的，调整留存收益。

具体进行会计处理时，在合并日应按取得被合并方所有者权益账面价值的份额，借记"长期股权投资"科目，按应享有被投资企业已宣告但尚未发放的现金股利或利润，借记"应收股利"科目，按发行权益性证券的面值贷记"股本"科目，按其差额，贷记"资本公积——资本溢价或股本溢价"科目，如果为借方差额，应借记"资本公积——资本溢价或股本溢价"科目，资本公积(资本溢价或股本溢价)不足冲减的，借记"盈余公积""利润分配——未分配利润"科目。

【案例6-2】 2×08年1月12日，甲公司发行1 000万股普通股(每股面值1元)，作为对价取得同一集团内乙公司60%的股权，实现了对乙公司的控制。同日，乙公司账面所有者权益总额为20 000 000元。以银行存款支付合并费用10 000元，发行股票的手续费等交易费用30 000元。

确认长期股权投资：

借：长期股权投资——乙公司　　　　　　　　　　　　　　　12 000 000
　　贷：股本　　　　　　　　　　　　　　　　　　　　　　10 000 000
　　　　资本公积——股本溢价　　　　　　　　　　　　　　2 000 000

支付合并费用：

借：管理费用　　　　　　　　　　　　　　　　　　　　　　10 000
　　贷：银行存款　　　　　　　　　　　　　　　　　　　　10 000

支付手续费等交易费用：

借：资本公积——股本溢价　　　　　　　　　　　　　　　　30 000
　　贷：银行存款　　　　　　　　　　　　　　　　　　　　30 000

(二) 非同一控制下企业合并形成的长期股权投资

非同一控制下的控股合并中，购买方应当按照确定的企业合并成本作为长期股权投资的初始投资成本。企业合并成本包括购买方付出的资产、发生或承担的负债、发行的权益性证券的公允价值之和。

购买方为企业合并发生的审计、法律服务、评估咨询等中介费用以及其他相关管理费用，应当于发生时计入当期损益。

具体进行会计处理时，对于非同一控制下企业合并形成的长期股权投资应在购买日按企业合并成本(不含应自被投资企业收取的现金股利或利润)，借记"长期股权投资"科目，按享有被投资单位已宣告但尚未发放的现金股利或利润，借记"应收股利"科目，按支付合并对价的账面价值，贷记有关资产或借记有关负债科目，按发生的直接相关费用，贷记"银行存款"等科目。按其差额，贷记"资产处置损益"科目或借记"资产处置损益"等科目。

非同一控制下企业合并涉及以库存商品等作为合并对价的，应按库存商品的公允价值，贷记"主营业务收入"科目，并同时结转相关的成本。

【案例6-3】 2×08年1月18日，甲公司以银行存款9 000 000元购入乙公司80%的股权，取得乙公司的控制权。同日，乙公司账面所有者权益总额为10 000 000元。两公司不属于同一企业集团。

借：长期股权投资——乙公司　　　　　　　　　　　　　　　9 000 000
　　贷：银行存款　　　　　　　　　　　　　　　　　　　　9 000 000

假定乙公司投入的是一栋厂房，该厂房原入账价值20 000 000元，已提折旧8 000 000元，公允价值9 000 000元。相关税费不予考虑。

借：固定资产清理　　　　　　　　　　　　　　　　　　　　12 000 000
　　累计折旧　　　　　　　　　　　　　　　　　　　　　　8 000 000
　　贷：固定资产——厂房　　　　　　　　　　　　　　　　20 000 000
借：长期股权投资——乙公司　　　　　　　　　　　　　　　9 000 000

　　　　资产处置损益　　　　　　　　　　　　　　　　　　3 000 000
　　　贷：固定资产清理　　　　　　　　　　　　　　　　　　12 000 000

假定甲公司投入的是一批库存商品，该批库存商品公允价值(不含税价格)8 000 000 元，成本为 6 000 000 元，适用的增值税税率为13%。

　　借：长期股权投资——乙公司　　　　　　　　　　　　　9 040 000
　　　贷：主营业务收入　　　　　　　　　　　　　　　　　　8 000 000
　　　　　应交税费——应交增值税(销项税额)　　　　　　　1 040 000
　　借：主营业务成本　　　　　　　　　　　　　　　　　　　6 000 000
　　　贷：库存商品　　　　　　　　　　　　　　　　　　　　6 000 000

假定甲公司发行普通股500万股，每股面值1元，每股发行价格5元，发生股票发行交易费用500 000元。

　　借：长期股权投资——乙公司　　　　　　　　　　　　　25 000 000
　　　贷：股本　　　　　　　　　　　　　　　　　　　　　　5 000 000
　　　　　资本公积——股本溢价　　　　　　　　　　　　　　20 000 000
　　借：资本公积——股本溢价　　　　　　　　　　　　　　　500 000
　　　贷：银行存款　　　　　　　　　　　　　　　　　　　　500 000

三、企业合并以外其他方式取得的长期股权投资核算

(一) 以支付现金取得的长期股权投资

以支付现金取得的长期股权投资，应当按照实际支付的购买价款作为长期股权投资的初始投资成本，包括购买过程中支付的手续费等必要支出。但所支付价款中包含的被投资企业已宣告但尚未发放的现金股利或利润应作为应收项目核算，不构成取得长期股权投资的成本。

【案例6-4】 2×08年3月10日，甲公司以银行存款 5 000 000 元购入乙公司30%的股份。另外，在购买过程中支付手续费等相关费用 100 000 元，乙公司已宣告现金股利 2 000 000 元。甲公司取得该部分股权后，能够对乙公司的生产经营决策施加重大影响。

甲公司应当按照实际支付的购买价款及相关手续费等必要支出作为取得长期股权投资的成本，其账务处理如下：

　　借：长期股权投资——乙公司　　　　　　　　　　　　　4 500 000
　　　　应收股利　　　　　　　　　　　　　　　　　　　　　600 000
　　　贷：银行存款　　　　　　　　　　　　　　　　　　　　5 100 000

(二) 以发行权益性证券方式取得的长期股权投资

以发行权益性证券方式取得的长期股权投资，其成本为所发行权益性证券的公允价值，但不包括应自被投资企业收取的已宣告但尚未发放的现金股利或利润。

为发行权益性证券支付给有关证券承销机构等的手续费、佣金等与权益性证券发行直接相关的费用，不构成取得长期股权投资的成本。该部分费用应自权益性证券的溢价发行收入中扣

除，权益性证券的溢价收入不足冲减的，应冲减盈余公积和未分配利润。

【案例6-5】 2×08年1月5日，甲公司通过增发200万股本公司普通股(每股面值1元，发行价格5元)取得乙公司40%的股权。另外，甲公司向证券承销机构等支付了400 000元的佣金和手续费。假定甲公司取得该部分股权后，能够对乙公司的生产经营决策施加重大影响。

甲公司应当以所发行股份的公允价值作为取得长期股权投资的成本，账务处理如下：

借：长期股权投资——乙公司　　　　　　　　　　10 000 000
　　贷：股本　　　　　　　　　　　　　　　　　　2 000 000
　　　　资本公积——股本溢价　　　　　　　　　　8 000 000

发行权益性证券的过程中支付的佣金和手续费，应冲减权益性证券的溢价发行收入，账务处理如下：

借：资本公积——股本溢价　　　　　　　　　　　　400 000
　　贷：银行存款　　　　　　　　　　　　　　　　400 000

(三) 投资者投入的长期股权投资

投资者投入的长期股权投资，应当按照投资合同或协议约定的价值作为初始投资成本，但合同或协议约定的价值不公允的除外。

【案例6-6】 2×08年1月16日，甲公司接受A公司以其持有的对乙公司40%的股份换取本公司20%的股份。双方商定该批股份作价10 000 000元，甲公司注册资本为40 000 000元。甲公司根据其持股比例，能够派人参与乙公司的财务和生产经营决策。

甲公司应进行的账务处理如下：

借：长期股权投资——乙公司　　　　　　　　　　10 000 000
　　贷：股本　　　　　　　　　　　　　　　　　　8 000 000
　　　　资本公积——股本溢价　　　　　　　　　　2 000 000

(四) 以债务重组、非货币性资产交换等方式取得的长期股权投资

以债务重组、非货币性资产交换等方式取得的长期股权投资，其初始投资成本应按照《企业会计准则第12号——债务重组》和《企业会计准则第7号——非货币性资产交换》的规定确定。

任务二　长期股权投资后续核算

长期股权投资在持有期间，根据投资企业对被投资企业的影响程度，应分别采用成本法及权益法进行核算。

一、长期股权投资的成本法核算

(一) 成本法的适用范围

投资企业能够对被投资企业实施控制的长期股权投资应当采用成本法核算。

控制是指有权决定一个企业的财务和经营政策,并能据以从该企业的经营活动中获取利益。控制一般存在于投资企业直接拥有被投资企业50%以上的表决权资本,或投资企业直接拥有被投资企业50%或以下的表决权资本但具有实质控制权的情况。

(二) 成本法核算

采用成本法核算的长期股权投资应当按照初始投资成本计价。追加或收回投资应当调整长期股权投资的成本。被投资企业宣告分派的现金股利或利润,应当确认为当期投资收益。

【案例6-7】 2×08年1月18日,甲公司以银行存款购入乙公司80%的股权,取得控制权。2×08年3月6日,乙公司宣告现金股利1 000 000元,2×08年3月12日发放,2×08年实现净利润1 500 000元。

乙公司宣告现金股利时,甲公司应进行的账务处理如下:

借:应收股利 800 000
　　贷:投资收益 800 000

甲公司收到现金股利时:

借:银行存款 800 000
　　贷:应收股利 800 000

二、长期股权投资的权益法核算

(一) 权益法的适用范围

投资方对联营企业(重大影响)和合营企业(共同控制)的长期股权投资,应当采用权益法核算。

重大影响是指对一个企业的财务和经营政策有参与决策的权力,但并不能够控制或者与其他方一起共同控制这些政策的制定。投资企业直接或通过子公司间接拥有被投资企业20%以上但低于50%的表决权股份时,一般认为对被投资企业具有重大影响。投资企业拥有被投资企业有表决权股份的比例低于20%的,一般认为对被投资企业不具有重大影响,但符合特殊情况的除外。

共同控制是指按照合同约定对某项经济活动共有的控制,仅在与该项经济活动相关的重要财务和经营政策需要分享控制权的投资方一致同意时存在。投资企业与其他方对被投资企业实施共同控制的,被投资企业为其合营企业。

(二) 权益法核算

1. 初始投资成本的调整

投资企业取得对联营企业或合营企业的投资以后,对于取得投资时投资成本与应享有被投资企业可辨认净资产公允价值份额之间的差额,应根据不同情况分别处理。

(1) 初始投资成本大于取得投资时应享有被投资企业可辨认净资产公允价值份额的,两者之间的差额不要求对长期股权投资的成本进行调整。

(2) 初始投资成本小于取得投资时应享有被投资企业可辨认净资产公允价值份额的，两者之间的差额体现为双方在交易作价过程中转让方的让步，该部分经济利益流入应作为收益处理，计入取得投资当期的营业外收入，同时调整增加长期股权投资的账面价值。

【案例6-8】 2×08年1月10日，甲公司以银行存款5 000 000元购入乙公司30%的股份。甲公司取得该部分股权后，能够对乙公司的生产经营决策施加重大影响。

① 假定投资时，乙公司可辨认净资产为15 000 000元：

投资后，甲公司能对乙公司的生产经营决策施加重大影响，因此应采用权益法核算。

借：长期股权投资——乙公司(成本)   5 000 000
    贷：银行存款   5 000 000

长期股权投资的初始投资成本5 000 000元，大于取得投资时应享有被投资单位可辨认净资产公允价值的份额4 500 000元(15 000 000×30%)，两者之间的差额不调整长期股权投资的账面价值。

② 假定投资时，乙公司可辨认净资产为20 000 000元：

借：长期股权投资——乙公司(成本)   5 000 000
    贷：银行存款   5 000 000

初始投资成本5 000 000元，与应享有被投资企业可辨认净资产公允价值份额6 000 000元(20 000 000×30%)之间的差额1 000 000元应计入取得投资当期的营业外收入。

借：长期股权投资——乙公司(成本)   1 000 000
    贷：营业外收入   1 000 000

2. 投资损益的确认

投资企业取得长期股权投资后，应当按照应享有或应分担的被投资企业实现净利润或发生净亏损的份额(法规或章程规定不属于投资企业的净损益除外)调整长期股权投资的账面价值，并确认为当期投资损益。

【案例6-9】 2×08年1月3日，甲公司取得丙公司40%的股份，能够对丙公司的生产经营决策施加重大影响。投资时，丙公司可辨认资产、负债账面价值和公允价值一致。2×08年，丙公司实现净利润3 000 000元。其他因素不予考虑。

甲公司确认投资收益的账务处理如下：

借：长期股权投资——丙公司(损益调整)   1 200 000
    贷：投资收益   1 200 000

在确认应享有或应分担被投资企业的净利润或净亏损时，在被投资企业账面净利润的基础上，应考虑以下因素的影响进行适当调整。

(1) 被投资企业采用的会计政策及会计期间与投资企业不一致的，应按投资企业的会计政策及会计期间对被投资企业的财务报表进行调整。

(2) 以取得投资时被投资企业固定资产、无形资产的公允价值为基础计提的折旧额或摊销额，以及以投资企业取得投资时的公允价值为基础计算确定的资产减值准备金额等对被投资企业净利润的影响进行调整。在针对上述事项对被投资企业实现的净利润进行调整时，应考虑重要性原则，不具重要性的项目可不予调整。

(3) 在确认投资收益时，除考虑公允价值的调整外，对于投资企业与其联营企业及合营企业之间发生的未实现内部交易损益应予抵销。

【案例6-10】 2×08年1月10日，甲公司取得丁公司30%的股份，能够对丁公司的生产经营决策施加重大影响。投资时，丁公司有一项固定资产账面价值为1 000 000元，而其公允价值为2 000 000元，该项固定资产预计剩余使用年限为10年，采用直线法计提折旧。除该项固定资产外，丁公司其他资产、负债账面价值和公允价值一致。2×08年丁公司实现净利润1 000 000元。假定不考虑所得税及其他因素的影响。

固定资产公允价值与账面价值差额应调整增加的折旧额＝(2 000 000-1 000 000)÷10
＝100 000(元)

调整后的净利润＝1 000 000-100 000＝900 000(元)

甲公司应享有份额＝900 000×30%＝270 000(元)

确认投资收益的账务处理如下：

借：长期股权投资——丁公司(损益调整)   270 000
    贷：投资收益   270 000

3. 取得现金股利或利润的处理

按照权益法核算的长期股权投资，投资企业自被投资企业取得的现金股利或利润，应抵减长期股权投资的账面价值。在被投资企业宣告分派现金股利或利润时，借记"应收股利"科目，贷记"长期股权投资——损益调整"科目；自被投资企业取得的现金股利或利润超过已确认损益调整的部分应视同投资成本的收回，冲减长期股权投资的账面价值。

【案例6-11】 沿用案例6-9资料，丙公司2×09年2月23日宣告现金股利2 000 000元。

甲公司账务处理如下：

借：应收股利   800 000
    贷：长期股权投资——丙公司(损益调整)   800 000

4. 超额亏损的确认

投资企业在确认应分担被投资企业发生的亏损时，具体应按照以下顺序处理。

(1) 减记长期股权投资的账面价值。

(2) 在长期股权投资的账面价值减记至零的情况下，对于未确认的投资损失，考虑除长期股权投资以外，账面上是否有其他实质上构成对被投资企业净投资的长期权益项目，如果有，则应以其他长期权益的账面价值为限，继续确认投资损失，冲减长期应收项目等的账面价值。

(3) 经过上述处理，按照投资合同或协议约定，投资企业仍需要承担额外损失弥补等义务的，应按预计将承担的义务金额确认预计负债，计入当期投资损失。

除上述情况仍未确认的应分担被投资企业的损失，应在账外备查登记。

确认了有关投资损失以后，被投资企业于以后期间实现盈利的，应按以上相反顺序分别减记已确认的预计负债、恢复其他长期权益及长期股权投资账面价值，同时确认投资收益。

【案例6-12】 甲公司持有乙公司30%的股权，能够对乙公司施加重大影响。2×08年12月31日，该项长期股权投资的账面价值为6 000 000元。2×09年，由于市场出现不利因素，乙公司发生严重亏损10 000 000元。2×10年，乙公司经营业绩继续下滑，发生亏损12 000 000元。

2×11年，乙公司情况略有好转，实现盈利3 000 000元。假定甲公司对乙公司不存在其他实质上构成对被投资企业净投资的长期权益项目，也不存在投资合同或协议约定，投资企业仍需要承担额外损失弥补等义务，其他因素不予考虑。

① 2×09年：

借：投资收益　　　　　　　　　　　　　　　　　　　　　　3 000 000
　　贷：长期股权投资——乙公司(损益调整)　　　　　　　　　　3 000 000

② 2×10年：

应分担乙公司损失＝12 000 000×30%＝3 600 000(元)

应冲减长期股权投资＝6 000 000-3 000 000＝3 000 000(元)

借：投资收益　　　　　　　　　　　　　　　　　　　　　　3 000 000
　　贷：长期股权投资——乙公司(损益调整)　　　　　　　　　　3 000 000

未确认应分担被投资单位的损失＝3 600 000-3 000 000＝600 000(元)

应在账外备查登记。

③ 2×11年：

应享有被投资单位净利润＝3 000 000×30%＝900 000(元)

首先弥补原未确认应分担被投资单位的损失600 000元，然后恢复长期股权投资300 000元。

借：长期股权投资——丁公司(损益调整)　　　　　　　　　　　 300 000
　　贷：投资收益　　　　　　　　　　　　　　　　　　　　　 300 000

5. 被投资单位其他综合收益变动的处理

采用权益法核算时，投资企业对于被投资企业确认的其他综合收益及其变动，在持股比例不变的情况下，应按照持股比例与被投资企业归属于本企业的部分，相应调整长期股权投资的账面价值，同时增加或减少其他综合收益。

【案例6-13】 甲公司持有乙公司30%的股权，能够对乙公司施加重大影响。当期乙公司因持有的其他权益工具投资公允价值的变动计入其他综合收益的金额为2 000 000元。假定甲公司投资时，乙公司有关资产、负债的公允价值与其账面价值亦相同，其他因素不予考虑。

甲公司的账务处理如下：

借：长期股权投资——乙公司(其他综合收益)　　　　　　　　　600 000
　　贷：其他综合收益　　　　　　　　　　　　　　　　　　　600 000

6. 被投资单位除净损益、其他综合收益以及利润分配以外的所有者权益的其他变动

如果被投资企业接受其他股东的资本性投入，其他股东对被投资企业增资导致投资方出股比例变动等，投资方应按照持股比例与计算应享有的份额，调整长期股权投资的账面价值，同时计入资本公积(其他资本公积)，并在备查簿中予以登记。投资方在后续处理股权投资但对剩余股权仍采用权益法核算时，应按处置比例将这部分资本公积转入当期投资收益；对剩余股权终止权益法核算时，将这部分资本公积全部转入当期投资收益。

三、长期股权投资的处置核算

处置长期股权投资，其账面价值与实际取得价款的差额，应当计入当期损益。采用权益法核算的长期股权投资，因被投资企业除净损益以外所有者权益的其他变动而计入所有者权益的，处置该项投资时应当将原计入所有者权益的部分按相应比例转入当期损益。

【案例 6-14】 甲公司持有乙公司 30%的股权，能够对乙公司施加重大影响。2×08 年 12 月 31 日该项长期股权投资的账面价值为 6 600 000 元，其中成本 5 000 000 元，损益调整 1 000 000 元，其他综合收益 600 000 元。2×09 年 1 月 3 日，甲公司将该项长期股权投资全部出售，出售价格为 8 000 000 元。

甲公司的账务处理如下：

借：银行存款　　　　　　　　　　　　　　　　8 000 000
　　贷：长期股权投资——乙公司(成本)　　　　　5 000 000
　　　　　　　　　　——乙公司(损益调整)　　　1 000 000
　　　　　　　　　　——乙公司(其他综合收益)　 600 000
　　　　投资收益　　　　　　　　　　　　　　　1 400 000

将其他综合收益转入投资收益：

借：其他综合收益　　　　　　　　　　　　　　　600 000
　　贷：投资收益　　　　　　　　　　　　　　　600 000

思考练习

一、单项选择题

1. 企业通过控股合并取得长期股权投资，则其初始投资成本是(　　)。
   A. 购买价款　　　B. 税金　　　C. 手续费　　　D. 资产评估费
2. 企业采用成本法核算长期股权投资时，收到被投资企业分派的现金股利时，应当(　　)。
   A. 减少长期股权投资　　　　　B. 冲减应收股利
   C. 增加实收资本　　　　　　　D. 计入投资收益
3. 采用权益法核算长期股权投资时，被投资企业发生亏损，投资企业按应分担的份额应当(　　)。
   A. 减少长期股权投资账面价值　　B. 冲减应收股息
   C. 冲减资本公积　　　　　　　　D. 计入营业外支出
4. A 公司以 2 200 万元取得 B 公司 30%的股权，取得投资时被投资企业可辨认净资产的公允价值为 8 000 万元。如果 A 公司能够对 B 公司施加重大影响，则 A 公司计入长期股权投资的金额为(　　)万元。
   A. 2 200　　　B. 2 400　　　C. 8 000　　　D. 5 800

5. 非企业合并，且以发行权益性证券取得的长期股权投资，应当按照发行权益性证券的(　　)作为初始投资成本。

　　A. 账面价值　　　　　　　　　　B. 公允价值

　　C. 支付的相关发行费用　　　　　D. 公允价值及支付的相关发行费用

二、多项选择题

1. 采用权益法核算时，下列各项中，不会引起长期股权投资账面价值发生变动的有(　　)。

　　A. 收到被投资企业分派的股票股利　　B. 被投资企业实现净利润

　　C. 被投资企业以资本公积转增资本　　D. 计提长期股权投资减值准备

2. 采用权益法核算时，可能计入"长期股权投资——××公司(损益调整)"科目贷方发生额的是(　　)。

　　A. 被投资企业宣告分派现金股利　　B. 投资企业收回长期股权投资

　　C. 被投资企业发生亏损　　　　　　D. 被投资企业实现净利润

3. 同一控制下企业合并中，合并方取得的净资产账面价值与支付的合并对价账面价值(或发行股份面值总额)的差额，可能调整(　　)。

　　A. 盈余公积　　B. 资本公积　　C. 营业外收入　　D. 未分配利润

4. 对长期股权投资采用权益法核算时，被投资企业发生的下列事项中，投资企业应该调整长期股权投资账面价值的有(　　)。

　　A. 被投资企业实现净利润　　　　B. 被投资企业宣告分配现金股利

　　C. 被投资企业购买固定资产　　　D. 被投资企业计提盈余公积

三、判断题

1. 长期股权投资采用成本法核算时，投资后收到的现金股利和股票股利均应确认为投资收益。(　　)

2. 采用权益法时，投资前被投资企业实现的净利润应包括在投资成本中，不单独核算。(　　)

3. 权益法下，被投资企业宣告发放股票股利时，投资企业不做账务处理。(　　)

4. 权益法下，长期股权投资的初始投资成本小于投资时应享有被投资企业可辨认净资产公允价值份额的，应按其差额调增长期股权投资，并计入投资收益。(　　)

项目七　固定资产核算能力

固定资产属于产品生产过程中用来改变或者影响劳动对象的劳动资料,是企业发展生产的物质基础。管好、用好固定资产,促进固定资产不断增值和提高固定资产的使用效益,是会计工作的首要任务。由于固定资产在企业生产经营活动中所起的作用、持续时间、价值转移及补偿方式与其他资产存在差别,会计核算内容也就有所不同。

【知识目标】
1. 掌握固定资产的概念及分类;
2. 掌握外购、自行建造、投资者投入等途径取得固定资产的初始计量要求;
3. 掌握累计折旧的概念、影响固定资产计提折旧的因素及其他有关规定;
4. 掌握固定资产后续支出中划分资本化支出、费用化支出的有关规定;
5. 掌握固定资产对外出售、报废和毁损等处置的有关规定;
6. 掌握固定资产清查盘盈和盘亏的有关规定。

【能力目标】
1. 能够确认外购、自行建造、投资者投入取得固定资产的初始成本并进行会计处理;
2. 能够采用年限平均法、工作量法、双倍余额递减法和年数总和法计算固定资产折旧并进行会计处理;
3. 能够对固定资产资本化后续支出及费用化后续支出进行会计处理;
4. 能够对固定资产减值进行判断并对固定资产减值准备进行减值测试;
5. 能够对由固定资产出售、报废或毁损、对外投资等原因减少的固定资产进行会计处理;
6. 能够对固定资产盘盈和盘亏进行会计处理。

【素质目标】
1. 培养求真务实、坚持准则、不做假账的会计职业素养;
2. 具有风险管理意识,保障企业固定资产安全、完整。

任务一　固定资产初始核算

固定资产是长期资产，是企业用以经营的具有较长生命周期的有形资产，这些资产通常不能即刻转变为现金，属于企业的非流动资产。固定资产在生产过程中可以长期发挥作用，长期保持原有的实物形态，但其价值则随着企业生产经营活动而逐渐地转移。

一、固定资产

固定资产是指同时具有下列特征的有形资产：①为生产商品、提供劳务、出租或经营管理而持有的；②使用寿命超过一个会计年度。

固定资产的使用寿命是指企业使用固定资产的预计期间，或者该固定资产所能生产产品或提供劳务的数量。

固定资产在符合定义的前提下，应当同时满足以下两个条件，才能加以确认：
(1) 与该固定资产有关的经济利益很可能流入企业；
(2) 该固定资产的成本能够可靠地计量。

固定资产按经济用途和使用情况可分为生产经营用固定资产、非生产经营用固定资产、经营租出固定资产、不需用固定资产、未使用固定资产、融资租入固定资产、土地。

二、固定资产初始的账务处理

固定资产应当按照成本进行初始计量。成本包括企业为购建某项固定资产达到预定可使用状态前所发生的一切合理的、必要的支出。企业取得固定资产的方式主要包括外购、自行建造、投资者投入，以及非货币性资产交换、债务重组等。

(一) 外购固定资产

企业外购固定资产的成本，包括购买价款、相关税费、使固定资产达到预定可使用状态前所发生的可归属于该项资产的运输费、装卸费、安装费和专业人员服务费等。

1. 企业购入不需要安装的固定资产

取得成本为企业实际支付的购买价款、包装费、运杂费、保险费、专业人员服务费和相关税费(不含可抵扣的增值税进项税额)等，按应计入固定资产成本的金额，借记"固定资产"科目，贷记"银行存款""应付账款""应付票据"等科目。

【案例 7-1】 2×07 年 1 月 10 日，甲公司购入一台不需要安装的生产用设备，取得的增值税专用发票上注明的设备价款为 500 000 元，增值税进项税额为 65 000 元；取得运输业增值税专用发票，运费 5 000 元，增值税 450 元。以上款项全部付清，假定不考虑其他相关税费。

甲公司的账务处理如下：

借：固定资产——生产用设备　　　　　　　　　　　　　　505 000
　　应交税费——应交增值税(进项税额)　　　　　　　　　 65 450

贷：银行存款	570 450

2. 企业购入需要安装的固定资产

取得成本是在外购取得成本的基础上，加上安装、调试成本等，按应计入固定资产成本的金额，先计入"在建工程"科目，安装完毕交付使用时再转入"固定资产"科目。

【案例7-2】 2×07年2月15日，甲公司购入一台需要安装的生产用设备，取得增值税专用发票，设备价款100 000元，增值税进项税额13 000元；取得运输业增值税专用发票，运费2 000元，增值税180元。以上款项已通过银行支付。安装设备时，领用本公司原材料一批，成本10 000元；应付安装工人的工资为5 000元。假定不考虑其他相关税费。

甲公司的账务处理如下。

① 购买生产用设备：

借：在建工程——生产用设备	102 000
应交税费——应交增值税(进项税额)	13 180
贷：银行存款	115 180

② 安装中领用原材料、支付安装工人工资等费用：

借：在建工程——生产用设备	15 000
贷：原材料	10 000
应付职工薪酬	5 000

③ 设备安装完毕达到预定可使用状态：

借：固定资产——生产用设备	117 000
贷：在建工程——生产用设备	117 000

在实务中，企业可能以一笔款项同时购入多项没有单独标价的资产，则应按各项固定资产公允价值的比例对总成本进行分配，分别确定各项固定资产的成本。

购买固定资产的价款超过正常信用条件延期支付，实质上具有融资性质的，固定资产的成本以购买价款的现值为基础确定。实际支付的价款与购买价款的现值之间的差额，除按照《企业会计准则第17号——借款费用》应予资本化的以外，应当在信用期间内计入当期损益。

【案例7-3】 2×05年1月1日，甲公司与乙公司签订一项购货合同，甲公司从乙公司购入一条不需要安装的生产线，购买价款为3 000 000元，增值税390 000元。由于金额巨大，经双方商定，除立即支付增值税390 000元外，购买价款分5次于每年年末支付，每次支付600 000元。假定甲公司适用的年折现率为10%。

(1) 固定资产入账价值：

600 000×(P/A，10%，5)=600 000×3.7908=2 274 480(元)

2×05年1月1日，甲公司的账务处理如下：

借：固定资产——生产线	2 274 480
应交税费——应交增值税(进项税额)	390 000
未确认融资费用	725 520
贷：长期应付款——乙公司	3 000 000
银行存款	390 000

(2) 确定信用期间未确认融资费用的分摊额,如表 7-1 所示。

表 7-1 未确认融资费用分摊表

单位:元

日期	分期付款额 ①	确认的融资费用 ②=期初④×10%	应付本金减少额 ③=①-②	应付本金余额 期末④=期初④-③
2×05 年 1 月 1 日				2 274 480
2×05 年 12 月 31 日	600 000	227 448	372 552	1 901 928
2×06 年 12 月 31 日	600 000	190 193	409 807	1 492 121
2×07 年 12 月 31 日	600 000	149 212	450 788	1 041 333
2×08 年 12 月 31 日	600 000	104 133	495 867	545 466
2×09 年 12 月 31 日	600 000	54 534*	545 466	0
合计	3 000 000	725 520	2 274 480	0

注:*尾数调整:54 534=600 000-545 466,545 466 为最后一期应付本金余额。

(3) 2×05 年 12 月 31 日,甲公司的账务处理如下:

借:长期应付款——乙公司　　　　　　　　　600 000
　　贷:银行存款　　　　　　　　　　　　　　　　600 000
借:财务费用　　　　　　　　　　　　　　　227 448
　　贷:未确认融资费用　　　　　　　　　　　　　227 448

2×06 年 12 月 31 日、2×07 年 12 月 31 日、2×08 年 12 月 31 日、2×09 年 12 月 31 日的账务处理从略。

(二) 自行建造固定资产

自行建造固定资产的成本,由建造该项资产达到预定可使用状态前所发生的必要支出构成,包括工程物资成本、人工成本、缴纳的相关税费、应予资本化的借款费用以及应分摊的间接费用等。企业自行建造固定资产包括自营建造和出包建造两种方式。

1. 自营方式建造固定资产

企业为建造固定资产准备的各种物资应当按照实际支付的买价、运输费、保险费等相关税费作为实际成本,并按照各种专项物资的种类进行明细核算。工程完工后,剩余的工程物资转为本企业存货的,按其实际成本或计划成本进行结转。

建造固定资产领用工程物资、原材料或库存商品,应按其实际成本转入所建工程成本。自营方式建造固定资产应负担的职工薪酬、辅助生产部门为之提供的水、电、运输等劳务,以及其他必要支出等也应计入所建工程项目的成本。符合资本化条件,应计入所建造固定资产成本的借款费用按照《企业会计准则第 17 号——借款费用》的有关规定处理。

所建造的固定资产已达到预定可使用状态,但尚未办理竣工结算的,应当自达到预定可使用状态之日起,根据工程预算、造价或者工程实际成本等,按暂估价值转入固定资产,并按有关计提固定资产折旧的规定,计提固定资产折旧。待办理竣工决算手续后再调整原来的暂估价值，但不需要调整原已计提的折旧额。

企业以自营方式建造固定资产，发生的工程成本应通过"在建工程"科目核算，工程完工达到预定可使用状态时，从"在建工程"科目转入"固定资产"科目。

【案例7-4】 甲公司自营建造一栋厂房，2×16年6月1日购入工程所需物资一批，增值税专用发票上注明买价1 000 000元，增值税130 000元，款项以银行存款支付；2×16年6月10日工程开工后陆续领用工程物资80%；建设期间另领用生产用原材料一批，成本为50 000元；建设期间用银行存款支付水电费用20 000元(不含税)，允许抵扣增值税为2 600元；计提工程人员工资50 000元。2×17年3月31日工程完工达到预定可使用状态。剩余工程物资转为原材料使用。假定该厂房属于2019年4月1日以后自建。

甲公司会计处理如下。

① 2×16年6月1日，购入工程物资时：

借：工程物资	1 000 000	
应交税费——应交增值税(进项税额)	130 000	
贷：银行存款		1 130 000

② 2×16年6月10日，工程开工后陆续领用工程物资时：

借：在建工程——厂房	800 000	
贷：工程物资		800 000

③ 工程领用库存原材料：

借：在建工程——厂房	50 000	
贷：原材料		50 000

④ 支付水电费时：

借：在建工程——厂房	20 000	
应交税费——应交增值税(进项税额)	2 600	
贷：银行存款		22 600

⑤ 计提工程人员工资时：

借：在建工程——厂房	50 000	
贷：应付职工薪酬		50 000

⑥ 2×17年3月31日，工程达到预定可使用状态并交付使用时：

借：固定资产	920 000	
贷：在建工程——厂房		920 000

⑦ 剩余工程物资转作库存材料：

借：原材料	200 000	
贷：工程物资		200 000

应该说明的是，当固定资产达到预定可使用状态时，如果尚未办理竣工决算的，应先按暂估价入账，同时停止借款费用的资本化并开始计提折旧，待办理竣工决算手续后，再按实际成本调整账面暂估成本。

2. 出包方式建造固定资产

企业以出包方式建造固定资产，其成本由建造该项固定资产达到预定可使用状态前所发生的必要支出构成，包括发生的建筑工程支出、安装工程支出以及需要分摊计入各固定资产价值的待摊支出。企业支付给建造承包商工程价款，作为工程成本通过"在建工程"科目核算。

【案例7-5】 甲公司将办公楼建筑工程出包给乙公司承建，合同价款1 000 000元，建设期为18个月。合同规定，工程开始施工时支付一半工程款，完工时再支付剩余工程款。按工程款支付进度取得增值税专用发票。

甲公司的账务处理如下。

① 开始施工时支付一半工程款：

借：在建工程——办公楼	500 000
应交税费——应交增值税(进项税额)	45 000
贷：银行存款	545 000

② 完工时支付另一半工程款：

借：在建工程——办公楼	500 000
应交税费——应交增值税(进项税额)	45 000
贷：银行存款	545 000
借：固定资产——办公楼	1 000 000
贷：在建工程——办公楼	1 000 000

(三) 其他方式取得的固定资产

企业取得固定资产的其他方式与存货类似，也主要包括接受投资者投资、非货币性资产交换、债务重组、企业合并等。

1. 投资者投入固定资产的成本

投资者投入固定资产的成本，应当按照投资合同或协议约定的价值确定，但合同或协议约定价值不公允的除外，在投资合同或协议约定价值不公允的情况下，按照该项固定资产的公允价值作为入账价值。

【案例7-6】 2×07年6月5日，甲公司接受乙公司以一台设备进行投资，该台设备的原价为600 000元，已计提折旧200 000元，按照投资合同约定，确认的价值为300 000元(价值公允)，适用增值税税率13%，占甲公司注册资本的30%。甲公司的注册资本为1 000 000元，不考虑相关税费。

甲公司的账务处理如下：

借：固定资产	300 000
应交税费——应交增值税(进项税额)	39 000
贷：实收资本——乙公司	300 000
资本公积——资本溢价	39 000

2. 通过非货币性资产交换、债务重组、融资租入的方式取得的固定资产的成本

企业通过非货币性资产交换、债务重组、融资租入的固定资产等方式取得的固定资产，其成本应当分别按照相关准则确定。

3. 盘盈固定资产的成本

盘盈的固定资产，作为前期差错处理，在按管理权限报经批准处理前，应先通过"以前年度损益调整"科目核算。

【案例 7-7】 甲公司年末组织人员对固定资产进行清查时，盘盈设备一台，八成新，同类设备市场销售价格为 5 000 元。甲公司适用的所得税税率为 25%，按净利润的 10%计提法定盈余公积。

甲公司有关账务处理如下。

① 盘盈设备：

借：固定资产　　　　　　　　　　　　　　　　　4 000
　　贷：以前年度损益调整　　　　　　　　　　　　4 000

② 补交所得税：

借：以前年度损益调整　　　　　　　　　　　　　1 000(4 000×25%)
　　贷：应交税费——应交所得税　　　　　　　　　1 000

③ 将"以前年度损益调整"结转至"利润分配——未分配利润"：

借：以前年度损益调整　　　　　　　　　　　　　3 000
　　贷：利润分配——未分配利润　　　　　　　　　3 000

④ 补提盈余公积

借：利润分配——未分配利润　　　　　　　　　　300(3 000×10%)
　　贷：盈余公积——法定盈余公积　　　　　　　　300

(四) 存在弃置费用的固定资产

对于特殊行业的特定固定资产，确定其初始成本时，还应考虑弃置费用，弃置费用通常是指根据国家法律和行政法规、国际公约等规定，企业承担的环境保护和生态恢复等义务所确定的支出，如核电站核设施等的弃置和恢复环境义务。

对于这些特殊行业的特定固定资产，企业应当根据《企业会计准则第 13 号——或有事项》，按照现值计算确定应计入固定资产成本的金额和相应的预计负债。在固定资产的使用寿命内按照预计负债的摊余成本和实际利率计算确定的利息费用应当在发生时计入财务费用。一般工商企业的固定资产发生的报废清理费用不属于弃置费用，应当在发生时作为固定资产处置费用处理。

【案例 7-8】 乙公司经国家批准于 2×07 年 1 月 1 日投资 200 000 000 元，建成一个发电机组，在将该电站转入固定资产账户时，预计发电机组处置时发生的无害化处理的费用为 10 000 000 元，发电机组预计使用年限为 10 年，企业要求的报酬率为 10%。

甲公司的会计处理如下。

① 固定资产入账价值：

弃置费用的现值＝10 000 000×(P/F，10%，10)＝10 000 000×0.3855＝3 855 000(元)

借：固定资产　　　　　　　　　　　　　　　　　203 855 000
　　贷：在建工程　　　　　　　　　　　　　　　　200 000 000
　　　　预计负债　　　　　　　　　　　　　　　　　3 855 000
② 第一年利息费用＝3 855 000×10%＝385 500(元)
借：财务费用　　　　　　　　　　　　　　　　　　　385 500
　　贷：预计负债　　　　　　　　　　　　　　　　　　385 500
以后年度，企业应当按照实际利率法计算确定每年财务费用，账务处理略。

任务二　固定资产后续核算

固定资产在长期使用过程中因损耗而转移的那部分价值的一种补偿方式，叫作折旧。固定资产在物质形式上进行替换，在价值形式上进行补偿，就是更新。此外，在使用期间还有固定资产的维持和修理等。

一、固定资产折旧

固定资产折旧是指在固定资产的使用寿命内，按照确定的方法对应计折旧额进行的系统分摊。应计折旧额是指应当计提折旧的固定资产的原价扣除其预计净残值后的金额，如果已对固定资产计提减值准备，还应当扣除已计提的固定资产减值准备累计金额。

(一) 影响固定资产折旧的因素

影响固定资产折旧的因素主要有以下几个方面。

(1) 固定资产原价，指固定资产的成本。

(2) 预计净残值，指假定固定资产预计使用寿命已满并处于使用寿命终了时的预期状态时，企业目前从该项资产处置中获得的扣除预计处置费用后的金额。

(3) 固定资产减值准备，指固定资产已计提的固定资产减值准备累计金额。固定资产计提减值准备后，应当在剩余使用寿命内根据调整后的固定资产账面价值(固定资产账面余额扣减累计折旧和累计减值准备后的金额)和预计净残值重新计算确定折旧率与折旧额。

(4) 固定资产的使用寿命，指企业使用固定资产的预计期间，或者该固定资产所能生产产品或提供劳务的数量。企业确定固定资产使用寿命时，应当考虑下列因素：①该项资产预计生产能力或实物产量；②该项资产预计有形损耗和无形损耗；③法律或者类似规定对该项资产使用的限制。

固定资产的使用寿命、预计净残值一经确定，不得随意变更。企业至少应当于每年年度终了，对固定资产的使用寿命、预计净残值和折旧方法进行复核。使用寿命预计数与原先估计数有差异的，应当调整固定资产使用寿命。预计净残值预计数与原先估计数有差异的，应当调整预计净残值。与固定资产有关的经济利益预期实现方式有重大改变的，应当改变固定资产折旧方法。固定资产使用寿命、预计净残值和折旧方法的改变应当作为会计估计变更。

(二) 固定资产折旧范围

企业应当对所有的固定资产计提折旧,但是,已提足折旧仍继续使用的固定资产和单独计价入账的土地除外。在确定计提折旧的范围时还应注意以下几点:

(1) 固定资产应当按月计提折旧,并根据用途计入相关资产的成本或者当期损益。固定资产应自达到预定可使用状态时开始计提折旧,终止确认时或划分为持有待售非流动资产时停止计提折旧。为了简化核算,当月增加的固定资产,当月不计提折旧,从下月起计提折旧;当月减少的固定资产,当月仍计提折旧,从下月起不计提折旧。

(2) 固定资产提足折旧后,不论能否继续使用,均不再计提折旧,提前报废的固定资产也不再补提折旧。

(3) 已达到预定可使用状态但尚未办理竣工决算的固定资产,应当按照估计价值确定其成本,并计提折旧,待办理竣工决算后再按实际成本调整原来的暂估价值,但不需要调整原已计提的折旧额。

(三) 固定资产折旧方法

企业应当根据与固定资产有关的经济利益的预期实现方式,合理选择折旧方法,可选用的折旧方法包括年限平均法、工作量法、双倍余额递减法和年数总和法等。固定资产的折旧方法一经确定,不得随意变更。

1. 年限平均法

年限平均法又称直线法,是指将固定资产的应计折旧额均衡地分摊到固定资产预计使用寿命内的一种方法。采用这种方法计算的每期折旧额均相等。计算公式如下:

年折旧额=(固定资产原值-预计净残值)÷预计使用年限
=固定资产原值×(1-预计净残值率)÷预计使用年限

月折旧额=年折旧额÷12

【案例7-9】 2×08年3月20日,甲公司以银行存款购入一项不需要安装的固定资产,入账价值为100 000元,预计净残值率为10%,预计使用年限为10年,采用年限平均法计提折旧。

年折旧额=100 000×(1-10%)÷10=9 000(元)

月折旧额=9 000÷12=750(元)

月折旧额=100 000×0.75%=750(元)

2×08年折旧额=750×9=6 750(元)

2. 工作量法

工作量法是根据实际工作量计算每期应提折旧额的一种方法。计算公式如下:

单位工作量折旧额=固定资产原价×(1-预计净残值率)÷预计总工作量
某项固定资产月折旧额=该项固定资产当月工作量×单位工作量折旧额

【案例7-10】 甲公司的一台机器设备原价为100 000元，预计生产产品产量为50 000个，预计净残值率为10%，本月生产产品5 000个。

该台机器设备本月折旧额＝100 000×(1-10%)÷50 000×5 000＝9 000(元)

3. 双倍余额递减法

双倍余额递减法是指在不考虑固定资产预计净残值的情况下，根据每期期初固定资产原价减去累计折旧后的金额(即固定资产净值)和双倍的直线法折旧率计算固定资产折旧的一种方法。计算公式如下：

年折旧率＝2÷预计使用年限×100%

各年折旧额＝各年年初固定资产净值×年折旧率

各年初固定资产净值＝固定资产原值-累计折旧

月折旧额＝年折旧额÷12

采用双倍余额递减法计提折旧的固定资产，通常在其折旧年限到期前两年内，将固定资产净值扣除预计净残值后的余额平均摊销。

【案例7-11】 甲公司某项设备原价为100 000元，预计使用寿命为5年，预计净残值率为10%；假设甲公司没有对该机器设备计提减值准备，甲公司按双倍余额递减法计提折旧，每年折旧额计算如下：

年折旧率＝2/5×100%＝40%

第一年应提的折旧额＝100 000×40%＝40 000(元)

第二年应提的折旧额＝100 000×(1-40%)×40%＝24 000(元)

第三年应提的折旧额＝100 000×(1-40%)^2×40%＝14 400(元)

从第四年起改按年限平均法(直线法)计提折旧：

第四年、第五年应提的折旧额＝[100 000×(1-40%)^3-100 000×10%]÷2＝5 800(元)

4. 年数总和法

年数总和法又称年限合计法，是将固定资产的原价减去预计净残值的余额乘以一个以固定资产尚可使用寿命为分子，以预计使用寿命逐年数字之和为分母的逐年递减的分数计算每年的折旧额。计算公式如下：

年折旧率＝尚可使用寿命÷预计使用寿命的年数总和×100%

假定预计使用寿命为 n，已使用寿命为 m，上式可表示为

年折旧率＝$(n-m)÷[n×(n+1)/2]$

年折旧额＝(固定资产原价-预计净残值)×年折旧率

月折旧额＝年折旧额÷12

【案例 7-12】 沿用案例 7-11 的资料，采用年数总和法计算的各年折旧额如表 7-2 所示。

表 7-2　累计折旧计算表

金额单位：元

年份	尚可使用寿命	原价-预计净残值	年折旧率	每年折旧额	累计折旧
第 1 年	5	90 000	5/15	30 000	30 000
第 2 年	4	90 000	4/15	24 000	54 000
第 3 年	3	90 000	3/15	18 000	72 000
第 4 年	2	90 000	2/15	12 000	84 000
第 5 年	1	90 000	1/15	6 000	90 000

双倍余额递减法和年数总和法都属于加速折旧法，其特点是在固定资产使用的早期多提折旧，后期少提折旧，其递减的速度逐年加快，从而相对加快折旧的速度，目的是使固定资产成本在估计使用寿命内加快得到补偿。

二、固定资产计提折旧的账务处理

固定资产应当按月计提折旧，计提的折旧应通过"累计折旧"科目核算，并根据用途计入相关资产的成本或者当期损益。企业基本生产车间所使用的固定资产，其折旧应计入"制造费用"科目，管理部门应计入"管理费用"科目；销售部门应计入"销售费用"科目；经营租出的固定资产应计入"其他业务成本"科目；未使用的固定资产应计入"管理费用"科目。

【案例 7-13】 甲公司 2×07 年 1 月份固定资产计提折旧 100 000 元，其中生产车间计提 60 000 元，管理部门计提 30 000 元，销售机构计提 10 000 元。

甲公司 2×07 年 1 月份计提折旧的账务处理如下：

借：制造费用　　　　　　　　　　　　　　　　　60 000
　　管理费用　　　　　　　　　　　　　　　　　30 000
　　销售费用　　　　　　　　　　　　　　　　　10 000
　　贷：累计折旧　　　　　　　　　　　　　　　100 000

三、固定资产后续支出的账务处理

固定资产的后续支出是指固定资产使用过程中发生的更新改造支出、修理费用等。

（一）资本化的后续支出

固定资产更新改造等后续支出，符合固定资产确认条件的，应当计入固定资产成本，同时将被替换部分的账面价值扣除。固定资产发生的可资本化的后续支出，通过"在建工程"科目核算。对经营租赁租入固定资产的改良支出应作为长期待摊费用，合理进行摊销。

固定资产发生可资本化的后续支出时，企业一般应将该固定资产的原价、已计提的累计折旧和减值准备转销，将固定资产的账面价值转入在建工程，并在此基础上重新确定固定资产原价。在固定资产发生的后续支出完工并达到预定可使用状态时,再从在建工程转为固定资产,并按重新确定的固定资产原价、使用寿命、预计净残值和折旧方法计提折旧。

【案例 7-14】 甲公司 2×09 年 1 月 1 日决定对一条生产线进行更新改造,将生产线中的旧设备替换成新设备。该生产线原入账价值为 1 000 000 元,已提折旧 600 000 元,未计提减值准备。领用的新设备成本为 500 000 元,被替换的旧设备成本为 600 000 元,已提折旧 360 000 元;另以银行存款支付改造费 40 000 元,允许抵扣的增值税 3 600 元。2×09 年 6 月 30 日改造完毕投入使用,预计改造后未来使用寿命为 5 年,预计净残值率为 10%,采用年限平均法计提折旧。

甲公司的账务处理如下。

① 固定资产转入改扩建:

借:在建工程——××生产线	400 000
累计折旧	600 000
贷:固定资产——××生产线	1 000 000

② 领用新设备安装:

借:在建工程——××生产线	500 000
贷:工程物资	500 000

③ 替换旧设备:

借:营业外支出	240 000
贷:在建工程	240 000

④ 支付改造费:

借:在建工程——××生产线	40 000
应交税费——应交增值税(进项税额)	3 600
贷:银行存款	43 600

⑤ 改扩建完成:

借:固定资产——××生产线	700 000
贷:在建工程——××生产线	700 000

⑥ 每月计提折旧:

应计折旧额=700 000×(1-10%)÷5÷12=10 500(元)

借:制造费用	10 500
贷:累计折旧	10 500

(二) 费用化的后续支出

与固定资产有关的修理费用等后续支出,不符合固定资产确认条件的,应当根据不同情况分别在发生时计入当期管理费用或销售费用。

【案例 7-15】 2×07 年 1 月 3 日,甲公司对现有的一台生产用机器设备进行日常维护,维护过程中领用本企业原材料一批,价值为 100 000 元,应支付维护人员的工资为 50 000 元,不考虑其他相关税费。

本案例中,对机器设备的维护仅仅是为了维护固定资产的正常使用而发生的,不产生未来的经济利益，因此应在其发生时确认为费用。

甲公司的账务处理如下：

借：管理费用　　　　　　　　　　　　　　　　150 000
　　贷：原材料　　　　　　　　　　　　　　　　　100 000
　　　　应付职工薪酬　　　　　　　　　　　　　　 50 000

四、固定资产减值的账务处理

当企业判定固定资产存在减值迹象的，应当进行减值测试，估计可收回金额，并与账面价值比较，若估计可收回金额低于账面价值的，应计提固定资产减值准备。某项(组)固定资产可收回金额，应当按该项(组)固定资产的公允价值减去处置费用后的净额与预计未来现金流量的现值两者之中的较高者来确定。

【案例7-16】 甲公司于2×08年3月10日以银行存款购入一项不需要安装的生产用设备，取得增值税专用发票，价格为500 000元，增值税为65 000元。该设备预计使用年限为10年，预计净残值率为10%，采用年限平均法计提折旧。2×10年年末对该项设备进行减值测试，公允价值减去处置费用的净额为300 000元，预计未来现金流量的现值为330 000元。预计未来尚可使用年限为6年，预计净残值率仍为10%，折旧方法仍采用年限平均法。

甲公司的会计处理如下。

① 2×08年3月10日购入：

借：固定资产　　　　　　　　　　　　　　　　　500 000
　　应交税费——应交增值税(进项税额)　　　　　 65 000
　　贷：银行存款　　　　　　　　　　　　　　　　565 000

② 2×08年计提折旧 = 500 000×(1-10%)÷10÷12×9 = 33 750(元)

借：制造费用　　　　　　　　　　　　　　　　　 33 750
　　贷：累计折旧　　　　　　　　　　　　　　　　 33 750

③ 2×09年计提折旧 = 500 000×(1-10%)÷10 = 45 000(元)

借：制造费用　　　　　　　　　　　　　　　　　 45 000
　　贷：累计折旧　　　　　　　　　　　　　　　　 45 000

④ 2×10年计提折旧同2×09年。

进行减值测试前设备账面价值 = 500 000-33 750-45 000×2 = 376 250(元)

设备可收回金额330 000元，发生减值46 250(376 250-330 000)元。

借：资产减值损失——固定资产减值损失　　　　　 46 250
　　贷：固定资产减值准备　　　　　　　　　　　　 46 250

⑤ 2×11年计提折旧 = 330 000×(1-10%)÷6 = 49 500(元)

借：制造费用　　　　　　　　　　　　　　　　　 49 500
　　贷：累计折旧　　　　　　　　　　　　　　　　 49 500

固定资产减值损失已经确认后，在以后会计期间不得转回。但是，遇到固定资产处置，如出售、报废、毁损、对外投资、以非货币性资产交换方式换出、在债务重组中抵偿债务等情况，同时符合固定资产终止确认条件的,应当将其减值准备予以转销。

【案例7-17】 沿用案例7-16的资料,甲公司2×12年3月28日将该项设备对外出售,出售价款为250 000元,增值税为32 500元,款项已收存银行。假定其他因素不予考虑。

① 2×12年计提折旧＝330 000×(1-10%)÷6÷12×3＝12 375(元)

借:制造费用　　　　　　　　　　　　　　　　　　　　　　12 375
　　贷:累计折旧　　　　　　　　　　　　　　　　　　　　　　　　12 375

设备累计折旧额＝33 750+45 000×2+49 500+12 375＝185 625(元)

② 对外处置时的账务处理如下。

将固定资产转入清理时:

借:固定资产清理　　　　　　　　　　　　　　　　　　　　268 125
　　累计折旧　　　　　　　　　　　　　　　　　　　　　　185 625
　　固定资产减值准备　　　　　　　　　　　　　　　　　　 46 250
　　贷:固定资产　　　　　　　　　　　　　　　　　　　　　　　　500 000

收到价款时:

借:银行存款　　　　　　　　　　　　　　　　　　　　　　282 500
　　贷:固定资产清理　　　　　　　　　　　　　　　　　　　　　　250 000
　　　　应交税费——应交增值税(销项税额)　　　　　　　　　　　 32 500

结转固定资产清理的净收益:

借:资产处置损益　　　　　　　　　　　　　　　　　　　　 18 125
　　贷:固定资产清理　　　　　　　　　　　　　　　　　　　　　　 18 125

五、固定资产清查的账务处理

一般来说,企业会定期或者至少于每年年末对固定资产进行清查盘点,以保证固定资产核算的真实性和完整性。清查中发现固定资产的损溢应及时查明原因,在期末结账前处理完毕。

固定资产盘盈应作为前期差错,计入"以前年度损益调整"科目。固定资产盘亏造成的损失,应当计入当期损益。企业在财产清查中盘亏的固定资产,按盘亏固定资产的账面价值借记"待处理财产损溢——待处理固定资产损溢"科目,按已计提的累计折旧,借记"累计折旧"科目,按已计提的减值准备,借记"固定资产减值准备"科目,按固定资产原价,贷记"固定资产"科目。

按管理权限报经批准后处理时,按可收回的保险赔偿或过失人赔偿,借记"其他应收款"科目,按应计入营业外支出的金额,借记"营业外支出——盘亏损失"科目,贷记"待处理财产损溢"科目。

【案例7-18】 甲公司年末组织人员对固定资产进行清查时,发现丢失一台电机,该设备原价10 000元,已计提折旧3 000元,未计提减值准备,原抵扣增值税税额1 300元。经查,设备丢失的原因在于设备管理员看守不当,经董事会批准,由设备管理员赔偿6 000元从工资中扣除,其余作为损失处理。

甲公司有关账务处理如下。

① 盘点发现电机设备丢失时：

借：待处理财产损溢——待处理固定资产损溢　　7 000
　　累计折旧　　　　　　　　　　　　　　　　3 000
　　　贷：固定资产　　　　　　　　　　　　　　　　　10 000

② 董事会报经批准后：

进项税额转出＝1 300×(10 000-3 000)÷10 000＝910(元)

借：其他应收款　　　　　　　　　　　　　　　　6 000
　　营业外支出——盘亏损失　　　　　　　　　　1 910
　　　贷：待处理财产损溢——待处理固定资产损溢　　　7 000
　　　　　应交税费——应交增值税(进项税额转出)　　　910

③ 收到设备管理员赔款：

借：应付职工薪酬　　　　　　　　　　　　　　　6 000
　　　贷：其他应收款　　　　　　　　　　　　　　　　6 000

任务三　固定资产处置核算

企业因出售、报废或毁损、对外投资、非货币性资产交换、债务重组等原因减少的固定资产，因其不再用于生产商品、提供劳务、出租或经营管理，预期不再产生经济利益，因此不符合固定资产的定义和确认条件，应终止确认，予以处置。

固定资产的处置一般通过"固定资产清理"科目进行核算，该科目借方登记固定资产净值、清理费用、税金和转出的清理净收益，贷方登记清理的变价收入和转出的清理净损失。清理结束后，"固定资产清理"科目如为借方余额，则为固定资产清理的净损失；如为贷方余额，则为固定资产清理的净收益。

一、固定资产出售的账务处理

企业因调整经营方针或因考虑技术进步等因素，可以将不需用的固定资产出售给其他企业。出售增值税征税范围内的固定资产，应按税法有关规定缴纳增值税。固定资产清理的主要账务处理如下。

(1) 企业出售的固定资产，按该项固定资产的账面价值，借记"固定资产清理"科目，按已计提的累计折旧，借记"累计折旧"科目，如已计提减值准备，借记"固定资产减值准备"科目，按其账面原价，贷记"固定资产"科目。

(2) 出售固定资产发生的相关税费及其他清理费用，借记"固定资产清理"科目，贷记"银行存款""应交税费"等科目。出售固定资产收回的价款、残料价值和变价收入等，借记"银行存款""原材料"等科目，贷记"固定资产清理"科目。

(3) 出售固定资产完成后,"固定资产清理"科目如为借方余额,则为固定资产清理的净损失,借记"资产处置损益"科目,贷记"固定资产清理"科目;如为贷方余额,则为固定资产清理的净收益,借记"固定资产清理"科目,贷记"资产处置损益"科目。

【案例7-19】甲公司为增值税一般纳税人,2×09年10月出售一台于2×09年1月购入的已使用过的机械设备,设备的原价为1 200 000元,采用直线法计提折旧,折旧年限为10年,净残值为0;双方协商售价为1 100 000元,开具的增值税专用发票上增值税税额为143 000元,款项已划入公司存款账户;移交前发生清理费用10 000元,用银行存款支付。

甲公司的账务处理如下。

① 固定资产转入清理:

机械设备计提折旧额=1 200 000÷10÷12×9=90 000(元)

借:固定资产清理	1 110 000
累计折旧	90 000
贷:固定资产	1 200 000

② 收到价款时:

借:银行存款	1 243 000
贷:固定资产	1 100 000
应交税费——应交增值税(销项税额)	143 000

③ 发生清理费用:

借:固定资产清理	10 000
贷:银行存款	10 000

④ 结转净损益:

借:资产处置损益	20 000
贷:固定资产清理	20 000

【案例7-20】甲公司2×18年12月出售建筑物一栋,原价为400 000元,已提折旧100 000元,不含税出售价格为500 000元,增值税税率9%,交付前发生的场地清理费10 000元。有关款项已用银行存款结算。

① 固定资产转入清理:

借:固定资产清理	300 000
累计折旧	100 000
贷:固定资产	400 000

② 收到价款:

借:银行存款	545 000
贷:固定资产清理	500 000
应交税费——应交增值税(销项税额)	45 000

③ 支付清理费用:

借:固定资产清理	10 000
贷:银行存款	10 000

④ 结转净损益：

借：固定资产清理	190 000	
贷：资产处置损益		190 000

二、固定资产报废或毁损的账务处理

固定资产的报废是指由于使用磨损和技术进步等正常条件造成的固定资产报废。固定资产毁损是指因发生水灾、风灾、震灾等自然灾害或管理不善等造成的毁坏和损失。固定资产报废或毁损一方面引起企业固定资产的减少，另一方面在清理过程中还会发生一些清理费用，同时还可能取得一定的变价收入，对已向保险公司投保的固定资产，发生的毁损应向保险公司索赔，对责任事故造成的毁损，应向责任人索赔。

固定资产报废或毁损的主要账务处理：固定资产转入清理、清理费用、税金和清理过程中的变价收入的账务处理与固定资产出售基本相同；对已向保险公司投保的固定资产，发生的毁损应向保险公司索赔，对责任事故造成的毁损，应向责任人索赔，反映应收或收到的赔款时，借记"其他应收款""银行存款"账户，贷记"固定资产清理"账户；结转净损益时，对于报废毁损固定资产的净损失，借记"营业外支出——处置非流动资产损失"账户(正常原因)或借记"营业外支出——非常损失"账户(非正常原因)，贷记"固定资产清理"账户。

【案例7-21】 2×08年10月10日，甲公司一台设备因使用期满决定报废。该设备原价为500 000元，累计折旧460 000元，已计提减值准备为10 000元，在清理过程中，以银行存款支付清理费用10 000元，允许抵扣增值税900元；残料变卖出售，开具的增值税专用发票上价款5 000元，增值税税额650元，款项已收存银行。

甲公司的账务处理如下。

① 固定资产转入清理：

借：固定资产清理	30 000	
累计折旧	460 000	
固定资产减值准备	10 000	
贷：固定资产		500 000

② 发生清理费用：

借：固定资产清理	10 000	
应交税费——应交增值税(进项税额)	900	
贷：银行存款		10 900

③ 残料变价出售：

借：银行存款	5 650	
贷：固定资产清理		5 000
应交税费——应交增值税(销项税额)		650

④ 结转固定资产净损益：

借：营业外支出——处置非流动资产损失	35 000	
贷：固定资产清理		35 000

【案例7-22】甲公司因受自然灾害而损毁一个仓库，原值100 000元，已提折旧36 000元，已提减值准备4 000元，用银行存款支付清理费3 000元；残料入库计价15 000元，保险公司赔偿15 000元，已通过银行收款。假定相关税费不予考虑。

甲公司的账务处理如下。

① 固定资产转入清理：

借：固定资产清理	60 000
累计折旧	36 000
固定资产减值准备	4 000
贷：固定资产——仓库	100 000

② 支付清理费用：

借：固定资产清理	3 000
贷：银行存款	3 000

③ 保险公司赔偿：

借：银行存款	15 000
贷：固定资产清理	15 000

④ 残料入库：

借：原材料	15 000
贷：固定资产清理	15 000

⑤ 结转净损失：

借：营业外支出——非常损失	33 000
贷：固定资产清理	33 000

思考练习

一、单项选择题

1. A企业购入一台不需要安装的设备，增值税专用发票上设备买价30 000元，增值税3 900元，运杂费1 500元(不考虑增值税)，则该设备的初始计量成本为(　　)元。
　　A. 35 400　　　　B. 33 900　　　　C. 31 500　　　　D. 30 000

2. 甲公司购入一台需要安装的生产用机器设备，支付的允许抵扣的增值税计入(　　)科目。
　　A. "在建工程"　　B. "固定资产"　　C. "制造费用"　　D. "应交税费"

3. A企业生产线改扩建过程中被替换原固定资产的某组成部分的账面价值应贷记(　　)科目。
　　A. "营业外收入"　B. "其他业务收入"　C. "管理费用"　　D. "在建工程"

4. 企业生产车间(部门)发生的固定资产修理费用等后续支出应计入(　　)科目。
　　A. "管理费用"　　B. "制造费用"　　C. "生产成本"　　D. "销售费用"

5. 下列固定资产中，应计提折旧的是(　　)。
   A. 未提足折旧提前报废的设备　　　　B. 闲置的设备
   C. 已提足折旧继续使用的设备　　　　D. 经营租赁租入的设备

二、多项选择题

1. 固定资产的特征包括(　　)。
   A. 为生产商品、提供劳务、出租或经营管理而持有
   B. 使用寿命超过一个会计年度
   C. 具有实物形态
   D. 单位价值较高
2. 可以计入外购机械设备入账价值的项目有(　　)。
   A. 允许抵扣的增值税　　　　　　　　B. 运输费、装卸费、安装费
   C. 专业人员服务费　　　　　　　　　D. 购买价款
3. 下列项目通过"在建工程"科目核算的有(　　)。
   A. 购入不需要安装的固定资产
   B. 购入需要安装的固定资产
   C. 出包方式建造固定资产支付给承包商的工程款
   D. 转入改良的固定资产
4. 下列固定资产的相关损失项目，应计入营业外支出的是(　　)。
   A. 固定资产非正常报废净损失　　　　B. 企业对外捐赠支出
   C. 出售固定资产的净损失　　　　　　D. 经批准结转的固定资产盘亏净损失
5. 下列各项中，通过"固定资产清理"科目核算的有(　　)。
   A. 盘亏的固定资产　　　　　　　　　B. 出售的固定资产
   C. 对外投资的固定资产　　　　　　　D. 报废或损毁的固定资产

三、判断题

1. 企业在确定固定资产成本时必须取得确凿证据，企业对于已达到预定可使用状态但尚未办理竣工决算的固定资产，固定资产成本不能可靠地计量，不能确认为固定资产。(　　)
2. 固定资产成本包括企业为购建某项固定资产达到预定可使用状态前所发生的一切合理的、必要的支出。(　　)
3. 折旧方法只影响各年的计提折旧总额，但不影响折旧总额。(　　)
4. 季节性停用的大型设备不计提折旧。(　　)
5. 固定资产盘盈应作为前期差错计入"以前年度损益调整"科目。(　　)

项目八　无形资产核算能力

无形资产不具有实物形态，但它具有一种综合能力，通过与其他资产相结合能在超过一个经营周期内为企业创造经济利益，但它又存在较大的不确定性，因此，其核算内容与其他资产也有所不同。

【知识目标】
1. 掌握无形资产的概念及主要内容；
2. 掌握外购、自行研制、投资者投入等方式取得无形资产初始计量的有关规定；
3. 掌握无形资产后续计量的有关要求；
4. 掌握无形资产处置和报废的有关规定。

【能力目标】
1. 能够识别无形资产并进行分类；
2. 能够对外购、自行开发、投资者投入等方式取得的无形资产进行初始计量并进行会计处理；
3. 能够对无形资产进行摊销并进行会计处理；
4. 能够对无形资产的处置和报废进行会计处理。

【素质目标】
1. 充分认识无形资产对企业生产经营的重要性；
2. 坚持研发无形资产的信心，增强企业核心竞争力。

任务一　无形资产初始核算

无形资产没有实物形态，它是与有形资产相对应的概念。无形资产的变现能力较弱，属于非流动资产。与其他资产相比，现行会计准则对无形资产的确认与计量有独特之处。

一、无形资产

无形资产是指企业拥有或控制的没有实物形态的可辨认非货币性资产。无形资产具有以下三个主要特征：一是不具有实物形态；二是具有可辨认性；三是属于非货币性资产。

无形资产主要包括专利权、非专利技术、商标权、著作权、土地使用权、特许权等。商誉的存在无法与企业自身分离，不具有可辨认性，不属于本项目所指的无形资产。土地使用权通常作为无形资产核算，但属于投资性房地产或者作为固定资产核算的土地使用权，应当按投资性房地产或固定资产的核算原则进行会计处理。

二、无形资产初始的账务处理

无形资产应当按照成本进行初始计量，即以取得无形资产并使之达到预定用途而发生的全部支出，作为无形资产的成本。不同来源取得的无形资产，确认初始成本情况有所不同。

（一）外购的无形资产

外购的无形资产的成本包括购买价款、相关税费及其他归属于使该项资产达到预定用途所发生的其他支出。其中，直接归属于使该项资产达到预定用途所发生的其他支出是指使无形资产达到预定用途所发生的专业服务费用、测试无形资产是否能够正常发挥作用的费用，但不包括引入新产品、新技术发生的广告费用、管理费用及其他间接费用。

【案例8-1】　2×08年8月1日，甲公司从乙公司购入一项专利权，支付价款160 000元，另支付增值税9 600元，所有款项已通过银行转账支付。

甲公司的账务处理如下：

借：无形资产——专利权　　　　　　　　　　　　　160 000
　　应交税费——应交增值税(进项税额)　　　　　　　9 600
　贷：银行存款　　　　　　　　　　　　　　　　　169 600

（二）自行研发的无形资产

自行研发的无形资产是指企业自行研制成功而形成的无形资产，如企业自行研制而获得的产品专利权，企业产品的商标经商标注册同意使用的商标权等。

企业自行开发无形资产发生的研发支出，无论是否满足资本化条件，均应在"研发支出"账户中归集。"研发支出"账户核算企业研究与开发无形资产的过程中发生的各项支出，借方登记企业自行开发无形资产发生的研发支出，贷方登记研究开发项目达到预定用途形成无形资产后转入无形资产的研发支出及期末转入当期损益的研发支出，期末借方余额反映企业正在进行的研发项目中满足资本化条件的支出。

企业内部研究开发项目所发生的支出应区分研究阶段支出和开发阶段支出。研究阶段的支出全部费用化，计入当期损益(管理费用)，发生支出时，借记"研发支出——费用化支出"科目，贷记"原材料""银行存款""应付职工薪酬"等科目。开发阶段的支出，不满足资本化条件的，借记"研发支出——费用化支出"科目；满足资本化条件的，借记"研发支出——资本化支出"科目，贷记"原材料""银行存款""应付职工薪酬"等科目。期末应将"研发支出——费用化支出"科目的余额转入管理费用；研发项目达到预定用途形成无形资产的，应将"研发支出——资本化支出"科目的余额转入无形资产。

【案例8-2】 某企业在2×08年1月1日开始自行研究开发一项新产品专利技术，该企业认为，研究该新产品具有可靠的技术和财务等资源的支持，研发成功后新产品可为企业带来巨大的收益。截至2×08年6月30日，企业共发生研究费用200 000元，其中材料费120 000元，人工费60 000元，用银行存款支付的其他费用为20 000元，以银行存款支付的允许抵扣的增值税税额为2 600元。2×08年7月1日，该专利技术转入开发阶段。2×08年12月底，共发生费用300 000元，其中，材料费140 000元，人工费60 000元，用银行存款支付的其他费用为100 000元，以银行存款支付的允许抵扣的增值税税额为13 000元，上述费用中符合资本化的支出为260 000元。2×09年3月底，专利技术开发成功，共发生费用100 000元，其中，材料费50 000元，人工费30 000元，用银行存款支付的其他费用为20 000元，以银行存款支付的允许抵扣的增值税税额为2 600元，上述费用全部符合资本化，另以银行存款支付注册费2 500元。

企业的会计处理如下。

① 2×08年6月30日前，由于属于研究阶段，发生的研发支出全部费用化。

借：研发支出——费用化支出	200 000
应交税费——应交增值税(进项税额)	2 600
贷：原材料	120 000
应付职工薪酬	60 000
银行存款	22 600

期末将费用化支出转为管理费用：

借：管理费用	200 000
贷：研发支出——费用化支出	200 000

② 2×08年7月1日至2×08年12月31日发生开发支出：

借：研发支出——费用化支出	40 000
——资本化支出	260 000
应交税费——应交增值税(进项税额)	13 000
贷：原材料	140 000
应付职工薪酬	60 000
银行存款	113 000

期末将费用化支出转为管理费用

借：管理费用	40 000

贷：研发支出——费用化支出　　　　　　　　　　　　　　　40 000
③ 2×09年1月1日至2×09年3月31日发生开发支出：
借：研发支出——资本化支出　　　　　　　　　　　　　　　100 000
　　应交税费——应交增值税(进项税额)　　　　　　　　　　　2 600
　　贷：原材料　　　　　　　　　　　　　　　　　　　　　　50 000
　　　　应付职工薪酬　　　　　　　　　　　　　　　　　　　30 000
　　　　银行存款　　　　　　　　　　　　　　　　　　　　　22 600
研发成功，将资本化支出转为无形资产：
无形资产入账价值＝260 000＋100 000＋2 500＝362 500(元)
借：无形资产——专利技术　　　　　　　　　　　　　　　　362 500
　　贷：研发支出——资本化支出　　　　　　　　　　　　　　360 000
　　　　银行存款　　　　　　　　　　　　　　　　　　　　　2 500

(三) 投资者投入的无形资产

投资者投入的无形资产的成本，应当按照投资合同或协议约定的价值确定，但投资合同或协议约定的价值不公允的除外。在投资合同或协议约定价值不公允的情况下，应按无形资产的公允价值入账，并按所确定的初始成本与实收资本或股本之间的差额调整资本公积。

【案例8-3】 甲公司收到乙公司以一项专利权作为投资，经评估确认价值为150 000元，开具的增值税专用发票上增值税税额为19 500元，甲公司收到后全部作为资本，无溢价。

该公司的账务处理如下：
借：无形资产——专利权　　　　　　　　　　　　　　　　　150 000
　　应交税费——应交增值税(进项税额)　　　　　　　　　　　19 500
　　贷：实收资本　　　　　　　　　　　　　　　　　　　　169 500

(四) 以土地出让金方式取得的土地使用权

购入的土地使用权或以土地出让金方式取得的土地使用权，按照实际支付的价款作为实际成本，借记"无形资产"科目，贷记"银行存款"等科目。土地使用权用于自行开发建造厂房等地上建筑物时，土地使用权的账面价值不与地上建筑物合并计算其成本，而仍作为无形资产进行核算，土地使用权与地上建筑物分别进行摊销和提取折旧。

【案例8-4】 2×08年1月1日，某公司以银行存款购入一块土地使用权，支付不含税价款2 400 000元，增值税税额为216 000元。该土地使用权使用年限50年，预计净残值为0，采用直线法摊销。2×08年5月1日，在该土地上自行建造厂房，领用工程物资1 000 000元，建筑工人工资600 000元，以银行存款支付的其他费用200 000元，允许抵扣增值税18 000元。2×08年12月25日，厂房达到预定使用状态，预计使用年限20年，预计净残值为0，采用年限平均法计提折旧。相关税费不予考虑。

该公司的账务处理如下。
① 购入土地使用权：
借：无形资产——土地使用权　　　　　　　　　　　　　　2 400 000

应交税费——应交增值税(进项税额)	216 000	
贷：银行存款		2 616 000

② 无形资产每月摊销额：2 400 000÷50÷12＝4 000(元)

借：管理费用	4 000	
贷：累计摊销		4 000

③ 在土地上建设厂房：

借：在建工程	1 800 000	
应交税费——应交增值税(进项税额)	18 000	
贷：工程物资		1 000 000
应付职工薪酬		600 000
银行存款		218 000
借：固定资产	1 800 000	
贷：在建工程		1 800 000

④ 固定资产每月计提折旧额＝1 800 000÷20÷12＝7 500(元)

借：制造费用	7 500	
贷：累计折旧		7 500

(五) 通过债务重组取得的无形资产

通过债务重组取得的无形资产的成本的计量，根据《企业会计准则第 12 号——债务重组》的相关规定进行账务处理。

(六) 以非货币性交易转入的无形资产

以非货币性交易转入的无形资产的成本的计量，根据《企业会计准则第 7 号——非货币性资产交换》的相关规定进行账务处理。

任务二　无形资产后续核算

与固定资产不同，无形资产因为不具有实物形态，不会发生磨损，但对于使用寿命能确定的无形资产，其价值应逐步转移，进行摊销。同样因为不具有实物形态，无形资产不能像固定资产一样进行更新、维修。

一、无形资产摊销的账务处理

企业应当于取得无形资产时分析、判断其使用寿命。无形资产的使用寿命如为有限的，应当估计该使用寿命的年限或者构成使用寿命的产量等类似计量单位数量。如果无形资产的取得源自合同性权利或其他法定权利，其使用寿命不应超过合同性权利或其他法定权利的期限。但如果企业使用资产的预期的期限短于合同性权利或其他法定权利规定的期限的,则应当按照企业预期使用的期限确定其使用寿命。无法预见无形资产为企业带来未来经济利益期限的,应当视为使用寿命不确定的无形资产。

使用寿命有限的无形资产,应在其预计的使用寿命内采用系统、合理的方法进行摊销,摊销时,应当考虑该项无形资产所服务的对象,并以此为基础将其摊销价值计入相关资产的成本或者当期损益。企业摊销无形资产,应当自无形资产可供使用时起,至不再作为无形资产确认时止,即从取得无形资产的当月起开始摊销,至无形资产终止确认的当月止停止摊销。使用寿命有限的无形资产,其残值通常视为零。企业选择的无形资产摊销方法,应当反映与该项无形资产有关的经济利益的预期实现方式。无法可靠确定预期实现方式的,应当采用直线法摊销。

使用寿命不确定的无形资产,在持有期间内不需要摊销,但应当在每个会计期间进行减值测试。

【案例8-5】 某股份有限公司拥有一项生产用专利权,价值为240 000元,预计有效使用年限为20年,预计净残值为0,采用直线法摊销。

该公司对专利权每月摊销的账务处理如下:

借:制造费用——无形资产摊销　　　　　　　　　　　　1 000
　　贷:累计摊销　　　　　　　　　　　　　　　　　　　　1 000

【案例8-6】 2×07年1月1日,甲公司以银行存款购入一项商标,成本为1 000 000元,增值税税额为600 000元。该商标按照法律规定使用期满后可以较低的手续费申请展期,同时,甲公司预计该商标将在未来不确定的期间内为企业带来现金流量。2×08年年底,甲公司对该商标按照资产减值的原则进行减值测试,预计其未来可收回金额为900 000元。相关税费不予考虑。

根据上述情况,该商标可视为使用寿命不确定的无形资产,在持有期间内不需要进行摊销。甲公司的账务处理如下。

① 2×07年购入商标时:

借:无形资产——商标权　　　　　　　　　　　　　　　1 000 000
　　应交税费——应交增值税(进项税额)　　　　　　　　　600 000
　　贷:银行存款　　　　　　　　　　　　　　　　　　　1 600 000

② 2×08年发生减值时,当估计无形资产的可收回金额低于账面价值时,对其差额计提相应的无形资产减值准备。企业计提无形资产减值损失时,应按无形资产账面价值超过其可收回金额的部分,借记"资产减值损失——无形资产减值损失"科目,贷记"无形资产减值准备"科目。

借:资产减值损失——无形资产减值损失　　　　　　　　100 000
　　贷:无形资产减值准备　　　　　　　　　　　　　　　　100 000

二、无形资产处置的账务处理

(一) 无形资产的出租

出租无形资产是指转让无形资产的使用权,即将无形资产使用权有条件地让渡他人,而继续拥有无形资产的占有权、使用权、收益权和处置权。

企业出租无形资产，按收取的租金收入及税金借记"银行存款"等科目，贷记"其他业务收入""应交税费——应交增值税(销项税额)"科目；出租期间无形资产摊销时，借记"其他业务成本"科目，贷记"累计摊销"科目。

【案例 8-7】 甲公司将一项已经入账的非专利技术出租给乙企业使用，乙企业一次性支付租金 30 000 元、增值税 1 800 元。租赁期间非专利技术摊销金额为 20 000 元。

甲公司的账务处理如下。

① 取得收入时：

借：银行存款　　　　　　　　　　　　　　　　　　　　31 800
　　贷：其他业务收入　　　　　　　　　　　　　　　　　30 000
　　　　应交税费——应交增值税(销项税额)　　　　　　　1 800

② 非专利技术摊销时：

借：其他业务成本　　　　　　　　　　　　　　　　　　20 000
　　贷：累计摊销　　　　　　　　　　　　　　　　　　　20 000

(二) 无形资产的出售

企业出售无形资产是指转让无形资产的所有权、使用权、收益权和处置权。

企业出售无形资产，按实际取得的收入，借记"银行存款"等科目，按其已计提的减值准备，借记"无形资产减值准备"科目，按无形资产已累计摊销的金额，借记"累计摊销"科目；按无形资产的账面余额，贷记"无形资产"科目，按应支付的相关税费，贷记"银行存款""应交税费"等科目，按其差额，借记或贷记"资产处置损益"科目。

【案例 8-8】 甲公司所拥有的某项商标权的成本为 3 000 000 元，已摊销金额为 1 800 000 元。该公司于当期出售该商标的所有权，取得不含税出售收入 2 000 000 元，适用的增值税税率为 6%。

甲公司的账务处理如下：

借：银行存款　　　　　　　　　　　　　　　　　　　2 120 000
　　累计摊销　　　　　　　　　　　　　　　　　　　1 800 000
　　贷：无形资产　　　　　　　　　　　　　　　　　　3 000 000
　　　　应交税费——应交增值税(销项税额)　　　　　　　120 000
　　　　资产处置损益　　　　　　　　　　　　　　　　　800 000

(三) 无形资产的报废

无形资产报废时，按已计提的累计摊销，借记"累计摊销"科目；按已计提的减值准备，借记"无形资产减值准备"科目；按其账面余额，贷记"无形资产"科目；按其差额，借记"营业外支出——处置非流动资产损失"科目。

【案例 8-9】 某企业拥有的一项专利技术预期不能为企业带来经济利益，将其予以转销。该专利技术的账面余额为 250 000 元，累计摊销 150 000 元，已计提减值准备为 40 000 元。假定不考虑其他相关因素。

该企业的会计处理如下：

借：累计摊销　　　　　　　　　　　　　　　　　150 000
　　无形资产减值准备　　　　　　　　　　　　　　40 000
　　营业外支出——处置非流动资产损失　　　　　　60 000
　　贷：无形资产　　　　　　　　　　　　　　　　　　250 000

(五) 无形资产后续支出

无形资产后续支出是指无形资产入账后，为确保该无形资产能够给企业带来预定的经济利益而发生的支出，比如相关的宣传广告活动支出。由于这些支出仅是为了确保已确认的无形资产能够为企业带来预定的经济利益，因而应在发生当期确认为费用。

【案例 8-10】 甲公司年初购入一块场地的使用权，入账价值为 200 000 元，年末因某单位侵权，甲公司向法院起诉，因此支付了调查费 3 000 元，最后取得胜诉。该场地使用权账面价值还是 200 000 元。

该企业的会计处理如下：

借：管理费用　　　　　　　　　　　　　　　　　　3 000
　　贷：银行存款　　　　　　　　　　　　　　　　　　3 000

思考练习

一、单项选择题

1. 下列各项中，不属于无形资产的是（　　）。
   A. 土地　　　　B. 专利技术　　　　C. 商标　　　　D. 特许权
2. 无形资产的期末借方余额，反映企业无形资产的（　　）。
   A. 摊余价值　　B. 账面价值　　　　C. 可收回金额　D. 成本
3. 企业出租无形资产取得的收入，应当计入（　　）。
   A. 主营业务收入　B. 其他业务收入　C. 投资收益　　D. 营业外收入
4. 企业出售无形资产发生的净损失，应当计入（　　）。
   A. 其他业务成本　B. 营业外支出　　C. 管理费用　　D. 资产处置损益
5. 下列各项中，不会引起无形资产账面价值发生增减变动的是（　　）。
   A. 对无形资产计提减值准备　　　　B. 转让无形资产所有权
   C. 摊销无形资产　　　　　　　　　D. 发生无形资产的后续支出

二、多项选择题

1. 下列各项中，属于无形资产的是（　　）。
   A. 专利权　　　B. 商标权　　　　　C. 土地使用权　D. 特许权

2. 外购无形资产的成本包括( )。
   A. 购买价款
   B. 外购前发生的洽谈费
   C. 其他相关税费
   D. 可直接归属于使该项无形资产达到预定用途所发生的其他支出
3. 下列有关土地使用权的会计处理中，正确的是( )。
   A. 土地使用权用于自行开发建造厂房等地上建筑物时，土地使用权与地上建筑物一般应当分别进行摊销和提取折旧
   B. 房地产开发企业取得土地用于建造对外出售的房屋建筑物，相关的土地使用权应当计入所建造的房屋建筑物成本
   C. 企业改变土地使用权的用途，将其作为用于出租或增值目的时，应将其账面价值转为投资性房地产
   D. 企业外购的房屋建筑物支付的价款无法在地上建筑物与土地使用权之间分配的，应当确认为固定资产原价
4. 下列有关无形资产的会计处理中，不正确的是( )。
   A. 使用寿命不确定的无形资产，不应摊销，但应于每个会计期末进行减值测试
   B. 转让无形资产所有权取得的收入计入其他业务收入
   C. 转让无形资产使用权取得的收入计入营业外收入
   D. 转让无形资产使用权取得的收入计入其他业务收入
5. 无形资产的可收回金额是按( )两者中的较大者确定。
   A. 无形资产的账面原值
   B. 无形资产的公允价值减去处置费用后的金额
   C. 无形资产的净值
   D. 无形资产的预计未来现金流量的现值

三、判断题

1. 无形资产是指企业为生产商品、提供劳务、出租给他人或为管理目的而持有的没有实物形态的非货币性长期资产。( )
2. 企业自行开发无形资产发生的研发支出，无论是否满足资本化条件，均应先在"研发支出"科目中归集。( )
3. 无法区分研究阶段支出和开发阶段支出，应当将其所发生的研发支出全部资本化，计入无形资产成本。( )
4. 企业为建造生产车间而购入的土地使用权，应先通过工程物资核算。( )
5. 土地使用权均作为企业的无形资产进行核算。( )

项目九 流动负债核算能力

流动负债是指将在一年以内(包含一年)或者超过一年的一个营业周期内偿还的债务。流动负债主要包括短期借款、应付票据、应付账款、应付职工薪酬、应交税费、预收账款、应付股利、应付利息、其他应付款等。从理论上说,流动负债与流动资产是密切相关的,通过两者的比较可以大致了解企业的短期偿债能力和清算能力。

【知识目标】
1. 掌握流动负债的概念及主要内容;
2. 掌握短期借款的概念及核算要求;
3. 掌握应付票据、应付账款等应付款项的概念及核算要求;
4. 掌握职工薪酬的组成及核算的有关要求;
5. 掌握应交增值税、应交消费税等应交税费的核算规定;
6. 熟悉预收账款、应付股利、应付利息、其他应付款等其他流动负债的核算规定。

【能力目标】
1. 能够对短期借款取得、计息和归还进行核算;
2. 能够对应付票据签发、承兑等进行核算;
3. 能够对应付账款的产生、归还进行核算;
4. 能够对预收账款的收取、发出商品转销预收账款等进行核算;
5. 能够对工资、非货币性福利等应付职工薪酬进行核算;
6. 能够对增值税、消费税等主要税种进行核算;
7. 能够核算应付利息、应付股利;
8. 能够核算其他应付款。

【素质目标】
1. 树立诚信意识,明确履约责任;
2. 树立风险意识,能够合理控制流动负债,提高资金营运效率。

任务一 短期借款核算

企业在生产经营过程中，常见的筹资模式有内部筹资、借款、发行债券、可转换债券和发行新股。这几种筹资方式相比，短期借款具有筹资速度快、款项使用灵活、资本成本低等优点。

一、短期借款

短期借款是指企业借入的期限在一年以下(包含一年)的各种借款，包括企业从银行或其他金融机构借入的人民币及各种外币借款。短期借款是企业为弥补正常的生产经营过程中自有资金的不足而借入的，在经营过程中同企业的自有资金一起，用于购买材料、商品、支付费用或归还债务等。在会计核算中，短期借款应设置"短期借款"科目，该账户的贷方登记取得借款的本金数额，借方登记偿还借款的本金数额，余额在贷方，表示尚未偿还的借款本金数额。

二、短期借款的账务处理

(一) 借入短期借款

企业从银行或其他金融机构取得短期借款时，借记"银行存款"科目，贷记"短期借款"科目。

【案例9-1】 甲公司于2×08年1月1日向银行借入一笔生产经营用借款60 000元，期限9个月，年利率为8%，根据与银行签署的借款协议，该借款到期一次归还，利息分月计提，按季支付。

甲公司的账务处理如下：

借：银行存款　　　　　　　　　　　　　60 000
　　贷：短期借款　　　　　　　　　　　　　　　60 000

(二) 短期借款利息

短期借款利息应作为财务费用计入当期损益，并按不同情况进行处理。如果短期借款利息是按季、半年支付或到期时连同本金一起归还且数额较大，可采用预提方法，按月预提计入财务费用，借记"财务费用"科目，贷记"应付利息"科目；如果短期借款利息是按月支付或在到期时连同本金支付但数额不大，可在实际支付时直接计入当期财务费用，借记"财务费用"科目，贷记"银行存款"科目。在实际工作中，银行一般于每季度末收取短期借款利息，因此，短期借款利息一般采用月末预提的方式进行核算。

【案例9-2】 承案例9-1，利息按月预提，按季支付，账务处理如下。

1月末应计提的利息＝60 000×8%÷12＝400(元)

借：财务费用　　　　　　　　　　　　　400
　　贷：应付利息　　　　　　　　　　　　　　　400

2月末预提当月利息的处理同上。

3月末支付第一季度应付银行借款利息时:

借:财务费用　　　　　　　　　　　　　　　400
　　应付利息　　　　　　　　　　　　　　　800
　　贷:银行存款　　　　　　　　　　　　　　1 200

第二、三季度的会计处理同上。

(三) 归还短期借款

企业到期归还短期借款时,借记"短期借款"科目,贷记"银行存款"科目。

【案例 9-3】 承案例 9-1、案例 9-2,到期归还借款本金,并支付最后一季度的利息,账务处理如下。

借:短期借款　　　　　　　　　　　　　　60 000
　　财务费用　　　　　　　　　　　　　　　400
　　应付利息　　　　　　　　　　　　　　　800
　　贷:银行存款　　　　　　　　　　　　　61 200

任务二　应付票据及应付账款核算

应付票据筹资与应付账款筹资十分相似,都是在一定时间内占用供货方的资金。所不同的是,应付票据筹资需要提供给供货方规范的商业汇票,就供货方而言,持有商业承兑汇票的风险要低于应付账款的风险。

一、应付票据的账务处理

应付票据是指企业采用商业汇票结算方式购买材料、商品和接受劳务供应等而开出、承兑的商业汇票,包括银行承兑汇票和商业承兑汇票。通常情况下,商业汇票的付款期限不超过 6 个月,因此在会计上应作为流动负债予以管理和核算。

应付票据可以是带息票据,也可以是不带息票据。对于带息票据,一般情况下不计提利息,在偿还时直接计入财务费用,但如果是跨期商业汇票,在资产负债表日则要计提利息,通过"应付票据"科目核算。

应付票据的核算通过"应付票据"科目进行。该科目属于负债类科目,借方登记到期承兑支付的票款或转出金额,贷方登记开出承兑汇票时的票面金额,期末余额在贷方,表示未到期的商业汇票的金额。

(一) 签发承兑

企业开出承兑商业汇票用于应付账款、抵付货款时,应按票面金额,贷记"应付票据"科目,借记"材料采购""原材料""库存商品""应交税费——应交增值税(进项税额)""应付账款"

等科目。开出银行承兑汇票,在按票面金额的万分之五向承兑银行支付手续费时,借记"财务费用"科目,贷记"银行存款"科目。

【案例9-4】 甲公司为增值税一般纳税人,2×08年8月29日开出一张面值为56 500元、期限为5个月的不带息商业承兑汇票,用于采购原材料,材料尚未入库,材料价款为50 000元,增值税为6 500元。原材料按实际成本核算。

甲公司的账务处理如下:

借:在途物资　　　　　　　　　　　　　　　　　　　50 000
　　应交税费——应交增值税(进项税额)　　　　　　　6 500
　　贷:应付票据　　　　　　　　　　　　　　　　　　56 500

如果本案例中开出的是银行承兑汇票,向银行支付承兑手续费29.25元,则应做如下处理:

借:财务费用　　　　　　　　　　　　　　　　　　　29.25
　　贷:银行存款　　　　　　　　　　　　　　　　　　29.25

如果开出承兑的是带息商业汇票,还应在期末计提利息,按计提的利息金额,借记"财务费用"科目,贷记"应付票据"科目,最后一期的利息应直接贷记"银行存款"科目。

(二) 到期偿付

应付票据到期支付票款时,按应付票据的账面余额,借记"应付票据"科目,按实际支付的票款,贷记"银行存款"科目,如果是带息票据还应按两者的差额借记"财务费用"科目。

【案例9-5】 承案例9-4,票据到期,企业以银行存款支付票据的账务处理如下:

借:应付票据　　　　　　　　　　　　　　　　　　　56 500
　　贷:银行存款　　　　　　　　　　　　　　　　　　56 500

(三) 转销

应付商业汇票到期,企业无力支付票款,应根据不同情况进行处理:如果是商业承兑汇票,应转为应付账款,待协商后再做处理,按应付票据的票面金额借记"应付票据"科目,贷记"应付账款"科目;如果是银行承兑汇票,银行已代为付款,应将应付票据的票面金额转为短期借款,借记"应付票据"科目,贷记"短期借款"科目。

【案例9-6】 承案例9-4,票据到期,企业无力偿付票款的账务处理如下:

借:应付票据　　　　　　　　　　　　　　　　　　　56 500
　　贷:应付账款　　　　　　　　　　　　　　　　　　56 500

二、应付账款的账务处理

应付账款是指企业在正常的生产经营过程中,因购买商品、材料或接受劳务供应等而应付给供货单位的款项。企业应付的各种赔款、租金、存入保证金等,不在本科目核算,而应通过"其他应付款"核算。

应付账款的入账时间应为所购货物的所有权发生转移或劳务供应已经发生的时间。应付账款一般按实际应付金额入账,而不是按到期应付金额的现值入账。如果购货条件规定,在限定的付款期限内付款可享受一定的现金折扣,其入账金额应采用总价法确认。

购入材料、商品等货款尚未支付,根据有关凭证,借记"材料采购""在途物资"等科目,按可抵扣的增值税税额,借记"应交税费——应交增值税(进项税额)"科目,按应付的价款,贷记"应付账款"科目;企业接受供应单位提供的劳务而发生的应付未付款项,根据供应单位的发票账单,借记"生产成本""管理费用"等科目,按可抵扣的增值税税额,借记"应交税费——应交增值税(进项税额)"科目,贷记"应付账款"科目。

【案例9-7】甲公司采用托收承付的结算方式向乙公司购入一批A材料,价款为100 000元,增值税为13 000元,对方代垫运杂费400元,材料已经验收入库,款项尚未支付。甲公司对原材料采用实际成本核算。

甲公司的账务处理如下:

借:原材料——A材料	100 400
应交税费——应交增值税(进项税额)	13 000
贷:应付账款——乙公司	113 400

清偿上述应付账款时:

借:应付账款——乙公司	113 400
贷:银行存款	113 400

【案例9-8】甲公司2×09年3月1日从乙公司购入原材料一批,标价100 000元,因购买金额较大,乙公司给予10%的商业折扣,并据此开具了增值税专用发票,适用增值税税率为13%。乙公司同时规定现金折扣条件为(2/10, 1/20, n/30),计算现金折扣时不考虑增值税。甲公司2×09年3月8日收到购买的材料,验收无误后组织入库,并以银行存款支付了相应款项。甲公司对原材料按实际成本核算。

甲公司的账务处理如下。

① 2×09年3月1日,购入材料时:

借:在途物资	90 000
应交税费——应交增值税(进项税额)	11 700
贷:应付账款——乙公司	101 700

② 2×09年3月8日,收到材料验收入库:

借:原材料	90 000
贷:在途物资	90 000

③ 清偿上述应付账款时:

借:应付账款——乙公司	101 700
贷:财务费用	1 800
银行存款	99 900

任务三　应付职工薪酬核算

为了满足经济发展的需要，规范职工薪酬的确认、计量和相关信息的披露，《企业会计准则第 9 号——职工薪酬》对职工薪酬范围做了外延，增加了短期薪酬、离职后福利、辞退福利和其他长期职工福利等 4 个概念。

一、职工薪酬

职工薪酬是指企业为获得职工提供的服务而给予职工各种形式的报酬以及其他相关支出，包括企业为职工在职期间和离职后提供的全部货币性薪酬和非货币性福利，以及提供给职工配偶、子女或其他被赡养人的福利等。也就是说，凡是企业为获得职工提供的服务而给予或付出的各种形式的对价，都构成职工薪酬。

具体来说，职工薪酬包括以下内容。

(一) 短期薪酬

短期薪酬是指企业在职工提供相关服务的年度报告期间结束后 12 个月内需要全部予以支付的职工薪酬，因解除与职工的劳动关系给予的补偿除外。短期薪酬具体包括以下内容。

(1) 职工工资、奖金、津贴和补贴，如职工的基本工资、绩效工资、岗位津贴及其他补贴等。

(2) 职工福利费。职工福利费一般是指用于改善职工生活条件的费用，如内部职工医院、浴室及食堂等方面的支付。

(3) 医疗保险费、养老保险费、失业保险费、工伤保险费和生育保险费等社会保险费。

(4) 住房公积金。

(5) 工会会费和职工教育经费。

(6) 短期带薪缺勤。短期带薪缺勤是指职工虽然缺勤但企业仍向其支付报酬的安排，包括年休假、病假、婚假、产假、丧假、探亲假等。长期带薪缺勤属于其他长期职工福利。

(7) 短期利润分享计划。短期利润分享计划是指因职工提供服务而与职工达成的基于利润或其他经营成果提供薪酬的协议。长期利润分享计划属于其他长期职工福利。

(8) 非货币性福利。通常包括企业以自己的产品或其他有形资产发放给职工的福利，向职工无偿提供使用，为职工无偿提供类似医疗保健的服务等。

(9) 其他短期薪酬。其他短期薪酬是指上述薪酬以外的其他为获得职工提供的服务而给予的短期薪酬。

(二) 离职后福利

离职后福利是指企业为获得职工提供的服务而在职工退休或与企业解除劳动关系后，提供的各种形式的报酬和福利，短期薪酬和辞退福利除外。

(三) 辞退福利

辞退福利是指企业在职工劳动合同到期之前解除与职工的劳动关系，或者为鼓励职工自愿接受裁减而给予职工的补偿。

(四) 其他长期职工福利

其他长期职工福利是指除短期薪酬、离职后福利、辞退福利之外所有的职工薪酬，包括长期带薪缺勤、长期残疾福利、长期利润分享计划等。

二、应付职工薪酬的账务处理

(一) 职工薪酬的确定原则

企业应当在职工为其提供服务的会计期间，将应付的职工薪酬(不包括辞退福利)确认为负债，并根据职工提供服务的受益对象，分别按以下情况处理：①应由生产产品、提供劳务负担的职工薪酬，计入产品成本或劳务成本；②应由在建工程、无形资产开发成本负担的职工薪酬，计入建造固定资产或无形资产的开发成本；③上述两项之外的其他职工薪酬，计入当期损益。

(二) 职工薪酬的计量标准

1. 货币性职工薪酬

在计量应付职工薪酬时，国家规定了计提基础和计提比例的，应当按照国家规定的标准计提。比如，应向社会保险经办机构等缴纳的医疗保险费、养老保险费(包括根据企业年金计划向企业年金基金相关管理人缴纳的补充养老保险费)、失业保险费、工伤保险费、生育保险费等社会保险费，应向住房公积金管理机构缴存的住房公积金，以及工会经费和职工教育经费等，应当在职工为其提供服务的会计期间，根据工资总额的一定比例计算确定。

国家没有规定计提基础和计提比例的，企业应当根据历史经验数据和实际情况，合理预计当期应付职工薪酬。当期实际发生金额大于预计金额的，应当补提应付职工薪酬；当期实际发生金额小于预计金额的，应当冲回多提的应付职工薪酬。

【案例9-9】甲企业结算本月应付职工工资总额为5 000 000元，代扣职工房租150 000元，代扣个人所得税250 000元，收回企业代垫职工家属医药费20 000元，实发工资4 580 000元已存入职工工资存款账户。

甲公司的账务处理如下：

① 发放工资：

借：应付职工薪酬——工资	4 580 000
贷：银行存款	4 580 000

② 代扣款项：

借：应付职工薪酬——工资	420 000
贷：其他应付款——职工房租	150 000
应交税费——应交个人所得税	250 000
其他应收款——代垫医药费	20 000

2. 短期带薪缺勤

对于职工短期带薪缺勤，企业应当根据其性质及职工享有的权利，分为累积带薪缺勤和非累积带薪缺勤两类。

(1) 累积带薪缺勤，是指带薪权利可以结转下期的带薪缺勤，本期尚未用完的带薪缺勤权利可以在未来期间使用。企业应当在职工提供了服务从而增加了其未来享有的带薪缺勤权利时，确认与累积带薪缺勤相关的职工薪酬，并以累积未行使权利而增加的预期支付金额计量。确认累积带薪缺勤时，借记"管理费用"等科目，贷记"应付职工薪酬——累积带薪缺勤"科目。

(2) 非累积带薪缺勤，是指带薪权利不能结转下期的带薪缺勤，本期尚未用完的带薪缺勤权利将予以取消，并且职工离开企业时也无权获得现金支付。我国企业职工休婚假、产假、丧假、探亲假、病假期间的工资通常属于非累积带薪缺勤。企业确认职工享有的与非累积带薪缺勤权利相关的薪酬，视同职工出勤确认的当期损益或相关资产成本。通常情况下，与非累积带薪缺勤相关的职工薪酬已经包括在企业每期向职工发放的工资等薪酬中，因此，不必额外做相应的账务处理。

【案例9-10】 甲公司共有1 000名职工，从2×09年1月1日起，该企业实行累积带薪缺勤制度。该制度规定，每个职工每年可享受5个工作日带薪年休假，未使用的年休假只能向后结转一个公历年度，超过1年未使用的权利作废，在职工离开企业时也无权获得现金支付；职工休年假时，首先使用当年可享受的权利，再从上年结转的带薪年休假中扣除。

2×09年12月31日，甲公司预计2×10年有960名职工将享受不超过5天的带薪年休假，剩余40名职工每人将平均享受7天年休假，假定这40名职工全部为总部各部门经理及管理人员，该企业平均每名职工每个工作日工资为500元。不考虑其他相关因素。

甲公司在2×09年12月31应当预计由于职工累积未使用的带薪年休假权利而导致的预期支付的金额：$40\times(7-5)\times500=40\,000$(元)。甲公司应编制如下会计分录：

借：管理费用　　　　　　　　　　　　　　　　　　40 000
　　贷：应付职工薪酬——累积带薪缺勤　　　　　　　　　　40 000

3. 非货币性职工薪酬

企业以其自产产品作为非货币性福利发放给职工的，应当根据受益对象，按照该产品的公允价值，计入相关资本成本或当期损益，同时确认应付职工薪酬。以外购商品作为非货币性福利提供给职工的，应当按照该商品的公允价值和相关税费，计量应计入成本费用的职工薪酬金额。

【案例9-11】 甲公司是一家肉食加工企业，共有职工1 000人，其中一线生产工人为750人，销售人员200人，总部管理人员为50人。2×09年1月20日，公司决定以其生产的火腿礼包作为春节福利发放给职工，每人2箱。该火腿礼包每箱成本为100元，单位计税价格(公允价值)为200元，适用的增值税税率为13%，假定其他税费不予考虑。

甲公司的账务处理如下。

① 决定发放非货币性福利：

借：生产成本　　　　　　　　　　　　　　　　　　339 000
　　销售费用　　　　　　　　　　　　　　　　　　　　90 400

管理费用	22 600	
贷：应付职工薪酬——非货币性福利		452 000

② 实际发放非货币性福利：

借：应付职工薪酬——非货币性福利	452 000	
贷：主营业务收入		400 000
应交税费——应交增值税(销项税额)		52 000
借：主营业务成本	200 000	
贷：库存商品		200 000

假定公司决定每人另外发放食用油2桶，每桶购入价格(不含税)80元，增值税税率为9%，款项已付，增值税已经税务机关认证不能抵扣。

③ 决定发放非货币性福利：

借：生产成本	130 800	
销售费用	34 880	
管理费用	8 720	
贷：应付职工薪酬——非货币性福利		174 400

④ 购买发放：

借：应付职工薪酬——非货币性福利	174 400	
贷：银行存款		174 400

企业将拥有的房屋等资产无偿提供给职工使用的，应当根据受益对象，将该住房每期应计提的折旧计入相关资产成本或当期损益，同时确认应付职工薪酬。租赁住房等资产供职工无偿使用的，应当根据受益对象，将每期应付的租金计入相关资产成本或当期损益，并确认应付职工薪酬。难以认定受益对象的非货币性福利，直接计入当期损益和应付职工薪酬。

【案例 9-12】 甲公司由于职工宿舍紧张，在外租赁住房10套，供给生产工人无偿居住，每套住房月租金1 000元，不考虑相关税费。

甲公司的账务处理如下。

① 确认住房租金费用：

借：生产成本	10 000	
贷：应付职工薪酬——非货币性福利		10 000

② 支付租金：

借：应付职工薪酬——非货币性福利	10 000	
贷：银行存款		10 000

(三) 职工薪酬的分配

企业应当在职工在职的会计期间，将应付的职工薪酬确认为负债，除因解除与职工的劳务关系给予的补偿外，应当根据职工提供服务的受益对象，分别进行处理。

(1) 应由生产产品、提供劳务负担的职工薪酬，计入产品成本或劳务成本。

(2) 应由在建工程、无形资产负担的职工薪酬，计入建造固定资产或无形资产成本。

(3) 除上述之外的其他职工薪酬，计入当期损益。

职工薪酬是按其发生地点进行归集，按用途进行分配的。生产产品的工人工资薪酬借记"生产成本"科目，提供劳务的工人工资薪酬借记"劳务成本"科目，车间管理人员的工资薪酬借记"制造费用"科目，进行基本建设工程的人员工资薪酬借记"在建工程"科目，自创无形资产的人员工资薪酬借记"研发支出"科目，行政管理人员工资薪酬借记"管理费用"科目，销售部门人员工资薪酬借记"销售费用"科目等，贷记"应付职工薪酬——工资"科目。

企业为职工缴纳的社会保险费(不含基本养老费和失业保险费)和住房公积金，应当按照职工所在岗位进行分配。分别借记"生产成本""制造费用"等科目，贷记"应付职工薪酬——社会保险费"或"应付职工薪酬——住房公积金"。缴纳各种社会保险费用或住房公积金时，借记"应付职工薪酬——工资"(职工负担部分)、"应付职工薪酬——社会保险费"或"应付职工薪酬——住房公积金"科目，贷记"银行存款"科目。

企业为职工缴纳的基本养老费和失业保险费，此部分属于离职后福利，不属于短期薪酬，应当按照职工所在岗位进行分配，分别借记"生产成本""制造费用"等科目，贷记"应付职工薪酬——设定提存计划(基本养老保险费、失业保险费)"科目。缴纳基本养老费和失业保险费时，借记"应付职工薪酬——工资"(职工负担部分)、"应付职工薪酬——设定提存计划(基本养老保险费、失业保险费)"科目，贷记"银行存款"科目。

【案例9-13】 甲公司发生工资薪酬情况如下：基本生产车间生产A产品发生工资薪酬费用3 500 000元，车间管理人员职工薪酬费用为200 000元，销售人员工资1 000 000元，行政管理人员职工薪酬费用为300 000元。

甲公司费用分配如下：

借：生产成本——基本生产成本(A产品)	3 500 000
制造费用	200 000
销售费用	1 000 000
管理费用	300 000
贷：应付职工薪酬——工资	5 000 000

【案例9-14】 甲公司按工资薪酬8%的比例缴存住房公积金，具体费用如下：基本生产车间A产品生产人员为280 000元，车间管理人员为16 000元，销售人员为80 000元，行政管理人员为24 000元。

甲公司费用分配如下：

借：生产成本——基本生产成本(A产品)	280 000
制造费用	16 000
销售费用	80 000
管理费用	24 000
贷：应付职工薪酬——住房公积金	400 000

缴存时：

借：应付职工薪酬——住房公积金	400 000
贷：银行存款	400 000

【案例9-15】 甲公司按工资薪酬10%的比例缴存医疗保险费,具体费用如下:基本生产车间A产品生产人员为350 000元,车间管理人员为20 000元,销售人员为100 000元,行政管理人员为30 000元。

甲公司费用分配如下:

借:生产成本——基本生产成本(A产品)   350 000
    制造费用   20 000
    销售费用   100 000
    管理费用   30 000
  贷:应付职工薪酬——医疗保险费   500 000

缴存时:

借:应付职工薪酬——医疗保险费   500 000
  贷:银行存款   500 000

【案例9-16】 甲公司按工资薪酬2%的比例计提工会经费,具体费用如下:基本生产车间A产品生产人员为70 000元,车间管理人员为4 000元,销售人员为20 000元,行政管理人员为6 000元。

甲公司费用分配如下:

借:生产成本——基本生产成本(A产品)   70 000
    制造费用   4 000
    销售费用   20 000
    管理费用   6 000
  贷:应付职工薪酬——工会经费   100 000

上交时:

借:应付职工薪酬——工会经费   100 000
  贷:银行存款   100 000

【案例9-17】 甲公司按工资薪酬1.5%的比例计提职工教育经费,具体费用如下:基本生产车间A产品生产人员为52 500元,车间管理人员为3 000元,销售人员为15 000元,行政管理人员为4 500元。

甲公司费用分配如下:

借:生产成本——基本生产成本(A产品)   52 500
    制造费用   3 000
    销售费用   15 000
    管理费用   4 500
  贷:应付职工薪酬——职工教育经费   75 000

支付时:

借:应付职工薪酬——职工教育经费   75 000
  贷:银行存款   75 000

【案例9-18】 甲公司按工资薪酬16%的比例计提基本养老保险费,具体费用如下:基本生产车间A产品生产人员为560 000元,车间管理人员为32 000元,销售人员为160 000元,行政管理人员为 48 000 元。

甲公司费用分配如下：

借：生产成本——基本生产成本(A 产品)　　　　　　560 000
　　制造费用　　　　　　　　　　　　　　　　　　 32 000
　　销售费用　　　　　　　　　　　　　　　　　　160 000
　　管理费用　　　　　　　　　　　　　　　　　　 48 000
　　贷：应付职工薪酬——设定提存计划(基本养老保险费)　800 000

缴存时：

借：应付职工薪酬——设定提存计划(基本养老保险费)　800 000
　　贷：银行存款　　　　　　　　　　　　　　　　800 000

【案例 9-19】 甲公司按工资薪酬 2%的比例计提失业保险费，具体费用如下：基本生产车间 A 产品生产人员为 70 000 元，车间管理人员为 4 000 元，销售人员为 20 000 元，行政管理人员为 6 000 元。

甲公司费用分配如下：

借：生产成本——A 产品　　　　　　　　　　　　 70 000
　　制造费用　　　　　　　　　　　　　　　　　　 4 000
　　销售费用　　　　　　　　　　　　　　　　　　 20 000
　　管理费用　　　　　　　　　　　　　　　　　　 6 000
　　贷：应付职工薪酬——设定提存计划(失业保险费)　100 000

缴存时：

借：应付职工薪酬——设定提存计划(失业保险费)　　100 000
　　贷：银行存款　　　　　　　　　　　　　　　　100 000

(四) 解除劳务关系给予职工的补偿

企业在职工劳动合同到期之前解除与职工的劳动关系，或者为鼓励职工自愿接受裁减而提出给予补偿的建议，应当确认因解除与职工的劳动关系给予补偿而产生的预计负债，同时计入当期损益，应当按预计的负债金额借记"管理费用"科目，贷记"应付职工薪酬——辞退福利"科目。实际支付因解除与职工的劳动关系给予补偿时，应当按支付的补偿金额借记"应付职工薪酬——辞退福利"科目，贷记"银行存款""库存现金"等科目。

任务四　应交税费核算

企业根据税法规定应缴纳的各种税费包括增值税、消费税、企业所得税、城市维护建设税、资源税、环境保护税、土地增值税、房产税、车船税、城镇土地使用税、教育费附加、矿产资源补偿费、印花税、耕地占用税、契税、车辆购置税等。

企业应通过"应交税费"科目，核算各种税费的应交、缴纳等情况。该科目贷方登记应交的各种税费等,借方登记实际缴纳的税费;期末余额一般在贷方,反映企业尚未缴纳的税费,期末余额如在借方,反映企业多交或尚未抵扣的税费。本科目按应交税费项目设置明细科目进行明细核算。

企业代扣代交的个人所得税,也通过"应交税费"科目核算,而企业缴纳的印花税、耕地占用税、契税、车辆购置税等不需要预计应交数的税金,不通过"应交税费"科目核算。

一、应交增值税的账务处理

(一) 增值税

增值税是以商品(含应税劳务、应税行为)在流转过程中实现的增值额作为计税依据而征收的一种流转税。增值税的纳税人是指在我国境内销售货物、加工修理修配劳务、服务、无形资产和不动产,以及进口货物的企业、单位和个人。其中,服务包括交通运输服务、邮政服务、电信服务、建筑服务、金融服务、现代服务、生活服务。按纳税人的经营规模及会计核算的健全程度,增值税纳税人分为一般纳税企业和小规模纳税企业。

一般纳税企业应纳增值税额,根据当期销项税额减去当期进项税额计算确定。小规模纳税企业应纳增值税额,根据销售额和规定的征收率计算确定。

按照规定,企业下列进项税额准予从销项税额中扣除。

(1) 从销售方取得的增值税专用发票(含税控机动车销售统一发票,下同)上注明的增值税额。

(2) 从海关取得的海关进口增值税专用缴款书上注明的增值税额。

(3) 购进农产品,除取得增值税专用发票或者海关进口增值税专用缴款书外,按照农产品收购发票或者销售发票上注明的农产品买价和9%的扣除率计算的进项税额。例如用于生产销售或委托加工13%税率货物的农产品,按照农产品收购发票或者销售发票上注明的农产品买价和10%的扣除率计算的进项税额。计算公式如下:

$$进项税额 = 买价 \times 扣除率$$

(4) 从境外单位或者个人购进服务、无形资产或者不动产,自税务机关或者扣缴义务人取得的解缴税款的完税凭证上注明的增值税额。

(5) 一般纳税人支付的道路、桥、闸通行费,凭取得的通行费发票上注明的收费金额和按规定的方法计算的可抵扣的增值税进项税额。

纳税人取得的增值税扣税凭证不符合法律、行政法规或者国家税务总局有关规定的,其进项税额不得从销项税额中抵扣,其已支付的增值税只能计入购入货物或接受劳务的成本。

一般纳税人采用的增值税税率分别为13%、9%、6%和零税率。

(二) 一般纳税人企业的会计处理

1. 增值税核算科目设置

为了核算企业应交增值税的发生、抵扣、缴纳、退税及转出等情况,增值税一般纳税人应当在"应交税费"科目下设置"应交增值税""未交增值税""预交增值税""待抵扣进项税额"

"待认证进项税额""待转销项税额""增值税留抵税额""简易计税""转让金融商品应交增值税""代扣代交增值税"等明细科目。

(1)"应交增值税"明细科目，设置"进项税额""销项税额抵减""已交税金""转出未交增值税""转出多交增值税""减免税款""出口抵减内销产品应纳税额""销项税额""出口退税""进项税额转出"等专栏。

"进项税额"专栏，记录一般纳税人购进货物、加工修理修配劳务、服务、无形资产或不动产而支付或负担的、准予从当期销项税额中抵扣的增值税额。

"销项税额抵减"专栏，记录一般纳税人按照现行增值税制度规定因扣减销售额而减少的销项税额。

"已交税金"专栏，记录一般纳税人当月已缴纳的应交增值税额。

"转出未交增值税"和"转出多交增值税"专栏，分别记录一般纳税人月度终了转出当月应交未交或多交的增值税额。

"减免税款"专栏，记录一般纳税人按现行增值税制度规定准予减免的增值税额。

"出口抵减内销产品应纳税额"专栏，记录实行"免、抵、退"办法的一般纳税人按规定计算的出口货物的进项税抵减内销产品的应纳税额。

"销项税额"专栏，记录一般纳税人销售货物、加工修理修配劳务、服务、无形资产或不动产应收取的增值税额。

"出口退税"专栏，记录一般纳税人出口货物、加工修理修配劳务、服务、无形资产按规定退回的增值税额。

"进项税额转出"专栏，记录一般纳税人购进货物、加工修理修配劳务、服务、无形资产或不动产等发生非正常损失以及其他原因而不应从销项税额中抵扣、按规定转出的进项税额。

(2)"未交增值税"明细科目，核算一般纳税人月度终了从"应交增值税"或"预交增值税"明细科目转入当月应交未交、多交或预缴的增值税额，以及当月缴纳以前期间未交的增值税额。

(3)"预交增值税"明细科目，核算一般纳税人转让不动产、提供不动产经营租赁服务、提供建筑服务、采用预收款方式销售自行开发的房地产项目等，以及其他按现行增值税制度规定应预缴的增值税额。

(4)"待抵扣进项税额"明细科目，核算一般纳税人已取得增值税扣税凭证并经税务机关认证，按照现行增值税制度规定准予以后期间从销项税额中抵扣的进项税额。

(5)"待认证进项税额"明细科目，核算一般纳税人由于未经税务机关认证而不得从当期销项税额中抵扣的进项税额，包括：一般纳税人已取得增值税扣税凭证、按照现行增值税制度规定准予从销项税额中抵扣，但尚未经税务机关认证的进项税额；一般纳税人已申请稽核但尚未取得稽核相符结果的海关缴款书进项税额。

(6)"待转销项税额"明细科目，核算一般纳税人销售货物、加工修理修配劳务、服务、无形资产或不动产，已确认相关收入(或利得)但尚未发生增值税纳税义务而需于以后期间确认为销项税额的增值税额。

(7)"增值税留抵税额"明细科目，核算兼有销售服务、无形资产或者不动产的原增值税一般纳税人，截至纳入营改增试点之日前的增值税期末留抵税额按照现行增值税制度规定不得从销售服务、无形资产或不动产的销项税额中抵扣的增值税留抵税额。

(8) "简易计税"明细科目,核算一般纳税人采用简易计税方法发生的增值税计提、扣减、预缴、缴纳等业务。

(9) "转让金融商品应交增值税"明细科目,核算增值税纳税人转让金融商品发生的增值税额。

(10) "代扣代交增值税"明细科目,核算纳税人购进在境内未设经营机构的境外单位或个人在境内的应税行为代扣代交的增值税。

小规模纳税人只需要在"应交税费"科目下设置"应交增值税"明细科目,不需要设置上述专栏及除"转让金融商品应交增值税""代扣代交增值税"外的明细科目。

2. 取得资产或接受劳务等业务的账务处理

(1) 采购等业务进项税额允许抵扣的账务处理。一般纳税人购进货物、加工修理修配劳务、服务、无形资产或不动产,按应计入相关成本费用或资产的金额,借记"在途物资"或"原材料""库存商品""生产成本""无形资产""固定资产""管理费用"等科目,按当月已认证的可抵扣增值税额,借记"应交税费——应交增值税(进项税额)"科目,按当月未认证的可抵扣增值税额,借记"应交税费——待认证进项税额"科目,按应付或实际支付的金额,贷记"应付账款""应付票据""银行存款"等科目。发生退货的,如果原增值税专用发票已做认证,应根据税务机关开具的红字增值税专用发票做相反的会计分录;如果原增值税专用发票未做认证,应将发票退回并做相反的会计分录。

【案例9-20】 2×09年4月1日,甲公司从乙公司处购入不需要安装的设备一台,增值税专用发票上注明价款100 000元,增值税税额13 000元,款项尚未支付。

甲公司账务处理如下:

借: 固定资产 100 000
　　应交税费——应交增值税(进项税额) 13 000
　　贷: 应付账款——乙公司 113 000

【案例9-21】 2×09年4月5日,甲公司购入免税农产品一批,价款100 000元,规定的扣除率为9%,货物尚未到达,款项已用银行存款支付。

甲公司账务处理如下:

借: 在途物资 91 000
　　应交税费——应交增值税(进项税额) 9 000
　　贷: 银行存款 100 000

【案例9-22】 2×09年4月25日,甲公司生产车间委托外单位修理机器设备,对方开来的增值税专用发票上注明修理费2 000元,增值税税额260元,款项已用银行存款支付。

甲公司账务处理如下:

借: 管理费用 2 000
　　应交税费——应交增值税(进项税额) 260
　　贷: 银行存款 2 260

(2) 采购等业务进项税额不得抵扣的账务处理。一般纳税人购进货物、加工修理修配劳务、服务、无形资产或不动产，用于简易计税方法计税项目、免征增值税项目、集体福利或个人消费等，其进项税额按照现行增值税制度规定不得从销项税额中抵扣的，取得增值税专用发票时，应借记相关成本费用或资产科目，借记"应交税费——待认证进项税额"科目，贷记"银行存款""应付账款"等科目，经税务机关认证后，应借记相关成本费用或资产科目，贷记"应交税费——应交增值税(进项税额转出)"科目。

【案例9-23】 2×09年4月15日，甲公司以银行存款购入一批运动服作为福利发放给生产工人，取得增值税专用发票，价款20 000元，增值税税额2 600元。增值税尚未经税务机关认证。

甲公司账务处理如下。

购入时：

借：库存商品——运动服	20 000
应交税费——待认证进项税额	2 600
贷：银行存款	226 000

经税务机关认证不可抵扣：

借：应交税费——应交增值税(进项税额)	2 600
贷：应交税费——待认证进项税额	2 600

同时进行进项税额转出：

借：库存商品——运动服	2 600
贷：应交税费——应交增值税(进项税额转出)	2 600

实际发放时：

借：应付职工薪酬——非货币性福利	22 600
贷：库存商品——运动服	22 600

分配费用时：

借：生产成本	22 600
贷：应付职工薪酬——非货币性福利	22 600

(3) 货物等已验收入库但尚未取得增值税扣税凭证的账务处理。一般纳税人购进的货物等已到达并验收入库，但尚未收到增值税扣税凭证并未付款的，应在月末按货物清单或相关合同协议上的价格暂估入账，不需要将增值税的进项税额暂估入账。下月初，用红字冲销原暂估入账金额，待取得相关增值税扣税凭证并经认证后，按应计入相关成本费用或资产的金额，借记"原材料""库存商品""固定资产""无形资产"等科目，按可抵扣的增值税额，借记"应交税费——应交增值税(进项税额)"科目，按应付金额，贷记"应付账款"等科目。

(4) 进项税额抵扣情况发生改变的账务处理。因发生非正常损失或改变用途等，原已计入进项税额、待抵扣进项税额或待认证进项税额，但按现行增值税制度规定不得从销项税额中抵扣的，借记"待处理财产损溢""应付职工薪酬""固定资产""无形资产"等科目，贷记"应交税费——应交增值税(进项税额转出)""应交税费——待抵扣进项税额"或"应交税费——待认证进项税额"科目；原不得抵扣且未抵扣进项税额的固定资产、无形资产等，因改变用途等用于允许抵扣进项税额的应税项目的，应按允许抵扣的进项税额，借记"应交税费——应交增值税(进项税额)"科目，贷记"固定资产""无形资产"等科目。固定资产、无形资产等经上述调整后，应按调整后的账面价值在剩余尚可使用寿命内计提折旧或摊销。

【案例 9-24】 2×09 年 4 月 20 日，甲公司因管理不善发生火灾毁损一批库存材料，其实际成本为 4 000 元，经确认损失外购材料的增值税税额为 520 元。

甲公司报批前账务处理如下：

借：待处理财产损溢——待处理流动资产损溢　　　　　　　　4 520
　　贷：原材料　　　　　　　　　　　　　　　　　　　　　　4 000
　　　　应交税费——应交增值税(进项税额转出)　　　　　　　　520

【案例 9-25】 2×09 年 4 月 30 日，甲公司领用一批原材料用于集体福利，该批原材料成本为 20 000 元，原抵扣的进项税额为 2 600 元。

甲公司账务处理如下：

借：应付职工薪酬——非货币性福利　　　　　　　　　　　　22 600
　　贷：原材料　　　　　　　　　　　　　　　　　　　　　　20 000
　　　　应交税费——应交增值税(进项税额转出)　　　　　　　2 600

3. 销售及视同销售业务的账务处理

(1) 销售业务的账务处理。企业销售货物、加工修理修配劳务、服务、无形资产或不动产，应当按应收或已收的金额，借记"应收账款""应收票据""银行存款"等科目，按取得的收入金额，贷记"主营业务收入""其他业务收入""固定资产清理"等科目，按现行增值税制度规定计算的销项税额(或采用简易计税方法计算的应纳增值税额)，贷记"应交税费——应交增值税(销项税额)"或"应交税费——简易计税"科目。发生销售退回的，应根据按规定开具的红字增值税专用发票做相反的会计分录。

按照国家统一的会计制度确认收入或利得的时点早于按增值税制度确认增值税纳税义务发生时点的，应将相关销项税额计入"应交税费——待转销项税额"科目，待实际发生纳税义务时再转入"应交税费——应交增值税(销项税额)"或"应交税费——简易计税"科目。

按照增值税制度确认增值税纳税义务发生时点早于按照国家统一的会计制度确认收入或利得的时点的，应将应纳增值税额，借记"应收账款"科目，贷记"应交税费——应交增值税(销项税额)"或"应交税费——简易计税"科目，按照国家统一的会计制度确认收入或利得时，应按扣除增值税销项税额后的金额确认收入。

【案例 9-26】 2×09 年 4 月 10 日，甲公司销售产品一批，价款 300 000 元，专用发票注明增值税税额为 39 000 元，提货单和增值税专用发票已交给买方，款项尚未收到。

甲公司账务处理如下：

借：应收账款　　　　　　　　　　　　　　　　　　　　　339 000
　　贷：主营业务收入　　　　　　　　　　　　　　　　　　300 000
　　　　应交税费——应交增值税(销项税额)　　　　　　　　39 000

(2) 视同销售业务的账务处理。企业发生税法上视同销售的行为，应当按照企业会计准则制度相关规定进行相应的会计处理，并按照现行增值税制度规定计算的销项税额(或采用简易计税方法计算的应纳增值税额)，借记"应付职工薪酬""利润分配"等科目，贷记"应交税费——应交增值税(销项税额)"或"应交税费——简易计税"科目。

【案例 9-27】 2×09 年 4 月 18 日，甲公司将生产的一批产品作为福利发放给本公司职工，该批产品的生产成本为 8 000 元，计税价格为 10 000 元，增值税税率为 13%。

甲公司账务处理如下：

借：应付职工薪酬——非货币性福利　　　　　　　　　　11 300
　　贷：主营业务收入　　　　　　　　　　　　　　　　10 000
　　　　应交税费——应交增值税(销项税额)　　　　　　 1 300

【案例 9-28】2×09 年 4 月 22 日，甲公司将自产的一批产品对乙公司进行投资，开具的专用发票上注明价款 500 000 元，增值税税额 65 000 元。该批产品成本为 400 000 元。甲公司取得此项投资后采用成本法进行后续核算。

甲公司账务处理如下：

借：长期股权投资　　　　　　　　　　　　　　　　　565 000
　　贷：主营业务收入　　　　　　　　　　　　　　　500 000
　　　　应交税费——应交增值税(销项税额)　　　　　 65 000
借：主营业务成本　　　　　　　　　　　　　　　　　400 000
　　贷：库存商品　　　　　　　　　　　　　　　　　400 000

4. 差额征税的账务处理

差额征税是营改增后为了解决那些无法通过增值税进项发票抵扣来避免重复征税的项目而采取的一种抵扣方法，用于金融商品转让、经纪代理服务、融资租赁和融资性售后回租服务、旅游服务、劳务派遣服务、签证代理服务、境内机票代理服务等。

(1) 企业发生相关成本费用允许扣减销售额的账务处理。按现行增值税制度规定企业发生相关成本费用允许扣减销售额的，发生成本费用时，按应付或实际支付的金额，借记"主营业务成本""存货"等科目，贷记"应付账款""应付票据""银行存款"等科目。待取得合规增值税扣税凭证且纳税义务发生时，按照允许抵扣的税额，借记"应交税费——应交增值税(销项税额抵减)"或"应交税费——简易计税"科目，贷记"主营业务成本""存货"等科目。

【案例 9-29】某旅行社为增值税一般纳税人，应交增值税采用差额征税方式核算。2×09年 5 月份，该旅行社为乙公司提供职工境内旅游服务，向乙公司收取含税价款 424 000 元，其中增值税 24 000 元，全部款项已收妥入账。旅行社以银行存款支付其他接团旅游企业的旅游费用和其他单位相关费用共计 318 000 元，其中允许抵减销售额而减少的销项税额 18 000 元。

取得旅游收入：

借：银行存款　　　　　　　　　　　　　　　　　　　424 000
　　贷：主营业务收入　　　　　　　　　　　　　　　400 000
　　　　应交税费——应交增值税(销项税额)　　　　　 24 000

支付其他接团费用等：

借：主营业务成本　　　　　　　　　　　　　　　　　318 000
　　贷：银行存款　　　　　　　　　　　　　　　　　318 000

根据增值税抵扣凭证抵减增值税税额：

借：应交税费——应交增值税(销项税额抵减)　　　　　 18 000
　　贷：主营业务成本　　　　　　　　　　　　　　　 18 000

(2) 金融商品转让按规定以盈亏相抵后的余额作为销售额的账务处理。金融商品实际转让月末，如果产生转让收益，则按应纳税额借记"投资收益"等科目，贷记"应交税费——转让金融商品应交增值税"科目；如果产生转让损失，则按可结转下月抵扣税额借记"应交税费——转让金融商品应交增值税"科目，贷记"投资收益"等科目。缴纳增值税时，应借记"应交税费——转让金融商品应交增值税"科目，贷记"银行存款"科目。年末，本科目如有借方余额，则借记"投资收益"等科目，贷记"应交税费——转让金融商品应交增值税"科目。

5. 出口退税的账务处理

为核算纳税人出口货物应收取的出口退税款，设置"应收出口退税款"科目，该科目借方反映销售出口货物按规定向税务机关申报应退回的增值税、消费税等，贷方反映实际收到的出口货物应退回的增值税、消费税等。期末借方余额，反映尚未收到的应退税额。

(1) 未实行"免、抵、退"办法的一般纳税人出口货物按规定退税的，按规定计算的应收出口退税额，借记"应收出口退税款"科目，贷记"应交税费——应交增值税(出口退税)"科目，收到出口退税时，借记"银行存款"科目，贷记"应收出口退税款"科目；退税额低于购进时取得的增值税专用发票上的增值税额的差额，借记"主营业务成本"科目，贷记"应交税费——应交增值税(进项税额转出)"科目。

(2) 实行"免、抵、退"办法的一般纳税人出口货物，在货物出口销售后结转产品销售成本时，按规定计算的退税额低于购进时取得的增值税专用发票上的增值税税额的差额，借记"主营业务成本"科目，贷记"应交税费——应交增值税(进项税额转出)"科目；按规定计算的当期出口货物的进项税额抵减内销产品的应纳税额，借记"应交税费——应交增值税(出口抵减内销产品应纳税额)"科目，贷记"应交税费——应交增值税(出口退税)"科目。在规定期限内，内销产品的应纳税额不足以抵减出口货物的进项税额，不足部分按有关税法规定给予退税的，应在实际收到退税款时，借记"银行存款"科目，贷记"应交税费——应交增值税(出口退税)"科目。

6. 增值税税控系统专用设备和技术维护费用抵减增值税税额的账务处理

现行增值税制度规定，企业初次购买增值税税控系统专用设备支付的费用以及缴纳的技术维护费允许在增值税应纳税额中全额抵减的，按规定抵减的增值税应纳税额，借记"应交税费——应交增值税(减免税款)"科目，贷记"管理费用"等科目。

7. 缴纳增值税的账务处理

(1) 企业缴纳当月应交的增值税，借记"应交税费——应交增值税(已交税金)"科目，贷记"银行存款"科目。

(2) 企业缴纳以前期间未交的增值税，借记"应交税费——未交增值税"科目，贷记"银行存款"科目。

(3) 企业预缴增值税时，借记"应交税费——预交增值税"科目，贷记"银行存款"科目。月末，企业应将"预交增值税"明细科目余额转入"未交增值税"明细科目，借记"应交税费——未交增值税"科目，贷记"应交税费——预交增值税"科目。房地产开发企业等在预缴增值税后，应直至纳税义务发生时方可从"应交税费——预交增值税"科目结转至"应交税费——

未交增值税"科目。

(4) 对于当期直接减免的增值税，借记"应交税费——应交增值税(减免税款)"科目，贷记损益类相关科目。

【案例9-30】2×09年4月份，甲公司发生销项税额105 300元，允许抵扣的进项税额24 860元，发生进项税额转出5 840元。以银行存款缴纳本月增值税80 000元。

甲公司账务处理如下：

本月应交增值税＝105 300－24 860＋5 840＝86 280(元)

借：应交税费——应交增值税(已交税金)　　　　　80 000
　　贷：银行存款　　　　　　　　　　　　　　　　　　80 000

假定2×09年5月份缴纳上月未交增值税6 280元：

借：应交税费——未交增值税　　　　　　　　　　6 280
　　贷：银行存款　　　　　　　　　　　　　　　　　　6 280

8. 月末转出多交增值税和未交增值税的账务处理

月度终了，企业应当将当月应交未交或多交的增值税自"应交增值税"明细科目转入"未交增值税"明细科目。对于当月应交未交的增值税，借记"应交税费——应交增值税(转出未交增值税)"科目，贷记"应交税费——未交增值税"科目；对于当月多交的增值税，借记"应交税费——未交增值税"科目，贷记"应交税费——应交增值税(转出多交增值税)"科目。

【案例9-31】承案例9-30，2×09年4月底，甲公司将尚未缴纳的增值税6 280元结转。

借：应交税费——应交增值税(转出未交增值税)　　6 280
　　贷：应交税费——未交增值税　　　　　　　　　　6 280

(三) 小规模纳税人企业的会计处理

小规模纳税人核算增值税采用简化的方法，只需要在"应交税费"科目下设置"应交增值税"明细科目，不需要设置除"转让金融商品应交增值税""代扣代交增值税"外的明细科目。

小规模纳税人购买物资、服务、无形资产或不动产，取得增值税专用发票上注明的增值税应计入相关成本费用或资产，不通过"应交税费——应交增值税"科目核算。小规模纳税人销售货物、加工修理修配劳务、服务、无形资产或不动产，应当按应收或已收的金额，借记"应收账款""应收票据""银行存款"等科目，按取得的收入金额，贷记"主营业务收入""其他业务收入""固定资产清理"等科目，贷记"应交税费——应交增值税"科目。

小规模纳税人企业应纳增值税采用简易计征办法，计算公式如下：

$$应纳税额＝销售额×征收率$$

其中，销售额应为不含税销售额，若企业采用销售额和应纳税额合并定价的，应将含税销售额还原为不含税销售额，计算公式如下：

$$不含税销售额＝含税销售额÷(1＋征收率)$$

小规模纳税人增值税征收率为3%，财政部和国家税务总局另有规定的除外。

【案例9-32】某企业为小规模纳税人企业。2×09年5月5日，购入材料一批，取得增值税专用发票，价款 100 000 元，增值税税额 13 000 元，材料已收到并验收入库，按实际成本核算，款项已付。2×09 年 5 月 15 日，销售产品一批，所开出的普通发票中注明的货款(含税)为 315 000 元，适用的增值税征收率为 3%，款项已收到并存入银行。

某小规模纳税人企业账务处理如下。

购入材料：

借：原材料		113 000
贷：银行存款		113 000

销售产品：

不含税销售额=315 000÷(1+3%)=300 000(元)

应纳税销售额=300 000×3%=15 000(元)

借：银行存款		315 000
贷：主营业务收入		300 000
应交税费——应交增值税		15 000

假设月末以银行存款上交增值税 15 000 元：

借：应交税费——应交增值税		15 000
贷：银行存款		15 000

小微企业在取得销售收入时，应当按照税法的规定计算应交增值税，并确认为应交税费，在达到增值税制度规定的免征增值税条件时，将有关应交增值税转入当期损益(其他收益)。

【案例 9-33】 某企业为小规模纳税人餐饮企业，按季度申报缴纳增值税，2×09 年 4 月取得提供餐饮服务收入含税销售额为 51 500 元，5 月提供餐饮服务收入为 61 800 元，6 月提供餐饮服务收入为 92 700 元。不考虑其他情况。

2×09 年 4 月账务处理：

借：银行存款		51 500
贷：主营业务收入		50 000
应交税费——应交增值税		1 500

2×09 年 5 月账务处理：

借：银行存款		61 800
贷：主营业务收入		60 000
应交税费——应交增值税		1 800

2×09 年 6 月账务处理：

借：银行存款		92 700
贷：主营业务收入		90 000
应交税费——应交增值税		2 700

季度末达到增值税制度规定的免征增值税条件。《关于实施小微企业普惠性税收减免政策的通知》(财税〔2019〕13 号)规定：对月销售额 10 万元(含)以下的增值税小规模纳税人，免征增值税。

借：应交税费——应交增值税		6 000
贷：其他收益		6 000

二、应交消费税的账务处理

消费税是指在我国境内生产、委托加工和进口应税消费品的单位和个人按其流转额缴纳的一种税。

(一) 应交消费税的计算

消费税在计税方法上经常采用从价定率、从量定额、从价定率和从量定额复合计税的办法。

(1) 从价定率。从价定率是指按应收消费品销售额的一定比例计算征收消费税。计算公式如下：

$$应纳税额=销售额×比例税率$$

其中，销售额是纳税人有偿转让应税消费品所取得的全部收入，即纳税人销售应税消费品向购买方收取的全部价款和价外费用，但不包括从购买方取得的增值税款。

(2) 从量定额。从量定额是指按应收消费品的销售数量和定额税率计算征收消费税。计算公式如下：

$$应纳税额=销售数量×定额税率$$

(3) 从价定率和从量定额复合计税。从价定率和从量定额复合计税是指对应消费品同时采用从价定率和从量定额计算征收。计算公式如下：

$$应纳税额=销售额×比例税率+销售数量×定额税率$$

(二) 应交消费税的核算

企业应在"应交税费"科目下设置"应交消费税"明细科目，核算应交消费税的发生、缴纳情况。该科目贷方登记应缴纳的消费税，借方登记已缴纳的消费税，期末贷方余额为尚未缴纳的消费税，借方余额为多缴纳的消费税。

1. 销售应税消费品

企业销售物资缴纳应交消费税时，应借记"税金及附加"科目，贷记"应交税费——应交消费税"科目。

【案例9-34】 甲公司销售生产的一批化妆品，不含税售价价款40 000元，适用的增值税税率为13%，适用的消费税税率为30%。款项已收到并存入银行。

甲公司的账务处理如下：

借：银行存款　　　　　　　　　　　　　　　45 200
　　贷：主营业务收入　　　　　　　　　　　40 000
　　　　应交税费——应交增值税(销项税额)　 5 200

应纳消费税=40 000×30%=12 000(元)

借：税金及附加　　　　　　　　　　　　　　12 000
　　贷：应交税费——应交消费税　　　　　　12 000

2. 自产自用的应税消费品

企业将生产的应税消费品用于在建工程、非生产机构等，按规定应缴纳的消费税，借记"在建工程"等科目，贷记"应交税费——应交消费税"科目。

【案例9-35】 甲公司在建工程领用自产应税消费品成本为50 000元，应交消费税6 000元。

甲公司的账务处理如下：

借：在建工程	56 000
贷：库存商品	50 000
应交税费——应交消费税	6 000

3. 委托加工应税消费品

需要缴纳消费税的委托加工物资，一般由受托方代收代交税款。受托方按应交税款金额，借记"应收账款""银行存款"等科目，贷记"应交税费——应交消费税"科目。委托加工物资收回后，直接用于销售的，委托方应将代收代交的消费税计入委托加工物资成本，借记"委托加工物资"科目，贷记"应付账款""银行存款"等科目。如果委托加工物资收回后用于连续生产，按规定准予抵扣的，按代收代交的消费税款，借记"应交税费——应交消费税"科目，贷记"应付账款""银行存款"等科目。

【案例9-36】 甲公司委托乙公司代为加工一批应纳消费税的材料(非金银首饰)。甲公司的材料成本为1 000 000元，加工费为200 000元，增值税税率为13%，由乙公司代收代交的消费税为80 000元。材料已经加工完成，并由甲公司收回验收入库，加工费尚未支付。

① 假设甲公司收回的委托加工物资用于继续生产应税消费品，甲公司的账务处理如下：

借：委托加工物资	1 000 000
贷：原材料	1 000 000
借：委托加工物资	200 000
应交税费——应交增值税(进项税额)	26 000
——应交消费税	80 000
贷：应付账款——乙公司	306 000
借：原材料	1 200 000
贷：委托加工物资	1 200 000

② 假设甲公司收回的委托加工物资直接用于对外销售，甲公司的账务处理如下：

借：委托加工物资	1 000 000
贷：原材料	1 000 000
借：委托加工物资	280 000
应交税费——应交增值税(进项税额)	26 000
贷：应付账款——乙公司	306 000
借：原材料	1 280 000
贷：委托加工物资	1 280 000

③ 乙公司对应收取的委托加工代收代交消费税的账务处理如下：

借：应收账款——甲公司　　　　　　　　　　　　　80 000
　　贷：应交税费——应交消费税　　　　　　　　　　　　80 000

三、其他应交税费的账务处理

其他应交税费是指除上述应交税费以外的其他各种应交税费，包括应交城市维护建设税、应交教育费附加、应交资源税、应交土地增值税、应交房产税、应交土地使用税、应交车船税、应交印花税、应交所得税、应交个人所得税、应交契税等。

1. 应交城市维护建设税、应交教育费附加的核算

城市维护建设税、教育费附加是以增值税、消费税等为计税依据征收的一种税，其纳税人为缴纳增值税、消费税的单位和个人。该税费以纳税人实际缴纳的增值税、消费税税额为纳税依据，并按规定税率计税征收。城市维护建设税税率以企业所在地为划分依据，税率为1%～7%；教育费附加统一征收率为3%。计算公式如下：

$$应纳税额＝(应交增值税＋应交消费税)×适用税率(征收率)$$

企业计算出应交城市维护建设税和教育费附加时，借记"税金及附加"科目，贷记"应交税费——应交城市维护建设税""应交税费——应交教育费附加"科目；实际缴纳时，借记"应交税费——应交城市维护建设税""应交税费——应交教育费附加"科目，贷记"银行存款"科目。

【案例9-37】甲公司本期实际应上交增值税516 000元，消费税241 000元。该公司适用的城市维护建设税税率为7%，教育费附加征收率为3%。

该公司的账务处理如下：

应交城市维护建设税＝(516 000＋241 000)×7%＝52 990(元)
应交教育费附加＝(516 000＋241 000)×3%＝22 710(元)

借：税金及附加　　　　　　　　　　　　　　　　　　75 700
　　贷：应交税费——应交城市维护建设税　　　　　　　　52 990
　　　　　　　　——应交教育费附加　　　　　　　　　　22 710

用银行存款上交时，做如下账务处理：

借：应交税费——应交城市维护建设税　　　　　　　　52 990
　　　　　　——应交教育费附加　　　　　　　　　　22 710
　　贷：银行存款　　　　　　　　　　　　　　　　　　75 700

2. 应交资源税的核算

资源税是对在我国境内开采矿产品或生产盐的单位和个人征收的一种税。

$$应纳税额＝课税数量×适用单位税额$$

为核算资源税的应交及实交情况，应在"应交税费"科目下设置"应交资源税"明细科目，贷方登记应缴纳的资源税，借方登记已缴纳的资源税，期末贷方余额为尚未缴纳的资源税。企

业自销应税产品计算出应交资源税时，借记"税金及附加"科目，贷记"应交税费——应交资源税"科目；计算出自产自用的应税产品应缴纳的资源税时，借记"生产成本"科目，贷记"应交税费——应交资源税"科目；实际缴纳时，借记"应交税费——应交资源税"科目，贷记"银行存款"科目。

【案例9-38】 某企业将自产的煤炭1 000吨用于生产产品，每吨应交资源税5元。

该企业的账务处理如下：

应交资源税＝1 000×5＝5 000(元)

借：生产成本	5 000
贷：应交税费——应交资源税	5 000

3. 应交土地增值税的核算

土地增值税是指在我国境内有偿转让土地使用权及地上建筑物和其他附着物产权的单位和个人，就其土地增值额征收的一种税。土地增值税实现四级超额累进税率。为了核算土地增值税的应交及实交情况，应设置"应交税费——应交土地增值税"科目，贷方登记应缴纳的土地增值税，借方贷记已缴纳的土地增值税，期末贷方余额为尚未缴纳的土地增值税。

企业转让的土地使用权连同地上建筑物及其附着物一并在"固定资产"等科目核算的，转让时应交的土地增值税，借记"固定资产清理"科目，贷记"应交税费——应交土地增值税"科目；土地使用权在"无形资产"科目核算的，按实际收到的金额，借记"银行存款"科目，按应交的土地增值税，贷记"应交税费——应交土地增值税"科目，同时冲销土地使用权的账面价值，贷记"无形资产"科目，按期差额，借记或贷记"资产处置损益"科目。

【案例9-39】 某企业对外出售一栋厂房，按税法规定计算应交土地增值税27 000元。

该企业的账务处理如下：

借：固定资产清理	27 000
贷：应交税费——应交土地增值税	27 000

用银行存款上交土地增值税时，做如下账务处理：

借：应交税费——应交土地增值税	27 000
贷：银行存款	27 000

4. 应交房产税、应交城镇土地使用税、应交车船税、应交印花税的核算

房产税是国家在城市、县城、建制镇和工矿区征收的由产权所有人缴纳的一种税。城镇土地使用税是国家为了合理利用城镇土地、调节土地级差收入、提高土地使用效益、加强土地管理而开征的一种税，以纳税人实际占用的土地面积为计税依据，依照规定税率计算征收。车船税由拥有并且使用车船的单位和个人按照适用税率计算缴纳。印花税是对书立、领受购销合同等凭证行为征收的税额，实行由纳税人根据规定自行计算应纳税额，购买并一次贴足印花税票的缴纳方法。

企业按规定计算出应交的房产税、土地使用税、车船税，借记"税金及附加"等科目，贷记"应交税费——应交房产税、城镇土地使用税、车船税"科目；上交时，借记"应交税费——应交房产税、城镇土地使用税、车船税"科目，贷记"银行存款"科目。企业缴纳的印花税，于购买印花税票时，借记"税金及附加"科目，贷记"银行存款"科目。

6. 应交所得税的核算

企业的生产经营所得和其他所得，需要缴纳所得税。企业应缴纳的所得税，在"应交税费"科目下设置"应交所得税"明细科目核算。企业计算的所得税，借记"所得税费用"等科目，贷记"应交税费——应交所得税"科目。

7. 应交个人所得税的核算

企业按规定计算的应代扣代交的个人所得税，借记"应付职工薪酬"科目，贷记"应交税费——应交个人所得税"科目。缴纳个人所得税时，借记"应交税费——应交个人所得税"科目，贷记"银行存款"科目。

8. 应交契税的核算

契税是对境内转移土地、房屋权属而征收的税款。企业取得土地使用权、房屋按规定缴纳的契税，由于是按实际取得的不动产的价格计税，所以按规定的税额一次性征收。企业按规定缴纳契税时，借记"固定资产""无形资产"等科目，贷记"银行存款"科目。

任务五　其他流动负债核算

企业在生产经营过程中形成的流动负债，除了应付账款、应交税费等主要流动负债以外，还包括在流动负债中占比较小的其他流动负债，下面主要介绍预收账款、应付股利和应付利息、其他应付款的核算。

一、预收账款的账务处理

预收账款是企业按合同的规定，向购货单位和个人预先收取的款项。预收账款的核算在"预收账款"科目进行。该科目借方登记企业向购货方发货后冲销的预收账款数额和退回购货方多付的数额，贷方登记预收货款的数额和购货单位补付货款的数额，期末余额一般在贷方，表示已预收货款但尚未向购货方发货的数额，期末余额如为借方，反映企业尚未转销的款项。

企业在向购货单位预收货款时，借记"银行存款"科目，贷记"预收账款"科目；将货物交给购货方时，按售价及增值税额，借记"预收账款"科目，贷记"主营业务收入""其他业务收入""应交税费——应交增值税(销项税额)"科目；购货单位补付货款时，借记"预收账款"科目，贷记"银行存款"科目。

【案例9-40】 甲公司与乙公司签订销货合同，向乙公司提供产品，货款为50 000元，合同规定签约预付30%的货款，余款交付产品2个月后结算。

甲公司的账务处理如下。

① 收到购货方交来的预付款时：

借：银行存款　　　　　　　　　　　　　　　　　　15 000
　　贷：预收账款——乙公司　　　　　　　　　　　　　　15 000

② 产品发出时开出增值税专用发票，记载货款 50 000 元，税款 6 500 元：

借：预收账款——乙公司　　　　　　　　　　　56 500
　　贷：主营业务收入　　　　　　　　　　　　　　50 000
　　　　应交税费——应交增值税(销项税额)　　　　6 500

③ 发出商品 2 个月后结算货款时：

借：银行存款　　　　　　　　　　　　　　　　41 500
　　贷：预收账款——乙公司　　　　　　　　　　41 500

对于预收账款业务不多的企业，可不设置"预收账款"科目，将预收账款直接计入"应收账款"科目的贷方。

二、应付股利和应付利息的账务处理

(一) 应付股利的账务处理

应付股利是指企业根据股东大会或类似机构审议批准的利润分配方案，应支付给投资人的现金股利或利润。企业应设置"应付股利"科目，按投资者进行明细核算。企业根据通过的股利或利润分配方案，按应支付给投资者的现金股利或利润，借记"利润分配——应付现金股利或利润"科目，贷记"应付股利"科目；实际向投资者支付现金股利或利润时，借记"应付股利"科目，贷记"库存现金""银行存款"等科目。"应付股利"科目期末贷方余额反映企业应付未付的现金股利或利润。企业分配的股票股利不通过"应付股利"科目核算。

【案例 9-41】 甲公司 2×09 年度实现净利润 8 000 000 元，经董事会审议，决定 2×09 年度分配现金股利 4 500 000 元，股利已用银行存款支付。

甲公司的账务处理如下：

借：利润分配——应付现金股利或利润　　　　　4 500 000
　　贷：应付股利　　　　　　　　　　　　　　　4 500 000
借：应付股利　　　　　　　　　　　　　　　　4 500 000
　　贷：银行存款　　　　　　　　　　　　　　　4 500 000

(二) 应付利息的账务处理

应付利息核算企业按合同约定应支付的利息，包括预提的短期借款利息、分期付息、到期还本的长期借款，企业债券等应支付的利息。企业应设置"应付利息"科目，按债权人设置明细科目进行核算，该科目期末贷方余额反映企业按合同约定应支付但尚未支付的利息。企业采用合同约定的名义利率计算利息费用时，应按照合同约定的名义利率计算应付利息的金额，计入"应付利息"科目；实际支付时，借记"应付利息"科目，贷记"银行存款"科目。

【案例 9-42】 某企业借入 5 年期、到期还本、每年付息的长期借款 5 000 000 元，合同约定的年利率为 3.5%，假定不符合资本化条件。

该企业的账务处理如下：

① 每年计算利息费用时：

每年应支付的利息＝5 000 000×3.5%＝175 000(元)

借：财务费用　　　　　　　　　　　　　　175 000
　　贷：应付利息　　　　　　　　　　　　　　　　175 000

② 每年实际支付利息时：

借：应付利息　　　　　　　　　　　　　　175 000
　　贷：银行存款　　　　　　　　　　　　　　　　175 000

三、其他应付款的账务处理

其他应付款是指企业除了应付票据、应付账款、预收账款、应付职工薪酬、应付股利、应付利息、应交税费等以外的各种应付、暂收款项，如租入包装物的应付租金、经营租入固定资产的应付租金、出租出借包装物的押金、应付暂收其他单位或个人的款项等。

其他应付款的核算应通过"其他应付款"科目，该科目的贷方登记发生的应付暂收款项，借方登记归还或转销款项，余额一般在贷方，表示尚未归还或转销的各种应付暂收款项。

【案例9-43】 某企业对随产品出租的包装物收取押金4 000元。

该企业的账务处理如下：

借：银行存款　　　　　　　　　　　　　　4 000
　　贷：其他应付款　　　　　　　　　　　　　　　4 000

思考练习

一、单项选择题

1. 在资产负债表中，下列各项中，不属于流动负债项目的是(　　)。
   A. 长期借款　　　B. 应付票据　　　C. 预收账款　　　D. 应付股利
2. 短期借款所发生的利息，一般应计入(　　)会计科目。
   A. "管理费用"　　B. "投资收益"　　C. "财务费用"　　D. "营业外支出"
3. 企业开出的商业承兑汇票，到期无力支付票款时，应将应付票据金额转作(　　)。
   A. 应付账款　　　B. 短期借款　　　C. 营业外收入　　D. 其他应付款
4. 下列项目中，不通过"应付账款"账户核算的是(　　)。
   A. 存入保证金　　　　　　　　　　　B. 应付货物的增值税
   C. 应付销货企业代垫费　　　　　　　D. 应付货物价款
5. 对于预收货款业务不多的企业，其所发生的预收货款可以通过(　　)账户进行核算。
   A. "应收账款"　　B. "应付账款"　　C. "预付账款"　　D. "其他应收款"

二、多项选择题

1. 下列各种税金中，应计入"税金及附加"科目的有（　　）。
   A. 印花税　　　B. 车船税　　　C. 房产税　　　D. 增值税

2. 下列增值税中，应计入有关成本的有（　　）。
   A. 以库存商品对外投资应支付的增值税
   B. 小规模纳税企业接受应税劳务时支付的增值税
   C. 购进设备所支付的增值税
   D. 在建厂房领用原材料，原抵扣的增值税

3. 一般纳税企业会计核算上，可以作为确定购入货物或接受应税劳务支付的可以抵扣的增值税（进项税额）并作为记账依据的凭证有（　　）。
   A. 增值税专用发票　　　　　　　B. 进口货物的完税凭证
   C. 收购免税农产品的收购凭证　　D. 增值税普通发票

4. 一般纳税企业进行增值税的核算时，下列业务中需要进项税额转出的有（　　）。
   A. 购进货物用于对外投资　　　　B. 购进货物入库后发生管理因素损失
   C. 在建厂房领用生产材料　　　　D. 生产用原材料改为职工福利

5. 下列有关增值税的表述中，正确的有（　　）。
   A. 增值税是一种流转税
   B. 月份终了，一般纳税企业应将"应交增值税"明细科目的余额转入"未交增值税"明细科目
   C. 一般纳税企业购进动产所支付的增值税额，应计入固定资产的成本
   D. 小规模纳税企业不享有进项税额的抵扣权

三、判断题

1. 采用总价法，应付账款应按未扣除现金折扣的总价记账，购货方若提前付款而获得现金折扣时，应作为财务费用的增加处理。（　　）

2. 任何企业都应该在"应交税费"科目下设置"应交增值税"明细科目，再在该明细科目下设置其他专栏予以核算有关业务。（　　）

3. 企业对于购进的免税农产品，可以按照买价和规定的扣除率计算进项税额，并将计算的进项税额从其购买价格中扣除，以扣除后的余额作为购入农产品的采购成本入账。（　　）

4. 小规模纳税企业不论是否取得增值税专用发票，其支付的增值税都不得从销项税中抵扣。（　　）

5. 某企业为小规模纳税人，销售产品一批，含税价格82 400元，增值税征收率为3%，该批产品应交增值税2 400元。（　　）

项目十 非流动负债核算能力

非流动负债是指流动负债以外的负债，指偿还期在一年或者超过一年的一个营业周期以上的债务。与流动负债相比，非流动负债具有偿还期较长、金额较大的特点，这就决定了其会计基础也具有不同于流动负债的特点。非流动负债的优点：一是可以保持企业原有的股权结构不变和股票价格稳定；二是不影响原有股东对企业的控制权；三是举债可以增加股东的收益；四是非流动负债支付的利息具有抵税功能。

【知识目标】
1. 掌握非流动负债的概念及构成；
2. 掌握借款费用的概念、借款费用资本化的有关规定；
3. 掌握长期借款的概念及分类；
4. 掌握应付债券的概念及发行方式；
5. 了解长期应付款的概念，掌握融资租赁的确认条件，了解具有融资性质的购入资产的内涵。

【能力目标】
1. 能够判断资本化期间，能对专门借款、一般借款的借款费用资本化进行会计处理；
2. 能够对长期借款的取得、计息和偿还进行会计处理；
3. 能够对应付债券的发行进行会计处理，能够对计提利息及溢、折价摊销进行会计处理，能够对应付债券的收回进行会计处理；
4. 能够判断租赁的类型，能够确定融资租赁资产的入账价值，能够对未确认融资费用进行摊销，能对融资租赁资产计提折旧进行会计处理，能对具有融资性质的延期付款购买资产进行核算。

【素质目标】
1. 树立诚信意识，明确履约还款责任；
2. 树立融资风险意识，合理选择融资渠道，提高资金营运效率。

任务一 长期借款核算

企业在经营过程中会发生购建固定资产、取得无形资产、进行长期投资等业务，因而就需要长期资金的支持。在企业自有资金不充足的情况下，非流动负债由于偿还期较长，成为企业筹集长期资金的主要方式。

一、非流动负债

非流动负债是指除流动负债以外的负债，指偿还期在一年或者超过一年的一个营业周期以上的债务，主要包括长期借款、应付债券、长期应付款等。非流动负债除了具有负债的共同特点外，还具有债务金额较大、偿还期限较长、可以采用分期偿还方式等特点，需要考虑货币时间价值因素的影响。

企业因为添置大型设备、购置房地产、增建或扩建厂房等需要筹措长期资金，主要有两种资金来源：一是增发股票，由股东追加投资；二是举借非流动负债，由债权人提供资金，即举债经营。与增发股票相比，举债经营有以下几点好处。

(1) 举借非流动负债不会影响企业原有的股权结构，从而保证原有股东对企业的控制能力或权限不受损害。同时，又能取得可以长期占用的资金。

(2) 举借非流动负债，债权人除了按期取得本金和利息外不享有剩余盈余的索取权，当企业的投资利润率高于长期债务的利率时，剩余盈余全部归股东所有。

(3) 举借非流动负债，其债务的利息可以作为一项费用支出从应税收益中扣除，从而使企业少纳所得税。而股利只能从税后利润中支付，不能作为纳税扣减项目。

当然，举借非流动负债也有其不利的方面，主要是非流动负债都有明确的还本付息期，本息的偿付作为长期的固定性支出，会增加企业的财务负担，特别是，如果举借的非流动负债利率高于投资报酬率，还将会减少股东利益。因此，企业究竟以何种方式筹集能够长期占用的资金，是一项重要的财务决策。

二、借款费用

(一) 借款费用的概念

借款费用是企业因借入资金所付出的代价，包括借款利息、折价或者溢价的摊销、辅助费用，以及因外币借款而发生的汇兑差额等。承租人确认的融资租赁发生的融资费用也属于借款费用。对于企业发生的权益性融资费用，不应包括在借款费用中。

(二) 借款的范围

借款分为专门借款和一般借款。专门借款是指为购建或者生产符合资本化条件的资产而专门借入的款项。专门借款通常应当有明确的用途，即为购建或者生产某项符合资本化条件的资产而专门借入的，并通常应当具有标明该用途的借款合同，例如甲公司为扩建厂房从银行取得借款,就属于专门借款。一般借款是指除专门借款之外的借款,相对于专门借款而言,一般借款在借入时,通常没有特指用于符合资本化条件的资产的购建或者生产。对借款进行这种分类的目的是正确划分借款费用资本化的范围以及确定资本化的金额。

(三) 符合资本化条件的资产

符合资本化条件的资产是指需要经过相当长时间的购建或者生产活动才能达到预定可使用或者可销售状态的固定资产、投资性房地产和存货等资产。其中,相当长时间是指为资产的购建或者生产所必需的时间,通常为一年以上(含一年)。

如果由于人为或者故意等非正常因素导致资产的购建或者生产时间相当长的,该资产不属于符合资本化条件的资产。购入即可使用的资产,或者购入后需要安装但所需安装时间较短的资产,或者需要建造或者生产但所需建造或者生产时间较短的资产,均不属于符合资本化条件的资产。

(四) 借款费用的确认

根据借款费用准则的规定,借款费用确认的基本原则如下:企业发生的借款费用,可直接归属于符合资本化条件的资产的购建或者生产的,应当予以资本化,计入相关资产成本;其他借款费用,应当在发生时根据其发生额确认为费用,计入当期损益。

企业只有发生在资本化期间内的有关借款费用,才允许资本化,资本化期间的确定是借款费用确认和计量的重要前提。借款费用资本化期间是指从借款费用开始资本化时点到停止资本化时点的期间,但不包括借款费用暂停资本化的期间。

1. 借款费用开始资本化的时点

借款费用允许开始资本化必须同时满足以下3个条件。

(1) 资产支出已经发生。资产支出包括为购建或者生产符合资本化条件的资产而以支付现金、转移非现金资产或者承担带息债务形式发生的支出。

(2) 借款费用已经发生,指企业已经发生了因购建或者生产符合资本化条件的资产而专门借入款项的借款费用或者所占用的一般借款的借款费用。

(3) 为使资产达到预定可使用或者可销售状态所必要的购建或者生产活动已经开始,指符合资本化条件的资产的实体建造或者生产工作已经开始。

企业只有在上述3个条件同时满足的情况下,有关借款费用才可开始资本化,只要其中有一个条件没有满足,借款费用就不能开始资本化。

【案例10-1】 2×08年1月1日,甲公司为扩大生产规模,决定扩建厂房。因资金短缺,2×08年7月1日向银行借入3年期、年利率为6%的专门借款2 000 000元。厂房于2×08年8月1日开始动工兴建,同时发生资产支出500 000元。

甲公司资产支出已经发生的时点为2×08年8月1日,借款费用已经发生的时点为2×08年7月1日,为使资产达到预定可使用所必要的购建活动已经开始的时点为2×08年8月1日,因此,借款费用开始资本化的时点为2×08年8月1日。

2. 借款费用暂停资本化的时间

符合资本化条件的资产在购建或者生产过程中发生非正常中断,且中断时间连续超过3个月的,应当暂停借款费用的资本化。中断的原因必须是非正常中断,属于正常中断的,相关借款费用仍可资本化。在中断期间发生的借款费用应当确认为费用,计入当期损益,直至资产的购建或者生产活动重新开始。在实务中,企业应当遵循实质重于形式等原则来判断借款费用暂停资本化的时间,如果相关资产购建或者生产的中断时间较长而且满足其他规定条件的,相关借款费用应当暂停资本化。

非正常中断通常是指由于企业管理决策上的原因或者其他不可预见的原因等所导致的中断。非正常中断与正常中断显著不同。正常中断通常仅限于因购建或者生产符合资本化条件的资产达到预定可使用或者可销售状态所必要的程序,或者指事先可预见的不可抗力因素导致的中断。

【案例10-2】假定案例10-1中,正在扩建的厂房因施工安全问题被勒令停工4个月进行整改,则需要暂停借款费用的资本化。

3. 借款费用停止资本化的时点

购建或者生产符合资本化条件的资产达到预定可使用或者可销售状态时,借款费用应当停止资本化。在符合资本化条件的资产达到预定可使用或者可销售状态之后所发生的借款费用,应当在发生时根据其发生额确认为费用,计入当期损益。

(五) 借款费用的计量

1. 借款利息费用资本化金额的确定

在借款费用资本化期间,每一会计期间的利息(包括折价或溢价的摊销,下同)资本化金额应当按照下列原则确定。

(1) 专门借款利息费用的资本化金额。为购建或者生产符合资本化条件的资产而借入专门借款的,应当以专门借款当期实际发生的利息费用,减去将尚未动用的借款资金存入银行取得的利息收入或进行暂时性投资取得的投资收益后的金额确定。

【案例10-3】2×08年1月1日,某企业为建造厂房向银行借入3年期、年利率为6%,每年年末付息,到期还本的专门借款500 000元,厂房于2×08年1月1日开始动工兴建,同时发生资产支出300 000元。企业将专门借款的剩余部分存入银行,年利率为2%。

专门借款当期实际发生的利息费用=500 000×6%=30 000(元)

尚未动用的借款资金存入银行取得的利息收入=(500 000-300 000)×2%=4 000(元)

企业在2×08年应予资本化的专门借款利息金额

=专门借款当期实际发生的利息费用-尚未动用的借款资金存入银行取得的利息收入

=30 000-4 000=26 000(元)

借:在建工程 26 000
　　银行存款 4 000
　　贷:应付利息 30 000

(2) 一般借款利息费用的资本化金额。企业在购建或者生产符合资本化条件的资产时,如果专门借款资金不足,占用了一般借款资金的,或者企业为购建或者生产符合资本化条件的资产并没有借入专门借款,而占用的都是一般借款资金,则企业应当根据为购建或者生产符合资本化条件的资产而发生的累计资产支出超过专门借款部分的资产支出加权平均数乘以所占用一般借款的资本化率,计算确定一般借款应予资本化的利息金额。资本化率应当根据一般借款加权平均利率计算确定。如果符合资本化条件的资产的购建或者生产没有借入专门借款,则应以累计资产支出加权平均数为基础计算所占用的一般借款利息资本化金额,即企业占用一般借款资金购建或者生产符合资本化条件的资产时,一般借款的借款费用的资本化金额的确定应当与资产支出相挂钩。有关计算公式如下:

$$一般借款利息费用资本化金额 = 累计资产支出超过专门借款部分的资产支出加权平均数 \times 所占用一般借款的资本化率$$

$$所占用一般借款的资本化率 = 所占用一般借款的加权平均利率 = \frac{所占用一般借款当期实际发生的利息之和}{所占用一般借款本金加权平均数} \times 100\%$$

$$所占用一般借款本金加权平均数 = \frac{\sum 所占用每笔一般借款本金 \times 每笔一般借款在当期所占用的天数}{当期天数}$$

【案例 10-4】 某企业于 2×08 年 1 月 1 日动工兴建新厂房,企业没有为该厂房的建造借入专门借款,动用了企业的一般借款。2×08 年该厂房的建造中,有两笔资产支出,一笔是 2×08 年 1 月 1 日支出的 1 000 000 元,另一笔是 2×08 年 7 月 1 日支出的 800 000 元。2×08 年,企业的一般借款有两笔,一笔是 2×07 年 5 月 1 日借入的 3 年期借款 2 000 000 元,利率为 6%;另一笔是 2×08 年 7 月 1 日借入的两年期借款 1 000 000 元,利率为 5%。

一般借款本金加权平均数 = 2 000 000 + 1 000 000 × 180/360 = 2 500 000(元)

所占用一般借款的资本化率 = (2 000 000 × 6% + 1 000 000 × 5% × 180/360) ÷ 2 500 000 × 100% = 5.8%

累计资产支出超过专门借款部分的资产支出加权平均数 = 1 000 000 + 800 000 × 180/360 = 1 400 000(元)

2×08 年一般借款利息费用资本化金额 = 1 400 000 × 5.8% = 81 200(元)

计入财务费用金额 = 2 000 000 × 6% + 1 000 000 × 5% × 180/360 - 81 200 = 63 800(元)

借:在建工程　　　　　　　　　81 200
　　财务费用　　　　　　　　　63 800
　　贷:应付利息　　　　　　　　145 000

(3) 借款存在折价或溢价的,应当按照实际利率法确定每一会计期间应摊销的折价或溢价金额,调整每期利息金额。也就是说,企业应用实际利率法,按照期初借款余额乘以实际利率计算确定每期借款利息费用。

【案例 10-5】 某企业于 2×08 年 1 月 1 日动工兴建新厂房,企业为建造新厂房专门发行了长期债券来募集资金。债券面值为 10 000 000 元,票面利率为 5%,企业实际取得的发行款为 11 000 000 元,实际利率为 4%。厂房于 2×08 年 1 月 1 日动工兴建,并投入发行债券募集所得资金 11 000 000 元。

根据上述资料,企业应资本化的专门借款利息费用应该为按实际利率计算确定的借款利息费用,即2×08年专门借款利息费用的资本化金额=11 000 000×4%=440 000(元)。

应该注意的是,在资本化期间,每一会计期间的利息资本化金额不应当超过当期相关借款实际发生的利息金额。

2. 借款辅助费用资本化金额的确定

辅助费用是企业为了安排借款而发生的必要费用,包括借款手续费(如发行债券手续费)、佣金等。对于企业发生的专门借款辅助费用,在所购建或者生产的符合资本化条件的资产达到预定可使用或者可销售状态之前发生的,应当在发生时根据其发生额予以资本化;在所购建或者生产的符合资本化条件的资产达到预定可使用或者可销售状态之后发生的,应当在发生时根据其发生额确认为费用,计入当期损益。

(六) 借款费用的核算

借款费用的会计处理原则如下:对于符合资本化条件的借款费用应予以资本化,借记"在建工程""制造费用"等科目,贷记相关科目;不符合资本化条件的借款费用,借记"财务费用"科目,贷记相关科目。

【案例10-6】 甲公司拟建造一栋新厂房,有关资料如下。

① 2×07年1月1日向银行借入专门借款2 000 000元,期限为3年,年利率为6%,每年1月1日付息。

② 除专门借款外,公司另有两笔一般借款,一笔为2×06年1月1日借入的长期借款1 000 000元,期限为4年,年利率为5%,每年1月1日付息;另一笔为2×07年1月1日借入的长期借款3 000 000元,期限为5年,年利率为7%,每年12月31日付息。

③ 该厂房于2×07年1月1日开始动工兴建,工程建设期间的支出情况如下:

2×07年1月1日:1 000 000元;

2×07年3月1日:500 000元;

2×07年7月1日:900 000元;

2×08年1月1日:500 000元;

2×08年7月1日:300 000元。

由于施工质量问题,工程于2×08年2月1日—5月31日停工4个月,于2×08年9月30日完工,达到预定可使用状态。

④ 专门借款中未支出部分全部存入银行,假定月利率为0.1%,利息已收到并存入银行,全年按照360天计算,每月按照30天计算。

甲公司借款费用有关处理如下。

① 2×07年:

专门借款发生的借款费用=2 000 000×6%=120 000(元)

专门借款未支出部分存入银行取得利息=1 000 000×0.1%×2+500 000×0.1%×4=4 000(元)

专门借款应予资本化的借款费用=120 000-4 000=116 000(元)

一般借款本金加权平均数=(1 000 000+3 000 000)×360/360=4 000 000(元)

一般借款发生的借款费用=1 000 000×5%+3 000 000×7%=260 000(元)
一般借款的资本化率=260 000÷4 000 000×100%=6.5%
累计资产支出超过专门借款的资产支出加权平均数=[(1 000 000+500 000+900 000)-
2 000 000]×180/360=200 000(元)
一般借款应予资本化借款费用=200 000×6.5%=13 000(元)
一般借款应予费用化金额=260 000-13 000=247 000(元)
应予资本化的借款费用合计=116 000+13 000=129 000(元)
有关会计分录如下:

借:在建工程　　　　　　　　　　　　　　　129 000
　　财务费用　　　　　　　　　　　　　　　247 000
　　银行存款　　　　　　　　　　　　　　　　4 000
　贷:应付利息　　　　　　　　　　　　　　　380 000

② 2×08年资本化期间:2×08年1月1日—2×08年1月31日和2×08年6月1日—2×08年9月30日,共5个月。

专门借款发生的借款费用=2 000 000×6%=120 000(元)
专门借款应予资本化的借款费用=120 000×150/360=50 000(元)
专门借款应予费用化金额=120 000-50 000=70 000(元)
一般借款发生的借款费用=1 000 000×5%+3 000 000×7%=260 000(元)
累计资产支出超过专门借款占用的一般借款加权平均数=(400 000+500 000)×150/360+
300 000×90/360=450 000(元)
一般借款应予资本化借款费用=450 000×6.5%=29 250(元)
一般借款应予费用化金额=260 000-29 250=230 750(元)
应予资本化的借款费用合计=50 000+29 250=79 250(元)
应予费用化的借款费用合计=70 000+230 750=300 750(元)
有关会计分录如下:

借:在建工程　　　　　　　　　　　　　　　79 250
　　财务费用　　　　　　　　　　　　　　　300 750
　贷:应付利息　　　　　　　　　　　　　　　380 000

三、长期借款的账务处理

(一) 长期借款

长期借款是指企业从银行或其他金融机构借入的期限在一年以上(不含一年)的借款。长期借款是企业非流动负债的重要组成部分,长期借款的使用关系到企业的生产经营规模和效益,它一般用于固定资产的购建、改扩建工程、大修理工程、对外投资,以及保持长期经营能力等,必须对其加强管理与核算。

长期借款可以按不同的分类标准进行分类,一般有以下几种分类方法。

(1) 按照借款用途的不同,可以分为基本建设借款、技术改造借款和生产经营借款。
(2) 按照偿还方式的不同,可以分为定期一次性偿还的长期借款和分期偿还的长期借款。
(3) 按照涉及货币种类的不同,可以分为人民币长期借款和外币长期借款。
(4) 按照借款来源的不同,可以分为从银行借入的长期借款和从其他金融机构借入的长期借款等。
(5) 按照借款的条件,可以分为抵押借款、担保借款和信用借款。

(二) 长期借款核算的账户设置和会计处理

1. 账户设置

为了核算企业向银行或其他金融机构借入的期限在一年以上(不含一年)的各项借款,企业应设置"长期借款"科目,并按照贷款单位和贷款种类,分为"本金""利息调整"进行明细核算。该科目的贷方登记长期借款本息的增加额,借方登记本息的减少额,贷方余额表示企业尚未偿还的长期借款。

2. 会计处理

企业借入各种长期借款时,按实际收到的款项,借记"银行存款"科目,贷记"长期借款——本金"科目;按借贷双方之间的差额,借记"长期借款——利息调整"科目。

在资产负债表日,企业应按长期借款的摊余成本和实际利率计算确定的长期借款的利息费用,借记"在建工程""财务费用""制造费用"等科目,按借款本金和合同利率计算确定的应付未付利息,贷记"应付利息"科目,按其差额,贷记"长期借款——利息调整"科目。

企业归还长期借款,按归还的长期借款本金,借记"长期借款——本金"科目,按转销的利息调整金额,贷记"长期借款——利息调整"科目,按实际归还的款项,贷记"银行存款"科目,按借贷双方之间的差额,借记"在建工程""财务费用""制造费用"等科目。

【**案例 10-7**】 某企业为建造一条生产线,2×08 年 1 月 1 日借入期限为两年的专门借款 1 000 000 元,款项已存入银行。借款利率按市场利率确定为 6%,每年付息一次,期满后一次还清本金。2×08 年年初,以银行存款支付工程价款共计 800 000 元,2×09 年年初又以银行存款支付工程费用 100 000 元。该生产线于 2×09 年 8 月底完工,达到预定可使用状态。闲置专门借款资金均用于固定收益债券短期投资,月收益率为 0.5%,取得收益均存入银行。

根据上述业务编制有关会计分录如下。

① 2×08 年 1 月 1 日,取得借款时:

借:银行存款　　　　　　　　　　　　　　　　　　　　1 000 000
　　贷:长期借款　　　　　　　　　　　　　　　　　　　　1 000 000

② 2×08 年年初,支付工程款时:

借:在建工程　　　　　　　　　　　　　　　　　　　　800 000
　　贷:银行存款　　　　　　　　　　　　　　　　　　　　800 000

③ 2×08 年 12 月 31 日,确认 2×08 年应计入工程成本的利息:

应予资本化借款费用 = 1 000 000×6% - 200 000×0.5%×12 = 48 000(元)

借:在建工程　　　　　　　　　　　　　　　　　　　　48 000
　　银行存款　　　　　　　　　　　　　　　　　　　　　12 000

贷：应付利息 60 000
④ 2×08年12月31日，支付借款利息时：
借：应付利息 60 000
　　贷：银行存款 60 000
⑤ 2×09年年初，支付工程款时：
借：在建工程 100 000
　　贷：银行存款 100 000
⑥ 2×09年8月底达到预定可使用状态，确认该期应计入工程成本的利息：
应予资本化借款费用＝1 000 000×6%÷12×8−100 000×0.5%×8＝36 000(元)
借：在建工程 36 000
　　银行存款 4 000
　　贷：应付利息 40 000
同时：
借：固定资产 984 000
　　贷：在建工程 984 000
⑦ 2×09年12月31日，确认2×09年9—12月应计入财务费用的利息：
应予费用化借款费用＝1 000 000×6%÷12×4−100 000×0.5%×4＝18 000(元)
借：财务费用 18 000
　　银行存款 2 000
　　贷：应付利息 20 000
⑧ 2×09年12月31日，支付利息时：
借：应付利息 60 000
　　贷：银行存款 60 000
⑨ 2×10年1月1日，到期还本时：
借：长期借款 1 000 000
　　贷：银行存款 1 000 000

任务二　应付债券核算

　　同属于非流动负债，应付债券与长期借款不同，主要体现在：应付债券的筹资范围更为广泛，其债权人可以是个人或者单位，而长期借款的债权人仅限于银行或者其他金融机构；应付债券的流动性更强，长期借款的流动性非常差，只有证明债权债务的关系契约。

一、应付债券

　　应付债券是指企业为筹集长期使用资金而实际发行的一种书面证明。因其是发行期限在一年以上(不含一年)的应付长期债券,故而构成一项非流动负债。

债券凭证上通常列明以下条款:

(1) 债券面值,指债券的到期值,即债券到期应偿还的本金;

(2) 债券利率,指债券应付利息的年利率,因体现在债券契约中,故称为票面利率或约定利率、名义利率;

(3) 付息日,即债券支付利息的日期。

(4) 到期日,即偿还债券本金的日期。

公司债券按不同的依据有如下不同的分类方法。

1. 按有无担保,可分为信用债券和担保债券

信用债券(无担保债券)是指不以特定的抵押财产作为担保物,仅凭企业的卓著信誉而发行的债券。

担保债券是指企业以动产或不动产作为抵押发行的债券。

2. 按发行方式的不同,可分为记名债券和无记名债券

记名债券是指公司在所发行的债券上记载了债券持有人的姓名和地址,并在公司的债权人名册中登记。债券到期时,其持有人必须凭债券和本人的身份证或其他相关证明文件才能领取本息。记名债券买卖时,还必须办理过户登记手续。由此可见,记名债券比较安全,但流通转让手续烦琐。

无记名债券又称息票债券,指公司债券上不记载债券持有人的姓名或名称,债券持有人只凭债券所附息票就可以按期领取利息,到期则凭债券领回本金。这种债券转让方便,一般向社会公众发行的都是无记名债券。

3. 按偿还方式的不同,可分为一次还本债券和分期还本债券

一次还本债券,是指本金在到期日一次偿还的债券。分期还本债券是指本金分期偿还的债券。

4. 特殊形式的债券

特殊形式的债券包括可转换公司债券、可赎回债券、收益债券和收入债券。

可转换公司债券是指债券持有人在持有一定时期后可按照规定的比率转换为公司的普通股的债券。

可赎回债券是指债券发行企业有权在持有债券到期日之前按确定的价格提前赎回的债券。

收益债券是指发行企业有盈利才支付利息的债券。

收入债券是指发行企业用某种特定的收入来源支付利息的债券,即发行企业取得该种收入就支付利息。

二、应付债券发行的账务处理

债券的发行价格是指债券发行公司在发行债券时,向债券投资者收取的全部现金或者现金等价物。债券发行价格的制定受多种因素的影响,根据债券的发行价格和面值之间的关系,公司债券的发行方式有三种:平价发行、溢价发行、折价发行。假设其他条件不变,债券的票面

利率高于同期银行存款利率，可按超过债券票面价值的价格发行，称为溢价发行，溢价是企业以后各期多付利息而事先得到的补偿；如果债权的票面利率低于同期银行存款利率，可按低于债券面值的价格发行，称为折价发行，折价是企业以后各期少付利息而预先给投资者的补偿；如果债券的票面利率与同期银行存款利率相同，可按票面价格发行，称为平价发行。溢价或折价是发行债券企业在债券存续期间内对利息费用的一种调整。

(一) 账户设置

为了总括反映债券的发行、计息和归还情况，企业应设置"应付债券"科目，核算企业为筹集长期资金而实际发行的债券的本金和利息，在"应付债券"科目下设置"面值""利息调整"和"应计利息"等明细科目，并按债券种类进行明细分类核算。若为分期付息到期还本的债券，应设置"应付利息"科目，反映已到付息期尚未支付的利息。

企业应当设置"企业债券备查簿"，详细登记每一批企业债券的票面金额、债券票面利率、还本付息期限与方式、发行总额、发行日期和编号、委托代售单位、转换股份等资料。企业债券到期结清时，应当在备查簿内逐笔注销。

(二) 会计处理

1. 债券发行

无论是按面值发行，还是溢价发行或折价发行，均按债券面值计入"应付债券"科目的"面值"明细科目，实际收到的款项与面值的差额，计入"利息调整"明细科目。企业发行债券时，按实际收到的款项，借记"银行存款"，按债券票面价值，贷记"应付债券——面值"科目，按实际收到的款项与票面价值之间的差额，贷记或借记"应付债券——利息调整"科目。

关于债券发行费用的核算，根据《企业会计准则——金融工具确认和计量》的规定，除以公允价值计量且其变动计入当期损益的金融负债之外，其他金融负债相关的交易费用应当计入金融负债的初始确认金额。应付债券属于除以公允价值计量且其变动计入当期损益的金融负债之外的其他金融负债，因此，对于债券的发行直接产生的发行费用扣除发行期间冻结资金所产生的利息收入，应当作为"利息调整"的一部分计入债券的初始确认金额，在债券存续期间于计提利息时摊销，并按借款费用的处理原则予以资本化或费用化。

【案例 10-8】 2×08 年 1 月 1 日，某企业经批准发行期限为 5 年，票面年利率为 8%，每年年末付息，到期一次还本企业债券 10 000 张，每张面值 100 元。款项全部存入银行。

该企业应编制的会计分录如下。

① 假设发行债券时市场利率为 8%，债券发行价格为 1 000 000 元，按面值发行：

借：银行存款　　　　　　　　　　　　　　　　1 000 000
　　贷：应付债券——面值　　　　　　　　　　　　　　1 000 000

② 假设发行债券时市场利率为 10%，债券发行价格为 924 164 元，折价发行：

借：银行存款　　　　　　　　　　　　　　　　924 164
　　应付债券——利息调整　　　　　　　　　　75 836
　　贷：应付债券——面值　　　　　　　　　　　　　　1 000 000

③假设发行债券时市场利率为6%，债券发行价格为1 084 292元，溢价发行：

借：银行存款　　　　　　　　　　　　1 084 292
　　贷：应付债券——面值　　　　　　　　　　1 000 000
　　　　　　——利息调整　　　　　　　　　　　84 292

2. 债券利息和溢、折价摊销

企业发行债券应于规定的付息日按债券面值和票面利率计算并向债券持有人支付利息。如果有溢价或折价的存在，还应在债券存续期内按实际利率法于计提利息时摊销。实际利率法是指按照应付债券的实际利率计算其摊余成本及各期利息费用的方法；实际利率是指将应付债券在债券存续期间的未来现金流量，折现为该债券当前账面价值所使用的利率。但是，如果债券发行时，实际利率与票面利率相差不大时，利息费用也可以按票面利率计算确定。

资产负债表日，对于分期付息、一次还本的债券，企业应按应付债券的摊余成本和实际利率计算确定的债券利息费用，借记"在建工程""制造费用""财务费用"等科目，按票面利率计算确定的应付未付利息，贷记"应付利息"科目，按其差额，借记或贷记"应付债券——利息调整"科目。

对于一次还本付息的债券，应于资产负债表日按摊余成本和实际利率计算确定的债券利息费用，借记"在建工程""制造费用""财务费用"等科目，按票面利率计算确定的应付未付利息，贷记"应付债券——应计利息"科目，按其差额，借记或贷记"应付债券——利息调整"科目。

【案例10-9】 2×09年1月1日，甲公司经批准发行期限为5年，票面利率为9%，分期付息到期一次还本的公司债券100 000张，每张面值为100元。债券利息在每年1月3日支付，最后1年利息与本金一起于到期日支付。债券发行时的市场利率为8%，假定利息费用不符合资本化条件。

甲公司该批债券实际发行价格
$= 10\ 000\ 000 \times 9\% \times (P/A, 8\%, 5) + 10\ 000\ 000 \times (P/F, 8\%, 5)$
$= 900\ 000 \times 3.9927 + 10\ 000\ 000 \times 0.6806 = 10\ 399\ 430(元)$

甲公司根据上述数据，采用实际利率法和摊余成本计算确定的利息费用，如表10-1所示。

表10-1　利息费用一览表

单位：元

付息日期	支付利息	利息费用	摊销的利息调整	应付债券摊余成本
2×09年1月1日				10 399 430.00
2×09年12月31日	900 000.00	831 954.40	68 045.60	10 331 384.40
2×10年12月31日	900 000.00	826 510.75	73 489.25	10 257 895.15
2×11年12月31日	900 000.00	820 631.61	79 368.39	10 178 526.76
2×12年12月31日	900 000.00	814 282.14	85 717.86	10 092 808.90
2×13年12月31日	900 000.00	807 191.10*	92 808.90	10 000 000.00
合　计	4 500 000.00	4 100 570.00	399 430.00	—

注：*做尾数调整。

根据表 10-1 的数据，甲公司的账务处理如下。

① 2×09 年 1 月 1 日发行债券时：

借：银行存款 10 399 430
　　贷：应付债券——面值 10 000 000
　　　　　　　　——利息调整 399 430

② 2×09 年 12 月 31 日计算利息费用时：

借：财务费用 831 954.40
　　应付债券——利息调整 68 045.60
　　贷：应付利息 900 000

③ 2×10 年 1 月 3 日支付利息时：

借：应付利息 900 000
　　贷：银行存款 900 000

2×10 年、2×11 年、2×12 年确认利息费用的会计处理与 2×09 年类似，此处略。

3. 债券偿还

债券的偿还期限及付款方式一般已在发行债券的募集说明书中或债券的票面上注明，债券到期，发行债券的企业应履行偿付义务。采用一次还本付息方式的，企业应于债券到期支付债券本息时，借记"应付债券——面值、应计利息"科目，贷记"银行存款"科目。采用一次还本、分期付息方式的，在每期支付利息时，借记"应付利息"科目，贷记"银行存款"科目；债券到期偿还本金并支付最后一期利息时，借记"应付债券——面值""在建工程""财务费用""制造费用"等科目，贷记"银行存款"科目，按借贷双方的差额，借记或贷记"应付债券——利息调整"科目。

【案例 10-10】 沿用案例 10-9 的数据，编制 2×13 年 1 月 1 日归还债券本金及最后一期利息费用的会计分录：

借：应付债券——面值 10 000 000
　　　　　　　——利息调整 92 808.90
　　财务费用 807 191.10
　　贷：银行存款 10 900 000

任务三　长期应付款核算

企业除了通过借款和发行中长期债券取得货币资金购建长期资产外，还可以通过长期应付款进行融资，包括应付补偿贸易引进设备款、采用分期付款方式购入固定资产和无形资产发生的应付账款、应付融资租入固定资产租赁费等。

一、长期应付款

长期应付款是指企业除长期借款和应付债券以外的其他各种长期应付款项,包括应付融资租入固定资产的租赁费、以分期付款方式购入固定资产发生的应付款项等。长期应付款的特点在于数额较大、偿还期长,有分期付款的性质,可以避免企业取得固定资产时一次性支付大量开支的困难。

为了核算企业长期应付款的发生和归还情况,企业应当设置"长期应付款"科目,该科目属于负债类,贷方反映企业发生的长期应付款,借方反映企业归还的长期应付款,期末贷方余额表示企业尚未归还的各种长期应付款。该科目可按长期应付款的种类和债权人进行明细核算。

二、长期应付款的账务处理

长期应付款的账务处理主要包括应付融资租入固定资产租赁费的账务处理与具有融资性质的延期付款购买资产的的账务处理。

(一)应付融资租入固定资产租赁费的账务处理

租赁是指在约定的期间内,出租人将资产使用权让与承租人,以获取租金的协议。根据与租赁资产所有权有关的风险和报酬是否转移给承租人,可将租赁分为融资租赁和经营租赁两类。

1. 融资租赁的判断标准

融资租赁是指实质上转移了与资产所有权有关的全部风险和报酬的租赁。资产的所有权最终可能转移也可能不转移。

满足下列标准之一的,应认定为融资租赁。

(1) 在租赁期届满时,资产的所有权转移给承租人。

(2) 承租人有购买租赁资产的选择权,所订立的购价预计远低于行使选择权时租赁资产的公允价值,因而在租赁开始日就可合理地确定承租人将会行使这种选择权。

(3) 即使资产的所有权不转移,但租赁期占租赁资产使用寿命的大部分。这里的"大部分"掌握在租赁期占租赁开始日租赁资产使用寿命的75%以上(含75%,下同)。如果租赁资产是旧资产,租赁前已使用年限超过资产自全新算起可使用年限的75%时,则这条判断标准不适用,不能使用这条标准确定租赁的分类。

(4) 承租人在租赁开始日最低租赁付款额的现值几乎相当于租赁开始日租赁资产的公允价值;出租人在租赁开始日最低租赁收款额的现值几乎相当于租赁开始日租赁资产的公允价值。这里的"几乎相当于"通常掌握在90%(含90%)以上。

(5) 租赁资产的性质特殊,如果不做较大修整,只有承租人才能使用。

2. 融资租赁的会计处理

从租赁交易的实质来看,对于承租企业而言,融资租赁实质上已经取得了租赁固定资产的所有权,应将融资租入固定资产视同自有资产入账,计入"固定资产"科目,同时,将融资租入固定资产的价值确认为企业的一项负债,计入"长期应付款"科目,并按期以支付租金的方式向出租企业偿付。承租企业在承租期内对租入固定资产计提折旧、支付维修费用等。融资租入固定资产需要安装后交付使用的，安装费用由承租企业承担，并和融资租入固定资产的价值一起通过"在建工程"科目核算，待固定资产安装完毕交付使用后，再转入"固定资产"科目。

为了核算企业分期计入利息费用的未确认融资费用情况，企业应设置"未确认融资费用"科目，该科目属于负债类，期末借方余额反映企业未确认融资费用的摊余价值。该科目可按债权人和长期应付款项目进行明细核算。

企业采用融资租赁方式租入的固定资产，应在租赁期开始日，将租赁开始日租赁资产公允价值与最低租赁付款额现值两者中较低者，加上初始直接费用，作为租入资产的入账价值，借记"固定资产"等科目，按最低租赁付款额，贷记"长期应付款"科目，按发生的初始直接费用，贷记"银行存款"等科目，按其差额，借记"未确认融资费用"科目。

未确认融资费用应当在租赁期内各个期间进行分摊，计入财务费用。企业应当采用实际利率法计算确认当期的融资费用。

融资租入固定资产，应视同自有固定资产，与自有固定资产一并计提折旧。如果能够合理确定租赁期满时将会取得租赁固定资产所有权，应在租入固定资产预计使用年限内计提折旧，否则应在固定资产租赁期与租入固定资产预计使用年限两者中较短的时间内计提折旧。

【案例10-11】 甲公司于2×07年12月10日以融资租赁方式租入乙租赁公司的A生产设备，并签订了一份设备租赁合同。合同主要条款如下。

① 租赁期：自2×08年1月1日至2×10年12月31日。

② 租金支付方式：自2×08年，每年年末支付租金1 000 000元。

③ 租赁期满时，甲公司将A生产设备归还给乙租赁公司。

④ A生产设备为全新设备，2×08年1月1日的公允价值为2 900 000元，预计使用年限为5年。

⑤ 租赁年内含利率为6%。

A生产设备于2×08年1月1日运抵甲公司，当日投入使用。采用年限平均法计提折旧，与租赁有关的未确认融资费用均采用实际利率法摊销，并假定未确认融资费用在相关资产的折旧期限内摊销。

根据以上资料，甲公司账务处理如下。

① 租赁开始日的会计处理如下。

第一步，判断租赁类型。

最低租赁付款额＝1 000 000×3＝3 000 000(元)

最低租赁付款额的现值＝1 000 000×(P/A，6%，3)＝1 000 000×2.6730＝2 673 000(元)

由于最低租赁付款额的现值2 673 000元，大于租赁开始日租赁资产公允价值的90%，即2 610 000元(2 900 000×90%)，满足融资租赁的第(4)条判断标准，因此，甲公司应将该项租赁认定为融资租赁。

第二步，确定租赁资产入账价值。

由于最低租赁付款额的现值2 673 000元，小于租赁开始日租赁资产公允价值2 900 000元，因此租赁资产入账价值为2 673 000元。

未确认融资费用＝3 000 000-2 673 000＝327 000(元)

借：固定资产——融资租入固定资产	2 673 000	
未确认融资费用	327 000	
贷：长期应付款——应付融资租赁款		3 000 000

第三步，计算分摊未确认融资费用，如表10-2所示。

② 2×08年12月31日，会计处理如下。

支付租金：

借：长期应付款——应付融资租赁款	1 000 000	
贷：银行存款		1 000 000

表10-2　未确认融资费用分摊表(实际利率法)

2×08年12月31日　　　　　　　　　　　　　　　　　　单位：元

日　期	租　金 ①	确认的融资费用 ②＝期初④×6%	应付本金减少额 ③＝①－②	应付本金余额 期末④＝期初④－③
2×08年1月1日				2 673 000
2×08年12月31日	1 000 000	160 380	839 620	1 833 380
2×09年12月31日	1 000 000	110 002.80	889 997.20	943 382.80
2×10年12月31日	1 000 000	56 617.20*	943 382.80	0
合　计	3 000 000	327 000	2 673 000	—

注：*做尾数调整

确认当年应分摊的融资费用：

借：财务费用	160 380	
贷：未确认融资费用		160 380

由于租赁资产租赁期满后退回，应该在固定资产租赁期与租入固定资产预计使用年限两者中较短的时间内计提折旧。又因为租赁资产是2×08年1月1日增加，2×10年12月31日租赁期满退回，因此计提折旧时间为35个月。

2×08年计提折旧额＝2 673 000÷35×11＝840 086(元)

借：制造费用——折旧费	840 086	
贷：累计折旧		840 086

③ 2×09年12月31日，会计处理如下。

支付租金：

借：长期应付款——应付融资租赁款	1 000 000	
贷：银行存款		1 000 000

确认当年应分摊的融资费用：

借：财务费用	110 002.80	
贷：未确认融资费用		110 002.80

计提折旧：

2×09年计提折旧额＝2 673 000÷35×12＝916 457(元)

借: 制造费用——折旧费	916 457	
贷: 累计折旧		916 457

④ 2×10 年 12 月 31 日，会计处理如下。

支付租金：

借: 长期应付款——应付融资租赁款	1 000 000	
贷: 银行存款		1 000 000

确认当年应分摊的融资费用：

借: 财务费用	56 617.20	
贷: 未确认融资费用		56 617.20

计提折旧：

2×10 年计提折旧额＝2 673 000÷35×12＝916 457(元)

借: 制造费用——折旧费	916 457	
贷: 累计折旧		916 457

归还设备：

借: 累计折旧	2 673 000	
贷: 固定资产——融资租入固定资产		2 673 000

(二) 具有融资性质的延期付款购买资产的核算

企业购买资产有可能延期支付有关价款。如果延期支付的购买价款超过正常信用条件，实质上具有融资性质的，所购资产的成本应当以延期支付购买价款的现值为基础确定。实际支付的价款与购买价款的现值之间的差额，应当在信用期间内采用实际利率法进行摊销，计入相关资产成本或当期损益。具体来说，企业购入资产超过正常信用条件延期付款实质上具有融资性质时，应按购买价款的现值，借记"固定资产""在建工程"等科目，按应支付的价款总额，贷记"长期应付款"科目，按其差额，借记"未确认融资费用"科目。

【案例 10-12】 甲公司 2×08 年 1 月 1 日从乙公司购入不需要安装的机器设备作为固定资产使用，该机器已收到并投入使用。购货合同约定机器的总价款为 1 000 000 元，分 3 年支付，其中 2×08 年 12 月 31 日支付 500 000 元，2×09 年 12 月 31 日支付 300 000 元，2×10 年 12 月 31 日支付 200 000 元。假设目前市场利率为 6%，且不考虑相关税费。

根据上述资料可知，公司购买机器设备延期支付的购买价款超过正常信用条件，实质上具有融资性质。

① 2×08 年 1 月 1 日，购入机器时：

购买价款的现值＝$500\,000\times(1+6\%)^{-1}+300\,000\times(1+6\%)^{-2}+200\,000\times(1+6\%)^{-3}$
　　　　　　　＝906 620(元)

未确认融资费用＝1 000 000－906 620＝93 380(元)

借: 固定资产	906 620	
未确认融资费用	93 380	
贷: 长期应付款		1 000 000

② 2×08年12月31日，支付应付款项，摊销未确认融资费用：
应分摊的未确认融资费用＝906 620×6%＝54 397.2(元)

借：长期应付款　　　　　　　　　　　　　　　500 000
　　贷：银行存款　　　　　　　　　　　　　　　　　500 000
借：财务费用　　　　　　　　　　　　　　　　54 397.2
　　贷：未确认融资费用　　　　　　　　　　　　　　54 397.2

尚未归还的本金＝906 620−(500 000−54 397.2)＝461 017.2(元)

③ 2×09年12月31日，支付应付款项，摊销未确认融资费用：
应分摊的未确认融资费用＝461 017.2×6%＝27 661.03(元)

借：长期应付款　　　　　　　　　　　　　　　300 000
　　贷：银行存款　　　　　　　　　　　　　　　　　300 000
借：财务费用　　　　　　　　　　　　　　　27 661.03
　　贷：未确认融资费用　　　　　　　　　　　　　27 661.03

④ 2×10年12月31日，支付应付款项，摊销未确认融资费用：
应分摊的未确认融资费用＝93 380−54 397.2−27 661.03＝11 321.77(元)

借：长期应付款　　　　　　　　　　　　　　　200 000
　　贷：银行存款　　　　　　　　　　　　　　　　　200 000
借：财务费用　　　　　　　　　　　　　　　11 321.77
　　贷：未确认融资费用　　　　　　　　　　　　　11 321.77

思考练习

一、单项选择题

1. 下列项目中，不属于借款费用的是(　　)。
   A. 借款手续费　　　　　　　　　　B. 借款佣金
   C. 发行公司债券的佣金　　　　　　D. 发行公司股票的佣金

2. 如果固定资产的构建活动发生非正常中断，并且中断时间连续超过(　　)，应当暂停借款费用的资本化，将其确认为当期费用，直至资产的构建活动重新开始。
   A. 1个月　　　　B. 3个月　　　　C. 6个月　　　　D. 1年

3. 当所购置或建造的固定资产处于(　　)时，应当停止其借款费用的资本化，以后发生的借款费用计入当期损益。
   A. 交付使用　　　　　　　　　　　B. 达到预定可使用状态
   C. 竣工决算　　　　　　　　　　　D. 交付使用并办理竣工决算手续后

4. 就发行债券的企业而言，所获债券溢价收入实质是(　　)。
   A. 为以后少付利息而付出的代价　　B. 为以后多付利息而得到的补偿
   C. 为以后少得利息而得到的补偿　　D. 为以后多得利息而付出的代价

5. 某企业发行分期付息、到期一次还本的债券,按其票面利率计算确定的应付未付利息,应该计入( )科目。

　　A. "应付债券——应计利息"　　　　　B. "应付利息"
　　C. "应付债券——利息调整"　　　　　D. "应付债券——面值"

二、多项选择题

1. 借款费用开始资本化需要同时满足下列条件中的( )。
　　A. 资产支出已经发生
　　B. 借款费用已经发生
　　C. 为使资产达到预定可使用或者可销售状态所必要的构建或者生产活动已经开始
　　D. 未发生非正常停工
2. 企业的借款费用可能计入( )科目。
　　A. "财务费用"　　B. "在建工程"　　C. "营业外支出"　　D. "无形资产"
3. "长期借款"科目的借方反映的内容可能是( )。
　　A. 借入的长期借款本金　　　　　　B. 应计的长期借款利息
　　C. 偿还的长期借款本金　　　　　　D. 偿还的长期借款利息
4. 企业债券发行价格的高低取决于( )
　　A. 债券票面金额　　　　　　　　　B. 债券票面利率
　　C. 发行时的市场利率　　　　　　　D. 债券期限的长短
5. 企业发行长期债券,应在"应付债券"总账账户下设置( )明细账户进行核算。
　　A. "面值"　　　B. "利息调整"　　　C. "债券折价"　　　D. "应计利息"

三、判断题

1. 施工技术要求导致固定资产购置或建造过程的中断超过3个月时,可以继续资本化。
　　　　　　　　　　　　　　　　　　　　　　　　　　　　　　　　　　( )
2. 企业发生的借款费用,可直接归属于符合资本化条件的资产的构建或者生产的,应当予以资本化,计入相关资产成本;其他借款费用,应当在发生时根据其发生额确认为费用,计入当期损益。　　　　　　　　　　　　　　　　　　　　　　　　　　　　　( )
3. 企业在计算长期借款利息时,应该按照实际利率确认应该支付的利息。　　( )
4. 在资产负债表日,企业应按长期借款的票面金额和票面利率计算确定长期借款的利息费用。　　　　　　　　　　　　　　　　　　　　　　　　　　　　　　　　( )
5. 债券的票面利率高于同期银行存款利率时,可按低于债券面值的价格发行,称为折价发行。　　　　　　　　　　　　　　　　　　　　　　　　　　　　　　　　( )

项目十一　所有者权益核算能力

所有者权益体现的是所有者在企业中的剩余权益。所有者权益的确认主要依赖于其他会计要素，尤其是资产和负债的确认；所有者权益金额的确定也主要取决于资产和负债的计量。公司制企业所有者权益的核算政策性很强，不仅要遵循国家相关法律，尤其是公司法的规定，而且涉及企业的筹资、利润分配等重大决策，因此，学习所有者权益会计核算的前提是熟悉上述有关规定。

【知识目标】
1. 掌握所有者权益的概念及构成，掌握直接计入所有者权益的利得和损失的概念；
2. 掌握实收资本(股本)的概念；
3. 掌握资本公积的概念及构成；
4. 掌握留存收益的概念及构成，掌握净利润的分配顺序，掌握盈余公积和未分配利润的概念。

【能力目标】
1. 能对实收资本(股本)的增加和减少业务进行核算；
2. 能对资本溢价或股本溢价进行核算，能对其他综合收益进行核算；
3. 能对盈余公积的确认和计量进行处理；
4. 能对期末利润的结转进行处理，能对分配现金股利或利润进行会计处理。

【素质目标】
1. 树立为投资者服务，为股东创造价值的意识；
2. 认识不同资本结构的利弊，优化资本来源，建立最优资本结构。

任务一　实收资本(股本)核算

企业资金的主要来源是负债和股东出资。《中华人民共和国公司法》规定，股东可以以货币出资，也可以用实物、工业产权、非专利技术、土地使用权作价出资。股东投资以及企业自身累积盈余等都属于所有者权益。

一、所有者权益

所有者权益是指企业资产扣除负债后由所有者享有的剩余权益，又称为股东权益。

所有者权益通常由实收资本(或股本)、其他权益工具、资本公积(含资本溢价或股本溢价)、其他综合收益、专项储备、盈余公积和未分配利润构成。

二、实收资本(股本)增加核算

(一) 投入资本核算

实收资本是指所有者在企业注册资本范围内实际投入的资本。投资者可以用现金投资，也可以用现金以外的其他有形资产投资，符合国家规定比例的，还可以用无形资产投资。

企业收到投资时，一般应做如下会计处理：收到投资人投入的现金，应在实际收到时，借记"银行存款"科目；以实物资产投资的，应在办理实物产权转移手续时，借记有关资产科目；以无形资产投资的，应按照合同、协议或公司章程规定移交有关凭证时，借记"无形资产"科目。按允许抵扣的增值税额，借记"应交税费——应交增值税(进项税额)"科目，按投入资本在注册资本或股本中所占份额，贷记"实收资本"或"股本"科目，按其差额，贷记"资本公积——资本溢价"或"资本公积——股本溢价"等科目。

【案例11-1】甲有限责任公司由A、B、C、D四位股东出资设立，甲有限责任公司接受投资过程中无溢价产生，注册资本为10 000 000元。接受各位股东出资时的账务处理如下。

① A股东投入银行存款3 480 000元：

借：银行存款　　　　　　　　　　　　　　　　　　　　　　3 480 000
　　贷：实收资本——A股东　　　　　　　　　　　　　　　　　　3 480 000

② B股东投入厂房一栋，该厂房原取得成本为6 000 000元，已提折旧2 000 000元，已计提减值准备500 000元，投资合同约定价值为3 000 000元，适用增值税税率为9%，并据此开具了增值税专用发票。

《企业会计准则第4号——固定资产》规定：投资者投入固定资产的成本应当按照投资合同或协议约定的价值确定，但合同或协议约定价值不公允的除外。

借：固定资产　　　　　　　　　　　　　　　　　　　　　　3 000 000
　　应交税费——应交增值税(进项税额)　　　　　　　　　　　　270 000
　　贷：实收资本——B股东　　　　　　　　　　　　　　　　　　3 270 000

③ C股东投入一项专利技术,该专利技术原入账价值为4 000 000元,已摊销2 500 000元,投资合同约定价值为2 000 000元,适用增值税税率6%,并据此开具了增值税专用发票。

借:无形资产 2 000 000
　　应交税费——应交增值税(进项税额) 120 000
　　贷:实收资本——C股东 2 120 000

④ D股东投入原材料一批,收到的增值税专用发票上载明价格为1 000 000元,增值税税额为130 000元。

借:原材料 1 000 000
　　应交税费——应交增值税(进项税额) 130 000
　　贷:实收资本——D股东 1 130 000

【案例11-2】 承案例11-1,甲有限责任公司接受E股东加入,E股东投入银行存款4 000 000元,只享有20%股权。

企业创立时,要经过筹建、试生产经营、为产品寻找市场、开辟市场等过程,从投入资金到取得投资回报,中间需要许多时间,并且这种投资具有风险性,资本利润率很低。另外,企业通过一定时期的生产经营,一般会形成一部分留存收益,新加入的投资者要与原投资者共享这部分留存收益。因此,新加入者一般要付出大于原有投资者的出资额,才能取得与原有投资者相同的投资比例。投资者投入的资本中,按其投资比例计算的出资额部分应计入"实收资本"科目,大于部分应计入"资本公积"科目。

甲有限责任公司接受E股东投资后,注册资本变更为10 000 000÷80%=12 500 000(元)。

借:银行存款 4 000 000
　　贷:实收资本——E股东 2 500 000
　　　　资本公积——资本溢价 1 500 000

【案例11-3】 乙股份有限公司发行普通股10 000 000股,每股面值为1元,发行价格为5元。另按发行价格的3%向证券承销商支付手续费,余款已全部收存公司银行账户。

乙股份有限公司应做以下账务处理:

发行价格总额=10 000 000×5=50 000 000(元)
支付手续费=50 000 000×3%=1 500 000(元)
实际收到发行款金额=50 000 000-1 500 000=48 500 000(元)
股本=10 000 000×1=10 000 000(元)
计入资本公积的金额=48 500 000-10 000 000=38 500 000(元)

借:银行存款 48 500 000
　　贷:股本 10 000 000
　　　　资本公积——股本溢价 38 500 000

(二) 资本公积转增资本

资本公积转为实收资本或者股本时,应借记"资本公积——资本溢价"或"资本公积——股本溢价"科目,贷记"实收资本"或"股本"科目。

【案例 11-4】承案例 11-1 和案例 11-2，甲有限责任公司为扩大经营规模，经批准，以资本公积 200 万元按照 A、B、C、D、E 股东的股权比例 27.84%、26.16%、16.96%、9.04%、20.00% 转增资本。

A 股东股权比例＝3 480 000÷12 500 000＝27.84%
B 股东股权比例＝3 270 000÷12 500 000＝26.16%
C 股东股权比例＝2 120 000÷12 500 000＝16.96%
D 股东股权比例＝1 130 000÷12 500 000＝9.04%
E 股东股权比例＝2 50 0000÷12 500 000＝20.00%

根据上述资料，甲有限责任公司应做以下账务处理：

借：资本公积 2 000 000
　　贷：实收资本——A 股东 556 800
　　　　　　　——B 股东 523 200
　　　　　　　——C 股东 339 200
　　　　　　　——D 股东 180 800
　　　　　　　——E 股东 400 000

(三) 盈余公积转增资本

盈余公积转为实收资本时，应借记"盈余公积"科目，贷记"实收资本"或"股本"科目。

【案例 11-5】承案例 11-1 和案例 11-2，甲有限责任公司经批准，以盈余公积 1 000 000 元按照 A、B、C、D、E 股东的股权比例 27.84%、26.16%、16.96%、9.04%、20.00% 转增资本。

根据上述资料，甲有限责任公司应做以下账务处理：

借：盈余公积 1 000 000
　　贷：实收资本——A 股东 278 400
　　　　　　　——B 股东 261 600
　　　　　　　——C 股东 169 600
　　　　　　　——D 股东 90 400
　　　　　　　——E 股东 200 000

三、实收资本(股本)减少核算

企业实收资本(股本)减少的原因主要有以下两个：一是资本过剩；二是企业发生重大亏损而需要减少实收资本。

有限责任公司和一般企业，按法定程序报经批准减少注册资本的，借记"实收资本"科目，贷记"库存现金""银行存款"等科目。

股份有限公司因减少注册资本而回购本公司股份的，应按实际支付的金额，借记"库存股"科目，贷记"银行存款"等科目。注销库存股时，应按股票面值和注销股数计算的股票面值总额，借记"股本"科目，按注销库存股的账面余额，贷记"库存股"科目，按其差额调整资本公积(股本溢价)。如果资本公积(股本溢价)不足冲减，应依次冲减"盈余公积""利润分配——未分配利润"等科目。

【案例 11-6】 甲股份有限公司 2×08 年 12 月 31 日经股东大会批准，回购本公司发行在外的普通股 5 000 000 股，每股面值 2 元，每股回购价 3 元。截至 2×08 年 12 月 31 日，甲公司所有者权益总额包括股本 50 000 000 元、资本公积(股本溢价)4 000 000 元、盈余公积 5 000 000 元，不考虑其他因素。

甲股份有限公司回购股票时：

借：库存股　　　　　　　　　　　　　　　　　15 000 000
　　贷：银行存款　　　　　　　　　　　　　　　　15 000 000

注销回购的股票时：

借：股本　　　　　　　　　　　　　　　　　　　10 000 000
　　资本公积——股本溢价　　　　　　　　　　　　4 000 000
　　盈余公积　　　　　　　　　　　　　　　　　　1 000 000
　　贷：库存股　　　　　　　　　　　　　　　　　15 000 000

假定甲股份有限公司每股回购价格为 1.5 元，其他条件不变。回购股票时：

借：库存股　　　　　　　　　　　　　　　　　　7 500 000
　　贷：银行存款　　　　　　　　　　　　　　　　7 500 000

注销回购的股票时：

借：股本　　　　　　　　　　　　　　　　　　　10 000 000
　　贷：库存股　　　　　　　　　　　　　　　　　7 500 000
　　　　资本公积——股本溢价　　　　　　　　　　2 500 000

任务二　资本公积和其他综合收益核算

资本公积是所有者权益的有机组成部分，其形成的来源按其用途主要包括两类：一类是可以直接用于转增资本的资本公积，包括资本(或股本)溢价、接受现金捐赠、拨款转入、外币资本折算差额和其他资本公积等；另一类是不可以直接用于转增资本的资本公积，包括接受捐赠非现金资产准备和股权投资准备等。资本公积原来的明细科目"其他资本公积"科目的部分用途，在新准则之下，被"其他综合收益"科目所替代。

一、资本公积核算

资本公积是企业收到投资者的超出其在企业注册资本(或股本)中所占份额的投资，以及其他资本公积等。资本公积包括资本溢价(或股本溢价)和其他资本公积等。

(一) 资本溢价(或股本溢价)

资本溢价(或股本溢价)是企业收到投资者的超出其在企业注册资本(或股本)中所占份额的

投资。形成资本溢价(或股本溢价)的原因有溢价发行股票、投资者超额缴入资本等。

【案例11-7】 A有限责任公司注册资本为6 000 000元,分别由甲、乙、丙三位股东出资设立,出资比例为50%、30%、20%。经过三年的经营,该企业所有者权益为8 000 000元,其中实收资本6 000 000元,留存收益为2 000 000元。这时又有丁投资者有意投资该企业,并表示愿意出资2 500 000元,而仅占该企业股份的20%。A有限责任公司注册资本变更为7 500 000元。

A有限责任公司在接受丁投资者投资时,会计处理如下:

借:银行存款　　　　　　　　　　　　　　　　　　　　2 500 000
　　贷:实收资本——丁股东　　　　　　　　　　　　　1 500 000
　　　　资本公积——资本溢价　　　　　　　　　　　　1 000 000

【案例11-8】 A股份有限公司委托某证券公司代理发行1 000万股普通股,每股面值1元,每股发行价格6元。按发行收入的3%支付手续费,剩余股款已存入银行。

委托证券商代理发行股票而支付的手续费、佣金等,应从溢价发行收入中扣除,根据上述资料,A股份有限公司应做以下会计处理:

支付的手续费=10 000 000×6×3%=1 800 000(元)
剩余股款=10 000 000×6-1 800 000=58 200 000(元)
股本=10 000 000×1=10 000 000(元)
资本公积(股本溢价)=58 200 000-10 000 000=48 200 000(元)

借:银行存款　　　　　　　　　　　　　　　　　　　58 200 000
　　贷:股本　　　　　　　　　　　　　　　　　　　10 000 000
　　　　资本公积——股本溢价　　　　　　　　　　　48 200 000

(二) 其他资本公积

其他资本公积是指除资本溢价(或股本溢价)、净损益、其他综合收益和利润分配以外所有者权益的其他变动。如果企业对长期股权投资采用权益法核算时,因被投资单位除资本溢价(或股本溢价)、净损益、其他综合收益和利润分配以外所有者权益的其他变动(主要包括被投资单位接受其他股东的资本性投入、被投资单位发行可分离交易的可转债中包含的权益成分、以权益结算的股份支付、其他股东对被投资单位增资导致投资方持股比例变动等),投资方应按照持股比例与计算应享有的份额,调整长期股权投资的账面价值,同时计入资本公积(其他资本公积),并在备查簿中予以登记。

【案例11-9】 甲有限责任公司持有A有限责任公司30%的股权,采用权益法核算该项投资。2×09年1月1日,A有限责任公司接受乙有限责任公司加入,产生资本溢价500 000元,甲有限责任公司对A有限责任公司持股比例降为25%,仍采用权益法核算长期股权投资。

甲有限责任公司会计处理如下:

借:长期股权投资——其他权益变动　　　　　　　　　　125 000
　　贷:资本公积——其他资本公积　　　　　　　　　　125 000

二、其他综合收益核算

其他综合收益是指企业根据其他会计准则规定未在当期损益中确认的各项利得和损失，包括以后会计期间不能重分类进损益的其他综合收益和以后会计期间满足规定条件时将重分类进损益的其他综合收益两类。

(1) 长期股权投资采用权益法核算，投资企业对于被投资单位确认的其他综合收益及其变动，在持股比例不变的情况下，应按照持股比例与被投资单位归属于本企业的部分，相应调整长期股权投资的账面价值，同时增加或减少其他综合收益。

【案例 11-10】 甲公司持有乙公司 30%的股份，可以对乙公司施加重大影响，采用权益法核算该项长期股权投资。乙公司本年度因其他权益工具投资，产生其他综合收益 2 000 000 元。假定不考虑其他因素。

甲公司会计处理如下：

借：长期股权投资——其他综合收益　　　　　　　　　600 000
　　贷：其他综合收益　　　　　　　　　　　　　　　　　　600 000

(2) 存货或自用房地产转换为采用公允价值模式计量的投资性房地产时，投资性房地产按照转换当日的公允价值计价，转换当日的公允价值小于原账面价值的，其差额计入当期损益(公允价值变动损益)；转换当日的公允价值大于原账面价值的，其差额计入所有者权益(其他综合收益)。

当该项投资性房地产处置时，因转换计入所有者权益(其他综合收益)的部分应转入当期损益。

【案例 11-11】 2×08 年 1 月 10 日，甲公司将一栋闲置的厂房对外出租。该厂房原入账价值为 5 000 000 元，已提折旧 2 000 000 元，已提减值准备 1 000 000 元，出租时公允价值 2 500 000 元。假定其他因素不予考虑。

甲公司会计处理如下：

借：投资性房地产——成本　　　　　　　　　　　　　2 500 000
　　累计折旧　　　　　　　　　　　　　　　　　　　　2 000 000
　　固定资产减值准备　　　　　　　　　　　　　　　　1 000 000
　　贷：固定资产　　　　　　　　　　　　　　　　　　　5 000 000
　　　　其他综合收益　　　　　　　　　　　　　　　　　　500 000

(3) 资产负债表日，其他债权投资与其他权益工具投资公允价值变动时，要调整其账面价值和其他综合收益。处置其他债权投资，原计入其他综合收益的金额转入当期损益(投资收益)；处置其他权益工具投资时，原计入其他综合收益的金额调整留存收益。

【案例 11-12】 2×08 年 10 月 10 日，甲公司购入某公司发行的股票，将其划分为其他权益工具投资，取得成本为 1 000 000 元。2×08 年 12 月 31 日，该项其他权益工具投资公允价值为 1 200 000 元。2×09 年 2 月 5 日，甲公司将其全部出售，出售价格为 1 300 000 元。甲公司按净利润的 10%计提盈余公积，假定不考虑其他因素。

甲公司的会计处理如下。

① 2×08年10月10日：

借：其他权益工具投资——成本　　　　　　　　　　　　1 000 000
　　贷：银行存款　　　　　　　　　　　　　　　　　　　　　1 000 000

② 2×08年12月31日：

借：其他权益工具投资——公允价值变动　　　　　　　　　200 000
　　贷：其他综合收益　　　　　　　　　　　　　　　　　　　　200 000

③ 2×09年2月5日：

借：银行存款　　　　　　　　　　　　　　　　　　　　　1 300 000
　　贷：其他权益工具投资——成本　　　　　　　　　　　　　1 000 000
　　　　　　　　　　　　——公允价值变动　　　　　　　　　　200 000
　　　　盈余公积　　　　　　　　　　　　　　　　　　　　　　10 000
　　　　利润分配——未分配利润　　　　　　　　　　　　　　　90 000

借：其他综合收益　　　　　　　　　　　　　　　　　　　　200 000
　　贷：盈余公积　　　　　　　　　　　　　　　　　　　　　　20 000
　　　　利润分配——未分配利润　　　　　　　　　　　　　　180 000

任务三　留存收益核算

所有者权益的来源除了所有者投入的资本、其他综合收益、资本公积等之外，还有留存收益。与实收资本(股本)不同，留存收益主要源于企业自身所创造的利润，而实收资本(股本)是由投资者投入的资本。

一、留存收益

留存收益是企业在经营过程中所创造的，但由于企业经营发展的需要或由于法定的原因等，没有分配给所有者而留存在企业的盈利。留存收益是指企业从历年实现的利润中提取或留存于企业的内部积累，它来源于企业的生产经营活动所实现的净利润，包括企业的盈余公积和未分配利润两部分。

二、盈余公积核算

(一) 盈余公积的有关规定

盈余公积是指企业按照规定从净利润中提取的各种积累资金。根据《中华人民共和国公司法》等有关法规的规定，企业当年实现的净利润，一般应当按照如下顺序进行分配。

1. 弥补亏损

根据税法规定，企业可以用以后连续5年内实现的税前利润弥补亏损。另外，企业发生的亏损经过五年期间未弥补足额的，尚未弥补的亏损应用缴纳所得税后的利润弥补，也可经股东大会批准以盈余公积弥补。

2. 提取法定公积金

公司制企业的法定公积金按照税后利润的10%的比例提取(非公司制企业也可按照超过10%的比例提取)。公司法定公积金累计额为公司注册资本的50%以上时，可以不再提取法定公积金。

3. 提取任意公积金

公司从税后利润中提取法定公积金后，经股东会或者股东大会决议，还可以从税后利润中提取任意公积金。非公司制企业经类似权力机构批准也可提取任意盈余公积。

4. 向投资者分配利润或股利

公司弥补亏损和提取公积金后所余税后利润，有限责任公司股东按照实缴的出资比例分配红利，但是，公司章程或全体股东约定不按照出资比例分配红利的除外。

股东会、股东大会或者董事会违反规定，在公司弥补亏损和提取法定公积金之前向股东分配利润的，股东必须将违反规定分配的利润退还公司。公司持有的本公司股份不得分配利润。

(二) 盈余公积的确认和计量

为了反映盈余公积的形成及使用情况，企业应设置"盈余公积"科目，分为"法定盈余公积""任意盈余公积"进行明细核算。

企业提取盈余公积时，借记"利润分配——提取法定盈余公积""利润分配——提取任意盈余公积"科目，贷记"盈余公积——法定盈余公积""盈余公积——任意盈余公积"科目。

【案例11-13】 甲公司2×08年实现净利润2 000 000元，分别按10%、5%提取法定公积金、任意公积金。

甲公司的会计处理如下:

借: 利润分配——提取法定盈余公积	200 000
——提取任意盈余公积	100 000
贷: 盈余公积——法定盈余公积	200 000
——任意盈余公积	100 000

(三) 盈余公积弥补亏损

盈余公积弥补亏损时，借记"盈余公积"科目，贷记"利润分配——盈余公积补亏"科目。

【案例11-14】 甲公司经股东大会通过，以任意盈余公积1 000 000元弥补亏损。

甲公司的会计处理如下:

借: 盈余公积——任意盈余公积	1 000 000
贷: 利润分配——盈余公积补亏	1 000 000

(四) 盈余公积转增资本

转增资本时，借记"盈余公积"科目，贷记"实收资本"或"股本"科目。

三、未分配利润核算

未分配利润是企业实现的净利润经过弥补亏损、提取盈余公积和向投资者分配利润后留存在企业的、历年结存的利润。未分配利润通常用于留待以后年度向投资者进行分配。与所有者权益的其他部分相比，企业对于未分配利润的使用分配有较大的自主权。

未分配利润通过"利润分配"科目进行核算，"利润分配"下设"提取法定盈余公积""提取任意盈余公积""应付现金股利或利润""转作股本的股利""盈余公积补亏"和"未分配利润"等明细科目。

(一) 分配股利或利润

经股东大会或类似机构决议，分配给股东或投资者的现金股利或利润，借记"利润分配——应付现金股利或利润"科目，贷记"应付股利"科目。经股东大会或类似机构决议，分配给股东的股票股利，应在办理增资手续后，借记"利润分配——转作股本的股利"科目，贷记"股本"科目。

(二) 期末结转

企业期末结转利润时，应将各损益类科目的余额转入"本年利润"科目，结平各损益类科目。结转后，"本年利润"的贷方余额为当年实现的净利润，借方余额为当期发生的净亏损。年度终了，应将本年收入和支出相抵后结出的本年实现的净利润或净亏损转入"利润分配——未分配利润"科目。同时，将"利润分配"科目所属的其他明细科目的余额转入"未分配利润"明细科目。结转后，"未分配利润"明细科目的贷方余额就是未分配利润的金额，如果出现借方余额，则表示未弥补亏损的金额。"利润分配"科目所属的其他明细科目应无余额。

【案例 11-15】 甲公司 2×08 年实现净利润 2 000 000 元。按净利润的 10%提取法定盈余公积，按 5%提取任意盈余公积，向股东分配现金股利 1 000 000 元。

甲公司的会计处理如下：

① 2×08 年度终了结转本年实现的净利润：

借：本年利润   2 000 000
　　贷：利润分配——未分配利润   2 000 000

② 提取法定盈余公积和任意盈余公积：

借：利润分配——提取法定盈余公积   200 000
　　　　　　——提取任意盈余公积   100 000
　　贷：盈余公积——法定盈余公积   200 000
　　　　　　　　——任意盈余公积   100 000

③ 结转"利润分配"的明细科目：
借：利润分配——未分配利润　　　　　　　　　　300 000
　　贷：利润分配——提取法定盈余公积　　　　　　200 000
　　　　　　　　——提取任意盈余公积　　　　　　100 000
④ 批准发放现金股利：
借：利润分配——应付现金股利或利润　　　　　1 000 000
　　贷：应付股利　　　　　　　　　　　　　　　1 000 000
实际发放现金股利：
借：应付股利　　　　　　　　　　　　　　　　1 000 000
　　贷：银行存款　　　　　　　　　　　　　　　1 000 000

(三) 弥补亏损

企业无论以税前利润或者税后利润弥补亏损，都需要将"本年利润"的余额结转到"利润分配——未分配利润"中，进行金额的自然抵补，与不需要弥补亏损的结转情况完全相同，因此如果不考虑所得税的影响，弥补亏损不需要做特殊的账务处理。因为在以税前利润弥补亏损的情况下，其弥补的数额可以抵减当期企业应纳税所得额，而以税后利润弥补的数额，则不能作为纳税所得进行扣除处理。

思考练习

一、单项选择题

1. 下列各项中，能够引起企业所有者权益减少的是(　　)。
　　A. 股东大会宣告派发现金股利　　　　B. 以资本公积转增资本
　　C. 提取法定盈余公积　　　　　　　　D. 提取任意盈余公积
2. 在接受投资时，非股份有限公司应通过(　　)科目核算。
　　A. "未分配利润"　　B. "盈余公积"　　C. "股本"　　D. "实收资本"
3. 甲股份有限公司委托乙证券公司发行普通股，股票面值总额4 000万元，发行总额16 000万元，发行费按发行总额的2%计算(不考虑其他因素)，股票发行净收入全部收到。甲股份有限公司该笔业务计入"资本公积"科目的金额为(　　)万元。
　　A. 4 000　　　　　B. 11 680　　　　C. 11 760　　　　D. 12 000
4. 股份有限公司为减少注册资本而收购本公司股份，应按实际支付的金额，借记(　　)科目。
　　A. "股本"　　　B. "库存股"　　　C. "资本公积"　　　D. "盈余公积"
5. 下列事项中，不涉及留存收益总额发生变化的是(　　)。
　　A. 将盈余公积转增资本　　　　　　B. 分配现金股利
　　C. 以盈余公积弥补亏损　　　　　　D. 分配股票股利

二、多项选择题

1. 企业的所有者权益包括(   )。
   A. 投入资本　　　B. 未分配利润　　　C. 资本公积　　　D. 盈余公积
2. 下列各项中，会导致企业实收资本增加的有(   )。
   A. 资本公积转增资本　　　　　　B. 接受投资者追加投资
   C. 盈余公积转增资本　　　　　　D. 接受非流动资产捐赠
3. 下列各项中，构成企业留存收益的有(   )。
   A. 资本公积　　　B. 盈余公积　　　C. 未分配利润　　　D. 实收资本

三、判断题

1. 企业资产增加时，企业所有者权益必然会增加。　　　　　　　　　　(   )
2. 企业的实有资本任何情况下都要与注册资本相一致。　　　　　　　　(   )
3. 以发行股票的方式筹集资本，发行股票的佣金和手续费等要计入股本。(   )
4. 在符合国家规定比例的情况下，所有者还可以用无形资产进行投资。　(   )

项目十二　收入、费用和利润核算能力

收入、费用和利润是反映企业经营成果的三大会计要素，宏观上来看，三者满足一个恒等式：利润＝收入－费用。理解这个恒等式，有助于加深对会计六要素之间内在联系的认识。企业利润表就是按照这个恒等式的内在逻辑编制的。利润与收入成正比，与费用成反比。

【知识目标】
1. 掌握收入确认的原则和前提条件，熟悉收入确认和计量的步骤；
2. 掌握在某一时点履行履约义务确认收入的基本要求；
3. 掌握在某一时段内履行履约义务确认收入的基本要求；
4. 掌握费用的概念及期间费用的构成；
5. 掌握营业利润、利润总额和净利润的概念；
6. 掌握所得税核算的有关要求；
7. 掌握营业外收入和营业外支出的概念。

【能力目标】
1. 能够根据收入确认的原则和前提条件确认收入；
2. 能够对销售业务中涉及的商业折扣、现金折扣进行核算；
3. 能够对销售退回、附有销售退回条款的销售进行核算；
4. 能够对附有质量保证条款的销售进行核算；
5. 能够对附有客户额外购买选择权的销售进行核算；
6. 能够对企业销售不需用的原材料、包装物等存货确认的收入进行核算；
7. 能够对属于在某一时段内履行履约义务确认收入进行核算；
8. 能够对销售费用、管理费用和财务费用进行核算；
9. 能够计算营业利润、利润总额和净利润；
10. 能够确定资产、负债的计税基础，计算暂时性差异(可抵扣暂时性差异和应纳税暂时性差异)，确定递延所得税资产和递延所得税负债，计算所得税费用并进行会计处理；
11. 能够对营业外收入和营业外支出进行核算。

【能力目标】
1. 培养客观、公正、诚实、守信的职业理念；
2. 培养为企业发展服务的意识；
3. 树立开源节流的意识，严控费用。

任务一　收入核算

企业是以营利为目的的经济组织，为实现盈利，企业要不断地进行生产经营活动以带来经济利益的流入，但是经济利益的流入并不会全部形成收入。

一、收入

收入是指企业在日常活动中形成的、会导致所有者权益增加的、与所有者投入资本无关的经济利益的总流入。其中，日常活动是指企业为完成其经营目标所从事的经常性活动以及与之相关的其他活动。比如，工业企业制造并销售产品、商品流通企业销售商品、保险公司签发保单、咨询公司提供咨询服务、软件企业为客户开发软件、安装公司提供安装服务、商业银行对外贷款、租赁公司出租资产等，均属于企业为完成其经营目标所从事的经常性活动，由此产生的经济利益的总流入构成收入。

本项目收入不涉及企业对外出租资产收取的租金、进行债权投资收取的利息、进行股权投资取得的现金股利以及保费收入等。

二、收入的确认与计量

(一) 收入确认的原则

企业应当在履行了合同中的履约义务，即在客户取得相关商品控制权时确认收入。取得相关商品控制权，是指能够主导该商品的使用并从中获得几乎全部的经济利益，也包括有能力阻止其他方主导该商品的使用并从中获得经济利益。

取得商品控制权包括三个要素：一是客户必须拥有现时权利，能够主导该商品的使用并从中获得几乎全部经济利益。如果客户只能在未来的某一期间主导该商品的使用并从中获益，则表明其尚未取得该商品的控制权。二是客户有能力主导该商品的使用，即客户在其活动中有权使用该商品，或者能够允许或阻止其他方使用该商品。三是客户能够获得几乎全部的经济利益。商品的经济利益是指商品的潜在现金流量，既包括现金流入的增加，也包括现金流出的减少。客户可以通过使用、消耗、出售、处置、交换、抵押或持有等多种方式直接或间接获得商品的经济利益。

《企业会计准则第 14 号——收入》中，所称客户是指与企业订立合同以向该企业购买其日常活动产出的商品或服务并支付对价的一方；所称合同是指双方或多方之间订立有法律约束力的权利义务的协议。合同有书面形式、口头形式以及其他形式；所称商品包括商品和服务（以下简称商品）。

(二) 收入确认的前提条件

当企业与客户之间的合同同时满足下列条件时，企业应当在客户取得相关商品控制权时确认收入：

(1) 合同各方已批准该合同并承诺将履行各自义务;

(2) 该合同明确了合同各方与所转让商品或提供劳务(以下简称转让商品)相关的权利和义务;

(3) 该合同有明确的与所转让商品相关的支付条款;

(4) 该合同具有商业实质,即履行该合同将改变企业未来现金流量的风险、时间分布或金额;

(5) 企业因向客户转让商品而有权取得的对价很可能收回。

在合同开始日即满足前款条件的合同,企业在后续期间无须对其进行重新评估,除非有迹象表明相关事实和情况发生重大变化。合同开始日通常是指合同生效日。

在合同开始日不符合上述规定的合同,企业应当对其进行持续评估,并在其满足规定时按照规定进行会计处理。对于不符合规定的合同,企业只有在不再负有向客户转让商品的剩余义务,且已向客户收取的对价无须退回时,才能将已收取的对价确认为收入;否则,应当将已收取的对价作为负债进行会计处理。没有商业实质的非货币性资产交换,不确认收入。

(三) 收入确认和计量的步骤

收入确认和计量大致分为以下5步。

1. 识别与客户订立的合同

合同是指双方或多方之间订立有法律约束力的权利义务的协议。合同的存在是企业确认客户合同收入的前提,企业与客户之间的合同一经签订,企业即享有从客户取得和转移商品与服务对价的权利,同时负有向客户转移商品和服务的履约义务。

2. 识别合同中的单项履约义务

合同开始日,企业应当对合同进行评估,识别该合同所包含的各单项履约义务,并确定各单项履约义务是在某一时段内履行,还是在某一时点履行。履约义务是指合同中企业向客户转让可明确区分商品的承诺。履约义务既包括合同中明确的承诺,也包括由于企业已公开宣布的政策、特定声明或以往的习惯做法等导致合同订立时客户合理预期企业将履行的承诺。企业向客户转让一系列实质相同且转让模式相同的、可明确区分商品的承诺,也应当作为单项履约义务。

3. 确定交易价格

企业应当根据合同条款,并结合其以往的习惯做法确定交易价格。交易价格是指企业因向客户转让商品而预期有权收取的对价金额。企业代第三方收取的款项以及企业预期将退还给客户的款项,应当作为负债进行会计处理,不计入交易价格。在确定交易价格时,企业应当考虑可变对价、合同中存在的重大融资成分、非现金对价、应付客户对价等因素的影响。

(1) 合同中存在可变对价的,企业应当按照期望值或最可能发生的金额确定可变对价的最佳估计数,但包含可变对价的交易价格,应当不超过在相关不确定性消除时累计已确认收入极可能不会发生重大转回的金额。企业在评估累计已确认收入是否极可能不会发生重大转回时,应当同时考虑收入转回的可能性及其比重。每一资产负债表日,企业应当重新估计应计入交易价格的可变对价金额。可变对价金额发生变动的，按照收入准则的相关规定进行会计处理。

【案例12-1】2×08年3月1日，甲公司与客户签订合同为其建造一栋厂房，约定的价款为2 000 000元，6个月完工，合同中约定若提前1个月完工，客户将额外奖励甲公司100 000元，甲公司估计工程提前1个月完工的概率为90%，不考虑其他因素。

甲公司预计有权收取的对价金额为2 100 000元，因此交易价格包括固定金额2 000 000元和可变金额100 000元，总计为2 100 000元。

(2) 合同中存在重大融资成分的，企业应当按照假定客户在取得商品控制权时即以现金支付的应付金额确定交易价格。该交易价格与合同对价之间的差额，应当在合同期间内采用实际利率法摊销。合同开始日，企业预计客户取得商品控制权与客户支付价款间隔不超过一年的，可以不考虑合同中存在的重大融资成分。

【案例12-2】2×09年1月1日，甲公司与乙公司签订一项大型设备销售合同，合同价款为6 000 000元，双方商定于每年12月31日分3次等额支付。该设备如果在2×09年1月1日客户取得商品控制权时即以现金支付的应付金额应该为5 600 000元。

甲公司应当按照假定客户在取得商品控制权时即以现金支付的应付金额5 600 000元确定为交易价格，与合同对价6 000 000元之间的差额400 000元，在未来3年内采用实际利率法摊销。

(3) 客户支付非现金对价的，企业应当按照非现金对价的公允价值确定交易价格。非现金对价的公允价值不能合理估计的，企业应当参照其承诺向客户转让商品的单独售价间接确定交易价格。非现金对价的公允价值因对价形式以外的原因而发生变动的，应当作为可变对价，按照收入准则的规定进行会计处理。单独售价是指企业向客户单独销售商品的价格。

(4) 企业应付客户(或向客户购买本企业商品的第三方，下同)对价的，应当将该应付对价冲减交易价格，并在确认相关收入与支付(或承诺支付)客户对价两者孰晚的时点冲减当期收入，但应付客户对价是为了向客户取得其他可明确区分商品的除外。企业应付客户对价是为了向客户取得其他可明确区分商品的，应当采用与本企业其他采购一致的方式确认所购买的商品。企业应付客户对价超过向客户取得可明确区分商品公允价值的，超过金额应当冲减交易价格。向客户取得的可明确区分商品公允价值不能合理估计的，企业应当将应付客户对价全额冲减交易价格。

4. 将交易价格分摊至各单项履约义务

合同中包含两项或多项履约义务的，企业应当在合同开始日，按照各单项履约义务所承诺商品的单独售价的相对比例，将交易价格分摊至各单项履约义务。企业不得因合同开始日之后单独售价的变动而重新分摊交易价格。

企业在类似环境下向类似客户单独销售商品的价格，应作为确定该商品单独售价的最佳证据。单独售价无法直接观察的，企业应当综合考虑其能够合理取得的全部相关信息，采用市场调整法、成本加成法、余值法等方法合理估计单独售价。在估计单独售价时，企业应当最大限度地采用可观察的输入值，并对类似的情况采用一致的估计方法。

【案例12-3】2×09年3月1日，甲公司向乙公司销售A、B、C三种商品，不含增值税合同总售价200 000元。A、B、C三种商品不含税单独售价为50 000元、80 000元、120 000元，合计250 000元。

交易价格分摊率＝200 000÷250 000＝0.8
A 商品分摊金额＝50 000×0.8＝40 000(元)
B 商品分摊金额＝80 000×0.8＝64 000(元)
C 商品分摊金额＝12 000×0.8＝96 000(元)

5. 履行每一单项履约义务时确认收入

企业应当在履行了合同中的履约义务，即在客户取得相关商品控制权时确认收入。企业应当按照分摊至各单项履约义务的交易价格计量收入。

三、收入核算应设置的会计科目

为了核算企业与客户之间的合同产生的收入及相关的成本费用，一般需要设置"主业务收入""其他业务收入""主营业务成本""其他业务成本""合同取得成本""合同履约成本""合同资产""合同负债"等科目。此外，企业发生减值的，还应当设置"合同取得成本减值准备""合同履约成本减值准备""合同资产减值准备"等科目进行核算。

(1) "主营业务收入"科目核算企业确认的销售商品、提供服务等主营业务的收入。该科目贷方登记主营业务活动实现的收入，借方登记期末转入"本年利润"科目的主营业务收入，结转后该科目应无余额。该科目可按主营业务的种类进行明细核算。

(2) "其他业务收入"科目核算企业确认的除主营业务活动以外的其他经营活动实现的收入，包括出租固定资产、出租无形资产、出租包装物和商品、销售材料、用材料进行非货币性交换(非货币性资产交换具有商业实质且公允价值能够可靠计量)或债务重组等实现的收入。该科目贷方登记其他业务活动实现的收入，借方登记期末转入"本年利润"科目的其他业务收入，结转后该科目应无余额。该科目可按其他业务的种类进行明细核算。

(3) "主营业务成本"科目核算企业确认销售商品、提供服务等主营业务收入时应结转的成本。该科目借方登记企业应结转的主营业务成本，贷方登记期末转入"本年利润"科目的主营业务成本，结转后该科目应无余额。该科目可按主营业务的种类进行明细核算。

(4) "其他业务成本"科目核算企业确认的除主营业务活动以外的其他经营活动所形成的成本，包括出租固定资产的折旧额、出租无形资产的摊销额、出租包装物的成本或摊销额、销售材料的成本等。该科目借方登记企业应结转的其他业务成本，贷方登记期末转入"本年利润"科目的其他业务成本，结转后该科目应无余额。该科目可按其他业务的种类进行明细核算。

(5) "合同取得成本"科目核算企业取得合同发生的、预计能够收回的增量成本。该科目借方登记发生的合同取得成本，贷方登记摊销的合同取得成本，期末借方余额反映企业尚未结转的合同取得成本。该科目可按合同进行明细核算。

(6) "合同履约成本"科目核算企业为履行当前或预期取得的合同所发生的、不属于其他企业会计准则规范范围且按照收入准则应当确认为一项资产的成本。该科目可按合同分为"服务成本""工程施工"等进行明细核算。

(7) "合同资产"科目核算企业已向客户转让商品而有权收取对价的权利，且该权利取决于时间流逝之外的其他因素(如履行合同中的其他履约义务)。该科目借方登记因转让商品而有权收取的对价金额,贷方登记取得无条件收款权的金额。期末借方余额反映企业已向客户转让商品而有权收取的对价金额。该科目按合同进行明细核算。

(8) "合同负债"科目核算企业已收或应收客户对价而应向客户转让商品的义务。该科目贷方登记企业在向客户转让商品之前,已经收取或已经取得无条件收取合同对价权利的金额;借方登记企业向客户转让商品时冲销的金额。期末贷方余额,反映企业在向客户转让商品之前,已经收取或已经取得无条件收取合同对价权利的金额。该科目按合同进行明细核算。

四、履行履约义务确认收入

(一) 在某一时点履行履约义务确认收入

对于在某一时点履行的履约义务,企业应当在客户取得相关商品控制权时点确认收入。在判断客户是否已取得商品控制权时,企业应当考虑下列迹象:①企业就该商品享有现时收款权利,即客户就该商品负有现时付款义务;②企业已将该商品的法定所有权转移给客户,即客户已拥有该商品的法定所有权;③企业已将该商品实物转移给客户,即客户已实物占有该商品;④企业已将该商品所有权上的主要风险和报酬转移给客户,即客户已取得该商品所有权上的主要风险和报酬;⑤客户已接受该商品;⑥其他表明客户已取得商品控制权的迹象。

1. 一般销售商品业务收入

确认销售商品收入时,企业应按已收或应收的合同或协议价款,加上应收取的增值税税额,借记"银行存款""应收账款""应收票据"等科目,按确定的收入金额,贷记"主营业务收入""其他业务收入"等科目,按应收取的增值税税额,贷记"应交税费——应交增值税(销项税额)"科目。

【案例12-4】甲公司2×08年1月22日向乙公司销售商品一批,开出的增值税专用发票上注明的销售价格为500 000元,增值税税额为65 000元,款项尚未收到。该批商品成本为400 000元。

甲公司的账务处理如下:

借:应收账款——乙公司　　　　　　　　　　　565 000
　　贷:主营业务收入　　　　　　　　　　　　　500 000
　　　　应交税费——应交增值税(销项税额)　　 65 000
借:主营业务成本　　　　　　　　　　　　　　400 000
　　贷:库存商品　　　　　　　　　　　　　　　400 000

【案例12-5】2×08年3月1日,甲公司与丙公司签订一项购销合同,向其销售A、B两项商品,A商品的单独售价为20 000元,B商品的单独售价为30 000元,合同价款为40 000元。合同约定,A商品于合同开始日交付,B商品在一个月之后交付,只有当两项商品全部交付之后,甲公司才有权收取40 000元的合同对价。假定A商品和B商品分别构成单项履约义务,其控制权在交付时转移给客户的上述价格均不包含增值税,甲公司适用的增值税税率为13%。

甲公司的会计处理如下。

A商品分摊的合同价款=(40 000÷50 000)×20 000=16 000 (元)
B商品分摊的合同价款=(40 000÷50 000)×30 000=24 000 (元)

① 交付 A 商品时：

借：合同资产 18 080
　　贷：主营业务收入 16 000
　　　　应交税费——应交增值税(销项税额) 2 080

② 交付 B 商品时：

借：应收账款 45 200
　　贷：合同资产 18 080
　　　　主营业务收入 24 000
　　　　应交税费——应交增值税(销项税额) 3 120

③ 收到相应款项时：

借：银行存款 45 200
　　贷：应收账款 45 200

2. 已经发出商品但不能确认收入

企业按合同发出商品，合同约定客户只有在商品售出取得价款后才支付货款，如代销。发出商品时，企业不应该确认收入，借记"发出商品"科目，贷记"库存商品"科目。当收到货款或取得收取货款权利时，确认收入，借记"银行存款""应收账款"科目，贷记"主营业务收入"和"应交税费——应交增值税(销项税额)"科目。结转已销商品成本时，借记"主营业务成本"科目，贷记"发出商品"科目。

【案例 12-6】 2×09 年 8 月 1 日，甲公司与丙公司签订委托代销合同，甲公司委托丙公司代销商品 100 件，委托不含税价格为每件 1 000 元，商品已经发出，每件成本为 600 元。甲公司按不含税委托价格的 10%向丙公司支付手续费，丙公司不承担包销责任。2×09 年 8 月 31 日，甲公司收到丙公司开具的代销清单，注明已销售 60 件，不含税销售价格为 60 000 元，增值税 7 800 元。甲公司向丙公司开具一张相同金额的增值税专用发票。丙公司向甲公司开具了一张手续费为 6 000 元，增值税为 360 元的增值税专用发票，并向甲公司支付了余款。剩余商品由丙公司继续代销。

甲公司的账务处理如下。

① 发出商品时：

借：发出商品 60 000
　　贷：库存商品 60 000

② 收到代销清单时：

借：应收账款——丙公司 67 800
　　贷：主营业务收入 60 000
　　　　应交税费——应交增值税(销项税额) 7 800

借：主营业务成本 36 000
　　贷：发出商品 36 000

结算手续费：

借：销售费用 6 000

应交税费——应交增值税(进项税额)	360	
贷：应收账款——丙公司		6 360

③ 收到丙公司支付的货款时：

借：银行存款	61 440	
贷：应收账款——丙公司		61 440

丙公司的账务处理如下。

① 收到商品时：

借：受托代销商品	100 000	
贷：受托代销商品款		100 000

② 对外实现销售时：

借：银行存款	67 800	
贷：受托代销商品		60 000
应交税费——应交增值税(销项税额)		7 800

③ 开具代销清单，收到增值税专用发票时：

借：受托代销商品款	60 000	
应交税费——应交增值税(进项税额)	7 800	
贷：应付账款——甲公司		67 800

④ 支付货款并计算代销手续费时：

借：应付账款——甲公司	67 800	
贷：银行存款		61 440
其他业务收入		6 000
应交税费——应交增值税(销项税额)		360

3. 商业折扣、现金折扣

企业销售商品有时会遇到商业折扣、现金折扣等问题，应当根据不同情况分别进行处理：

(1) 商业折扣，是指企业为促进商品销售而在商品标价上给予的价格扣除，俗称商品打折。企业销售商品涉及商业折扣的，应当按照扣除商业折扣后的金额确定销售商品收入金额。

(2) 现金折扣，是指债权人为鼓励债务人在规定的期限内付款而向债务人提供的债务扣除。企业销售商品涉及现金折扣的，应当按照扣除现金折扣前的金额确定销售商品收入金额。现金折扣表示格式一般为"2/10，1/20，n/30"，表示10天内付款享受2%的现金折扣，20天内付款享受1%的现金折扣，30天内付款不享受现金折扣。计算现金折扣时，一般以应收款项金额为基数计算，有时为简化计算直接以收入金额为基数计算。现金折扣在实际发生时计入财务费用。

【案例12-7】甲公司2×08年3月26日向乙公司销售商品一批，商品价目表金额为1 000 000元，由于数量较多、金额较大，甲公司给予乙公司9折优惠。同时甲公司还规定现金折扣条件为"2/10，1/20，n/30"。双方适用的增值税税率均为13%，该批商品成本为700 000元。假定计算现金折扣时不考虑增值税额。甲公司的会计处理如下。

2×08年3月26日销售商品时：

不含税售价＝1 000 000×90%＝900 000(元)

增值税额＝900 000×13%＝117 000(元)

借：应收账款——乙公司	1 017 000	
贷：主营业务收入		900 000
应交税费——应交增值税(销项税额)		117 000
借：主营业务成本	700 000	
贷：库存商品		700 000

假定乙公司在2×08年4月4日支付货款：

现金折扣金额＝900 000×2%＝18 000(元)

借：银行存款	999 000	
财务费用	18 000	
贷：应收账款——乙公司		1 017 000

假定乙公司在2×08年4月13日支付货款：

现金折扣金额＝900 000×1%＝9 000(元)

借：银行存款	1 008 000	
财务费用	9 000	
贷：应收账款——乙公司		1 017 000

假定乙公司在2×08年4月25日支付货款：

借：银行存款	1 017 000	
贷：应收账款——乙公司		1 017 000

4. 销售折让

企业与客户的合同中约定的对价金额可能是固定的，也可能会因折扣、价格折让、返利、退款、奖励积分、激励措施、业绩奖金、索赔、未来事项等因素而变化。此外，企业有权收取的对价金额，将根据一项或多项或有事项的发生有不同的情况，也属于可变对价的情形。例如企业售出商品但允许客户退货时，企业有权收取的对价金额将取决于客户是否退货，因此该合同的交易价格是可变的。

销售折让是指企业因售出商品的质量不合格等原因而在售价上给予的减让。对于销售折让，如果发生于收入确认以前，如同商业折扣；如果发生于收入确认以后(非资产负债表日后事项)，通常应当在发生时冲减当期销售商品收入。

【案例12-8】 甲公司向乙公司销售一批商品，开出的增值税专用发票上注明的销售价款为200 000元，增值税税额为26 000元。乙公司在验收过程中发现商品质量不符合合同规定，存在瑕疵，但不影响正常使用，与甲公司协商要求在价格上给予10%的折让(不含增值税)，甲公司同意乙公司的要求。假定甲公司已确认销售收入，剩余款项已收到并存入银行。发生的销售折让允许扣减当期增值税额。

甲公司的账务处理如下。

① 销售实现时：

借：应收账款——乙公司	226 000	
贷：主营业务收入		200 000

应交税费——应交增值税(销项税额)		26 000

②发生销售折让时：

借：主营业务收入	20 000	
应交税费——应交增值税(销项税额)	2 600	
贷：应收账款——乙公司		22 600

②实际收到款项时：

借：银行存款	203 400	
贷：应收账款——乙公司		203 400

5. 销售退回

销售退回是指企业售出的商品由于质量、品种不符合要求等原因而发生的退货。销售退回可能存在以下情况。

(1) 发生于未确认收入之前的销售退回，应借记"库存商品"科目，贷记"发出商品"科目。

(2) 发生于确认收入之后，但不属于资产负债表日后事项的销售退回，具体又分为本年度销售商品和以前年度销售本年度内退回。对于已确认收入的售出商品发生退回的，企业应在发生时冲减当期销售商品收入，同时冲减当期销售商品成本。如果该项销售退回已发生现金折扣的，应同时调整相关财务费用的金额；如果该项销售退回允许扣减增值税额的，应同时调整"应交税费——应交增值税(销项税额)"科目的相应金额。

(3) 发生于确认收入之后，属于资产负债表日后事项的销售退回，应当按照有关资产负债表日后事项的相关规定进行会计处理。

【案例12-9】 甲公司在2×08年12月23日向乙公司销售一批商品，开出的增值税专用发票上注明的销售价款为500 000元，增值税税额为65 000元。该批商品成本为400 000元。现金折扣条件为"2/10，1/20，n/30"。乙公司在2×08年12月30日支付货款。2×09年4月25日，乙公司提出该批商品存在质量问题，要求退货，甲公司同意退货并于当日支付有关款项。假定计算现金折扣时不考虑增值税，销售退回不属于资产负债表日后事项。

甲公司的账务处理如下。

① 2×08年12月23日，销售商品时：

借：应收账款——乙公司	565 000	
贷：主营业务收入		500 000
应交税费——应交增值税(销项税额)		65 000
借：主营业务成本	400 000	
贷：库存商品		400 000

② 2×08年12月30日，收到货款时：

借：银行存款	555 000	
财务费用	10 000	
贷：应收账款——乙公司		565 000

③ 2×09 年 4 月 25 日，发生销售退回时：

借：主营业务收入	500 000
应交税费——应交增值税(销项税额)	65 000
贷：银行存款	555 000
财务费用	10 000
借：库存商品	400 000
贷：主营业务成本	400 000

对于附有销售退回条款的销售，企业应当在客户取得相关商品控制权时，按照因向客户转让商品而预期有权收取的对价金额(即不包含预期因销售退回将退还的金额)确认收入，按照预期因销售退回将退还的金额确认负债；同时，按照预期将退回商品转让时的账面价值，扣除收回该商品预计发生的成本(包括退回商品的价值减损)后的余额，确认为一项资产，按照所转让商品转让时的账面价值，扣除上述资产成本的净额结转成本。每一资产负债表日，企业应当重新估计未来销售退回情况，如有变化，应当作为会计估计变更进行会计处理。

【案例 12-10】 甲公司在 2×08 年 12 月 5 日向乙公司销售 100 件 A 商品，每件商品售价 2 000 元，开出的增值税专用发票上注明的销售价款为 200 000 元，增值税税额为 26 000 元。该批商品单位成本为 1 500 元，共 150 000 元。双方商定商品如存在质量问题 1 个月内可以退回，估计退货率为 10%。2×08 年 12 月 15 日，甲公司收到相应货款。2×08 年 12 月 31 日，对退货率重新评估，估计退货率为 15%。2×09 年 3 月 5 日，乙公司对该批部分商品提出质量问题，要求退货。销售退回不属于资产负债表日后事项。

甲公司的会计处理如下。

① 2×08 年 12 月 5 日，发出商品时：

借：应收账款——乙公司	226 000
贷：主营业务收入	180 000
预计负债	20 000
应交税费——应交增值税(销项税额)	26 000
借：主营业务成本	135 000
应收退货成本	15 000
贷：库存商品——A 商品	150 000

② 2×08 年 12 月 15 日，收到货款时：

借：银行存款	226 000
贷：应收账款——乙公司	226 000

③ 2×08 年 12 月 31 日，重新评估退货率：

借：主营业务收入	10 000
贷：预计负债	10 000
借：应收退货成本	7 500
贷：主营业务成本	7 500

④ 2×08年5月5日，发生退回时：

假定退货15件：

借：预计负债	30 000
应交税费——应交增值税(销项税额)	3 900
贷：银行存款	33 900
借：库存商品	22 500
贷：应收退货成本	22 500

假定退货10件：

借：预计负债	30 000
应交税费——应交增值税(销项税额)	2 600
贷：银行存款	22 600
主营业务收入	10 000
借：库存商品	15 000
主营业务成本	7 500
贷：应收退货成本	22 500

假定退货20件：

借：预计负债	30 000
应交税费——应交增值税(销项税额)	5 200
主营业务收入	10 000
贷：银行存款	45 200
借：库存商品	30 000
贷：应收退货成本	22 500
主营业务成本	7 500

6. 附有质量保证条款的销售

企业应当评估该质量保证是否在向客户保证所销售商品符合既定标准之外提供了一项单独的服务。企业提供额外服务的，应当作为单项履约义务，按照《企业会计准则第14号——收入》的规定进行会计处理；否则，质量保证责任应当按照《企业会计准则第13号——或有事项》的规定进行会计处理。评估质量保证是否在向客户保证所销售商品符合既定标准之外提供了一项单独的服务时，企业应当考虑该质量保证是否为法定要求、质量保证期限以及企业承诺履行义务的性质等因素。客户能够选择单独购买质量保证的，该质量保证构成单项履约义务。

【案例12-11】甲公司是一家精密仪器生产和销售企业。2×08年10月1日，甲公司与乙公司签订一项精密仪器的销售合同，合同约定甲公司向乙公司销售一批精密仪器，售价为830 000元。甲公司承诺该批仪器售出后一年内如出现非意外事件造成的故障或质量问题，甲公司免费负责保修(含零部件的更换)，同时甲公司还向乙公司提供一项延保服务，即在法定保修期一年之外，延长保修期2年。该批精密仪器和延保服务的单独标价分别为800 000元和30 000元。甲公司根据以往经验估计在法定保修期(一年)内将发生的保修费用为10 000元。该批精密仪器的成本为300 000元。合同签订当日，甲公司将该批仪器交付给乙公司，同时收到乙公司支付的价款830 000元和增值税107 900元。

本案例中,甲公司针对产品的质量问题提供的法定保证期的质量保证服务是为了向客户保证所销售商品符合既定标准,因此不构成单项履约义务。甲公司提供一项延保服务,属于在向客户保证所销售商品符合既定标准之外提供的单独服务,尽管其没有单独销售,但应该作为单项履约义务。

甲公司的会计处理如下:

借:银行存款　　　　　　　　　　　　　　　　　　　　937 900
　　贷:主营业务收入　　　　　　　　　　　　　　　　800 000
　　　　合同负债　　　　　　　　　　　　　　　　　　 30 000
　　　　应交税费——应交增值税(销项税额)　　　　　107 900
借:主营业务成本　　　　　　　　　　　　　　　　　　300 000
　　贷:库存商品　　　　　　　　　　　　　　　　　　300 000
借:销售费用　　　　　　　　　　　　　　　　　　　　 10 000
　　贷:预计负债　　　　　　　　　　　　　　　　　　 10 000

甲公司确认的延保服务收费30 000元应当在延保期间根据延保服务进度确认为收入。假定每年按直线法确认收入:

确认收入=30 000÷2=15 000(元)

借:合同负债　　　　　　　　　　　　　　　　　　　　 15 000
　　贷:主营业务收入　　　　　　　　　　　　　　　　 15 000

7. 附有客户额外购买选择权的销售

对于附有客户额外购买选择权的销售,企业应当评估该选择权是否向客户提供了一项重大权利。企业提供重大权利的,应当作为单项履约义务,按照《企业会计准则第14号——收入》第二十条~第二十四条的规定将交易价格分摊至该履约义务,在客户未来行使购买选择权取得相关商品控制权时,或者该选择权失效时,确认相应的收入。客户额外购买选择权的单独售价无法直接观察的,企业应当综合考虑客户行使和不行使该选择权所能获得的折扣的差异、客户行使该选择权的可能性等全部相关信息后,予以合理估计。客户虽然有额外购买商品选择权,但客户行使该选择权购买商品时的价格反映了这些商品单独售价的,不应被视为企业向该客户提供了一项重大权利。

【案例12-12】 甲公司是一个大型商品购物广场,对商品实行奖励积分销售,客户每购买商品10元可获得1个积分,每个积分从次月开始可以在购物时抵减1元,积分有效期一年。2×09年1月共销售商品100 000元(含税),客户共获得积分10 000个。根据历史经验,甲公司估计该积分在一年内的兑换率为90%。上述价格均为不含税价格,甲公司适用的增值税税率为13%。

本案例中,甲公司认为其授予客户的积分为客户提供了一项重大权利,应当作为一项单独履约义务。

甲公司估计积分的单独售价=1×10 000×90%=9 000(元)

分摊至商品的交易价格=[100 000÷(100 000+9 000)]×100 000=91 743.12(元)

分摊至积分的交易价格＝[100 000÷(100 000＋9 000)]×9 000＝8 256.88(元)

借：银行存款　　　　　　　　　　　　　　　　　　　　113 000
　　贷：主营业务收入　　　　　　　　　　　　　　　　　　91 743.12
　　　　合同负债　　　　　　　　　　　　　　　　　　　　8 256.88
　　　　应交税费——应交增值税(销项税额)　　　　　　　　13 000

假定2×09年2月，客户兑换4 000个积分：

积分应确认收入＝(4 000÷9 000)×8 256.88＝3 669.72(元)

借：合同负债　　　　　　　　　　　　　　　　　　　　　3 669.72
　　贷：主营业务收入　　　　　　　　　　　　　　　　　　3 669.72

企业向客户预收销售商品款项的，应当首先将该款项确认为负债，待履行了相关履约义务时再转为收入。当企业预收款项无须退回，且客户可能会放弃其全部或部分合同权利时，企业预期将有权获得与客户所放弃的合同权利相关的金额的，应当按照客户行使合同权利的模式按比例将上述金额确认为收入；否则，企业只有在客户要求其履行剩余履约义务的可能性极低时，才能将上述负债的相关余额转为收入。

假定截至2×09年12月底，客户兑换总积分8 000个，其中，2—11月份兑换积分为7 000个(假定2—11月份积分兑换率不变)。2×09年12月底，对该积分兑换率进行了重新评估，预计兑换率为92%。

2—11月已确认收入＝7 000÷9 000×8 256.88＝6 422.02(元)

12月份应确认收入＝(8 000÷9 200)×8 256.88-6 422.02＝757.88(元)

借：合同负债　　　　　　　　　　　　　　　　　　　　　757.88
　　贷：主营业务收入　　　　　　　　　　　　　　　　　　757.88

假定2×10年1月底，客户兑换9 200个积分，剩余800个积分失效：

应确认收入＝8 256.88-(8 000÷9 200)×8 256.88＝1 076.98(元)

借：合同负债　　　　　　　　　　　　　　　　　　　　　1 076.98
　　贷：主营业务收入　　　　　　　　　　　　　　　　　　1 076.98

8. 销售材料等存货

企业销售不需用的原材料、包装物等存货确认的收入，作为其他业务收入处理，借记"银行存款""应收账款"等科目，贷记"其他业务收入""应交税费——应交增值税(销项税额)"科目；结转成本时，借记"其他业务成本"科目，贷记"原材料""周转材料"等科目。

【案例12-13】 甲公司将一批积压材料对外出售，出售价格为100 000元，适用的增值税税率为13%。该批材料实际成本为80 000元。款项已经收到并存入银行。

甲公司的账务处理如下：

借：银行存款　　　　　　　　　　　　　　　　　　　　　113 000
　　贷：其他业务收入　　　　　　　　　　　　　　　　　　100 000
　　　　应交税费——应交增值税(销项税额)　　　　　　　　13 000

借：其他业务成本　　　　　　　　　　　　　　　　　　　80 000
　　贷：原材料　　　　　　　　　　　　　　　　　　　　　80 000

(二) 在某一时段内履行履约义务确认收入

对于在某一时点履行的履约义务，满足下列条件之一的，属于在某一时段内履行履约义务；否则，属于在某一时点履行履约义务。

(1) 客户在企业履约的同时即取得并消耗企业履约所带来的经济利益。

(2) 客户能够控制企业履约过程中在建的商品。

(3) 企业履约过程中所产出的商品具有不可替代用途，且该企业在整个合同期间内有权就累计至今已完成的履约部分收取款项。具有不可替代用途，是指因合同限制或实际可行性限制，企业不能轻易地将商品用于其他用途。有权就累计至今已完成的履约部分收取款项，是指在由于客户或其他方原因终止合同的情况下，企业有权就累计至今已完成的履约部分收取能够补偿其已发生成本和合理利润的款项，并且该权利具有法律约束力。

对于在某一时段内履行的履约义务，企业应当在该段时间内按照履约进度确认收入，但是履约进度不能合理确定的除外。企业应当考虑商品的性质，采用产出法或投入法确定恰当的履约进度。其中，产出法是根据已转移给客户的商品的价值确定履约进度；投入法是根据企业为履行履约义务的投入确定履约进度，如投入的材料数量、花费的人工工时或机器工时、发生的成本和时间进度等。实务中，企业通常按照已经发生的成本占估计总成本的比例来确定履约进度。对于类似情况的类似履约义务，企业应当采用相同的方法确定履约进度。资产负债表日，企业按照合同的交易价格总额乘以履约进度扣除以前期间累计已确认的收入后的金额，确认当期收入。

当履约进度不能合理确定时，企业已经发生的成本预计能够得到补偿的，应当按照已经发生的成本金额确认收入，直到履约进度能够合理确定为止。

【案例12-14】 甲公司于2×08年10月1日接受一项设备安装任务，预计安装期为12个月，合同总收入2 000 000元(不含税)，合同预计总成本1 500 000元。截至2×08年12月31日，已预收安装费800 000元。实际发生安装费用600 000元，其中安装人员薪酬100 000元，材料费用450 000元，以银行存款支付的其他费用54 500元(含允许抵扣的增值税进项税额为4 500元)。2×09年9月30日完工，又发生安装费用800 000元，其中安装人员薪酬300 000元，材料费用400 000元，以银行存款支付的其他费用109 000元(含允许抵扣的增值税进项税额9 000元)。剩余款项全部收到并存入银行。假定甲公司按实际发生的成本占估计总成本的比例确定劳务的履约进度。假定增值税纳税义务确认收入时发生并认证，适用的增值税税率为9%。

甲公司的账务处理如下：

① 2×08年，预收安装费时：

借：银行存款	800 000
贷：合同负债	800 000

② 实际发生劳务成本时：

借：合同履约成本	600 000
应交税费——应交增值税(进项税额)	4 500
贷：应付职工薪酬	100 000
原材料	450 000
银行存款	54 500

③ 2×08年12月31日，确认提供劳务收入并结转劳务成本时：
履约进度＝600 000÷1 500 000＝40%
本期确认的收入＝2 000 000×40%-0＝800 000(元)

借：应收账款	72 000	
合同负债	800 000	
贷：主营业务收入		800 000
应交税费——应交增值税(销项税额)		72 000
借：主营业务成本	600 000	
贷：合同履约成本		600 000

④ 2×09年，实际发生劳务成本时：

借：合同履约成本	800 000	
应交税费——应交增值税(进项税额)	9 000	
贷：应付职工薪酬		300 000
原材料		400 000
银行存款		109 000

⑤ 2×09年9月30日，确认提供劳务收入并结转劳务成本时：
本期确认的收入＝2 000 000×100%-800 000＝1 200 000(元)

借：应收账款	1 308 000	
贷：主营业务收入		1 200 000
应交税费——应交增值税(销项税额)		108 000
借：主营业务成本	800 000	
贷：合同履约成本		800 000

⑥ 收到劳务款时：

借：银行存款	1 380 000	
贷：应收账款		1 380 000

【案例12-15】甲公司于2×08年12月1日接受一项为期2个月的装修服务合同，合同总收入500 000元(不含税)，装修价款及增值税税款于月末按装修进度支付。截至2×08年12月31日，实际发生装修费用120 000元(假定全部为装修人员薪酬)，经专业测量师测量后，确定该项劳务的完工程度为40%，甲公司收到相应的合同价款及增值税税款，适用增值税税率为9%(下同)。2×09年1月底装修完工，又发生安装费用150 000元(假定全部为安装人员薪酬)，剩余合同价款及增值税税款全部收到并存入银行。

甲公司的账务处理如下。
① 2×08年，实际发生劳务成本时：

借：合同履约成本	120 000	
贷：应付职工薪酬		120 000

② 2×08年12月31日，确认收入时：
本期确认的收入＝500 000×40%＝200 000(元)

借：银行存款	218 000	

贷：主营业务收入　　　　　　　　　　　　　　　　　　　　200 000
　　　　　应交税费——应交增值税(销项税额)　　　　　　　　　　 18 000
　借：主营业务成本　　　　　　　　　　　　　　　　　　　　　　 120 000
　　　贷：合同履约成本　　　　　　　　　　　　　　　　　　　　　120 000
③ 2×09年，实际发生劳务成本时：
　借：合同履约成本　　　　　　　　　　　　　　　　　　　　　　 150 000
　　　贷：应付职工薪酬　　　　　　　　　　　　　　　　　　　　　150 000
④ 2×09年1月底，确认提供劳务收入并结转劳务成本时：
本期确认的收入＝500 000×100%-200 000＝300 000(元)
　借：银行存款　　　　　　　　　　　　　　　　　　　　　　　　 327 000
　　　贷：主营业务收入　　　　　　　　　　　　　　　　　　　　　300 000
　　　　　应交税费——应交增值税(销项税额)　　　　　　　　　　 27 000
　借：主营业务成本　　　　　　　　　　　　　　　　　　　　　　 150 000
　　　贷：合同履约成本　　　　　　　　　　　　　　　　　　　　　150 000

【案例12-16】 甲公司为一家健身俱乐部，2×08年1月1日，接收某客户为会员，收取会员费5 300元(含增值税300元)，会员可在未来5个月内在该俱乐部健身，且不受次数限制。假定增值税纳税义务在收取款项时发生。

甲公司的账务处理如下。

① 2×08年1月1日，收取款项时：
　借：银行存款　　　　　　　　　　　　　　　　　　　　　　　　 5 300
　　　贷：合同负债　　　　　　　　　　　　　　　　　　　　　　　5 000
　　　　　应交税费——应交增值税(销项税额)　　　　　　　　　　 300

② 当企业从事的工作或发生的投入在整个履约期间内平均发生时，企业可以按照直线法确认收入。2×08年1月31日，确认收入时：

本期确认的收入＝5 000÷5＝1 000(元)
　借：合同负债　　　　　　　　　　　　　　　　　　　　　　　　 1 000
　　　贷：主营业务收入　　　　　　　　　　　　　　　　　　　　　1 000

后期会计处理情况相同。

五、合同成本

企业在与客户之间建立合同关系的过程中发生的成本主要有合同取得成本和合同履约成本。

(一) 合同取得成本

企业为取得合同发生的增量成本预期能够收回的，应当作为合同取得成本确认为一项资产。但是，该资产摊销期限不超过一年的，可以在发生时计入当期损益。增量成本是指企业不取得合同就不会发生的成本(如销售佣金等)。

已经确认与合同成本有关的资产,应当采用与该资产相关的商品收入确认相同的基础进行摊销,计入当期损益。

企业为取得合同发生的,除预期能够收回的增量成本之外的其他支出(如无论是否取得合同均会发生的差旅费等),应当在发生时计入当期损益,但是,明确由客户承担的除外。

企业发生合同取得成本时,借记"合同取得成本"科目,贷记"银行存款""其他应付款"等科目;对合同取得成本进行摊销时,按照其相关性借记"销售费用"等科目,贷记"合同取得成本"科目,涉及增值税的,贷记"应交税费——应交增值税(销项税额)"科目。

【案例12-17】 甲公司是一家咨询服务公司,适用增值税税率为6%。2×09年1月1日,通过竞标获得一个服务期限为4年的客户,服务费为每年240 000元(不含税),年末支付。为取得该客户的合同,甲公司聘请律师进行调查,发生费用5 000元,为投标发生差旅费8 000元,支付销售人员佣金18 000元,以上款项均以银行存款结算。甲公司预计这些支出未来均能够收回。

上述费用中,支付销售人员佣金属于增量成本,应当确认为一项资产;聘请律师进行调查发生的费用、为投标发生的差旅费不属于增量成本,应当于发生时直接计入当期损益。

甲公司的账务处理如下。

① 支付相关费用时:

借:合同取得成本　　　　　　　　　　　　　　　　18 000
　　管理费用　　　　　　　　　　　　　　　　　　13 000
　　贷:银行存款　　　　　　　　　　　　　　　　　　　　31 000

② 每月确认收入时:

确认的收入=240 000÷12=20 000(元)

借:应收账款　　　　　　　　　　　　　　　　　　21 200
　　贷:主营业务收入　　　　　　　　　　　　　　　　　　20 000
　　　　应交税费——应交增值税(销项税额)　　　　　　　　1 200

③ 每月摊销合同取得成本时:

销售人员佣金摊销额=18 000÷4÷12=375(元)

借:销售费用　　　　　　　　　　　　　　　　　　　375
　　贷:合同取得成本　　　　　　　　　　　　　　　　　　　375

(二) 合同履约成本

企业为履行合同发生的成本,不属于其他企业会计准则规范范围且同时满足下列条件的,应当作为合同履约成本确认为一项资产:①该成本与一份当前或预期取得的合同直接相关,包括直接人工、直接材料、制造费用或类似费用、明确由客户承担的成本,以及仅因该合同而发生的其他成本;②该成本增加了企业未来用于履行履约义务的资源;③该成本预期能够收回。

制造费用或类似费用,如组织和管理生产、施工、服务等活动发生的费用,包括人员的职工薪酬、劳动保护费、固定资产折旧费及修理费、物料消耗、取暖费、水电费、办公费、差旅费、财产保险费、工程保修费、排污费、临时设施摊销费等。

明确由客户承担的成本以及仅因该合同而发生的其他成本,如支付给分包商的成本、机械使用费、设计和技术援助费用、施工现场二次搬运费、生产工具和用具使用费、检验试验费、工程定位复测费、工程点交费用、场地清理费等。

企业应当在下列支出发生时,将其计入当期损益:①管理费用;②非正常消耗的直接材料、直接人工和制造费用(或类似费用),这些支出因为履行合同而发生,但未反映在合同价格中;③与履约义务中已履行部分相关的支出;④无法在尚未履行的与已履行的履约义务之间区分的相关支出。

企业发生合同履约成本时,借记"合同履约成本"科目,贷记"银行存款""应付职工薪酬""原材料"等科目;合同履约成本摊销时,借记"主营业务成本""其他业务成本"科目,贷记"合同履约成本"科目。涉及增值税的,还应进行相应会计处理。

【案例12-18】 甲公司经营一家酒店,该酒店是甲公司的自有资产。2×09年12月甲公司计提与酒店经营直接相关的酒店、客房和客房内的设备、家具等折旧30 000元,酒店土地使用权摊销费用80 000元。经计算,当月确认房费、餐饮等服务收入530 000元(其中增值税税额30 000元),全部存入银行。

本案例中,甲公司经营酒店主要是通过提供客房服务赚取收入,而客房服务的提供直接依赖于酒店物业(包含土地)以及家具等相关资产,这些资产折旧和摊销属于甲公司为履行与客户的合同而发生的合同履约成本。已确认的合同履约成本在收入确认时予以摊销,计入营业成本。

甲公司的会计处理如下:

① 确认资产的折旧费、摊销费:

借:合同履约成本　　　　　　　　　　　　　　　　110 000
　　贷:累计折旧　　　　　　　　　　　　　　　　　30 000
　　　　累计摊销　　　　　　　　　　　　　　　　　80 000

② 2×09年12月,确认酒店服务收入并摊销合同履约成本:

借:银行存款　　　　　　　　　　　　　　　　　　530 000
　　贷:主营业务收入　　　　　　　　　　　　　　500 000
　　　　应交税费——应交增值税(销项税额)　　　　30 000
借:主营业务成本　　　　　　　　　　　　　　　　110 000
　　贷:合同履约成本　　　　　　　　　　　　　　110 000

任务二　费用核算

企业要实现盈利,就会通过经济活动形成收入,而费用属于与收入有关的合理支出,这体现在费用的发生能帮助企业实现营业目的,帮助企业实现企业目标,如果企业连续、长期地列支某项具体费用,但又从未取得与之具体费用相对应的收入或实现其他相关目标,那么其费用的真实性是值得怀疑的。

一、费用

费用是指企业在日常活动中发生的、会导致所有者权益减少的、与向所有者分配利润无关的经济利益的总流出。

费用只有在很可能流出从而导致企业资产减少或者负债增加,且经济利益的流出额能够可靠计量时才能予以确认。费用应按照权责发生制和配比原则确认,凡应属于本期发生的费用,不论其款项是否支付,均确认为本期费用;反之,不属于本期发生的费用,即使其款项已在本期支付,也不确认为本期费用。

在确认费用时,首先应当划分生产费用与非生产费用的界限。生产费用是指与企业日常生产经营活动有关的费用,如生产产品所发生的原材料费用、人工费用等;非生产费用是指不应由生产费用负担的费用,如用于购建固定资产所发生的费用,不属于生产费用。其次,应当分清生产费用与产品成本的界限。生产费用与一定的时期相联系,而与生产的产品无关;产品成本与一定品种和数量的产品相联系,而不论发生在哪一期。最后,应当分清生产费用与期间费用的界限。生产费用应当计入产品成本;而期间费用直接计入当期损益。

期间费用是指本期发生的、不能直接或间接归入某种产品成本的、直接计入损益的各项费用,包括管理费用、销售费用和财务费用。

二、税金及附加

税金及附加是指企业经营活动应负担的相关税费,包括消费税、城市维护建设税、教育费附加、资源税、环境保护税、土地增值税、房产税、城镇土地使用税、车船税、印花税、耕地占用税、契税、车辆购置税等。

企业发生的税金及附加时,借记"税金及附加"科目,贷记"应交税费""银行存款"等科目。期末,"税金及附加"科目的余额结转"本年利润"科目后无余额。

【案例 12-19】 2×08 年 10 月 1 日,甲公司销售应税消费品一批,价格 200 000 元,适用消费税税率为 20%。

甲公司的账务处理如下:

借:税金及附加 40 000
  贷:应交税费——应交消费税 40 000

【案例 12-20】 2×08 年 10 月 21 日,甲公司以银行存款支付印花税 1 000 元。

甲公司的账务处理如下:

借:税金及附加 1 000
  贷:银行存款 1 000

三、销售费用核算

销售费用是指企业在销售商品和材料、提供劳务的过程中发生的各种费用,包括企业在销售商品的过程中发生的保险费、包装费、展览费和广告费、商品维修费、预计产品质量保证损失、运输费、装卸费等，以及为销售本企业商品而专设的销售机构(含销售网点、售后服务网点等)的职工薪酬、业务费、折旧费、固定资产修理费用等费用。

企业发生销售费用时，借记"销售费用"科目，贷记"银行存款""应付职工薪酬"等科目。期末，"销售费用"科目的余额结转"本年利润"科目后无余额。

【案例12-21】甲公司计提销售用设备折旧200 000元、计提销售人员工资费用100 000元，以银行存款支付广告费300 000元。

甲公司的账务处理如下：

借：销售费用	600 000
贷：累计折旧	200 000
应付职工薪酬	100 000
银行存款	300 000

四、管理费用核算

管理费用是指企业为组织和管理企业生产经营所发生的管理费用，包括企业在筹建期间内发生的开办费、董事会和行政管理部门在企业的经营管理中发生的或者应由企业统一负担的公司经费(包括行政管理部门职工工资及福利费、物料消耗、低值易耗品摊销、办公费和差旅费等)、工会经费、董事会费(包括董事会成员津贴、会议费和差旅费等)、聘请中介机构费、咨询费(含顾问费)、诉讼费、业务招待费、技术转让费、矿产资源补偿费、研究费用、排污费，以及企业生产车间(部门)和行政管理部门等发生的固定资产修理费用等。

企业发生管理费用时，借记"管理费用"科目，贷记"银行存款""应付职工薪酬""累计摊销"等科目。期末，"管理费用"科目的余额结转"本年利润"科目后无余额。

【案例12-22】甲公司计提管理用设备折旧100 000元、管理用无形资产摊销50 000元，计提管理人员工资费用200 000元，以银行存款支付业务招待费10 000元。

甲公司的账务处理如下：

借：管理费用	360 000
贷：累计折旧	100 000
累计摊销	50 000
应付职工薪酬	200 000
银行存款	10 000

五、财务费用核算

财务费用是指企业为筹集生产经营所需资金等而发生的筹资费用，包括利息支出(减利息收入)、汇兑损益，以及相关的手续费、企业发生的现金折扣或收到的现金折扣、未确认融资费用的摊销等。

企业发生财务费用时，一般借记"财务费用"科目，贷记"银行存款""未确认融资费用"等科目，有时需要贷记"财务费用"科目。期末，"财务费用"科目的余额结转"本年利润"科目后无余额。

【案例 12-23】 甲公司本期发生财务费用业务时的账务处理如下。

① 计提非资本化的到期还本分期付息公司债券利息费用 500 000 元:

借: 财务费用　　　　　　　　　　　　　　　　　　500 000
　　贷: 应付利息　　　　　　　　　　　　　　　　　　　500 000

② 收到银行存款利息 3 000 元:

借: 银行存款　　　　　　　　　　　　　　　　　　　3 000
　　贷: 财务费用　　　　　　　　　　　　　　　　　　　　3 000

③ 因融资租入固定资产摊销未确认融资费用 50 000 元:

借: 财务费用　　　　　　　　　　　　　　　　　　　50 000
　　贷: 未确认融资费用　　　　　　　　　　　　　　　　50 000

任务三　利润核算

利润反映的是收入减去费用,利得减去损失后的净额。因此,利润的确认主要取决于收入和费用以及利得和损失的确认,其金额的确定也主要取决于收入、费用、利得、损失金额的计量。

一、利润

利润是指企业在一定会计期间的经营成果。利润包括收入减去费用后的净额、直接计入当期利润的利得和损失等。

(一) 利润的计算

利润的计算包括营业利润的计算、利润总额的计算和净利润的计算,相关计算公式如下。

1. 营业利润

营业利润＝营业收入-营业成本-税金及附加-销售费用-管理费用-研发费用-财务费用＋其他收益＋投资收益(-投资损失)＋公允价值变动收益(-公允价值变动损失)-信用减值损失-资产减值损失＋资产处置收益(-资产处置损失)

营业收入＝主营业务收入＋其他业务收入

营业成本＝主营业务成本＋其他业务成本

研发费用是指企业进行研究与开发过程中发生的费用化支出,以及计入管理费用的自行开发无形资产的摊销。

其他收益反映计入其他收益的政府补助等。

投资收益(或损失)是指企业以各种方式对外投资所取得的收益(或发生的损失)。

公允价值变动收益(或损失)是指企业交易性金融资产等公允价值变动形成的应计入当期损

益的利得(或损失)。

信用减值损失是指企业计提各项金融工具信用减值准备所确认的信用损失。

资产减值损失是指企业计提各项资产减值准备所形成的损失。

资产处置收益反映企业出售固定资产、在建工程及无形资产等而产生的处置利得或损失。

2. 利润总额

$$利润总额＝营业利润＋营业外收入-营业外支出$$

3. 净利润

$$净利润＝利润总额-所得税费用$$

其中，所得税费用是指企业确认的应从当期利润总额中扣除的所得税费用。

【案例12-24】 甲公司2×08年营业收入为6 000 000元，营业成本为4 000 000元，税金及附加为60 000元，销售费用为200 000元，管理费用为300 000元，财务费用为100 000元，信用减值损失20 000元，资产减值损失为180 000元，公允价值变动收益为100 000元，投资收益为400 000元，营业外收入为50 000元，营业外支出为30 000元，所得税费用400 000元。

甲公司营业利润＝6 000 000-4 000 000-60 000-200 000-300 000-100 000-20 000-180 000＋100 000＋400 000＝1 640 000(元)

甲公司利润总额＝1 640 000＋50 000-30 000＝1 660 000(元)

甲公司净利润＝1 660 000-400 000＝1 260 000(元)

(二) 利润的结转

利润结转一般按照以下顺序进行：①期末将有关损益类账户的金额全部结转到"本年利润"账户；②将"本年利润"账户的余额结转到"利润分配——未分配利润"账户。

【案例12-25】 2×08年12月31日，甲公司有关损益类账户余额如表12-1所示。

表12-1 甲公司账户余额表

单位：元

账户	金额	账户	金额
主营业务收入	5 000 000	主营业务成本	3 000 000
其他业务收入	1 000 000	其他业务成本	1 000 000
公允价值变动损益	100 000	税金及附加	60 000
投资收益	400 000	销售费用	200 000
营业外收入	50 000	管理费用	300 000
		财务费用	100 000
		资产减值损失	200 000
		营业外支出	30 000
		所得税费用	400 000

甲公司的会计处理如下。

① 将收入类损益账户转入"本年利润"科目：

借：主营业务收入		5 000 000
其他业务收入		1 000 000
公允价值变动损益		100 000
投资收益		400 000
营业外收入		50 000
贷：本年利润		6 550 000

② 将费用类损益账户转入"本年利润"科目：

借：本年利润		5 290 000
贷：主营业务成本		3 000 000
其他业务成本		1 000 000
税金及附加		60 000
销售费用		200 000
管理费用		300 000
财务费用		100 000
资产减值损失		200 000
营业外支出		30 000
所得税费用		400 000

③ 将"本年利润"转入"利润分配——未分配利润"科目：

借：本年利润		1 260 000
贷：利润分配——未分配利润		1 260 000

二、所得税核算

我国所得税会计采用资产负债表债务法，要求企业从资产负债表出发，通过比较资产负债表上列示的资产、负债，按照根据会计准则规定确定的账面价值与根据税法规定确定的计税基础，两者之间的差异分为应纳税暂时性差异与可抵扣暂时性差异，确认相关的递延所得税负债与递延所得税资产，并在此基础上确定每一会计期间利润表中的所得税费用。

(一) 计税基础

1. 资产的计税基础

资产的计税基础是指企业收回资产账面价值的过程中，计算应纳税所得额时按照税法规定可以自应税经济利益中抵扣的金额，即某一项资产在未来期间计税时按照税法规定可以税前扣除的金额。

资产在初始确认时，其计税基础一般为取得成本，即企业为取得某项资产支付的成本在未来期间准予税前扣除。在资产持续持有的过程中，其计税基础是指资产的取得成本减去以前期间按照税法规定已经税前扣除的金额后的余额。固定资产、无形资产等长期资产在某一资产负债表日的计税基础是指其成本扣除按照税法规定已在以前期间税前扣除的累计折旧额或累计摊销额后的金额。

(1) 固定资产。固定资产初始确认时按照会计准则规定确定的入账价值基本上是被税法认可的，即取得时其账面价值一般等于计税基础。固定资产在持有期间进行后续计量时，由于在折旧方法、折旧年限以及固定资产减值准备的提取等方面，会计和税法规定可能不一致，造成固定资产的账面价值与计税基础的差异，这个差异体现在两方面：①因计提折旧产生的差异；②因计提固定资产减值准备产生的差异。

【案例12-26】 2×08年3月10日，甲公司取得一项固定资产，入账价值1 000 000元，预计净残值率为10%，预计使用年限为5年，采用直线法计提折旧。但税法规定该类固定资产应采用年数总和法计提折旧。

2×08年12月31日该项固定资产账面价值＝1 000 000-1 000 000×(1-10%)÷5÷12×9
$$=865\,000(元)$$

2×08年12月31日该项固定资产计税基础＝1 000 000-1 000 000×(1-10%)×5/15÷12×9
$$=775\,000(元)$$

差额90 000(865 000-775 000)元在未来应调增应纳税所得额。

【案例12-27】 2×08年12月31日，甲公司的一项固定资产账面价值为1 000 000元，但预计其未来可收回金额只有900 000元。

2×08年12月31日该项固定资产计提固定资产减值准备＝1 000 000-900 000＝100 000(元)

2×08年12月31日该项固定资产计税基础为1 000 000元，与其账面价值900 000元的差额可以在未来抵减应纳税所得额。

(2) 无形资产。无形资产初始确认时按照会计准则规定确定的入账价值与按照税法规定确定的计税成本之间一般不存在差异。无形资产的差异主要产生于无形资产摊销、无形资产计提减值准备和内部研究开发形成的无形资产。

① 无形资产摊销。

【案例12-28】 公司于2×08年1月1日取得的一项无形资产，取得成本为500 000元，但无法合理预计其使用期限，将其作为使用寿命不确定的无形资产。但税法规定，对该类无形资产按照10年的期限摊销，摊销金额允许税前扣除。

2×08年12月31日该项无形资产计税基础＝500 000-500 000÷10＝450 000(元)

无形资产账面价值500 000元与计税基础450 000元的差额为50 000元，在未来应调增应纳税所得额。

② 无形资产计提减值准备。无形资产计提减值准备，导致账面价值低于计税基础，产生的差额可以抵减未来应纳税所得额，有关会计处理同固定资产计提减值准备。

③ 内部研究开发形成的无形资产。内部研究开发形成的无形资产，其成本为开发阶段符合资本化条件以后至达到预定用途前发生的支出，除此之外，研究开发过程中发生的其他支出应予费用化计入损益；税法规定，自行开发的无形资产，以开发过程中该资产符合资本化条件后至达到预定用途前发生的支出为计税基础。另外，除烟草制造业以外的制造业企业开展研发活动中实际发生的研发费用，未形成无形资产计入当期损益的，在按规定据实扣除的基础上，自2021年1月1日起，再按照实际发生额的100%在税前加计扣除；形成无形资产的，自2021年

1月1日起，按照无形资产成本的200%在税前扣除。

【案例12-29】甲公司自行研发一项专利技术，研究阶段支出500 000元，开发阶段支出1 000 000元，其中800 000元符合资本化条件。假定该项专利技术属于税法规定的开发新技术、新产品、新工艺。

根据企业会计准则的规定，应予费用化金额700 000元，资本化金额800 000元，即无形资产入账价值800 000元。

根据税法的规定，可在当期税前扣除的费用金额为1 400 000(700 000×200%)元，无形资产未来摊销基数为1 600 000(800 000×200%)元，即无形资产计税基础为1 600 000元，形成暂时性差异800 000元。

(3) 交易性金融资产。按照企业会计准则规定，交易性金融资产按照公允价值计量且其变动计入当期损益。税法规定，企业以公允价值计量的金融资产、金融负债以及投资性房地产等，持有期间公允价值的变动不计入应纳税所得额，在实际处置或结算时，处置取得的价款扣除其历史成本后的差额应计入处置或结算期间的应纳税所得额，从而产生差异。

【案例12-30】2×08年11月8日，甲公司购入某上市公司股票100 000股，每股股价5元，共支付500 000元，假定没有发生其他交易费用，甲公司将其划分为交易性金融资产。2×08年12月31日，该股票每股市价7元。

2×08年12月31日该股票账面价值＝100 000×7＝700 000(元)

2×08年12月31日该股票计税基础＝100 000×5＝500 000(元)

账面价值与计税基础的差额200 000元，在未来应调增应纳税所得额。

(4) 其他债权投资和其他权益工具投资。其他债权投资和其他权益工具投资账面价值和计税基础产生差异的情况与交易性金融资产非常类似，只是公允价值的变动根据企业会计准则规定计入所有者权益，不影响应纳税所得额，进而不会影响企业所得税费用。

【案例12-31】沿用案例12-30的资料，假定甲公司将其划分为其他权益工具投资，其他条件不变。

2×08年12月31日该股票账面价值＝100 000×7＝700 000(元)

2×08年12月31日该股票计税基础＝100 000×5＝500 000(元)

账面价值与计税基础的差额200 000元，在未来应考虑调整所有者权益。

另外，采用公允价值进行后续计量的投资性房地产、应收账款计提坏账准备、存货计提货跌价准备等，也会产生账面价值与计税基础不一致的情况，有关会计处理此处不再赘述。

2. 负债的计税基础

负债的计税基础是指负债的账面价值减去未来期间计算应纳税所得额时按照税法规定可予抵扣的金额。计算公式如下：

负债的计税基础＝账面价值-未来期间按照税法规定可予税前扣除的金额

负债的确认与偿还一般不会影响企业的损益，也不会影响其应纳税所得额，计税基础即为账面价值。但是，某些情况下，负债的确认可能税法和会计规定不一致，使得其计税基础与账面价值产生差额。

(1) 预计负债。按照或有事项准则规定，或有事项满足有关确认条件时，可以确认为一项负债(预计负债)。如果税法规定，该类事项在实际发生损失时可以税前扣除，从而导致预计负债账面价值与计税基础之间的差额，在未来可以抵减应纳税所得额。

【案例12-32】甲企业2×08年因未决诉讼确认一项预计负债1 000 000元，按照税法规定，在实际发生损失时才允许税前扣除。

该项预计负债在甲企业2×08年12月31日资产负债表中的账面价值为1 000 000元，但按照税法规定，未来允许抵扣的金额为1 000 000元，也就是说现在不允许税前扣除。因此，该项预计负债的计税基础＝账面价值－未来期间计算应纳税所得额时按照税法规定可予抵扣的金额＝1 000 000－1 000 000＝0(元)。

(2) 应付职工薪酬。企业会计准则规定，企业为获得职工提供的服务给予的各种形式的报酬以及其他相关支出均应作为企业的成本费用，在未支付之前确认为负债。税法中对于合理的职工薪酬基本允许税前扣除，但税法中明确规定了税前扣除标准的，按照企业会计准则规定计入成本费用支出的金额超过规定标准部分，应进行纳税调整。因超过部分在发生当期不允许税前扣除，在以后期间也不允许税前扣除，即未来允许抵扣的金额为0，所产生应付职工薪酬负债的账面价值等于计税基础。

【案例12-33】甲企业2×08年12月31日计入成本费用的职工工资总额为4 000 000元，截至2×08年12月31日尚未支付。按照适用税法规定，允许税前扣除的计入成本费用的计税工资为3 000 000元。

应付职工薪酬账面价值为4 000 000元。

税法规定的计税工资为3 000 000元，与账面价值的差额1 000 000元，当期不允许税前扣除，在未来也不允许税前扣除，即未来允许抵扣的金额为0，所以，应付职工薪酬的计税基础＝4 000 000－0＝4 000 000(元)。

该项负债的账面价值4 000 000元与其计税基础4 000 000元相同，不形成暂时性差异。

(3) 罚款与滞纳金。企业因违反国家有关法律法规应交的罚款和滞纳金等，在尚未支付之前按照会计规定确认为费用，同时作为负债反映。税法规定，此类罚款和滞纳金不得税前扣除，即未来允许抵扣的金额为0，计税基础等于账面价值。

【案例12-34】甲公司2×08年12月因违反当地有关环保法规的规定，被环保部门罚款200 000元。税法规定，企业因违反国家有关法律法规支付的罚款和滞纳金，计算应纳税所得额时不允许税前扣除。至2×08年12月31日，该项罚款尚未支付。

应支付罚款产生的负债账面价值为200 000元。

该项负债未来允许抵扣的金额为0，因此计税基础＝200 000－0＝200 000(元)。

(二) 暂时性差异

暂时性差异是指资产、负债的账面价值与其计税基础不同产生的差额。根据暂时性差异对未来期间应纳税所得额的影响，分为应纳税暂时性差异和可抵扣暂时性差异。

1. 应纳税暂时性差异

应纳税暂时性差异是指在确定未来收回资产或清偿负债期间的应纳税所得额时，将导致产生应税金额的暂时性差异，即在未来期间不考虑该事项影响的应纳税所得额的基础上，由于该暂时性差异的转回会进一步增加转回期间的应纳税所得额和应交所得税金额,在其产生当期应当确认相关的递延所得税负债。

应纳税暂时性差异通常产生于以下情况。

(1) 资产的账面价值大于其计税基础。例如案例12-26、案例12-28、案例12-30、案例12-31中资产的账面价值大于计税基础,产生应纳税暂时性差异。

(2) 负债的账面价值小于其计税基础。负债的账面价值小于其计税基础,则意味着该项负债在未来期间可以税前抵扣的金额为负数,即应在未来期间应纳税所得额的基础上调增,增加应纳税所得额和应交所得税金额,产生应纳税暂时性差异。

2. 可抵扣暂时性差异

可抵扣暂时性差异是指在确定未来收回资产或清偿负债期间的应纳税所得额时,将导致产生可抵扣金额的暂时性差异。该差异在未来期间转回时会减少转回期间的应纳税所得额,减少未来期间的应交所得税。在可抵扣暂时性差异产生当期,符合确认条件时,应当确认相关的递延所得税资产。

可抵扣暂时性差异一般产生于以下情况。

(1) 资产的账面价值小于其计税基础。例如案例12-27、案例12-29中资产的账面价值小于计税基础,产生可抵扣暂时性差异。

(2) 负债的账面价值大于其计税基础。例如案例12-32负债的账面价值大于计税基础,产生可抵扣暂时性差异。

(三) 递延所得税负债和递延所得税资产

按照所得税会计准则规定的原则,应纳税暂时性差异符合确认条件时,应当确认相关的递延所得税负债;可抵扣暂时性差异符合确认条件时,应当确认相关的递延所得税资产。

1. 递延所得税负债

企业在确认因应纳税暂时性差异产生的递延所得税负债时,除应遵循除所得税准则中明确规定可不确认递延所得税负债的情况以外,企业对于所有的应纳税暂时性差异均应确认相关的递延所得税负债。除与直接计入所有者权益的交易或事项以及企业合并中取得资产、负债相关的以外,在确认递延所得税负债的同时,应增加利润表中的所得税费用。

【案例12-35】 沿用案例12-26、案例12-28、案例12-30和案例12-31的数据,假定甲公司适用的所得税税率为25%,其他因素不予考虑。

应纳税暂时性差异金额=90 000+50 000+200 000+200 000=540 000(元)

递延所得税负债金额=540 000×25%=135 000(元)

计入所得税费用金额=(90 000+50 000+200 000)×25%=85 000(元)

计入其他综合收益金额=200 000×25%=50 000(元)

注:案例12-31中,由于其他权益工具投资公允价值变动计入所有者权益,产生的应纳税暂时性差异影响所有者权益(其他综合收益)。

借:所得税费用　　　　　　　　　　　　　　　　85 000
　　其他综合收益　　　　　　　　　　　　　　　50 000

　　　　贷：递延所得税负债　　　　　　　　　　　　　　　135 000

【案例12-36】 甲公司于2×04年12月底购入一台管理用设备，成本为900 000元，预计使用年限为5年，预计净残值为零。会计上按直线法计提折旧，税法规定该类固定资产应采用年数总和法计提折旧。甲公司适用所得税税率为25%。

甲公司计算应纳税暂时性差异及递延所得税负债情况如表12-2所示。

表12-2　应纳税暂时性差异及递延所得税负债计算表

项目	2×05年	2×06年	2×07年	2×08年	2×09年
实际成本/元	900 000	900 000	900 000	900 000	900 000
累计会计折旧/元	180 000	360 000	540 000	720 000	900 000
账面价值/元	720 000	540 000	360 000	180 000	0
累计税法折旧/元	300 000	540 000	720 000	840 000	900 000
计税基础/元	600 000	360 000	180 000	60 000	0
应纳税暂时性差异/元	120 000	180 000	180 000	120 000	0
适用税率	25%	25%	25%	25%	25%
递延所得税负债余额/元	30 000	45 000	45 000	30 000	0
递延所得税负债发生额/元	30 000	15 000	0	−15 000	−30 000

甲公司的会计处理如下。

① 2×05年：

借：所得税费用　　　　　　　　　　　　　　　　30 000
　　贷：递延所得税负债　　　　　　　　　　　　　　　30 000

② 2×06年：

借：所得税费用　　　　　　　　　　　　　　　　15 000
　　贷：递延所得税负债　　　　　　　　　　　　　　　15 000

③ 2×07年，不做账务处理。

④ 2×08年：

借：递延所得税负债　　　　　　　　　　　　　　15 000
　　贷：所得税费用　　　　　　　　　　　　　　　　　15 000

⑤ 2×09年：

借：递延所得税负债　　　　　　　　　　　　　　30 000
　　贷：所得税费用　　　　　　　　　　　　　　　　　30 000

2. 递延所得税资产

递延所得税资产产生于可抵扣暂时性差异。确认因可抵扣暂时性差异产生的递延所得税资产应以未来期间可能取得的应纳税所得额为限。在可抵扣暂时性差异转回的未来期间内，企业无法产生足够的应纳税所得额用于可抵扣暂时性差异的影响，使得与可抵扣暂时性差异相关的经济利益无法实现的，不应确认递延所得税资产；企业有明确的证据表明其于可抵扣暂时性差异转回的未来期间能够产生足够的应纳税所得额，进而利用可抵扣暂时性差异的，则应以可能取得的应纳税所得额为限,确认相关的递延所得税资产。

【案例 12-37】 沿用案例 12-32 的资料,假定甲公司适用的所得税税率为 25%,其他因素不予考虑。

可抵扣暂时性差异金额为 1 000 000 元。

递延所得税资产金额=1 000 000×25%=250 000(元)

借:递延所得税资产　　　　　　　　　　　　　　　　　　　　250 000
　　贷:所得税费用　　　　　　　　　　　　　　　　　　　　　　　250 000

注:案例 12-29 中,由于确认无形资产时,既不影响会计利润也不影响应纳税所得额,不确认可抵扣暂时性差异对应的递延所得税资产。

【案例 12-38】 沿用案例 12-36 的资料,假定会计上采用年数总和法计提折旧,税法规定该类固定资产采用直线法计提折旧,其他条件不变。

甲公司计算可抵扣暂时性差异及递延所得税资产情况如表 12-3 所示。

表 12-3　可抵扣暂时性差异及递延所得税资产计算表

项目	2×05 年	2×06 年	2×07 年	2×08 年	2×09 年
实际成本/元	900 000	900 000	900 000	900 000	900 000
累计会计折旧/元	300 000	540 000	720 000	840 000	900 000
账面价值/元	600 000	360 000	180 000	60 000	0
累计税法折旧/元	180 000	360 000	540 000	720 000	900 000
计税基础/元	720 000	540 000	360 000	180 000	0
可抵扣暂时性差异/元	120 000	180 000	180 000	120 000	0
适用税率	25%	25%	25%	25%	25%
递延所得税资产余额/元	30 000	45 000	45 000	30 000	0
递延所得税资产发生额/元	30 000	15 000	0	−15 000	−30 000

甲公司的会计处理如下。

① 2×05 年:

借:递延所得税资产　　　　　　　　　　　　　　　　　　　　30 000
　　贷:所得税费用　　　　　　　　　　　　　　　　　　　　　　　30 000

② 2×06 年:

借:递延所得税资产　　　　　　　　　　　　　　　　　　　　15 000
　　贷:所得税费用　　　　　　　　　　　　　　　　　　　　　　　15 000

③ 2×07 年,不做账务处理。

④ 2×08 年:

借:所得税费用　　　　　　　　　　　　　　　　　　　　　　15 000
　　贷:递延所得税资产　　　　　　　　　　　　　　　　　　　　　15 000

⑤ 2×09 年:

借:所得税费用　　　　　　　　　　　　　　　　　　　　　　15 000
　　贷:递延所得税资产　　　　　　　　　　　　　　　　　　　　　15 000

按照税法规定可以结转以后年度的未弥补亏损及税款抵减,虽不是因资产、负债的账面价值与计税基础不同产生的,但与可抵扣暂时性差异具有同样的作用,均能够减少未来期间的应纳税所得额,进而减少未来期间的应交所得税,会计处理上视同可抵扣暂时性差异,符合条件的情况下,应确认与其相关的递延所得税资产。

【案例12-39】 甲公司2×06年因经营不善发生亏损2 000 000元,2×07年经营情况好转实现盈利500 000元,2×08年实现盈利800 000元,2×09年实现盈利1 000 000元。假定甲公司适用的所得税税率为25%,其他因素不予考虑。

甲公司的会计处理如下。

① 2×06年,经营亏损2 000 000元,可以用以后连续5年的税前利润弥补,即未来允许税前抵扣的金额为2 000 000元,形成可抵扣暂时性差异,产生递延所得税资产500 000(2 000 000×25%)元。

借:递延所得税资产　　　　　　　　　　　　　　500 000
　　贷:所得税费用　　　　　　　　　　　　　　　500 000

② 2×07年,以税前利润500 000元弥补亏损表示可抵扣暂时性差异转回,减少递延所得税资产125 000(500 000×25%)元。

借:所得税费用　　　　　　　　　　　　　　　　125 000
　　贷:递延所得税资产　　　　　　　　　　　　　125 000

③ 2×08年,以税前利润800 000元弥补亏损,减少递延所得税资产200 000(800 000×25%)元。

借:所得税费用　　　　　　　　　　　　　　　　200 000
　　贷:递延所得税资产　　　　　　　　　　　　　200 000

④ 2×09年,以税前利润700 000元弥补亏损,减少递延所得税资产175 000(700 000×25%)元,应交所得税75 000[(1 000 000-700 000)×25%]元。

借:所得税费用　　　　　　　　　　　　　　　　250 000
　　贷:递延所得税资产　　　　　　　　　　　　　175 000
　　　　应交税费——应交所得税　　　　　　　　　75 000

某些交易或事项发生以后,因为不符合资产、负债确认条件而未体现为资产负债表中的资产或负债,但按照税法规定能够确定其计税基础的,其账面价值零与计税基础之间的差异也构成暂时性差异。企业发生的符合条件的广告费和业务宣传费支出,除另有规定外,不超过当年销售收入15%的部分准予扣除;超过部分准予在以后纳税年度结转扣除。该类费用在发生时按照企业会计准则规定即计入当期损益,不形成资产负债表中的资产,但按照税法规定可以确定其计税基础的,两者之间的差异也形成可抵扣暂时性差异,符合条件的情况下,应确认与其相关的递延所得税资产。

【案例12-40】 甲公司2×08年发生广告支出700 000元,已计入销售费用。甲公司本年实现销售收入4 000 000元。税法规定,该类支出不超过当年销售收入15%的部分准予扣除;超过部分准予在以后纳税年度结转扣除。甲公司适用所得税税率为25%。

甲公司的会计处理如下。

2×08年超过部分准予在以后纳税年度结转扣除金额=700 000-4 000 000×15%=100 000(元)

该部分确认资产账面价值 0 元，计税基础 100 000 元，形成可抵扣暂时性差异 100 000 元，产生递延所得税资产 25 000(100 000×25%)元。

  借：递延所得税资产　　　　　　　　　　　　　　　　　25 000
    贷：所得税费用　　　　　　　　　　　　　　　　　　25 000

假定 2×09 年度超过部分准予结转扣除：

  借：所得税费用　　　　　　　　　　　　　　　　　　　25 000
    贷：递延所得税资产　　　　　　　　　　　　　　　　25 000

(四) 所得税费用

所得税费用包括当期所得税和递延所得税两部分。

1. 当期所得税

当期所得税是指企业按照税法规定计算确定的针对当期发生的交易和事项，应缴纳给税务部门的所得税金额，即当期应交所得税。可按照以下公式计算确定：

当期所得税＝当期应交所得税＝会计利润＋按照会计准则规定计入利润表但计税时不允许税前扣除的费用±计入利润表的费用与按照税法规定可予税前抵扣的金额之间的差额±计入利润表的收入与按照税法规定应计入应纳税所得的收入之间的差额-税法规定的不征税收入±其他需要调整的因素

【案例 12-41】 甲公司 2×07 年度利润表中利润总额为 3 250 000 元，该公司适用的所得税税率为 25%。递延所得税资产及递延所得税负债不存在期初余额。与所得税核算有关的情况如下。

① 2×07 年 12 月 31 日，取得国债利息收入 300 000 元。税法规定，国债利息收入免交所得税。

② 2×06 年 12 月 15 日，甲公司购入一项不需要安装的管理用设备，入账价值为 1 000 000 元，预计该设备使用年限为 10 年，预计净残值为零，采用年限平均法计提折旧。税法规定，该类固定资产的折旧年限为 20 年。假定甲公司该设备预计净残值和采用的折旧方法符合税法规定。

③ 2×07 年 9 月 20 日，甲公司因废水超标排放被环保部门处以 200 000 元罚款，罚款已以银行存款支付。税法规定，企业违反国家法规所支付的罚款不允许在税前扣除。

④ 2×07 年 11 月 12 日，甲公司以银行存款 800 000 元购入某上市公司股票，将其划分为交易性金融资产核算。12 月 31 日，该股票的公允价值为 1 000 000 元。假定税法规定，交易性金融资产持有期间公允价值变动金额不计入应纳税所得额，待出售时一并计入应纳税所得额。

甲公司预计在未来期间有足够的应纳税所得额用于抵扣可抵扣暂时性差异，其他因素不予考虑。

甲公司当期所得税计算如下：

应纳税所得额＝3 250 000-300 000＋(1 000 000÷100 000-1 000 000÷20)＋200 000-
     200 000＝3 000 000(元)

当期所得税＝当期应交所得税＝3 000 000×25%＝750 000(元)

2. 递延所得税

递延所得税是指按照所得税准则规定当期应予确认的递延所得税资产和递延所得税负债金额。计算公式如下:

递延所得税=(递延所得税负债的期末余额-递延所得税负债的期初余额)-(递延所得税资产的期末余额-递延所得税资产的期初余额)

【案例12-42】 沿用案例12-40的资料,有关递延所得税分析计算情况如下。

管理用设备会计年折旧额100 000(1 000 000÷10)元,2×07年12月31日账面价值为900 000元;税法年折旧额50 000(1 000 000÷20)元,计税基础为950 000元,产生可抵扣暂时性差异50 000元,形成递延所得税资产12 500(50 000×25%)元。

交易性金融资产2×07年12月31日账面价值为1 000 000元,计税基础为800 000元,产生应纳税暂时性差异200 000元,形成递延所得税负债50 000元(200 000×25%)。

递延所得税=50 000-12 500=37 500(元)

所得税费用的计算公式如下:

所得税费用=当期所得税+递延所得税

【案例12-43】 沿用案例12-40和案例12-41的资料,有关所得税分析计算情况如下:

所得税费用=750 000+37 500=787 500(元)

借:所得税费用	787 500
递延所得税资产	12 500
贷:应交税费——应交所得税	750 000
递延所得税负债	50 000

三、营业外收支核算

营业外收支是指企业发生的与日常活动无直接关系的各项收支,包括营业外收入和营业外支出。

(一) 营业外收入

营业外收入是指企业确认的与其日常活动无直接关系的各项利得,主要包括非流动资产毁损报废收益、与企业日常活动无关的政府补助、盘盈利得、捐赠利得、债务重组利得等。

【案例12-44】 甲公司2×08年8月10日接受乙公司捐入不需要安装的全新设备1台,增值税专用发票上价格10 000元,增值税1 300元。双方已办妥相关捐赠手续。

甲公司的会计处理如下。

将固定资产转入清理:

借:固定资产	10 000
应交税费——应交增值税(进项税额)	1 300
贷:营业外收入	11 300

(二) 营业外支出

营业外支出是指企业确认的与其日常活动无直接关系的各项损失，主要包括非流动资产毁损报废损失、捐赠支出、非常损失、盘亏损失、罚款支出、债务重组损失等。

【案例 12-45】 甲公司 2×08 年 8 月因自然灾害损失生产设备 1 台，该设备账面金额 30 000 元，已提折旧 15 000 元，原抵扣的增值税税额为 3 900 元。根据保险协议，保险公司应赔偿 10 000 元，其余报经领导批准后作为损失处理。

甲公司的会计处理如下。

① 发现盘亏：

借：待处理财产损溢　　　　　　　　　　　　　15 000
　　累计折旧　　　　　　　　　　　　　　　　15 000
　　贷：固定资产　　　　　　　　　　　　　　　　　30 000

② 报经批准：

借：其他应收款　　　　　　　　　　　　　　　10 000
　　营业外支出　　　　　　　　　　　　　　　　5 000
　　贷：待处理财产损溢　　　　　　　　　　　　　　15 000

需要注意的是，营业外收入和营业外支出不符合配比要求，应当分别核算，不得相互抵销，应当在利润表中分别披露。

思考练习

一、单项选择题

1. 下列各项中，按照收入准则进行会计处理的收入是(　　)。
   A. 出租无形资产取得的租金　　　　B. 出租固定资产取得的租金
   C. 出售原材料收到的价款　　　　　D. 进行长期股权投资取得的现金股利

2. 甲公司与客户签订合同为其建造一栋厂房，合同价款为 2 000 000 元，6 个月完工，合同中约定若提前 1 个月完工，客户将额外奖励甲公司 100 000 元，甲公司估计工程提前 1 个月完工的概率为 95%，不考虑其他因素，则甲公司应确定的交易价格为(　　)元。
   A. 2 000 000　　　B. 2 100 000　　　C. 1 900 000　　　D. 1 995 000

3. 下列项目中，按照现行会计制度的规定，销售企业应当作为为财务费用处理的是(　　)。
   A. 购货方获得的现金折扣　　　　　B. 购货方获得的商业折扣
   C. 购货方获得的销售折让　　　　　D. 购货方放弃的现金折扣

4. 在采用收取手续费方式发出商品时，委托方确认商品销售收入的时点为(　　)。
   A. 委托方发出商品时　　　　　　　B. 受托方销售商品时
   C. 委托方收到受托方开具的代销清单时　　D. 受托方收到受托代销商品的销售货款时

5. 某企业 2×08 年 1 月 1 日持有一项交易性金融资产,取得成本为 5 000 万元,2×08 年 12 月 31 日公允价值为 6 000 万元,则产生的暂时性差异为( )。
    A. 应纳税暂时性差异 1 000 万元　　B. 可抵扣暂时性差异 1 000 万元
    C. 应纳税暂时性差异 6 000 万元　　D. 可抵扣暂时性差异 5 000 万元

二、多项选择题

1. 确认收入包括识别与客户订立的合同,则下列关于合同的说法正确的有( )。
    A. 合同可以是书面形式　　B. 合同不能以口头形式订立
    C. 合同可以基于商业惯例订立　　D. 合同的订立需有法律约束力的权利义务
2. 下列项目中,属于在某一时段内履行的履约义务的有( )。
    A. 客户在企业履约的同时即取得并消耗企业履约所带来的经济利益
    B. 客户能够控制企业履约过程中在建的商品
    C. 企业履约过程中所产出的商品具有不可替代的用途,且该企业在整个合同期间内有权就累计至今已完成的履约部分收取款项
    D. 销售商品收到现金
3. 下列各项中,应通过"销售费用"科目核算的有( )。
    A. 销售商品发生的运输费　　B. 销售产品预计的产品质量保证费
    C. 为销售商品而发生的招待费　　D. 随同商品出售且不单独计价的包装物成本
4. 下列各项中,通过营业外收支核算的有( )。
    A. 取得国债利息收入　　B. 对外捐赠支出
    C. 对外出售不需用原材料实现的净损益　　D. 因违反环保法规被环保部门罚款支出
5. 下列各项中,在计算应纳税所得额时,应做纳税调减的有( )。
    A. 期末确认国债利息收入　　B. 期末交易性金融资产公允价值下降
    C. 期末交易性金融资产公允价值上升　　D. 期末计提存货跌价准备

三、判断题

1. 企业应将向客户转让一系列实质相同且转让模式相同的、可明确区分商品的承诺作为单项履约义务。( )
2. 企业发生的销货退回,无论是属于本年度销售的,还是以前年度销售的,都应冲减退回年度的主营业务收入及相关的成本费用。( )
3. 对于应付职工薪酬,超过税法扣除标准的部分产生可抵扣暂时性差异,应确认相关的递延所得税资产。( )
4. 企业应当在履行了合同中的履约义务,即在客户取得相关商品所有权时确认收入。( )
5. 递延所得税费用(或收益)=当期递延所得税负债的增加+当期递延所得税资产的增加-当期递延所得税负债的减少-当期递延所得税资产的减少。( )

项目十三　财务会计报告编制能力

财务会计报告是会计主体单位会计核算工作的结果,是提供会计信息的一种重要手段。财务报表与其他财务报告都是表述并传递有关企业的有用信息的手段,其中财务报表是财务表述和传递的主要手段,是财务会计报告的中心。最有用的信息应当是由财务报表提供的。财务报表分为会计报表和附注两个部分,它们共同组成财务报表的整体。

【知识目标】
1. 掌握财务报告的概念及组成;
2. 掌握资产负债表的概念、格式及编制要求;
3. 掌握利润表的概念、格式及编制要求;
4. 掌握现金流量及其分类,掌握现金流量表的概念、格式及编制要求;
5. 掌握所有者权益变动表的概念、格式及编制要求;
6. 掌握会计报表附注应披露的主要内容。

【能力目标】
1. 能够计算并填列资产负债表中各类资产项目、负债项目、所有者权益项目的期末余额和年初余额;
2. 能够按照多步法计算并填列利润表各项目的本期金额;
3. 能够区分经营活动产生的现金流量、投资活动产生的现金流量、筹资活动产生的现金流量,能够计算并填列现金流量表中相关项目的金额,能够采用间接法计算并填列现金流量表的补充资料;
4. 能够填列所有者权益变动表的各个项目;
5. 会编制会计报表主要附注。

【素质目标】
1. 培养求真务实、坚持准则、提高技能的会计工作职业素养;
2. 具备道德良好、知识立体、勇于创新的素质。

任务一　编制资产负债表

会计最主要的作用就是提供决策信息,而财务会计报告是企业对外提供的会计信息的核心部分,它既服务于企业内部的管理者,又服务于企业外部与企业利益相关的各个方面。

一、财务报告

财务报告是指企业对外提供的反映企业某一特定日期的财务状况和某一会计期间的经营成果、现金流量等会计信息的文件。财务报告包括财务报表和其他应当在财务报告中披露的相关信息与资料。

财务报表是对企业财务状况、经营成果和现金流量的结构性表述。财务报表至少应当包括下列组成部分:资产负债表、利润表、现金流量表、所有者权益(或股东权益)变动表、附注。

(一) 财务报告的分类

财务报告可以按照不同的标准进行分类。

(1) 按财务报告编报时间的不同,分为中期财务报告和年度财务报告。中期财务报告是指以中期为基础编制的财务报告。中期是指短于一个完整的会计年度的报告期间,包括月报、季报和半年报等。中期财务报告至少应当包括资产负债表、利润表、现金流量表和附注。年度财务报告是年度终了编制的财务会计报告。

(2) 按财务报告编报主体的不同,分为个别财务报告和合并财务报告。个别财务报告是由企业在自身会计核算基础上对账簿记录进行加工而编制的财务报告,主要用于反映企业自身的财务状况、经营成果和现金流量情况。合并财务报告是以母公司和子公司组成的企业集团为会计主体,根据母公司和所属子公司的财务报告,由母公司编制的综合反映企业集团财务状况、经营成果及现金流量的财务报告。

(二) 财务报告编制的基本要求

1. 企业应当以持续经营为基础

企业应当以持续经营为基础,根据实际发生的交易和事项,按照《企业会计准则——基本准则》和其他各项会计准则的规定进行确认与计量,在此基础上编制财务报告。企业不应以附注披露代替确认与计量。

以持续经营为基础编制财务报告不再合理的,企业应当采用其他基础编制财务报告,并在附注中披露这一事实。

2. 财务报表项目列报应当在各个会计期间保持一致

财务报表项目列报应当在各个会计期间保持一致,不得随意变更,但下列情况除外。

(1) 会计准则要求改变财务报表项目的列报;
(2) 企业经营业务的性质发生重大变化后,变更财务报表项目的列报能够提供更可靠、更相关的会计信息。

3. 性质或功能不同的项目应当在财务报表中单独列报

性质或功能不同的项目，应当在财务报表中单独列报，但不具有重要性的项目除外。

性质或功能类似的项目，其所属类别具有重要性的，应当按其类别在财务报表中单独列报。

财务报表某项目的省略或错报会影响使用者据此做出经济决策的，则该项目具有重要性。重要性应当根据企业所处环境，从项目的性质和金额大小两方面予以判断。

4. 资产项目和负债项目的金额、收入项目和费用项目的金额不得相互抵销

财务报表中的资产项目和负债项目的金额、收入项目和费用项目的金额不得相互抵销，但其他会计准则另有规定的除外。

资产项目按扣除减值准备后的净额列示，不属于抵销。非日常活动产生的损益，以收入扣减费用后的净额列示，不属于抵销。

5. 当期财务报表的列报要求

当期财务报表的列报，至少应当提供所有列报项目上一可比会计期间的比较数据，以及与理解当期财务报表相关的说明，但其他会计准则另有规定的除外。

财务报表项目的列报发生变更的，应当对上期比较数据按照当期的列报要求进行调整，并在附注中披露调整的原因和性质，以及调整的各项目金额。对上期比较数据进行调整不切实可行的，应当在附注中披露不能调整的原因。不切实可行是指企业在做出所有合理努力后仍然无法采用某项规定。

6. 财务报表至少披露的项目

企业应当在财务报表的显著位置至少披露下列各项。

(1) 编报企业的名称；
(2) 资产负债表日或财务报表涵盖的会计期间；
(3) 人民币金额单位；
(4) 财务报表是合并财务报表的，应当予以标明。

7. 企业至少应当按年编制财务报表

企业至少应当按年编制财务报表。年度财务报表涵盖的期间短于一年的，应当披露年度财务报表的涵盖期间，以及短于一年的原因。

对外提供中期财务报告的，还应遵循《企业会计准则第32号——中期财务报告》的规定。

8. 单独列报的项目应当单独列报

准则规定在财务报表中单独列报的项目，应当单独列报。其他会计准则规定单独列报的项目，应当增加单独列报项目。

二、资产负债表

资产负债表是指反映企业在某一特定日期财务状况的会计报表。它反映企业在某一特定日

期所拥有或控制的经济资源、所承担的现时义务和所有者对净资产的要求权,是根据"资产＝负债＋所有者权益"会计等式,按照一定的分类标准和程序编制的。

资产负债表主要有以下作用:一是可以提供某一日期资产的总额及其结构;二是可以提供某一日期的负债总额及其结构;三是可以反映所有者所拥有的权益,据以判断资本保值、增值的情况以及对负债的保障程度;四是资产负债表还可以提供进行财务分析的基本资料,如计算出流动比率、速动比率等,有助于报表使用者做出经济决策。

资产负债表的格式主要有账户式结构和报告式结构。

1. 账户式结构

账户式结构的资产负债表分左右两方,左方列示资产各项目,反映全部资产的分布及存在形态;右方列示负债和所有者权益各项目,反映全部负债和所有者权益的内容及构成情况。

2. 报告式结构

报告式结构的资产负债表将资产、负债和所有者权益项目自上而下依次排列。

在我国,资产负债表采用账户式结构,左方列示资产各项目,包括流动资产和非流动资产各项目;右方先列示负债项目,包括流动负债和非流动负债项目,然后列示所有者权益项目。此外,为便于使用者比较不同时点资产负债表的数据,掌握企业财务状况的变动情况及发展趋势,企业需要提供比较资产负债表。资产负债表还就各项目再分为"年初余额"和"期末余额"两栏分别填列。

三、资产负债表填列方法

(一) 资产负债表项目填列基本方法

1. 根据总账科目余额填列

"递延所得税资产""短期借款""交易性金融负债""应付职工薪酬""应交税费""预计负债""递延所得税负债""实收资本(或股本)""资本公积""库存股""其他综合收益""盈余公积"等项目,应根据有关总账科目的余额直接填列。

有些项目则需根据几个总账科目的期末余额计算填列,例如"货币资金"项目,需要根据"库存现金""银行存款""其他货币资金"三个总账科目的期末余额的合计数填列。

2. 根据明细账科目余额计算填列

"应付账款"项目,需要根据"应付账款"和"预付账款"两个科目所属的相关明细科目的期末贷方余额合计数填列;"预收款项"项目,应根据"预收账款"和"应收账款"科目所属各明细科目的期末贷方余额合计数填列;"一年内到期的非流动资产""一年内到期的非流动负债"项目,应根据有关非流动资产或负债项目的明细科目余额分析填列。

【案例13-1】 甲公司2×08年12月31日"应付账款"总账账户余额3 000 000元,明细账余额中,A公司贷方1 600 000元、B公司贷方1 000 000元、C公司贷方600 000元、D公司借方200 000元;"预付账款"总账账户余额500 000元,其中E公司借方600 000元,F公司贷方100 000元。

"应付账款"项目填列金额=1 600 000+1 000 000+600 000+100 000=3 300 000(元)
"预付款项"项目填列金额=600 000+200 000=800 000(元)

3. 根据总账科目和明细账科目余额分析计算填列

"长期借款"项目,应根据"长期借款"总账科目余额扣除"长期借款"科目所属的明细科目中将在资产负债表日起一年内到期,且企业不能自主地将清偿义务展期的长期借款后的金额计算填列;"长期待摊费用"项目,应根据"长期待摊费用"科目的期末余额减去将于一年内(含一年)摊销的数额后的金额填列;"其他非流动负债"项目,应根据有关科目的期末余额减去将于一年内(含一年)到期偿还数额后的金额填列。

【案例 13-2】 甲公司 2×08 年 12 月 31 日 "长期借款" 总账余额 6 000 000 元,有关明细账户资料如表 13-1 所示。

表 13-1 "长期借款"有关明细账户资料

序号	明细账户	余额/元	借入日期	到期日期
1	中国工行海滨支行	2 000 000	2×06 年 07 月 10 日	2×09 年 07 月 10 日
2	中国建行海滨支行	3 000 000	2×07 年 09 月 01 日	2×10 年 09 月 01 日
3	中国农行海滨支行	1 000 000	2×07 年 11 月 10 日	2×09 年 11 月 10 日
合计	—	6 000 000	—	—

"长期借款"项目应填列金额为 3 000 000 元,"一年内到期的非流动负债"应填列金额=2 000 000+1 000 000=3 000 000(元)。

4. 根据有关科目余额减去其备抵科目余额后的净额填列

"应收账款""其他应收款""存货""债权投资""长期股权投资""在建工程""固定资产""无形资产"等项目,应根据相关科目的期末余额扣除相应的减值准备,按其净额填列。

【案例 13-3】 甲公司 2×08 年 12 月 31 日 "固定资产" 总账账户余额 4 000 000 元,"累计折旧"总账账户余额 1 000 000 元,"固定资产减值准备"总账账户余额 800 000 元。其他因素不予考虑。

"固定资产"项目填列金额=4 000 000-1 000 000-800 000=2 200 000(元)

【案例 13-4】 甲公司 2×08 年 12 月 31 日部分总账账户余额如下:"材料采购"300 000 元,"原材料"2 000 000 元,"材料成本差异"100 000 元,"库存商品"1 400 000 元,"周转材料"400 000 元,"生产成本"800 000 元,"存货跌价准备"200 000 元。

"存货"项目填列金额=300 000+2 000 000+100 000+1 400 000+400 000+800 000-200 000=4 800 000(元)

(二) 资产负债表项目填列具体方法

1. 资产负债表"年初余额"栏的填列方法

资产负债表"年初余额"栏通常根据上年年末有关项目的期末余额填列,且与上年年末资产负债表"期末余额"栏一致。如果企业发生了会计政策变更、前期差错更正,应当对"年初余额"栏中的有关项目进行相应调整。此外，如果企业上年度资产负债表规定的项目的名称和内容同本年度不一致，应对上年年末资产负债表相关项目的名称和数字按照本年度的规定进行调整，填入"年初余额"栏。

2. 资产负债表"期末余额"栏的填列方法

(1) "货币资金"项目，根据"库存现金""银行存款""其他货币资金"等科目期末余额合计填列。

(2) "交易性金融资产"项目，根据"交易性金融资产"科目的相关明细科目的期末余额分析填列。自资产负债表日起超过一年到期且预期持有超过一年的以公允价值计量且其变动计入当期损益的非流动金融资产的期末账面价值，在"其他非流动金融资产"项目反映。

(3) "应收票据"项目，根据"应收票据"科目的期末余额，减去"坏账准备"科目中相关坏账准备期末余额后的金额分析填列。

(4) "应收账款"项目，根据"应收账款"和"预收账款"明细科目的期末余额，减去"坏账准备"科目中相关坏账准备期末余额后的金额分析填列。

(5) "应收款项融资"项目，反映资产负债表日以公允价值计量且其变动计入其他综合收益的应收票据和应收账款等。

(6) "预付款项"项目，根据"预付账款"明细科目和"应付账款"明细科目借方期末余额合计数，减去"坏账准备"科目中相关坏账准备期末余额后的金额分析填列。

(7) "其他应收款"项目，根据"应收利息""应收股利"和"其他应收款"科目的期末余额合计数，减去"坏账准备"科目中相关坏账准备期末余额后的金额填列。其中的"应收利息"仅反映相关金融工具已到期可收取且于资产负债表日尚未收到的利息。基于实际利率法计提的金融工具的利息应包含在相应金融工具的账面余额中。

(8) "存货"项目，根据"材料采购""原材料""材料成本差异""库存商品""发出商品""委托加工物资""周转材料""生产成本"等科目期末余额，扣除"存货跌价准备"后按净额填列。按照《企业会计准则第14号——收入》的相关规定确认为资产的合同履约成本，应当根据"合同履约成本"科目的明细科目初始确认时摊销期限是否超过一年或一个正常营业周期，在"存货"或"其他非流动资产"项目中填列，已计提减值准备的，还应减去"合同履约成本减值准备"科目中相关的期末余额后的金额填列。

(9) "合同资产"项目，应根据"合同资产"科目相关明细科目期末余额分析填列。同一合同下的合同资产和合同负债应当以净额列示，净额为借方余额的，应当根据其流动性在"合同资产"或"其他非流动资产"项目中填列，已计提减值准备的，还应减去"合同资产减值准备"科目中相关的期末余额后的金额填列；净额为贷方余额的，应当根据其流动性在"合同负债"或"其他非流动资产"项目中填列。

(10) "持有待售资产"项目，根据"持有待售资产"科目的期末余额，减去"持有待售资产减值准备"科目的期末余额后的金额填列。

(11) "一年内到期的非流动资产"，根据"债权投资""长期应收款""长期待摊费用"等有关科目的明细科目中一年内到期的部分合计填列。

(12) "债权投资"项目，根据"债权投资"科目的相关明细科目期末余额，减去"债权投资减值准备"科目中相关减值准备的期末余额后的金额分析填列。自资产负债表日起一年内到期的长期债权投资的期末账面价值,在"一年内到期的非流动资产"项目反映。企业购入的以摊余成本计量的一年内到期的债权投资的期末账面价值,在"其他流动资产"项目反映。

(13)"其他债权投资"项目,根据"其他债权投资"科目的相关明细科目期末余额分析填列。自资产负债表日起一年内到期的长期债权投资的期末账面价值,在"一年内到期的非流动资产"项目反映。企业购入的以公允价值计量且其变动计入其他综合收益的一年内到期的债权投资的期末账面价值,在"其他流动资产"项目反映。

(14)"长期应收款"项目,根据"长期应收款"科目期末余额,减去相应的"未实现融资收益"科目和"坏账准备"所属明细科目期末余额后的余额填列。

(15)"长期股权投资"项目,根据"长期股权投资"科目期末余额,减去"长期股权投资减值准备"科目中相关减值准备的期末余额后的金额填列。

(16)"其他权益工具投资"项目,根据"其他权益工具投资"科目的期末余额填列。

(17)"投资性房地产"项目,根据"投资性房地产"科目期末余额,扣除"投资性房地产减值准备"科目余额,按净额填列。如果投资性房地产是按公允价值计量,根据"投资性房地产"科目期末余额填列。

(18)"固定资产"项目,根据"固定资产"科目期末余额,减去"累计折旧"科目期末余额,扣除"固定资产减值准备""固定资产清理"科目余额,按净额填列。

(19)"在建工程"项目,根据"在建工程""工程物资"科目余额,扣除"在建工程减值准备""工程物资减值准备"科目余额,按净额填列。

(20)"使用权资产"项目,反映资产负债表日承租企业持有的使用权资产的期末账面价值。该项目应根据"使用权资产"科目的期末余额,减去"使用权资产累计折旧"和"使用权资产减值准备"科目的期末余额后的金额填列。

(21)"无形资产"项目,根据"无形资产"科目期末余额,减去"累计摊销"科目期末余额,扣除"无形资产减值准备"科目余额,按净额填列。

(22)"开发支出"项目,根据"研发支出"科目中所属的资本化支出明细科目期末余额填列。

(23)"长期待摊费用"项目,根据"长期待摊费用"科目期末余额,减去一年内(含一年)到期的部分填列。

(24)"递延所得税资产"项目,根据"递延所得税资产"科目期末余额填列。

(25)"其他非流动资产"项目,根据有关科目的期末余额填列。按照《企业会计准则第14号——收入》的相关规定确认为资产的合同取得成本,应当根据"合同取得成本"科目的明细科目初始确认时摊销期限是否超过一年或一个正常营业周期,在"其他流动资产"或"其他非流动资产"项目中填列,已计提减值准备的,还应减去"合同取得成本减值准备"科目中相关的期末余额后的金额填列。

(26)"短期借款"项目,根据"短期借款"科目期末余额填列。

(27)"交易性金融负债"项目,根据"交易性金融负债"科目期末余额填列。

(28)"应付票据"项目,根据"应付票据"科目期末余额填列。

(29)"应付账款"项目,根据"应付账款"和"预付账款"明细科目贷方期末余额合计数填列。

(30)"预收款项"项目,根据"预收账款"和"应收账款"明细科目贷方期末余额合计数填列。

(31)"合同负债"项目,根据"合同负债"相关明细科目余额分析填列。

(32)"应付职工薪酬"项目,根据"应付职工薪酬"科目所属明细科目的期末贷方余额分析填列。外商投资企业按规定从净利润中提取的职工奖励及福利基金,也在本项目列示。

(33)"应交税费"项目,根据"应交税费"科目期末余额填列。

(34)"其他应付款"项目,根据"应付利息""应付股利""其他应付款"科目期末余额合计填列。

(35)"持有待售负债"项目,根据"持有待售负债"科目的期末余额填列。

(36)"一年内到期的非流动负债"项目,根据"长期借款""应付债券""长期应付款""专项应付款"明细科目中一年内到期的部分合计填列。

(37)"长期借款"项目,根据"长期借款"科目期末余额,减去一年内到期的部分填列。

(38)"应付债券"项目,根据"应付债券"科目的期末余额分析填列。对于资产负债表日企业发行的金融工具,分类为金融负债的,应在"应付债券"项目填列,对于优先股和永续债,还应在"应付债券"项目下的"优先股"项目和"永续债"项目分别填列;分类为权益工具的,应在"其他权益工具"项目填列,对于优先股和永续债,还应在"其他权益工具"项目下的"优先股"项目和"永续债"项目分别填列。

(39)"租赁负债"项目,反映资产负债表日承租企业尚未支付的租赁付款额的期末账面价值。该项目应根据"租赁负债"科目的期末余额填列。自资产负债表日起一年内到期应予以清偿的租赁负债的期末账面价值,在"一年内到期的非流动负债"项目反映。

(40)"长期应付款"项目,根据"长期应付款"科目余额,减去"未确认融资费用"科目余额,加上"专项应付款"科目期末余额,减去一年内到期的部分填列。

(41)"预计负债"项目,根据"预计负债"科目期末余额填列。企业按照《企业会计准则第22号——金融工具确认和计量》的相关规定,对贷款承诺、财务担保合同等项目计提的损失准备,应当在"预计负债"项目中填列。

(42)"递延收益"项目,根据"递延收益"科目的期末余额填列。本项目中摊销期限只剩一年或不足一年的,或预计在一年内(含一年)进行摊销的部分,不得归类为流动负债,仍在该项目中填列,不转入"一年内到期的非流动负债"项目。

(43)"递延所得税负债"项目,根据"递延所得税负债"科目期末余额填列。

(44)"实收资本(或股本)"项目,根据"实收资本(或股本)"科目期末余额填列。

(45)"其他权益工具"项目,反映资产负债表日企业发行在外的除普通股以外分类为权益工具的金融工具的期末账面价值。对于资产负债表日企业发行的金融工具,分类为权益工具的,应在"其他权益工具"项目填列,对于优先股和永续债,还应在"其他权益工具"项目下的"优先股"项目和"永续债"项目分别填列。

(46)"资本公积"项目,根据"资本公积"科目期末余额填列。

(47)"库存股"项目,根据"库存股"科目期末余额填列。

(48)"其他综合收益"项目,根据"其他综合收益"科目期末余额填列。

(49)"专项储备"项目,反映高危行业企业按国家规定提取的安全生产费的期末账面价值。

该项目应根据"专项储备"科目的期末余额填列。

(50) "盈余公积"项目,根据"盈余公积"科目期末余额填列。

(51) "未分配利润"项目,根据"本年利润"与"利润分配"科目期末余额填列。

四、资产负债表编制案例

【案例 13-5】

(一) 资料

1. 甲公司为增值税一般纳税人,增值税税率为 13%,所得税税率为 25%。2×08 年 1 月 1 日有关科目余额如表 13-2 所示。

表 13-2 科目余额表(一)

2×08 年 1 月 1 日   单位:元

科目名称	借方余额	科目名称	贷方余额
库存现金	2 000	短期借款	300 000
银行存款	1 280 000	应付票据	200 000
其他货币资金	124 300	应付账款	953 800
交易性金融资产	15 000	其他应付款	50 000
应收票据	246 000	应付职工薪酬	110 000
应收账款	300 000	应交税费	36 600
坏账准备	-900	应付利息	1 000
预付账款	100 000	长期借款	1 600 000
其他应收款	5 000	其中:一年内到期的长期负债	1 000 000
材料采购	325 000	股本	5 000 000
原材料	550 000	盈余公积	100 000
周转材料	88 050	利润分配(未分配利润)	50 000
库存商品	1 680 000		
材料成本差异	36 725		
长期股权投资	250 000		
固定资产	1 500 000		
累计折旧	-400 000		
在建工程	1 500 000		
无形资产	600 000		
长期待摊费用	200 000		
递延所得税资产	225		
合计	8 401 400	合计	8 401 400

注:① 应付职工薪酬贷方余额全部与经营活动有关。

② 应交税费贷方余额全部为未交增值税。

2. 甲公司 2×08 年发生的经济业务如下。

(1) 收到银行通知，用银行存款支付到期的商业承兑汇票 100 000 元。

(2) 购入原材料一批，取得增值税专用发票，价款 150 000 元，增值税 19 500 元，款项已用银行存款支付。材料未到，原材料按计划成本核算。

(3) 收到原材料一批，实际成本 100 000 元，计划成本 95 000 元，材料验收入库，货款已于上月支付。

(4) 采购材料取得增值税专用发票，材料及运杂费 99 000 元，增值税税额 12 870 元，用银行汇票支付，退回余款 4 130 元。原材料已验收入库，计划价格 100 000 元。

(5) 销售产品一批，开具的增值税专用发票上价款 300 000 元，增值税税额 39 000 元，货款尚未收到。该批商品实际成本 180 000 元，销售成本期末一次结转，下同。

(6) 公司持有的股票(已划分为交易性金融资产)公允价值上涨了 1 000 元。

(7) 公司将上述持有的股票(已划分为交易性金融资产)全部出售，出售价格 16 500 元，交易性金融资产账面价值 16 000 元，其中成本 15 000 元，公允价值变动 1 000 元。款项已存入银行，假定不考虑相关税费。

(8) 购入不需安装设备 1 台，取得的增值税专用发票上价款 100 000 元，增值税税额 13 000 元，款项已用银行存款支付。

(9) 购入工程物资一批，取得增值税专用发票，价款 120 000 元，增值税进项税额为 15 600 元，款项已用银行存款支付。

(10) 在建工程领用工程物资 100 000 元，另发生工程人员工资费用 200 000 元，长期借款利息费用 100 000 元(长期借款为一次性还本付息)。

(11) 一项工程完工，交付生产使用，已办理竣工手续，发生费用合计 1 400 000 元。

(12) 一台生产设备因非正常损坏进行报废处理，原价 30 000 元，已提折旧 10 000 元，发生清理费用 500 元，残值收入 800 元，均通过银行存款支付。该项固定资产已清理完毕。假定不考虑处置期间的增值税。

(13) 销售产品一批，开具的增值税专用发票上价款 700 000 元，应收增值税税额 91 000 元，款项已收到并存入银行。该批产品实际成本 420 000 元。

(14) 将已到期的面值 200 000 元的无息银行承兑汇票到银行办理转账。

(15) 被投资单位宣告现金股利 30 000 元(该项投资采用成本法核算，甲公司和被投资单位所得税税率一致)，已收到并存入银行。

(16) 对外出售一台不需用设备，开具的增值税专用发票上售价 300 000 元，增值税 39 000 元，款项已存入银行。该设备原价 400 000 元，已提折旧 150 000 元。

(17) 计提应计入财务费用的借款利息费用 21 500 元，其中短期借款利息 11 500 元，长期借款利息 10 000 元(长期借款为一次性还本付息)。

(18) 归还短期借款本金 250 000 元，支付利息 12 500 元(前已计提)。

(19) 分配职工工资费用 300 000 元(不含在建工程应负担的工资)，其中生产人员 275 000 元，车间管理人员 10 000 元，行政管理人员 15 000 元。

(20) 用银行存款支付工资 500 000 元，其中包括在建工程人员工资 200 000 元(前已分配提取)。

(21) 基本生产车间领用原材料一批，计划成本 700 000 元，应分摊的材料成本差异 35 000 元。
(22) 基本生产车间领用低值易耗品一批，计划成本 50 000 元，应分摊的材料成本差异 2 500 元。
(23) 计提固定资产折旧 100 000 元，其中生产用固定资产计提 80 000 元，行政管理用固定资产计提 20 000 元。
(24) 管理用无形资产摊销 60 000 元。
(25) 收到应收账款 51 000 元，存入银行。
(26) 计提坏账准备 900 元，根据税法规定，各项资产计提的减值准备不予税前扣除。
(27) 经减值测试，固定资产发生减值 30 000 元。
(28) 用银行存款支付广告费取得增值税专用发票，价格 20 000 元，增值税 1 200 元。
(29) 结转本期制造费用 90 000 元。没有期初在产品，本期生产的产品全部完工入库。
(30) 计算结转本期完工产品成本 1 152 500 元。
(31) 销售产品一批，开具的增值税专用发票上价款 250 000 元，增值税税额 32 500 元，收到一张 3 个月期的无息商业承兑汇票。产品实际成本 150 000 元。
(32) 将上述商业承兑汇票到银行办理贴现(不附追索权)，贴现息 20 000 元。
(33) 以银行存款发放未统筹的退休金 50 000 元。
(34) 本期产品应缴纳教育费附加 2 000 元。
(35) 用银行存款缴纳增值税 100 000 元，教育费附加 2 000 元。
(36) 结转本期产品销售成本 750 000 元。
(37) 将各收支科目结转至本年利润。
(38) 计算确认递延所得税资产 7 725 元，本期应交所得税 80 825 元，并将所得税费用结转至本年利润。
(39) 按净利润 10%提取法定盈余公积 24 930 元，按净利润 5%提取任意盈余公积 12 465 元，分配现金股利 111 905 元。
(40) 将本年利润、利润分配各明细账户的余额结转至"未分配利润"账户。
(41) 建造一栋厂房，年末从银行借入 3 年期借款 400 000 元，借款年利率为 6%，每年年末付息到期还本。
(42) 偿还长期借款 1 000 000 元。
(43) 用银行存款缴纳所得税 70 375 元。

(二) 根据上述资料编制会计分录和比较资产负债表

1. 根据前述经济业务编制如下会计分录：

(1) 借：应付票据　　　　　　　　　　　　　　　　100 000
　　　贷：银行存款　　　　　　　　　　　　　　　　　100 000
(2) 借：材料采购　　　　　　　　　　　　　　　　150 000
　　　应交税费——应交增值税(进项税额)　　　　　19 500
　　　贷：银行存款　　　　　　　　　　　　　　　　　169 500
(3) 借：原材料　　　　　　　　　　　　　　　　　95 000
　　　材料成本差异　　　　　　　　　　　　　　　5 000
　　　贷：材料采购　　　　　　　　　　　　　　　　　100 000

(4) 借: 材料采购 99 000
　　　应交税费——应交增值税(进项税额) 12 870
　　　银行存款 4 130
　　　贷: 其他货币资金 116 000
　　借: 原材料 100 000
　　　贷: 材料采购 99 000
　　　　　材料成本差异 1 000
(5) 借: 应收账款 339 000
　　　贷: 主营业务收入 300 000
　　　　　应交税费——应交增值税(销项税额) 39 000
(6) 借: 交易性金融资产——公允价值变动 1 000
　　　贷: 公允价值变动损益 1 000
(7) 借: 银行存款 16 500
　　　贷: 交易性金融资产——成本 15 000
　　　　　　　　　　　　　——公允价值变动 1 000
　　　　　投资收益 500
(8) 借: 固定资产 100 000
　　　应交税费——应交增值税(进项税额) 13 000
　　　贷: 银行存款 113 000
(9) 借: 工程物资 120 000
　　　应交税费——应交增值税(进项税额) 15 600
　　　贷: 银行存款 135 600
(10) 借: 在建工程 400 000
　　　贷: 工程物资 100 000
　　　　　应付职工薪酬 200 000
　　　　　长期借款 100 000
(11) 借: 固定资产 1 400 000
　　　贷: 在建工程 1 400 000
(12) 借: 固定资产清理 20 000
　　　累计折旧 10 000
　　　贷: 固定资产 30 000
　　借: 固定资产清理 500
　　　贷: 银行存款 500
　　借: 银行存款 800
　　　贷: 固定资产清理 800
　　借: 营业外支出 19 700
　　　贷: 固定资产清理 19 700

(13) 借: 银行存款 791 000
　　　贷: 主营业务收入 700 000
　　　　　应交税费——应交增值税(销项税额) 91 000
(14) 借: 银行存款 200 000
　　　贷: 应收票据 200 000
(15) 借: 银行存款 30 000
　　　贷: 投资收益 30 000
(16) 借: 固定资产清理 250 000
　　　累计折旧 150 000
　　　贷: 固定资产 400 000
　　借: 银行存款 339 000
　　　贷: 固定资产清理 300 000
　　　　　应交税费——应交增值税(销项税额) 39 000
　　借: 固定资产清理 50 000
　　　贷: 资产处置损益 50 000
(17) 借: 财务费用 21 500
　　　贷: 应付利息 11 500
　　　　　长期借款 10 000
(18) 借: 短期借款 250 000
　　　应付利息 12 500
　　　贷: 银行存款 262 500
(19) 借: 生产成本 275 000
　　　制造费用 10 000
　　　管理费用 15 000
　　　贷: 应付职工薪酬 300 000
(20) 借: 应付职工薪酬 500 000
　　　贷: 银行存款 500 000
(21) 借: 生产成本 735 000
　　　贷: 原材料 700 000
　　　　　材料成本差异 35 000
(22) 借: 生产成本 52 500
　　　贷: 周转材料 50 000
　　　　　材料成本差异 2 500
(23) 借: 制造费用 80 000
　　　管理费用 20 000
　　　贷: 累计折旧 100 000
(24) 借: 管理费用 60 000
　　　贷: 累计摊销 60 000

(25) 借：银行存款　　　　　　　　　　　　　　　51 000
　　　贷：应收账款　　　　　　　　　　　　　　　　　51 000
(26) 借：信用减值损失　　　　　　　　　　　　　　 900
　　　贷：坏账准备　　　　　　　　　　　　　　　　　　900
(27) 借：资产减值损失　　　　　　　　　　　　　30 000
　　　贷：固定资产减值准备　　　　　　　　　　　　30 000
(28) 借：销售费用　　　　　　　　　　　　　　　20 000
　　　应交税费——应交增值税(进项税额)　　　　 1 200
　　　贷：银行存款　　　　　　　　　　　　　　　　21 200
(29) 借：生产成本　　　　　　　　　　　　　　　90 000
　　　贷：制造费用　　　　　　　　　　　　　　　　90 000
(30) 借：库存商品　　　　　　　　　　　　　 1 152 500
　　　贷：生产成本　　　　　　　　　　　　　　 1 152 500
(31) 借：应收票据　　　　　　　　　　　　　　 282 500
　　　贷：主营业务收入　　　　　　　　　　　　　250 000
　　　　应交税费——应交增值税(销项税额)　　　　32 500
(32) 借：银行存款　　　　　　　　　　　　　　 262 500
　　　财务费用　　　　　　　　　　　　　　　　20 000
　　　贷：应收票据　　　　　　　　　　　　　　　282 500
(33) 借：管理费用　　　　　　　　　　　　　　　50 000
　　　贷：银行存款　　　　　　　　　　　　　　　　50 000
(34) 借：税金及附加　　　　　　　　　　　　　　 2 000
　　　贷：应交税费——应交教育费附加　　　　　　 2 000
(35) 借：应交税费——应交增值税(已交税金)　　 100 000
　　　　　　——应交教育费附加　　　　　　　　 2 000
　　　贷：银行存款　　　　　　　　　　　　　　　102 000
(36) 借：主营业务成本　　　　　　　　　　　　 750 000
　　　贷：库存商品　　　　　　　　　　　　　　　750 000
(37) 借：主营业务收入　　　　　　　　　　　 1 250 000
　　　公允价值变动损益　　　　　　　　　　　　 1 000
　　　投资收益　　　　　　　　　　　　　　　　30 500
　　　资产处置损益　　　　　　　　　　　　　　50 000
　　　贷：本年利润　　　　　　　　　　　　　 1 331 500
　　借：本年利润　　　　　　　　　　　　　　1 009 100
　　　贷：主营业务成本　　　　　　　　　　　　　750 000
　　　　　税金及附加　　　　　　　　　　　　　　2 000
　　　　　销售费用　　　　　　　　　　　　　　 20 000
　　　　　管理费用　　　　　　　　　　　　　　145 000

	财务费用	41 500
	信用减值损失	900
	资产减值损失	30 000
	营业外支出	19 700

本期利润总额＝1 331 500-1009 100＝322 400(元)

(38) 本期应交所得税＝(322 400-30 000＋900＋30 000)×25%＝323 300×25%＝80 825(元)

注：30 000元为分得的现金股利；900元为应收账款计提坏账准备；30 000元为固定资产计提减值准备。

确认递延所得税资产金额＝30 900×25%＝7 725(元)

所得税费用＝80 825-7 725＝73 100(元)

借：	所得税费用	73 100
	递延所得税资产	7 725
	贷：应交税费——应交所得税	80 825
借：	本年利润	73 100
	贷：所得税费用	73 100

本期净利润＝322 400-73 100＝249 300(元)

(39) 提取法定盈余公积＝249 300×10%＝24 930(元)

提取任意盈余公积＝249 300×5%＝12 465(元)

借：	利润分配——提取法定盈余公积	24 930
	——提取任意盈余公积	12 465
	贷：盈余公积——法定盈余公积	24 930
	——任意盈余公积	12 465
借：	利润分配——应付现金股利	111 905
	贷：应付股利	111 905
(40) 借：	本年利润	249 300
	贷：利润分配——未分配利润	249 300
借：	利润分配——未分配利润	149 300
	贷：利润分配——提取法定盈余公积	24 930
	——提取任意盈余公积	12 465
	——应付现金股利	111 905
(41) 借：	银行存款	400 000
	贷：长期借款	400 000
(42) 借：	长期借款	1 000 000
	贷：银行存款	1 000 000
(43) 借：	应交税费——应交所得税	70 375
	贷：银行存款	70 375

2. 根据上述资料，编制 2×08 年 12 月 31 日的科目余额表，如表 13-3 所示。

表 13-3　科目余额表(二)

2×08 年 12 月 31 日　　　　　　　　　　　　　　　　　　　单位：元

科目名称	借方余额	科目名称	贷方余额
库存现金	2 000	短期借款	50 000
银行存款	850 255	应付票据	100 000
其他货币资金	8 300	应付账款	953 800
交易性金融资产	0	其他应付款	50 000
应收票据	46 000	应付职工薪酬	110 000
应收账款	588 000	应交税费	86 380
坏账准备	-1 800	应付利息	0
预付账款	100 000	应付股利	111 905
其他应收款	5 000	一年内到期的非流动负债	0
材料采购	375 000	长期借款	1 110 000
原材料	45 000	股本	5 000 000
周转材料	38 050	盈余公积	137 395
库存商品	2 082 500	利润分配(未分配利润)	150 000
材料成本差异	3 225		
长期股权投资	250 000		
固定资产	2 570 000		
累计折旧	-340 000		
固定资产减值准备	-30 000		
工程物资	20 000		
在建工程	500 000		
无形资产	600 000		
累计摊销	-60 000		
长期待摊费用	200 000		
递延所得税资产	7 950		
合计	7 859 480	合计	7 859 480

3. 编制 2×08 年 12 月 31 日的资产负债表，如表 13-4 所示。

表 13-4 资产负债表

会企 01 表

编制单位：甲公司　　　　　　　　　2×08 年 12 月 31 日　　　　　　　　　单位：元

资产	期末余额	年初余额	负债和所有者权益（或股东权益）	期末余额	年初余额
流动资产：			流动负债：		
货币资金	860 555	1 406 300	短期借款	50 000	300 000
交易性金融资产		15 000	交易性金融负债		
衍生金融资产			衍生金融负债		
应收票据	46 000	246 000	应付票据	100 000	200 000
应收账款	586 200	299 100	应付账款	953 800	953 800
应收款项融资			预收款项		
预付款项	100 000	100 000	合同负债		
其他应收款	5 000	5 000	应付职工薪酬	110 000	110 000
存货	2 543 775	2 679 775	应交税费	86 380	36 600
合同资产			其他应付款	161 905	51 000
持有待售资产			持有待售负债		
一年内到期的非流动资产			一年内到期的非流动负债		1 000 000
其他流动资产			其他流动负债		
流动资产合计	4 141 530	4 751 175	流动负债合计	1 462 085	2 651 400
非流动资产：			非流动负债：		
债权投资			长期借款	1 110 000	600 000
其他债权投资			应付债券		
长期应收款			其中：优先股		
长期股权投资	250 000	250 000	永续债		
其他权益工具投资			租赁负债		
其他非金融资产			长期应付款		
投资性房地产			预计负债		
固定资产	2 200 000	1 100 000	递延收益		
在建工程	520 000	1 500 000	递延所得税负债		
生产性生物资产			其他非流动负债		
油气资产			非流动负债合计	1 110 000	600 000
使用权资产			负债合计	2 572 085	3 251 400

(续表)

资　产	期末余额	年初余额	负债和所有者权益 (或股东权益)	期末余额	年初余额
无形资产	540 000	600 000	所有者权益：		
开发支出			实收资本(或股本)	5 000 000	5 000 000
商誉			其他权益工具		
长期待摊费用	200 000	200 000	其中：优先股		
递延所得税资产	7 950	225	永续债		
其他非流动资产			资本公积		
非流动资产合计	3 717 950	3 650 225	减：库存股		
			其他综合收益		
			盈余公积	137 395	100 000
			未分配利润	150 000	50 000
			所有者权益(或股东权益)合计	5 287 395	5 150 000
资产总计	7 859 480	8 401 400	负债和所有者权益(或股东权益合计)总计	7 859 480	8 401 400

任务二　编制利润表

企业一定会计期间的经营成果既可能表现为盈利，也可能表现为亏损，因此，利润表也被称为损益表。它全面揭示了企业在某一特定时期实现的各种收入、发生的各种费用、成本或支出，以及企业实现的利润或发生的亏损情况。

一、利润表

利润表是反映企业在一定会计期间的经营成果的会计报表。通过利润表，可以反映企业一定会计期间的收入实现情况、费用耗费情况和生产经营活动的成果(即净利润的实现情况)，据以判断资本保值、增值情况。利润表还可以提供进行财务分析的基本资料，如应收账款周转率、存货周转率、资产收益率等，可以表现企业资金周转情况以及企业的盈利能力和水平，便于报表使用者判断企业未来的发展趋势，做出经济决策。

常见的利润表结构主要有单步式和多步式两种。

(1) 单步式利润表，是将本期的所有收入和所有费用分别加以汇总，用收入合计减去费用合计得出本期利润。单步式利润表编制简单，但收入、费用的性质不加以区分，不利于报表分析。

(2) 多步式利润表，是通过对当期的收入、费用、支出项目按性质加以归类，按利润形成的主要环节列示一些中间性利润指标(如营业利润、利润总额、净利润),分步计算当期净损益。多步式利润表便于进行报表分析。

在我国,企业利润表基本上是多步式结构。为了使报表使用者通过比较不同期间利润的实现情况,判断企业经营成果的未来发展趋势,企业需要提供比较利润表,各项目再分为"本期金额"和"上期金额"两栏分别填列。

二、利润表编制方法

(一) 上期金额栏的填列方法

利润表"上期金额"栏内各项数字应根据上年该期利润表"本期金额"栏内所列数字填列。如果上年该期利润表规定的各个项目的名称和内容同本期不一致,应对上年该期利润表各项目的名称和数字按本期的规定进行调整,填入利润表"上期金额"栏内。

(二) 本期金额栏的填列方法

利润表"本期金额"栏内各项数字一般应根据损益类科目的发生额分析填列。

(1) "营业收入"项目,根据"主营业务收入""其他业务收入"科目的本期发生额合计填列。

(2) "营业成本"项目,根据"主营业务成本""其他业务成本"科目的本期发生额合计填列。

(3) "税金及附加"项目,根据"税金及附加"科目的本期发生额填列。

(4) "销售费用"项目,根据"销售费用"科目的本期发生额填列。

(5) "管理费用"项目,根据"管理费用"科目扣除"研发费用"明细账后的本期发生额填列。

(6) "研发费用"项目,根据"管理费用"科目的"研发费用"明细账本期发生额填列。

(7) "财务费用"项目,根据"财务费用"科目的本期发生额填列。

(8) "信用减值损失"项目,反映企业计提的各种金融工具减值准备所形成的预期信用损失,根据"信用减值损失"科目的本期发生额填列。

(9) "资产减值损失"项目,根据"资产减值损失"科目的本期发生额填列。

(10) "其他收益"项目,反映计入其他收益的政府补助,以及其他与日常活动相关且计入其他收益的项目。该项目应根据"其他收益"科目的发生额分析填列。企业作为个人所得税的扣缴义务人,根据《中华人民共和国个人所得税法》收到的扣缴税款手续费,应作为其他与日常活动相关的收益在该项目中填列。

(11) "投资收益"项目,根据"投资收益"科目的本期发生额填列。

(12) "公允价值变动收益"项目,根据"公允价值变动收益"科目的本期发生额填列。

(13) "资产处置损益"项目,根据损益类科目新设置的"资产处置损益"科目的发生额分析填列。如果为处置损失,以"-"号填列。

(14) "营业外收入"项目,根据"营业外收入"科目的本期发生额填列。

(15)"营业外支出"项目,根据"营业外支出"科目的本期发生额填列。

(16)"所得税费用"项目,根据"所得税费用"科目的本期发生额填列。

三、利润表编制案例

【案例13-6】根据案例13-5的资料,甲公司损益类科目2×08年度累计发生净额如表13-5所示。

表13-5 甲公司损益类科目2×08年度累计发生净额

单位:元

科目名称	借方发生额	贷方发生额
主营业务收入		1 250 000
主营业务成本	750 000	
税金及附加	2 000	
销售费用	20 000	
管理费用	145 000	
财务费用	41 500	
信用减值损失	900	
资产减值损失	30 000	
公允价值变动损益		1 000
投资收益		30 500
资产处置损益		50 000
营业外支出	19 700	
所得税费用	73 100	
合计	1 009 100	1 331 500

根据资料编制利润表,如表13-6所示。

表13-6 利润表

会企02表

编制单位:甲公司　　　　　　　　　　2×08年　　　　　　　　　　单位:元

项目	本期金额	上期金额(略)
一、营业收入	1 250 000	
减:营业成本	750 000	
税金及附加	2 000	
销售费用	20 000	
管理费用	145 000	
研发费用		
财务费用	41 500	

(续表)

项目	本期金额	上期金额(略)
其中：利息费用	41 500	
利息收入		
信用减值损失	900	
资产减值损失	30 000	
加：其他收益		
投资收益(损失以"-"号填列)	30 500	
其中：对联营企业和合营企业的投资收益		
以摊余成本计量的金融资产终止确认收益(损失以"-"号填列)		
净敞口套期收益(损失以"-"号填列)		
公允价值变动收益(损失以"-"号填列)	1 000	
资产处置收益(损失以"-"号填列)	50 000	
二、营业利润(亏损以"-"号填列)	342 100	
加：营业外收入		
减：营业外支出	19 700	
三、利润总额(亏损总额以"-"号填列)	322 400	
减：所得税费用	73 100	
四、净利润(净亏损以"-"号填列)	249 300	
（一）持续经营净利润(净亏损以"-"号填列)	249 300	
（二）终止经营净利润(净亏损以"-"号填列)		
五、其他综合收益的税后净额		
（一）不能重分类进损益的其他综合收益		
（二）将重分类进损益的其他综合收益		
六、综合收益总额	249 300	
七、每股收益：	(略)	
（一）基本每股收益		
（二）稀释每股收益		

任务三 编制现金流量表

现金流量表所表达的是在一个固定期间内，企业的现金(包含银行存款)的增减变动情形。现金流量表，主要反映资产负债表中各个项目对现金流量的影响，可用于分析一家企业在短期内有没有足够的现金去应付开销。

一、现金流量表

现金流量表是指反映企业在一定会计期间现金和现金等价物流入和流出的报表。现金是指企业库存现金以及可以随时用于支付的存款。现金等价物是指企业持有的期限短、流动性强、易于转换为已知金额现金、价值变动风险很小的投资。

从编制原则上看,现金流量表按照收付实现制原则编制,将权责发生制下的盈利信息调整为收付实现制下的现金流量信息,便于信息使用者了解企业净利润的质量。从内容上看,现金流量表被划分为经营活动、投资活动和筹资活动三个部分,每类活动又分为各具体项目,这些项目从不同角度反映企业业务活动的现金流入与流出,弥补了资产负债表和利润表提供信息的不足。通过现金流量表,报表使用者能够了解现金流量的影响因素,评价企业的支付能力、偿债能力和周转能力,预测企业未来现金流量,为其决策提供有力依据。

二、现金流量表编制方法

(一) 经营活动产生的现金流量的编制方法

经营活动是指企业投资活动和筹资活动以外的所有交易和事项。对于工商企业而言,经营活动主要包括销售商品、提供劳务、购买商品、接受劳务、支付税费等。

1. 直接法与间接法

编制现金流量表时,列报经营活动现金流量的方法有两种:直接法和间接法。

(1) 直接法,是指通过现金收入和现金支出的主要类别列示经营活动的现金流量。一般是以利润表中的营业收入为起算点,调节与经营活动有关的项目的增减变动,然后计算出经营活动产生的现金流量。

(2) 间接法,是指通过将企业非现金交易、过去或者未来经营活动产生的现金收入或支出的递延或应计项目,以及与投资或筹资现金流量相关的收益或费用项目对净收益的影响进行调整来反映企业经营活动所形成的现金流量。在间接法下,将净利润调节为经营活动现金流量,实际上就是将按权责发生制原则确定的净利润调整为现金净流入,并剔除投资活动和筹资活动对现金流量的影响。

采用直接法编报的现金流量表,便于分析企业经营活动产生的现金流量的来源和用途,预测企业现金流量的未来前景;采用间接法编报现金流量表,便于将净利润与经营活动产生的现金流量净额进行比较,了解净利润与经营活动产生的现金流量差异的原因,从现金流量的角度分析净利润的质量。所以,我国企业会计准则规定企业应当采用直接法编报现金流量表,同时要求在附注中提供以净利润为基础调节经营活动现金流量的信息。

2. 经营活动现金流量各项目

(1) "销售商品、提供劳务收到的现金"项目。本项目反映企业销售商品、提供劳务实际收到的现金(含销售收入和应向购买者收取的增值税额)。本项目可根据"主营业务收入""其他业务收入""应收账款""应收票据""预收账款""库存现金""银行存款"等账户分析填列。本项目可按下列公式计算:

销售商品、提供劳务收到的现金＝营业收入(主营业务收入＋其他业务收入)＋销项税额-应收票据及应收账款增加额＋预收款项增加额-本期计提的坏账准备-贴现利息±特殊调整业务

(2) "收到的税费返还"项目。本项目反映企业收到返还的各种税费。本项目可以根据"库存现金""银行存款""应交税费""税金及附加"等账户的记录分析填列。

(3) "收到的其他与经营活动有关的现金"项目。本项目反映企业除了上述各项目以外收到的其他与经营活动有关的现金流入，如罚款收入、流动资产损失中由个人赔偿的现金收入等。本项目可根据"营业外收入""营业外支出""库存现金""银行存款""其他应收款"等账户的记录分析填列。

(4) "购买商品、接受劳务支付的现金"项目。本项目反映企业购买商品、接受劳务实际支付的现金。本项目可根据"应付账款""应付票据""预付账款""库存现金""银行存款""主营业务成本""其他业务成本""存货"等账户的记录分析填列。本项目可按下列公式计算：

购买商品、接受劳务支付的现金＝营业成本(主营业务成本＋其他业务成本)＋进项税额-应付票据及应付账款增加额＋预付款项增加额＋存货项目本期增加额＋本期计提的存货跌价准备-生产成本、制造费用中的职工薪酬-生产成本、制造费用中的累计折旧±特殊调整业务

(5) "支付给职工以及为职工支付的现金"项目。本项目反映企业实际支付给职工，以及为职工支付的工资、奖金、各种津贴和补贴等(含为职工支付的养老、失业等各种保险和其他福利费用)，但不含为离退休人员支付的各种费用和固定资产购建人员的工资。本项目可根据"库存现金""银行存款""应付职工薪酬""生产成本"等账户的记录分析填列。

(6) "支付的各项税费"项目。本项目反映企业按规定支付的各项税费和有关费用，但不包括购置固定资产等非流动资产而支付的增值税、耕地占用税和本期退回的所得税。本项目应根据"应交税费""库存现金""银行存款"等账户的记录分析填列。

(7) "支付的其他与经营活动有关的现金"项目。本项目反映企业除上述各项目外，支付的其他与经营活动有关的现金，包括罚款支出、差旅费、业务招待费、保险费支出、支付的离退休人员的各项费用等。本项目应根据"管理费用""销售费用""营业外支出"等账户的记录分析填列。

(二) 投资活动产生的现金流量的编制方法

投资活动现金流入和现金流出的各项目的内容与填列方法如下。

(1) "收回投资收到的现金"项目。本项目反映企业出售、转让和到期收回的除现金等价物以外的交易性金融资产、长期股权投资而收到的现金，以及收回债权投资本金而收到的现金，不包括债权投资收回的利息以及收回的非现金资产。本项目应根据"交易性金融资产""债权投资""长期股权投资""库存现金""银行存款"等账户的记录分析填列。

(2) "取得投资收益收到的现金"项目。本项目反映企业因股权性投资而分得的现金股利、分回利润所收到的现金，以及债权性投资取得的现金利息收入。本项目应根据"投资收益""库存现金""银行存款"等账户的记录分析填列。

(3) "处置固定资产、无形资产和其他长期资产收回的现金净额"项目。本项目反映处置上述各项长期资产所取得的现金,减去为处置这些资产所支付的有关费用后的净额。本项目可根据"固定资产清理""库存现金""银行存款"等账户的记录分析填列。如果该项目所收回的现金净额为负数,应在"支付的其他与投资活动有关的现金"项目填列。

(4) "收到的其他与投资活动有关的现金"项目。本项目反映除上述各项目以外,收到的其他与投资活动有关的现金流入。本项目应根据"库存现金""银行存款"和其他有关账户的记录分析填列。

(5) "购建固定资产、无形资产和其他长期资产所支付的现金"项目。本项目反映企业购买、建造固定资产,取得无形资产和其他长期资产所支付的现金。其中企业为购建固定资产支付的现金,包括购买固定资产支付的价款现金及增值税款、固定资产购建支付的现金,但不包括购建固定资产的借款利息支出和融资租入固定资产的租赁费。本项目应根据"固定资产""无形资产""在建工程""库存现金""银行存款"等账户的记录分析填列。

(6) "投资支付的现金"项目。本项目反映企业在现金等价物以外进行交易性金融资产、长期股权投资、债权期投资所实际支付的现金,包括佣金手续费所支付的现金,但不包括企业购买股票和债券时,实际支付价款中包含的已宣告尚未领取的现金股利或已到付息期但尚未领取的债券利息。本项目应根据"交易性金融资产""长期股权投资""债权投资""库存现金""银行存款"等账户的记录分析填列。

(7) "支付的其他与投资活动有关的现金"项目。本项目反映企业除了上述各项以外,支付的与投资活动有关的现金流出,包括企业购买股票和债券时,实际支付价款中包含的已宣告尚未领取的现金股利或已到付息期但尚未领取的债券利息等。本项目应根据"库存现金""银行存款""应收股利""应收利息"等账户的记录分析填列。

(三) 筹资活动产生的现金流量的编制方法

筹资活动产生的现金流入和现金流出包括的各项目的内容与填列方法如下。

(1) "吸收投资收到的现金"项目。本项目反映企业收到投资者投入的现金,包括以发行股票、债券等方式筹集资金实际收到的款项净额(即发行收入减去支付的佣金等发行费用后的净额)。本项目可根据"实收资本(或股本)""应付债券""库存现金""银行存款"等账户的记录分析填列。

(2) "借款收到的现金"项目。本项目反映企业举借各种短期借款、长期借款而收到的现金。本项目可根据"短期借款""长期借款""银行存款"等账户的记录分析填列。

(3) "收到的其他与筹资活动有关的现金"项目。本项目反映企业除上述各项以外,收到的其他与筹资活动有关的现金流入。本项目应根据"库存现金""银行存款"和其他有关账户的记录分析填列。

(4) "偿还债务支付的现金"项目。本项目反映企业以现金偿还债务的本金,包括偿还金融机构的借款本金、偿还到期的债券本金等。本项目可根据"短期借款""长期借款""应付债券""库存现金""银行存款"等账户的记录分析填列。

(5) "分配股利、利润或偿还利息支付的现金"项目。本项目反映企业实际支付的现金股利、支付给投资人的利润或用现金支付的借款利息、债券利息等。本项目可根据"应付股利(或应付利润)""财务费用""长期借款""应付债券""库存现金""银行存款"等账户的记录分析填列。

(6) "支付的其他与筹资活动有关的现金"项目。本项目反映除了上述各项目以外,支付的与筹资活动有关的现金流出,例如发行股票债券所支付的审计、咨询等费用。该项目可根据"库存现金""银行存款"和其他有关账户的记录分析填列。

(四) 汇率变动对现金及现金等价物的影响的编制方法

"汇率变动对现金及现金等价物的影响"项目反映企业的外币现金流量发生日所采用的汇率与期末汇率的差额对现金的影响数额。(编制方法略)。

(五) 现金及现金等价物净增加额的编制方法

"现金及现金等价物净增加额"项目是将现金流量表中"经营活动产生的现金流量净额""投资活动产生的现金流量净额""筹资活动产生的现金流量净额"和"汇率变动对现金的影响"四个项目相加得出的。

(六) 期末现金及现金等价物余额的编制方法

"期末现金及现金等价物余额"项目是将计算出来的现金及现金等价物净增加额加上期初现金及现金等价物金额求得,它应该与企业期末的全部货币资金与现金等价物的合计余额相等。

(七) 补充资料编制方法

除现金流量表反映的信息外,企业还应该在附注中披露将净利润调节为经营活动的现金流量,以及不涉及现金收支的重大投资和筹资活动、现金及现金等价物净变动情况等信息,即应采用间接法编制现金流量表的补充资料。

1. 将净利润调节为经营活动的现金流量

现金流量表采用直接法反映经营活动的现金流量,同时,企业还应采用间接法反映经营活动产生的现金流量。间接法是指以企业本期净利润为起算点,通过调整不涉及现金的收入和费用、营业外收支以及经营性应收应付等项目的增减变动,调整不属于经营活动的现金收支项目,据此计算并列报经营活动产生的现金流量的方法。现金流量表补充资料是对现金流量表采用直接法反映的经营活动现金流量进行核对和补充说明。

采用间接法列报经营活动产生的现金流量时,需要对四大类项目进行调整:①实际没有支付现金的费用;②实际没有收到现金的收益;③不属于经营活动的损益;④经营性应收应付项目的增减变动。

企业利润表中反映的净利润是以权责发生制为基础核算的,而且包括了投资活动和筹资活动的收入和费用。将净利润调节为经营活动的现金流量,就是要按收付实现制的原则,将净利润按各项目调整为现金净流入,并且要剔除投资和筹资活动对现金流量的影响。对这些项目进行调整的过程,就是采用间接法编制经营活动现金流量表的过程。

将净利润调节为经营活动的现金流量是以净利润为基础，因为净利润是现金净流入的主要来源，但净利润与现金净流入并不相等，所以需要在净利润基础上，将净利润调整为现金净流入。在净利润基础上进行调整的项目主要包括以下几项。

(1) 计提的"资产减值准备""信用损失准备"项目。企业计提的各项资产减值准备和坏账准备，已经计入了"资产减值损失"或"信用减值损失"科目，期末结转到本年利润账户，从而减少了净利润。但是计提减值准备并不需要支付现金，即没有减少现金流量，所以应将计提的各项减值准备在净利润基础上予以加回。本项目应根据"资产减值损失"账户的记录分析填列。

(2) "固定资产折旧"项目。工业加工企业计提的固定资产折旧，一部分增加了产品的成本，另一部分增加了期间费用(如管理费用、销售费用等)，计入期间费用的部分直接减少了净利润。计入产品成本的部分，一部分转入了主营业务成本，也直接冲减了净利润；产品尚未变现的部分，折旧费用加到了存货成本中，存货的增加是作为现金流出进行调整的。而实际上，全部的折旧费用并没有发生现金流出，所以应在净利润的基础上将折旧的部分予以加回。本项目应根据"累计折旧"账户的贷方发生额分析填列。

(3) "无形资产摊销"项目。企业的无形资产摊销是计入管理费用的，冲减了净利润。但无形资产摊销并没有发生现金流出，所以无形资产当期摊销的价值，应在净利润的基础上予以加回。该项目可根据"累计摊销"账户的记录分析填列。

(4) "长期待摊费用摊销"项目。长期待摊费用的摊销与无形资产摊销一样，已经计入了损益，但没有发生现金流出，所以项目应在净利润的基础上予以加回。

(5) "处置固定资产、无形资产和其他长期资产的损失"项目。处置固定资产、无形资产和其他长期资产发生的损益，属于投资活动产生的损益，不属于经营活动产生的损益，但却影响了当期净利润，所以在将净利润调节为经营活动现金流量时应予以剔除。如为净损失，应当予以加回；如为净收益，应予以扣除，即用"-"号列示。本项目可根据"营业外收入""营业外支出"等账户所属明细账户的记录分析填列。

(6) "固定资产报废损失"项目。本项目反映企业当期固定资产报废后的净损失(或报废后的净收益)。企业发生固定资产报废损益，属于投资活动产生的损益，不属于经营活动产生的损益，但却影响了当期净利润，所以在将净利润调节为经营活动现金流量时应予以剔除。如为净损失，应当予以加回；如为净收益，应予以扣除，即用"-"号列示。本项目可根据"营业外收入""营业外支出"等账户所属明细账户的记录分析填列。

(7) "公允价值变动损失"项目。本项目反映企业持有的交易性金融资产、交易性金融负债、采用公允价值模式计量的投资性房地产等公允价值变动形成的净损失。因为公允价值变动损失影响了当期净利润，但并没有发生现金流出，所以应进行调整。如为净收益以"-"号列示。本项目可根据"公允价值变动损益"科目所属有关明细科目的记录分析填列。

(8) "财务费用"项目。一般企业的财务费用主要是借款发生的利息支出(减存款利息收入)。财务费用属于筹资活动发生的现金流出，而不属于经营活动的现金流量，但财务费用作为期间费用已直接计入了企业经营损益，影响了净利润，所以在将净利润调节为经营活动现金流量时应予以剔除。财务费用如为借方余额，应予以加回；如为贷方余额，应予以扣除。本项目应根据利润表中"财务费用"项目填列。

(9)"投资损失"项目。企业发生的投资损益属于投资活动的现金流量,不属于经营活动的现金流量,但投资损失已直接计入了企业当期利润,影响了净利润,所以在将净利润调节为经营活动现金流量时应予以剔除。如果是投资净损失,应当予以加回;如果是投资净收益,应予以扣除,即用"-"号列示。该项目可根据利润表中"投资收益"项目的金额填列。

(10)"递延所得税资产减少"项目。本项目反映企业资产负债表"递延所得税资产"项目的期初余额与期末余额的差额。递延所得税资产的减少增加了所得税费用,减少了利润,但并没有增加现金流出,所以应在净利润的基础上予以加回。相反,如果是递延所得税资产增加,则应用"-"号填列。本项目可以根据"递延所得税资产"科目分析填列。

(11)"递延所得税负债增加"项目。递延所得税负债的增加,增加了当期所得税费用,但并没有因此增加现金流出,所以应在净利润的基础上予以加回。相反,如果是递延所得税负债减少,则应用"-"号填列。

(12)"存货的减少"项目。企业当期存货减少,说明本期经营中耗用的存货,有一部分是期初的存货,这部分存货当期没有发生现金流出,但在计算净利润时已经进行了扣除,所以在将净利润调节为经营活动现金流量时应当予以加回。

如果期末存货比期初增加,说明当期购入的存货除本期耗用外还剩余一部分。这部分存货已经发生了现金流出,但这部分存货没有减少净利润,所以在将净利润调节为经营活动现金流量时应予以扣除,即用"-"号列示。总之,存货的减少,应视为现金的增加,应予加回现金流量;存货的增加,应视为现金的减少,应予扣除现金流量。该项目可根据资产负债表"存货"项目的期初、期末数之间的差额填列。

(13)"经营性应收项目的减少"项目。经营性应收项目的减少(如"应收账款""应收票据""其他应收款"等项目中与经营活动有关的部分的减少),说明本期收回的现金大于利润表中确认的主营业务收入,即将上期实现的收入由本期收回了现金,形成了本期的现金流入,但净利润却没有增加。所以在将净利润调节为经营活动现金流量时,将本期经营性应收项目减少的部分应予以加回。但上述各应收项目如果增加,即各经营性应收项目的期末余额大于期初余额,则表明本期的销售收入中有一部分没有收回,从而减少了现金的流入,在将净利润调节为经营活动现金流量时应予以扣除。本项目应根据各应收项目账户所属的明细账户的记录分析填列。

(14)"经营性应付项目的增加"项目。经营性应付项目的增加(如"应付账款""应付票据""应付职工薪酬""应付福利费""应交税费""其他应付款"等项目中与经营活动有关的部分的增加),说明本期购入的存货中有一部分没有支付现金,净利润不变,但现金流出减少了,从而现金流量肯定增加了。所以在将净利润调节为经营活动现金流量时,本期经营性应付项目增加的部分应予以加回。

如果上述经营性应付项目减少,即期末余额小于期初余额,说明除将本期购入的存货全部付款以外,还支付了上期的应付款项,所以现金流出增加了,现金净流量减少了。在将净利润调节为经营活动现金流量时,将本期经营性应付项目减少的部分应予以扣除。本项目应根据各应付项目账户所属的明细账户的记录分析填列。

2. 不涉及现金收支的投资和筹资活动

不涉及现金收支的投资和筹资活动项目,反映企业一定期间内影响资产和负债但不形成现金收支的所有投资和筹资活动的信息。这些投资和筹资活动虽不涉及现金收支，但对以后各期的现金流量会产生重大影响，所以也应进行列示和披露。

三、现金流量表编制案例

【案例13-7】根据案例13-5的资料，甲公司2×08年度有关现金流量表相关数据计算如下。

(1) 销售商品、提供劳务收到的现金
＝营业收入＋销项税额-应收票据增加额-应收账款增加额＋预收款项增加-本期计提的坏账准备-贴现利息±特殊调整业务
＝1 250 000＋162 500-(46 000-246 000)-(586 200-299 100)-900-20 000
＝1 304 500(元)

(2) 购买商品、接受劳务支付的现金
＝营业成本＋进项税额-应付票据增加额-应付账款增加额＋预付款项增加额＋存货项目本期增加额＋本期计提的存货跌价准备-生产成本、制造费用中的职工薪酬-生产成本、制造费用中的累计折旧±特殊调整业务
＝750 000＋32 370-(100 000-200 000)-(953 800-953 800)-(100 000-100 000)＋(2 543 775-2 679 775)-285 000-80 000＝381 370(元)

(3) 支付给职工以及为职工支付的现金
＝生产成本、制造费用、管理费用中职工薪酬＋(应付职工薪酬年初余额-应付职工薪酬期末余额)-[应付职工薪酬(在建工程)年初余额-应付职工薪酬(在建工程)期末余额]
＝300 000＋(110 000-110 000)-(0-0)＝300 000(元)

(4) 支付的各项税费
＝当期所得税费用＋税金及附加＋已交税金-(应交所得税及其他税费期末余额-应交所得税及其他税费期初余额)±特殊调整事项
＝73 100＋2 000＋100 000-(10 450-0)＋7 725＝172 375(元)

注：应交所得税及其他税费不包含应交增值税，7 725元为递延所得税资产增加额。

(5) 支付其他与经营活动有关的现金
＝销售费用＋其他管理费用
＝21 200＋50 000＝71 200(元)

注：21 200元包括相应的增值税税额。

(6) 收回投资收到的现金
＝交易性金融资产贷方发生额＋与交易性金融资产一起收回的投资收益
＝16 000＋500＝16 500(元)

(7) 取得投资收益所收到的现金＝收到的股息收入＝30 000(元)

(8) 处置固定资产收回的现金净额＝339 000＋(800-500)＝339 300(元)

注：339 000元包括相应的增值税税额。

(9) 购建固定资产支付的现金
＝用现金购买的固定资产、工程物资＋支付给在建工程人员的薪酬
＝113 000＋135 600＋200 000＝448 600(元)

注：113 000 元包括购买固定资产相应的增值税税额，135 600 元包括购买工程物资相应的增值税税额。

(10) 取得借款所收到的现金＝400 000(元)

(11) 偿还债务支付的现金＝250 000＋1 000 000＝1 250 000(元)

(12) 偿还利息支付的现金＝12 500(元)

编制 2×08 年度的现金流量表，如表 13-7 所示。

表 13-7 现金流量表

会企 03 表

编制单位：甲公司　　　　　　　　2×08 年　　　　　　　　　　单位：元

项　目	本期金额	上期金额(略)
一、经营活动产生的现金流量：		
销售商品、提供劳务收到的现金	1 304 500	
收到的税费返还		
收到的其他与经营活动有关的现金		
经营活动现金流入小计	1 304 500	
购买商品、接受劳务支付的现金	381 370	
支付给职工以及为职工支付的现金	300 000	
支付的各项税费	172 375	
支付的其他与经营活动有关的现金	71 200	
经营活动现金流出小计	924 945	
经营活动产生的现金流量净额	379 555	
二、投资活动产生的现金流量：		
收回投资收到的现金	16 500	
取得投资收益收到的现金	30 000	
处置固定资产、无形资产和其他长期资产收回的现金净额	339 300	
处置子公司及其他营业单位收到的现金净额		
收到其他与投资活动有关的现金		
投资活动现金流入小计	385 800	
购建固定资产、无形资产和其他长期资产支付的现金	448 600	
投资支付的现金		
取得子公司及其他营业单位支付的现金净额		
支付的其他与投资活动有关的现金		
投资活动现金流出小计	448 600	
投资活动产生的现金流量净额	-62 800	

(续表)

项目	本期金额	上期金额(略)
三、筹资活动产生的现金流量:		
吸收投资收到的现金		
取得借款收到的现金	400 000	
收到的其他与筹资活动有关的现金		
筹资活动现金流入小计	400 000	
偿还债务支付的现金	1 250 000	
分配股利、利润或偿付利息支付的现金	12 500	
支付的其他与筹资活动有关的现金		
筹资活动现金流出小计	1 262 500	
筹资活动产生的现金流量净额	-862 500	
四、汇率变动对现金及现金等价物的影响		
五、现金及现金等价物净增加额	-545 745	
加：期初现金及现金等价物余额	1 406 300	
六、期末现金及现金等价物余额	860 555	

将净利润调节为经营活动现金流量各项目的计算分析如下。

(1) 资产减值准备＝30 000(元)
(2) 信用损失准备＝900(元)
(2) 固定资产折旧＝20 000＋80 000＝100 000(元)
(3) 无形资产摊销＝60 000(元)
(4) 处置固定资产、无形资产和其他长期资产的损失(减：收益)＝-50 000(元)
(5) 固定资产报废损失＝19 700(元)
(6) 公允价值变动损失(减：收益)＝-1 000
(7) 财务费用＝21 500(元)
注：财务费用中只考虑非经营活动产生的部分。
(8) 投资损失(减：收益)＝-30 500(元)
(9) 递延所得税资产减少＝225-7 9505＝-7 725(元)
(10) 存货的减少＝2 679 775-2 543 775＝136 000(元)
(11) 经营性应收项目的减少
＝(246 000-46 000)＋(299 100＋900-586 200-1 800)＝-88 000(元)
(12) 经营性应付项目的增加
＝(100 000-200 000)＋(953 800-953 800)＋(100 000-100 000)＋(110 000-110 000)＋
(86 380-39 000＋13 000＋15 600-36 600)＋(50 000-50 000)＝-60 620(元)
注：39 000元为出售固定资产发生的增值税税额，13 000元为购进固定资产发生的增值税税额，15 600元为购进工程物资发生的增值税税额。

编制 2×08 年度的现金流量表补充资料，如表 13-8 所示。

表 13-8 现金流量补充资料

2×08 年 单位：元

补充资料	本期金额	上期金额(略)
1. 将净利润调节为经营活动现金流量：		
净利润	249 300	
加：资产减值准备	30 000	
信用损失准备	900	
固定资产折旧、油气资产折耗、生产性生物资产折旧	100 000	
无形资产摊销	60 000	
长期待摊费用摊销		
处置固定资产、无形资产和其他长期资产的损失(收益以"-"号填列)	-50 000	
固定资产报废损失(收益以"-"号填列)	19 700	
净敞口套期损失(收益以"-"号填列)		
公允价值变动损失(收益以"-"号填列)	-1 000	
财务费用(收益以"-"号填列)	21 500	
投资损失(收益以"-"号填列)	-30 500	
递延所得税资产减少(增加以"-"号填列)	-7 725	
递延所得税负债增加(减少以"-"号填列)		
存货的减少(增加以"-"号填列)	136 000	
经营性应收项目的减少(增加以"-"号填列)	-88 000	
经营性应付项目的增加(减少以"-"号填列)	-60 620	
其他		
经营活动产生的现金流量净额	379 555	
2. 不涉及现金收支的重大投资和筹资活动：		
债务转为资本		
一年内到期的可转换公司债券		
融资租入固定资产		
3. 现金及现金等价物净变动情况：		
现金的期末余额	860 555	
减：现金的期初余额	1 406 300	
加：现金等价物的期末余额		
减：现金等价物的期初余额		
现金及现金等价物净增加额	-545 745	

任务四 编制所有者权益变动表

2007年《企业会计准则》颁布实施后，要求上市公司正式对外呈报所有者权益变动表，所有者权益变动表将成为与资产负债表、利润表和现金流量表并列披露的第四张财务报表。

一、所有者权益变动表

所有者权益变动表是指反映构成所有者权益各组成部分当期增减变动情况的报表。所有者权益变动表应当全面反映一定时期所有者权益变动的情况，不仅包括所有者权益总量的增减变动，还包括所有者权益增减变动的重要结构性信息，特别是要反映直接计入所有者权益的利得和损失，让报表使用者准确理解所有者权益增减变动的根源。

所有者权益变动表，至少应当单独列示反映下列信息的项目：①净利润；②直接计入所有者权益的利得和损失项目及其总额；③会计政策变更和差错更正的累计影响金额；④所有者投入资本和向所有者分配利润等；⑤提取的盈余公积；⑥实收资本或股本、资本公积、其他综合收益、盈余公积、未分配利润的期初和期末余额及其调节情况。

为了清楚地表明构成所有者权益的各组成部分当期的增减变动情况，所有者权益变动表应当以矩阵的形式列示：纵向列示导致所有者权益变动的交易或事项，横向按照所有者权益各组成部分(包括实收资本、资本公积、其他综合收益、盈余公积、未分配利润和库存股)及其总额列示交易或事项对所有者权益的影响。此外，所有者权益变动表分为"本年金额"和"上年金额"两栏分别填列。

二、所有者权益变动表编制方法

(一)"上年金额"栏的填列方法

所有者权益变动表"上年金额"栏内各项数字，应根据上年度所有者权益变动表"本年金额"栏内所列数字填列。如果上年度所有者权益变动表规定的各个项目的名称和内容同本年度不一致，应对上年度所有者权益变动表各项目的名称和数字按本年度的规定进行调整，填入所有者权益变动表"上年金额"栏内。

(二)"本年金额"栏的填列方法

所有者权益变动表"本年金额"栏内各项数字一般应根据"实收资本(或股本)""资本公积""其他综合收益""盈余公积""利润分配""库存股""以前年度损益调整"科目的发生额分析填列。

三、所有者权益变动表编制案例

【案例13-8】 根据案例13-5的资料，甲公司编制2×08年度有关所有者权益变动表，如表13-9所示。

表 13-9 所有者权益变动表

编制单位：甲公司　　　　　2×08 年度　　　　　会企 04 表　单位：元

项目	本年金额										上年金额									
	实收资本(或股本)	其他权益工具			资本公积	减:库存股	其他综合收益	专项储备	盈余公积	未分配利润	所有者权益合计	实收资本(或股本)	其他权益工具			资本公积	减:库存股	其他综合收益	专项储备	盈余公积	未分配利润	所有者权益合计
		优先股	永续股	其他									优先股	永续股	其他							
一、上年年末余额	5 000 000								100 000	50 000	5 150 000											
加:会计政策变更																						
前期差错更正																						
其他																						
二、本年年初余额	5 000 000								100 000	50 000	5 150 000											
三、本年增减变动金额(减少以"-"号填列)										249 300	249 300											
(一)综合收益总额																						
(二)所有者投入和减少资本																						
1.所有者投入的普通股																						
2.其他权益工具持有者投入资本																						
3.股份支付计入所有者权益的金额																						
4.其他																						

(续表)

项目	本年金额										上年金额									
	实收资本(或股本)	其他权益工具			资本公积	减:库存股	其他综合收益	专项储备	盈余公积	未分配利润	所有者权益合计	实收资本(或股本)	其他权益工具			资本公积	减:库存股	其他综合收益	专项储备	盈余公积	未分配利润	所有者权益合计
		优先股	永续债	其他									优先股	永续债	其他							
(三) 利润分配																						
1. 提取盈余公积									37 395	-37 395	0											
2. 对所有者(或股东)的分配										-111 905	-111 905											
3. 其他																						
(四) 所有者权益内部结转																						
1. 资本公积转增资本(或股本)																						
2. 盈余公积转增资本(或股本)																						
3. 盈余公积弥补亏损																						
4. 设定受益计划变动额结转留存收益																						
5. 其他综合收益结转留存收益																						
6. 其他																						
四、本年年末余额	5 000 000								137 395	150 000	5 287 395	5 000 000								100 000	50 000	5 150 000

任务五　编制会计报表附注

附注是对资产负债表、利润表、现金流量表和所有者权益变动表等报表中列示项目的文字描述或明细资料,以及对未能在这些报表中列示项目的说明等。附注是财务报表的重要组成部分。附注应当按照如下顺序披露有关内容。

一、企业的基本情况

(1) 企业注册地、组织形式和总部地址。
(2) 企业的业务性质和主要经营活动。
(3) 母公司以及集团最终母公司的名称。
(4) 财务报告的批准报出者和财务报告批准报出日。

二、财务报表的编制基础

企业应当在附注中对财务报表的编制基础进行说明。

三、遵循企业会计准则的声明

企业应当明确说明编制的财务报表符合企业会计准则的要求,真实、公允地反映了企业的财务状况、经营成果和现金流量等有关信息,以此明确企业编制财务报表所依据的制度基础。

如果企业编制的财务报表只是部分地遵循了企业会计准则,附注中不得做出这种表述。

四、重要会计政策和重要会计估计

企业应当披露采用的重要会计政策和会计估计,不重要的会计政策和会计估计可以不披露。

(一) 重要会计政策的说明

由于企业经济业务的复杂性和多样化,某些经济业务可以有多种会计处理方法,也即存在不止一种可供选择的会计政策。企业在发生某项经济业务时,必须从允许的会计处理方法中选择适合本企业特点的会计政策,企业选择不同的会计处理方法,可能极大地影响企业的财务状况和经营成果,进而编制出不同的财务报表。为了有助于使用者理解,有必要对这些会计政策加以披露。

需要特别指出的是,说明会计政策时还需要披露下列两项内容。

(1) 财务报表项目的计量基础。会计计量属性包括历史成本、重置成本、可变现净值、现值和公允价值,这直接显著影响报表使用者的分析,这项披露要求便于使用者了解企业财务报表中的项目是按何种计量基础予以计量的,如存货是按成本还是可变现净值计量等。

(2) 会计政策的确定依据，主要是指企业在运用会计政策过程中所做的对报表中确认的项目金额最具影响的判断。例如，企业如何判断持有的金融资产是持有至到期的投资而不是交易性投资；又如，对于拥有的持股不足 50%的关联企业，企业如何判断企业拥有控制权因此将其纳入合并范围；再比如，企业如何判断与租赁资产相关的所有风险和报酬已转移给企业，从而符合融资租赁的标准；投资性房地产的判断标准是什么；等等。这些判断对在报表中确认的项目金额具有重要影响。因此，这项披露要求有助于使用者理解企业选择和运用会计政策的背景，增加财务报表的可理解性。

(二) 重要会计估计的说明

企业应当披露会计估计中所采用的关键假设和不确定因素的确定依据，这些关键假设和不确定因素在下一会计期间内很可能导致资产、负债账面价值进行重大调整。在确定报表中确认的资产和负债的账面金额过程中，企业有时需要对不确定的未来事项在资产负债表日对这些资产和负债的影响加以估计。例如，固定资产可收回金额的计算需要根据其公允价值减去处置费用后的净额与预计未来现金流量的现值两者之间的较高者确定，在计算资产预计未来现金流量的现值时需要对未来现金流量进行预测，并选择适当的折现率，应当在附注中披露未来现金流量预测所采用的假设及其依据、所选择的折现率为什么是合理的等。这些假设的变动对这些资产和负债项目金额的确定影响很大，有可能会在下一个会计年度内做出重大调整。因此，强调这一披露要求，有助于提高财务报表的可理解性。

五、会计政策和会计估计变更以及差错更正的说明

企业应当按照《企业会计准则第 28 号——会计政策、会计估计变更和差错更正》及其应用指南的规定，披露会计政策和会计估计变更以及差错更正的有关情况。

六、重要报表项目的说明

企业应当以文字和数字描述相结合，尽可能以列表形式披露重要报表项目的构成或当期增减变动情况，并与报表项目相互参照。在披露顺序上，一般应当按照资产负债表、利润表、现金流量表、所有者权益变动表的顺序及其报表项目列示的顺序。

七、其他需要说明的重要事项

其他需要说明的重要事项主要包括或有和承诺事项、资产负债表日后非调整事项、关联方关系及其交易等。

思考练习

一、单项选择题

1. 我国会计制度规定现行资产负债表采用的格式为（　　）。
   A. 报告式　　　　B. 账户式　　　　C. 单步式　　　　D. 多步式
2. 下列资产负债表项目中，可直接根据有关总账余额填列的是（　　）。
   A. 货币资金　　　B. 短期借款　　　C. 存货　　　　　D. 应收账款
3. "应收账款"科目明细账中若有贷方余额，应将其计入资产负债表中的（　　）项目。
   A. "应收账款"　　B. "预收款项"　　C. "应付账款"　　D. "预付款项"
4. 某公司年末结账前"应收账款"科目所属明细科目中有借方余额 60 000 元，贷方余额 20 000 元；"预付账款"科目所属明细科目中有借方余额 13 000 元，贷方余额 5 000 元；"应付账款"科目所属明细科目中有借方余额 50 000 元，贷方余额 120 000 元；"预收账款"科目所属明细科目中有借方余额 3 000 元，贷方余额 10 000 元；"坏账准备"科目余额为 0。则年末资产负债表中"应收账款"项目和"应付账款"项目的期末数分别为（　　）。
   A. 30 000元和70 000元　　　　　　　B. 63 000元和125 000元
   C. 63 000元和53 000元　　　　　　　D. 47 000元和115 000元
5. 某企业 2×07 年 12 月 31 日固定资产账户余额为借方 2 000 万元，累计折旧账户余额为贷方 800 万元，固定资产减值准备账户余额为贷方 100 万元，固定资产清理账户余额为借方 50 万元，在建工程账户余额为借方 200 万元。该企业 2×07 年 12 月 31 日资产负债表中固定资产项目的金额为（　　）万元。
   A. 1 200　　　　B. 1 100　　　　C. 1 150　　　　D. 1 350

二、多项选择题

1. 下列账户余额在资产负债表"货币资金"项目反映的是（　　）。
   A. 库存现金　　　B. 其他货币资金　　C. 银行存款　　　D. 交易性金融资产
2. 下列各项中，应计入资产负债表"应收账款"项目的有（　　）。
   A. "应收账款"科目所属明细科目的借方余额
   B. "应收账款"科目所属明细科目的贷方余额
   C. "预收账款"科目所属明细科目的借方余额
   D. "预收账款"科目所属明细科目的贷方余额
3. 下列账户余额在资产负债表"存货"项目反映的是（　　）。
   A. 材料采购　　　B. 周转材料　　　C. 存货跌价准备　　D. 生产成本
4. 资产负债表中的应付账款项目应根据（　　）填列。
   A. 应付账款所属明细账贷方余额合计　　　B. 预付账款所属明细账贷方余额合计
   C. 预付账款所属明细账借方余额合计　　　D. 应付账款所属明细账借方余额合计

5. 采用间接法将净利润调节为经营活动的现金流量时，下列各调整项目中，属于调增项目的是(　　)。
   A. 存货的减少　　　　　　　　B. 固定资产折旧
   C. 计提的坏账准备　　　　　　D. 经营性应付项目的减少

三、判断题

1. 货币资金按其存放的地点和用途不同可分为库存现金、银行存款和其他货币资金。
   (　)
2. 现金流量表只能反映企业与现金有关的经营活动、投资活动和筹资活动。(　)
3. 利润表中的营业利润根据营业收入和营业成本两账户的发生额分析填列。(　)
4. 企业购入3个月内到期的国债，会减少企业投资活动产生的现金流量。(　)

项目十四　特殊会计业务处理能力

特殊会计业务解决的是企业一般会计业务以外的特殊业务问题。特殊会计业务主要包括投资性房地产核算、非货币性资产交换核算、债务重组核算、或有事项核算、资产负债表日后事项核算等五部分。

【知识目标】

1. 掌握投资性房地产的确认初始计量和后续计量，投资性房地产的转换和处置的有关规定；
2. 掌握非货币性资产的概念，掌握非货币性资产交换的确认和计量，掌握以公允价值计量和以账面价值计量进行会计处理的有关规定；
3. 掌握债务重组的概念及方式，掌握债务重组会计处理的有关规定；
4. 掌握或有事项的概念，掌握或有事项会计处理有关规定；
5. 掌握资产负债表日后事项的概念，掌握资产负债表日后事项会计处理有关规定。

【能力目标】

1. 能够对投资性房地产进行确认和初始计量，能够采用成本模式和公允价值模式进行后续计量，能够进行投资性房地产的转换和处置；
2. 能够进行非货币性资产交换的确认和计量，能够以公允价值计量进行会计处理，能够以账面价值计量进行会计处理；
3. 能够采用以资产清偿债务、债务转为资本、修改其他债务条件及以上三种方式的组合进行会计处理；
4. 能够识别或有事项，能够进行预计负债的确认与计量，能够对或有事项进行具体会计处理，能够对或有事项列报；
5. 能够识别资产负债表日后事项，能对资产负债表日后事项的调整事项进行会计处理，能够对非调整事项进行披露。

【素质目标】

1. 培养坚持准则、诚信守法的职业素养；
2. 初步具有特殊会计业务的职业判断能力和分析解决实际问题的能力。

任务一 投资性房地产核算

随着经济的发展和投资观念的改变,将房地产作为一种投资手段已是非常普遍的经济现象,甚至成为一些企业新的经济增长点。以往,人们习惯地将企业投资性房地产作为一般的固定资产看待,但是这种固定资产净值往往不能反映投资性房地产的真实价值。另外,对房地产的投资往往具有高收益和高风险并存的特点,在这种情况下,将投资性房地产作为一般的固定资产处理显然是不适合的。因此,在会计实务上需要对投资性房地产从原有的固定资产中划分出来。

一、投资性房地产

投资性房地产是指为赚取租金或资本值,或者两者兼有而持有的房地产。投资性房地产包括以下内容。

1. 已出租的土地使用权

已出租的土地使用权是指企业通过出让或转让方式取得的、以经营租赁方式出租的土地使用权。对于以经营租赁方式租入土地使用权再转租给其他单位的,不能确认为投资性房地产。

2. 持有并准备增值后转让的土地使用权

持有并准备增值后转让的土地使用权是指企业取得的、准备增值后转让的土地使用权。按照国家有关规定认定的闲置土地,不属于持有并准备增值后转让的土地使用权,也就不属于投资性房地产。

3. 已出租的建筑物

已出租的建筑物是指企业拥有产权的、以经营租赁方式出租的建筑物,包括自行建造或开发活动完成后用于出租的建筑物。

此外,下列项目不属于投资性房地产:①自用房地产。自用房地产是指为生产商品、提供劳务或者经营管理而持有的房地产。如企业生产经营用的厂房和办公楼属于固定资产,企业生产经营用的土地使用权属于无形资产。②作为存货的房地产。作为存货的房地产通常是指房地产开发企业在正常经营过程中销售的或为销售而正在开发的商品房和土地。

二、投资性房地产的账务处理

(一) 投资性房地产的确认和初始计量

投资性房地产只有在符合定义的前提下,同时满足下列条件的,才能予以确认:①与该投资性房地产有关的经济利益很可能流入企业;②该投资性房地产的成本能够可靠地计量。

1. 外购投资性房地产的确认和初始计量

采用成本模式计量时,外购的土地使用权和建筑物,按照取得时的实际成本进行初始计量,借记"投资性房地产"科目,贷记"银行存款"等科目。取得时的实际成本包括购买价款、相关税费和可直接归属于该资产的其他支出。企业购入的房地产，部分用于出租(或资本增值)，部分自用，用于出租(或资本增值)的部分应当予以单独确认的，应按照不同部分的公允价值占公允价值总额的比例将成本在不同部分之间进行分配。

采用公允价值模式计量时，企业应当在"投资性房地产"科目下设置"成本"和"公允价值变动"两个明细科目，按照外购的土地使用权和建筑物发生的实际成本，计入"投资性房地产——成本"科目。

【案例14-1】2×08年6月20日，甲公司购入一栋写字楼用于对外出租，支付价款2 000 000元。假设不考虑其他因素，甲公司采用成本模式进行后续计量，甲公司的账务处理如下：

借：投资性房地产——写字楼　　　　　　　　　　2 000 000
　　贷：银行存款　　　　　　　　　　　　　　　　　　2 000 000

假设甲公司采用公允价值模式进行后续计量，甲公司的账务处理如下：

借：投资性房地产——成本(写字楼)　　　　　　　2 000 000
　　贷：银行存款　　　　　　　　　　　　　　　　　　2 000 000

2. 自行建造投资性房地产的确认和初始计量

自行建造投资性房地产，其成本由建造该项资产达到预定可使用状态前发生的必要支出构成，包括土地开发费、建筑成本、安装成本、应予以资本化的借款费用、支付的其他费用和分摊的间接费用等。建造过程中发生的非正常性损失，直接计入当期损益，不计入建造成本。

自行建造投资性房地产，采用成本模式计量的，应按照确定的成本，借记"投资性房地产"科目，贷记"在建工程"或"开发产品"科目。采用公允价值模式计量的，应按照确定的成本，借记"投资性房地产——成本"科目，贷记"在建工程"或"开发产品"科目。

【案例14-2】2×08年12月，甲公司自行建造一栋写字楼直接用于对外出租。该写字楼成本为1 000 000元。假设不考虑其他因素，甲公司采用成本模式进行后续计量。

甲公司的账务处理如下：

借：投资性房地产——厂房　　　　　　　　　　　1 000 000
　　贷：在建工程　　　　　　　　　　　　　　　　　　1 000 000

(二) 投资性房地产的后续计量

投资性房地产的后续计量有成本模式和公允价值模式，通常应当采用成本模式，只有满足特定条件的情况下才可以采用公允价值模式。但是，同一企业只能采用一种模式对所有投资性房地产进行后续计量，不得同时采用两种计量模式。

1. 采用成本模式进行后续计量的投资性房地产

采用成本模式进行后续计量的投资性房地产，应当按照《企业会计准则第4号——固定资产》或《企业会计准则第6号——无形资产》的有关规定，按期(月)计提折旧或摊销，借记"其他业务成本"等科目，贷记"投资性房地产累计折旧(摊销)"。取得的租金收入，借记"银行存款"等科目，贷记"其他业务收入"等科目。

投资性房地产存在减值迹象的，还应当适用资产减值的有关规定，经减值测试后确定发生减值的，应当计提减值准备，借记"资产减值损失"科目，贷记"投资性房地产减值准备"科目。已经计提减值准备的投资性房地产,其减值损失在以后的会计期间不得转回。

【案例 14-3】 甲公司将一栋新建的办公楼出租给乙公司使用,租期 5 年,每年租金 200 000 元。甲公司对该项投资性房地产采用成本模式进行后续计量。该栋办公楼成本为 2 000 000 元,预计净残值为 0,预计使用年限为 20 年,按照直线法计提折旧。相关税费不予考虑。

甲公司的账务处理如下。

① 计提折旧:

每年计提的折旧＝2 000 000÷20＝100 000(元)

借: 其他业务成本	100 000
贷: 投资性房地产累计折旧(摊销)	100 000

② 确认租金:

借: 银行存款(或其他应收款)	200 000
贷: 其他业务收入	200 000

2. 采用公允价值模式进行后续计量的投资性房地产

企业有确凿证据表明其投资性房地产的公允价值能够持续可靠取得的,可以对投资性房地产采用公允价值模式进行后续计量。

采用公允价值模式计量的投资性房地产,应当同时满足下列条件:①投资性房地产所在地有活跃的房地产交易市场。②企业能够从活跃的房地产交易市场上取得的同类或类似房地产的市场价格及其他相关信息,从而对投资性房地产的公允价值做出合理的估计。

投资性房地产采用公允价值模式进行后续计量的,不计提折旧或摊销,应当以资产负债表日的公允价值计量。资产负债表日,投资性房地产的公允价值高于其账面余额的差额,借记"投资性房地产——公允价值变动"科目,贷记"公允价值变动损益"科目;公允价值低于其账面余额的差额做相反的账务处理。

【案例 14-4】 甲公司是一家从事房地产经营开发的企业。2×08 年 1 月 10 日,甲公司将一栋新建的写字楼出租给乙公司使用,租期 10 年,每年租金 100 000 元于年末收取。甲公司对该项投资性房地产采用公允价值模式进行后续计量。该栋写字楼的建造成本为 1 500 000 元。2×08 年 12 月 31 日,该写字楼的公允价值为 1 700 000 元。

甲公司的账务处理如下。

① 2×08 年 1 月 10 日,甲公司开发完成写字楼并出租:

借: 投资性房地产——成本	1 500 000
贷: 开发成本	1 500 000

② 2×08 年 12 月 31 日,确认租金:

借: 银行存款(或其他应收款)	100 000
贷: 其他业务收入	100 000

③ 2×08 年 12 月 31 日,确认公允价值变动:

借: 投资性房地产——公允价值变动	200 000
贷: 公允价值变动损益	200 000

3. 投资性房地产的转换

企业有确凿证据表明房地产用途发生改变,满足下列条件之一的,应当将投资性房地产转换为其他资产或者将其他资产转换为投资性房地产:①投资性房地产开始自用;②作为存货的房地产,改为出租;③自用土地使用权停止自用,用于赚取租金或资本增值;④自用建筑物停止自用,改为出租。

在成本模式下,应当将房地产转换前的账面价值作为转换后的入账价值。

采用公允价值模式计量的投资性房地产转换为自用房地产时,应当以其转换当日的公允价值作为自用房地产的账面价值,公允价值与原账面价值的差额计入当期损益。自用房地产或存货转换为采用公允价值模式计量的投资性房地产时,投资性房地产按照转换当日的公允价值计价,转换当日的公允价值小于原账面价值的,其差额计入当期损益;转换当日的公允价值大于原账面价值的,其差额计入所有者权益。

【案例 14-5】 甲公司 2×08 年 12 月 31 日,将闲置的一栋办公楼对外出租。该栋办公楼原价 2 000 000 元,已提折旧 1 300 000 元,已提减值准备 300 000 元。假定甲公司对投资性房地产采用成本模式计量。

甲公司的账务处理如下:

借:投资性房地产——办公楼	2 000 000
累计折旧	1 300 000
固定资产减值准备	300 000
贷:固定资产	2 000 000
投资性房地产累计折旧(摊销)	1 300 000
投资性房地产减值准备	300 000

【案例 14-6】 2×08 年 12 月 31 日,甲公司将出租在外的厂房收回,开始用于本企业生产商品。该厂房原价 4 000 000 元,累计已提折旧 2 500 000 元。假设甲公司对投资性房地产采用成本计量模式。

甲公司的账务处理如下:

借:固定资产	4 000 000
投资性房地产累计折旧(摊销)	2 500 000
贷:投资性房地产	4 000 000
累计折旧	2 500 000

【案例 14-7】 甲公司 2×08 年 12 月 31 日,将闲置的一栋办公楼对外出租。该栋办公楼原价 2 000 000 元,已提折旧 1 300 000 元,已提减值准备 300 000 元,公允价值为 1 000 000 元。假定甲公司对投资性房地产采用公允价值模式计量,甲公司的账务处理如下:

借:投资性房地产——成本(办公楼)	1 000 000
累计折旧	1 300 000
固定资产减值准备	300 000
贷:固定资产	2 000 000
其他综合收益	600 000

假定该办公楼公允价值为 300 000 元, 其他条件不变, 甲公司的账务处理如下:

借: 投资性房地产——成本(办公楼)	300 000
累计折旧	1 300 000
固定资产减值准备	300 000
公允价值变动损益	100 000
贷: 固定资产	2 000 000

【案例 14-8】 2×08 年 12 月 31 日, 甲公司将出租在外的厂房收回, 开始用于本企业生产商品。该项房地产原账面价值为 3 000 000 元, 其中, 成本为 2 400 000 元, 公允价值变动 600 000 元。2×08 年 12 月 31 日, 公允价值为 3 200 000 元。

甲公司的账务处理如下:

借: 固定资产	3 200 000
贷: 投资性房地产——成本	2 400 000
投资性房地产——公允价值变动	600 000
公允价值变动损益	200 000

4. 投资性房地产的处置

当投资性房地产被处置, 或者永久退出使用且预计不能从其处置中取得经济利益时, 应当终止确认该项投资性房地产。企业出售、转让、报废投资性房地产或者发生投资性房地产毁损, 应当将处置收入扣除其账面价值和相关税费后的金额计入当期损益。采用公允价值模式计量的投资性房地产的处置, 存在原转换日计入公允价值变动损益、其他综合收益的金额, 也一并结转。

【案例 14-9】 甲公司将一栋用于出租的写字楼出售给乙公司, 合同价款为 3 000 000 元, 乙公司已用银行存款付清。甲公司对投资性房地产采用成本模式计量。出售时, 该栋写字楼的成本为 4 000 000 元, 已计提折旧 2 000 000 元。假设不考虑相关税费。

甲公司的账务处理如下:

借: 银行存款	3 000 000
贷: 其他业务收入	3 000 000
借: 其他业务成本	2 000 000
投资性房地产累计折旧(摊销)	2 000 000
贷: 投资性房地产——写字楼	4 000 000

【案例 14-10】 甲公司将一栋用于出租的写字楼出售给乙公司, 合同价款为 3 000 000 元, 乙公司已用银行存款付清。甲公司对投资性房地产采用公允价值模式计量。出售时, 该栋写字楼账面价值 2 000 000 元, 其中, 成本为 1 800 000 元, 公允价值变动 200 000 元。假设不考虑相关税费。

甲公司的账务处理如下:

借: 银行存款	3 000 000
贷: 其他业务收入	3 000 000
借: 公允价值变动损益	200 000
其他业务成本	1 800 000

贷：投资性房地产——成本　　　　　　　　　　　　1 800 000
　　　　　　　　　——公允价值变动　　　　　　　　　　200 000

任务二　非货币性资产交换核算

　　现代商品经济的交易形式多种多样，除了以货币为媒介的基本商品交易形式外，还在企业日常购销、资产重组、兼并等领域中广泛采用了以物易物的非货币性资产交换形式。由于非货币性资产与货币性资产具有较大的差异性，必须规范非货币性资产交换行为，提高会计信息质量。与此相适应，《企业会计准则 7 号——非货币性资产交换》引入了公允价值作为换入资产入账价值的计价基础，且对非货币性资产交换损益的确认方式不同。

一、非货币性资产交换

　　非货币性资产交换是指交易双方主要以存货、固定资产、无形资产和长期股权投资等非货币性资产进行的交换。

　　货币性资产是指企业持有的货币资金和将以固定或可确定的金额收取的资产，包括现金、银行存款、应收账款和应收票据以及准备持有至到期的债券投资等。非货币性资产是指货币性资产以外的资产，通常包括存货(原材料、包装物、低值易耗品、库存商品、委托加工物资、委托代销商品等)、长期股权投资、投资性房地产、固定资产、在建工程、工程物资、无形资产等。

　　非货币性资产交换一般不涉及货币性资产，或只涉及少量的货币性资产，即补价。非货币性资产交换准则规定，认定涉及少量货币性资产的交换为非货币性资产交换，通常以补价占整个资产交换金额的比例低于 25%作为参考比例，即支付的货币性资产占换入资产公允价值(或占换出资产公允价值与支付的货币性资产之和)的比例，或者收到的货币性资产占换出资产公允价值(或占换入资产公允价值和收到的货币性资产之和)的比例低于 25%的，视为非货币性资产交换；高于 25%(含 25%)的，视为货币性资产交换，适用其他相关准则。

二、非货币性资产交换的账务处理

(一) 非货币性资产交换的确认和计量的原则

　　(1) 公允价值。非货币性资产交换同时满足下列两个条件的，应当以公允价值和应支付的相关税费作为换入资产的成本，公允价值与换出资产账面价值的差额计入当期损益：①该项交换具有商业实质；②换入资产或换出资产的公允价值能够可靠地计量。资产存在活跃市场是资产公允价值能够可靠计量的明显证据，但不是唯一要求。属于以下三种情形之一的，公允价值视为能够可靠计量：一是换入资产或换出资产存在活跃市场；二是换入资产或换出资产不存在活跃市场，但同类或类似资产存在活跃市场；三是换入资产或换出资产不存在同类或类似资产的可比市场交易，采用估值技术确定的公允价值满足一定的条件。

换入资产和换出资产公允价值均能够可靠计量的,应当以换出资产公允价值作为确定换入资产成本的基础,一般来说,取得资产的成本应当按照所放弃资产的对价来确定,在非货币性资产交换中,换出资产就是放弃的对价,如果其公允价值能够可靠确定,应当优先考虑按照换出资产的公允价值作为确定换入资产成本的基础;如果有确凿证据表明换入资产的公允价值更加可靠的,应当以换入资产公允价值为基础确定换入资产的成本,这种情况多发生在非货币性资产交换存在补价的情况,因为存在补价表明换入资产和换出资产公允价值不相等,一般不能直接以换出资产的公允价值作为换入资产的成本。

(2) 账面价值。不具有商业实质或交换涉及资产的公允价值均不能可靠计量的非货币性资产交换,应当按照换出资产的账面价值和应支付的相关税费,作为换入资产的成本,无论是否支付补价,均不确认损益;收到或支付的补价作为确定换入资产成本的调整因素,其中,收到补价方应当以换出资产的账面价值减去补价作为换入资产的成本;支付补价方应当以换出资产的账面价值加上补价作为换入资产的成本。

(二) 非货币性资产交换的会计处理

1. 以公允价值计量的会计处理

非货币性资产交换具有商业实质且公允价值能够可靠计量的,应当以换出资产的公允价值和应支付的相关税费,作为换入资产的成本,除非有确凿证据表明换入资产的公允价值比换出资产的公允价值更加可靠。

非货币性资产交换的会计处理,视换出资产的类别不同而有所区别。

(1) 换出资产为存货的,应当视同销售处理。《企业会计准则第14号——收入》规定,按照公允价值确认销售收入,同时结转销售成本,相当于按照公允价值确认的收入和按账面价值结转的成本之间的差额,也即换出资产公允价值和换出资产账面价值的差额,在利润表中作为营业利润的构成部分予以列示。

(2) 换出资产为固定资产、无形资产的,换出资产公允价值和换出资产账面价值的差额,计入营业外收入或营业外支出。

(3) 换出资产为长期股权投资、其他债权投资的,换出资产公允价值和换出资产账面价值的差额,计入投资收益。

换入资产与换出资产涉及相关税费的,如换出存货视同销售计算的销项税额,换入资产作为存货应当确认的可抵扣增值税进项税额,以及换出固定资产、无形资产视同转让应缴纳的增值税等,按照相关税收规定计算确定。

第一种情况,不涉及补价的情况。

【案例14-11】2×08年3月,甲公司以一台设备交换乙公司生产的一批产品,换入的产品作为原材料使用。设备的账面原价为300 000元,已提折旧为100 000元,公允价值为113 000元。产品的公允价值(即计税价格)为100 000元,成本为60 000元。甲、乙公司均为一般纳税人,增值税税率为13%。

甲公司的账务处理如下:

借:固定资产清理　　　　　　　　　　　　　　　200 000
　　累计折旧　　　　　　　　　　　　　　　　　100 000

贷：固定资产	300 000
借：原材料	100 000
应交税费——应交增值税(进项税额)	13 000
资产处置损益	87 000
贷：固定资产清理	200 000

乙公司的账务处理如下：

借：固定资产	113 000
贷：主营业务收入	100 000
应交税费——应交增值税(销项税额)	13 000
借：主营业务成本	60 000
贷：库存商品	60 000

第二种情况，涉及补价的情况。在以公允价值确定换入资产成本的情况下，发生补价的，支付补价方和收到补价方应当分别情况处理。

① 支付补价方：应当以换出资产的公允价值加上支付的补价(即换入资产的公允价值)和应支付的相关税费，作为换入资产的成本；换入资产成本与换出资产账面价值加支付的补价、应支付的相关税费之和的差额，应当计入当期损益。

② 收到补价方：应当以换入资产的公允价值(或换出资产的公允价值减去补价)和应支付的相关税费，作为换入资产的成本；换入资产成本加收到的补价之和与换出资产账面价值加应支付的相关税费之和的差额，应当计入当期损益。

在涉及补价的情况下，对于支付补价方而言，作为补价的货币性资产构成换入资产所放弃对价的一部分；对于收到补价方而言，作为补价的货币性资产构成换入资产的一部分。

【案例14-12】 甲公司将两辆大型运输车辆与乙公司的一台生产设备相交换，另支付补价 100 000 元。在交换日，甲公司用于交换的两辆运输车辆账面原价为 1 400 000 元，累计折旧为 250 000 元，公允价值为 900 000 元；乙公司用于交换的生产设备账面原价为 3 000 000 元，累计折旧为 1 750 000 元，公允价值为 1 000 000 元。该非货币性资产交换具有商业实质。假定不考虑相关税费。

对甲公司而言，支付的补价 100 000 元÷换入资产的公允价值 1 000 000 元＝10%＜25%，属于非货币性资产交换。

对乙公司而言，收到的补价 100 000 元÷换出资产的公允价值 1 000 000 元＝10%＜25%，属于非货币性资产交换。

甲公司的账务处理如下：

借：固定资产清理	1 150 000
累计折旧	250 000
贷：固定资产——汽车	1 400 000
借：固定资产——生产设备	1 000 000
资产处置损益	250 000
贷：固定资产清理	1 150 000
银行存款	100 000

乙公司的账务处理如下：

借：固定资产清理		1 250 000
累计折旧		1 750 000
贷：固定资产——生产设备		3 000 000
借：固定资产——汽车		900 000
银行存款		100 000
资产处置损益		250 000
贷：固定资产清理		1 250 000

2. 以换出资产账面价值计量的会计处理

非货币性资产交换不具有商业实质，或者虽然具有商业实质但换入资产和换出资产的公允价值均不能可靠计量的，应当以换出资产账面价值为基础确定换入资产成本，不确认损益。

【案例14-13】 甲公司将一项专利权与乙公司的一台专用设备交换。该专利权原入账价值为1 000 000元，已摊销600 000元。专用设备账面原价1 400 000元，已计提折旧800 000元，两项资产均未计提减值准备。专利权和专用设备公允价值均不能可靠计量。经双方商定，甲公司向乙公司支付补价100 000元。假定交易中没有涉及相关税费。

由于两项资产的公允价值不能可靠计量，因此，对于该项资产交换，换入资产的成本应当按照换出资产的账面价值确定。

甲公司的账务处理如下：

借：固定资产——专用设备		500 000
累计摊销		600 000
贷：无形资产——专有权		1 000 000
银行存款		100 000

乙公司的账务处理如下：

借：固定资产清理		600 000
累计折旧		800 000
贷：固定资产——专用设备		1 400 000
借：无形资产——专利权		500 000
银行存款		100 000
贷：固定资产清理		600 000

3. 涉及多项非货币性资产交换的会计处理

非货币性资产交换同时换入多项资产的，在确定各项换入资产的成本时，应当分为下列情况分别处理。

(1) 非货币性资产交换具有商业实质，且换入资产的公允价值能够可靠计量的，应当按照换入各项资产的公允价值占换入资产公允价值总额的比例，对换入资产的成本总额进行分配，确定各项换入资产的成本。

(2) 非货币性资产交换不具有商业实质，或者虽具有商业实质但换入资产的公允价值不能可靠计量的，应当按照换入各项资产的原账面价值占换入资产原账面价值总额的比例，对换入资产的成本总额进行分配，确定各项换入资产的成本。

【案例14-14】2×08年11月25日，甲公司以一批库存商品与丙公司的厂房、设备进行交换。甲公司该批库存商品成本为800 000元，已提存货跌价准备50 000元，公允价值(即计税价格)700 000元。丙公司厂房的账面原价为600 000元，累计折旧300 000元；设备账面原价为900 000元，累计折旧200 000元。另外，甲公司向丙公司支付银行存款100 000元。假定甲公司、丙公司资产交换具有商业实质，使用的增值税税率均为13%，甲公司换入资产仍然作为固定资产使用和管理，丙公司换入资产作为原材料使用，不考虑其他相关因素影响。

对甲公司而言，支付补价占换入资产公允价值的比例为 100 000÷(700 000+100 000)=12.5%<25%，属于非货币性资产交换。

对乙公司而言，收到补价占换出资产公允价值的比例为 100 000÷(700 000+100 000)=12.5%<25%，属于非货币性资产交换。

甲公司的会计处理如下：

换入资产总成本＝700 000＋100 000＋700 000×13%＝891 000(元)

换入厂房原账面价值＝600 000－300 000＝300 000(元)

换入设备原账面价值＝900 000－200 000＝700 000(元)

换入厂房原账面价值占换入资产原账面价值总额的比例＝300 000÷(300 000＋700 000)＝30%

换入设备原账面价值占换入资产原账面价值总额的比例＝700 000÷(30 0000＋700 000)＝70%

换入厂房入账价值＝891 000×30%＝267 300(元)

换入设备入账价值＝891 000×70%＝623 700(元)

借：固定资产——厂房	267 300	
——设备	623 700	
贷：主营业务收入		700 000
应交税费——应交增值税(销项税额)		91 000
银行存款		100 000
借：主营业务成本	750 000	
存货跌价准备	50 000	
贷：库存商品		800 000

乙公司的会计处理如下：

换入资产总成本为700 000元。

借：固定资产清理	1 000 000	
累计折旧	500 000	
贷：固定资产——厂房		600 000
——设备		900 000
借：原材料	700 000	
应交税费——应交增值税(进项税额)	91 000	
银行存款	100 000	

    资产处置损益   109 000
    贷：固定资产清理   1 000 000

任务三　债务重组核算

  为增强会计准则体系的内在协调一致性，2019 年财政部对《企业会计准则第 12 号——债务重组》进行了修订，修订后的准则将重组债权和债务的会计处理规定与金融工具准则协调一致，取消了关于或有应收、应付金额遵循或有事项准则的规定，要求债权人初始确认受让的金融资产以外的资产以成本计量，并且不再区分债务重组利得、损失和资产处置损益，而是合并作为债务重组相关损益。

一、债务重组

  债务重组是指在债务人发生财务困难的情况下，债权人按照其与债务人达成的协议或法院的裁定做出让步的事项。
  债务人发生财务困难是指债务人出现资金周转困难或经营陷入困境，导致其无法或者没有能力按原定条件偿还债务；债权人做出让步是指债权人同意发生财务困难的债务人现在或者将来以低于重组债务账面价值的金额或者价值偿还债务。债权人做出让步的情形主要包括债权人减免债务人部分债务本金或者利息、降低债务人应付债务的利率等。
  债务重组主要有以下几种方式：
  (1) 以资产清偿债务；
  (2) 债务转为资本；
  (3) 修改其他债务条件，如减少债务本金、减少债务利息等，不包括上述两种方式；
  (4) 以上三种方式的组合等。

二、债务重组的账务处理

(一) 以资产清偿债务

1. 以现金清偿债务

  债务人以现金清偿债务的，债务人应当将重组债务的账面价值与支付的现金之间的差额确认为债务重组利得，计入当期损益(营业外收入)。债权人应当将重组债权的账面余额与收到的现金之间的差额确认为债务重组损失，计入当期损益(营业外支出)。债权人已对债权计提减值准备的，应当先将该差额冲减减值准备，减值准备不足以冲减的部分，计入当期损益。
  【案例 14-15】 甲公司应收乙公司货款 200 000 元。由于乙公司出现财务困难，无法如期偿还，双方于 2×08 年 7 月 30 日协议进行债务重组。债务重组协议规定，甲公司同意减免乙公司债务 50 000 元，余额用现金立即偿清。乙公司于当日通过银行转账支付了该笔剩余款项。甲公司已为该项应收债权计提坏账准备 30 000 元。

乙公司的账务处理如下：

借：应付账款	200 000
贷：银行存款	150 000
营业外收入——债务重组利得	50 000

甲公司的账务处理如下：

借：银行存款	150 000
坏账准备	30 000
营业外支出——债务重组损失	20 000
贷：应收账款	200 000

假定甲公司为该应收债权计提坏账准备为 60 000 元，则甲公司的账务处理如下：

借：银行存款	150 000
坏账准备	60 000
贷：应收账款	200 000
信用减值损失	10 000

2. 以非现金资产清偿某项债务

债务人以非现金资产清偿某项债务的，债务人应当将重组债务的账面价值与转让的非现金资产的公允价值之间的差额确认为债务重组利得，计入当期损益(营业外收入)。转让的非现金资产的公允价值与其账面价值的差额作为转让资产损益，计入当期损益。债权人应当对受让的非现金资产按其公允价值入账，重组债权的账面余额与受让的非现金资产的公允价值之间的差额，确认为债务重组损失，计入当期损益(营业外支出)。重组债权已经计提减值准备的，应当先将上述差额冲减已计提的减值准备，冲减后仍有损失的，计入营业外支出(债务重组损失)；冲减后减值准备仍有余额的，应予转回并抵减当期资产减值损失。

(1) 以存货抵偿债务。债务人以库存材料、商品产品抵偿债务，应视同销售进行核算，根据收入准则的相关规定，按非现金资产的公允价值确认销售商品收入，同时结转相应的成本。

【案例14-16】 甲公司欠乙公司购货款 400 000 元。由于甲公司财务发生困难，短期内不能支付已于 2×08 年 6 月 30 日到期的货款。2×08 年 7 月 1 日，经双方协商，乙公司同意甲公司以其生产的产品偿还债务。该产品的公允价值为 300 000 元，实际成本为 200 000 元。甲公司适用的增值税税率为 13%。乙公司于 2×08 年 7 月 15 日收到抵债产品后，作为原材料使用。乙公司对该项应收账款计提坏账准备 30 000 元。

甲公司的账务处理如下：

借：应付账款	400 000
贷：主营业务收入	300 000
应交税费——应交增值税(销项税额)	39 000
营业外收入——债务重组利得	61 000
借：主营业务成本	200 000
贷：库存商品	200 000

乙公司的账务处理如下：

借：原材料	300 000	
应交税费——应交增值税(进项税额)	39 000	
坏账准备	30 000	
营业外支出——债务重组损失	31 000	
贷：应收账款		400 000

(2) 以固定资产抵偿债务。债务人以固定资产抵偿债务，应将固定资产的公允价值与该项固定资产账面价值和清理费用的差额作为转让固定资产的损益处理。同时，将固定资产的公允价值与应付债务的账面价值的差额，作为债务重组利得，计入营业外收入。债权人收到的固定资产应按公允价值计量。

【案例14-17】甲公司于2×08年1月1日应收乙公司货款500 000元，但由于乙公司财务发生困难，短期内不能支付货款。2×08年2月1日，经双方协商，甲公司同意乙公司以一台设备偿还债务。该项设备的账面原价为500 000元，已提折旧100 000元，设备的公允价值为300 000元。甲公司对该项应收账款已提取坏账准备30 000元。假定不考虑该项债务重组相关的税费。

乙公司的账务处理如下。

将固定资产净值转入固定资产清理：

借：固定资产清理	400 000	
累计折旧	100 000	
贷：固定资产		500 000

确认债务重组利得：

借：应付账款	500 000	
贷：固定资产清理		300 000
营业外收入——债务重组利得		200 000

确认固定资产处置损失：

借：资产处置损益	100 000	
贷：固定资产清理		100 000

甲公司的账务处理如下：

借：固定资产	300 000	
坏账准备	30 000	
营业外支出——债务重组损失	170 000	
贷：应收账款		500 000

以非现金资产清偿某项债务，还可以使用以股票、债券等金融资产抵偿债务。债务人以股票、债券等金融资产清偿债务，应按相关金融资产的公允价值与其账面价值的差额，作为转让金融资产的利得或损失处理；相关金融资产的公允价值与重组债务的账面价值的差额，作为债务重组利得。债权人收到的相关金融资产应按公允价值计量。

(二) 债务转为资本

以债务转为资本方式进行债务重组的，应分为以下情况分别处理：将债务转为资本的，债务人应当将债权人放弃债权而享有股份的面值总额确认为股本(或者实收资本)，股份的公允价值总额与股本(或者实收资本)之间的差额确认为资本公积。重组债务的账面价值与股份的公允价值总额之间的差额，计入当期损益。债权人应将重组债权的账面余额与因放弃债权而享有的股权的公允价值之间的差额，先冲减已提取的减值准备，减值准备不足冲减的部分，或未提取减值准备的，将该差额确认为债务重组损失。

【案例14-18】 2×07年1月1日，甲公司应收乙公司账款的账面余额为600 000元，由于乙公司发生财务困难，无法如期偿付。经双方协商，同意乙公司以100 000股抵偿该项债务，假定乙公司普通股的面值为1元，股票每股市价为4元。甲公司对该项应收账款计提了坏账准备50 000元。

乙公司的账务处理如下：

借：应付账款	600 000	
贷：股本		100 000
资本公积——股本溢价		300 000
营业外收入——债务重组利得		200 000

甲公司的账务处理如下：

借：长期股权投资	400 000	
坏账准备	50 000	
营业外支出——债务重组损失	150 000	
贷：应收账款		600 000

(三) 修改其他债务条件

修改其他债务条件的，债务人应当将修改其他债务条件后债务的公允价值作为重组后债务的入账价值。重组债务的账面价值与重组后债务的入账价值之间的差额，计入当期损益。修改后的债务条款如涉及或有应付金额，且该或有应付金额符合《企业会计准则第13号——或有事项》中有关预计负债确认条件的，债务人应当将该或有应付金额确认为预计负债。重组债务的账面价值，与重组后债务的入账价值和预计负债金额之和的差额，计入当期损益。或有应付金额是指需要根据未来某种事项出现而发生的应付金额，而且该未来事项的出现具有不确定性。

以修改其他债务条件进行债务重组，如修改后的债务条款不涉及或有应收金额，则债权人应当将修改其他债务条件后的债权的公允价值作为重组后债权的账面价值，重组债权的账面余额与重组后债权账面价值之间的差额确认为债务重组损失，计入当期损益。如果债权人已对该项债权计提了减值准备，应当首先冲减已计提的减值准备，减值准备不足以冲减的部分，作为债务重组损失，计入营业外支出。

修改后的债务条款中涉及或有应收金额的，债权人不应当确认或有应收金额，不得将其计入重组后债权的账面价值。或有应收金额是指需要根据未来某种事项出现而发生的应收金额，而且该未来事项的出现具有不确定性。

【案例 14-19】甲公司 2×07 年 12 月 31 日应收乙公司账款 500 000 元。由于乙公司资金周转困难，不能偿付该笔应收账款。经双方协商，于 2×08 年 1 月 1 日进行债务重组。甲公司同意将债务降至 300 000 元，偿还期限延长至 2×09 年 12 月 31 日，延长期间按 2%计算利息。甲公司已为该项应收款项计提了坏账准备 50 000 元。

乙公司的账务处理如下。

债务重组时的会计分录：

借：应付账款	500 000	
贷：应付账款——债务重组		300 000
营业外收入——债务重组利得		200 000

2×08 年 12 月 31 日支付利息：

借：财务费用	6 000	
贷：银行存款		6 000

2×09 年 12 月 31 日偿还本金和最后一年利息：

借：应付账款——债务重组	300 000	
财务费用	6 000	
贷：银行存款		306 000

甲公司的账务处理如下。

债务重组日的会计分录：

借：应收账款——债务重组	300 000	
坏账准备	50 000	
营业外支出——债务重组损失	150 000	
贷：应收账款		500 000

2×08 年 12 月 31 日收到利息：

借：银行存款	6 000	
贷：财务费用		6 000

2×09 年 12 月 31 日收到本金和最后一年利息：

借：银行存款	306 000	
贷：财务费用		6 000
应收账款		300 000

(四) 以上三种方式的组合方式

债务重组以现金清偿债务、非现金资产清偿债务、债务转为资本、修改其他债务条件等方式的组合进行的，债务人应当依次以支付的现金、转让的非现金资产公允价值、债权人享有股份的公允价值冲减重组债务的账面价值，再按照债务人修改其他债务条件的规定进行会计处理。

债务重组采用以现金清偿债务、非现金资产清偿债务、债务转为资本、修改其他债务条件等方式的组合进行的，债权人应当依次以收到的现金、接受的非现金资产公允价值、债权人享有股份的公允价值冲减重组债权的账面余额，再按债权人修改其他债务条件的规定进行会计处理。

【案例 14-20】 2×08 年 6 月 30 日，甲公司应收乙公司账款 6 000 000 元，乙公司遇到严重财务困难，无法偿还。甲公司经与乙公司协商，签订债务重组合同。合同规定：乙公司以其拥有的一栋写字楼及一项长期股权投资偿付该项债务；乙公司写字楼和长期股权投资所有权转移至甲公司后，双方债权债务结清。2×08 年 8 月 20 日，乙公司将写字楼和长期股权投资所有权转移至甲公司。同日，甲公司该重组债权已计提的坏账准备为 1 000 000 元。乙公司该写字楼的原入账金额 5 000 000 元，已提折旧 3 000 000 元，公允价值为 3 000 000 元；该长期股权投资的账面余额为 1 000 000 元，已计提的减值准备为 500 000 元，公允价值为 600 000 元。甲公司将取得的股权投资作为长期股权投资，采用成本法核算。不考虑相关税费。

乙公司的账务处理如下：

债务重组利得(营业外收入)=6 000 000-(3 000 000+600 000)=2 400 000(元)

写字楼转让收益(营业外收入)=3 000 000-(5 000 000-3 000 000)=1 000 000(元)

长期股权投资转让收益(投资收益)=600 000-(1 000 000-500 000)=100 000(元)

借：固定资产清理	2 000 000
累计折旧	3 000 000
贷：固定资产	5 000 000
借：应付账款	6 000 000
长期股权投资减值准备	500 000
贷：固定资产清理	2 000 000
长期股权投资	1 000 000
营业外收入——债务重组利得	2 400 000
投资收益	100 000
资产处置损益	1 000 000

甲公司的账务处理如下：

债务重组损失(营业外支出)=(6 000 000-1 000 000)-(3 000 000+600 000)=1 400 000(元)

借：固定资产	3 000 000
长期股权投资	600 000
坏账准备	1 000 000
营业外支出——债务重组损失	1 400 000
贷：应收账款	6 000 000

任务四　或有事项核算

会计实务中，或有事项是否需要确认是基于谨慎性原则要求，运用判断来实现。与或有事项相关的未来经济利益流出，并不允许等到经济利益真实流出时才计入损益。如果事项发生的可能性极大，相关经济利益流出一旦达到可确认负债的程度，且金额能够可靠计量，那么企业就应当确认预计负债。同时，预计负债的金额计入当期损益。或有事项的会计处理方法正是企业充分估计各种可能的风险和损失,审慎评估负债和费用金额的体现。

一、或有事项

或有事项是指过去的交易或者事项形成的,其结果须由某些未来事项的发生或不发生才能决定的不确定事项。常见的或有事项包括未决诉讼或未决仲裁、债务担保、产品质量保证(含产品安全保证)、亏损合同、重组义务、承诺、环境污染整治等。

或有负债是指过去的交易或事项形成的潜在义务,其存在须通过未来不确定事项的发生或不发生予以证实;或过去的交易或事项形成的现时义务,履行该义务不是很可能导致经济利益流出企业或该义务的金额不能可靠计量。

履行或有事项相关义务导致经济利益流出的可能性,通常按照一定的概率区间加以判断。一般情况下,发生的概率分为以下几个层次:基本确定、很可能、可能、极小可能。其中,基本确定是指发生的可能性大于95%但小于100%;很可能是指发生的可能性大于50%但小于或等于95%;可能是指发生的可能性大于5%但小于或等于50%;极小可能是指发生的可能性大于0但小于或等于5%。

或有资产是指过去的交易或者事项形成的潜在资产,其存在须通过未来不确定事项的发生或不发生予以证实。或有资产作为一种潜在资产,其结果具有较大的不确定性,只有随着经济情况的变化,通过某些未来不确定事项的发生或不发生才能证实其是否会形成企业真正的资产。

或有负债和或有资产不符合负债或资产的定义和确认条件,企业不应当确认或有负债和或有资产,而应当进行相应的披露。

二、或有事项的账务处理

(一) 预计负债的确认与计量

1. 预计负债的确认

与或有事项有关的义务应当在同时符合以下三个条件时,确认为负债,作为预计负债进行确认和计量:

(1) 该义务是企业承担的现时义务;
(2) 履行该义务很可能导致经济利益流出企业;
(3) 该义务的金额能够可靠地计量。

2. 预计负债的计量

当与或有事项有关的义务符合确认为负债的条件时,应当将其确认为预计负债,预计负债应当按照履行相关现时义务所需支出的最佳估计数进行初始计量。

所需支出存在一个连续范围,且该范围内各种结果发生的可能性相同的,最佳估计数应当按照该范围内的中间值确定。在其他情况下,最佳估计数应当分为下列情况分别处理:

(1) 或有事项涉及单个项目的,按照最可能发生金额确定;
(2) 或有事项涉及多个项目的,按照各种可能结果及相关概率计算确定。

企业在确定最佳估计数时，应当综合考虑与或有事项有关的风险、不确定性和货币时间价值等因素。货币时间价值影响重大的，应当通过对相关未来现金流出进行折现后确定最佳估计数。

【案例 14-21】 2×08 年 11 月 25 日，甲公司因合同违约被乙公司诉至法院。2×08 年 12 月 31 日，法院尚未宣判。甲公司根据法律顾问判断，最终的判决很可能对甲企业不利，赔偿金额可能是 1 000 000～1 200 000 元范围内的某一金额，而且这个区间内每个金额的可能性都大致相同。

甲公司应在 2×08 年 12 月 31 日的资产负债表中确认一项负债，金额 =(1 000 000+1 200 000)÷2=1 100 000(元)。

假定甲公司赔偿的金额很可能是 1 300 000 元，则 2×08 年 12 月 31 日的资产负债表中应确认负债金额为 1 300 000 元。

【案例 14-22】 甲公司生产并销售 A 产品的产品质量保证条款：该产品售出后一年内，如发生正常质量问题，公司将负责免费维修；根据以前年度的维修记录，如果发生较小的质量问题，发生的维修费用为销售收入的 2%；如果发生较大的质量问题，发生的维修费用为销售收入的 10%。2×08 年第一季度共销售 A 产品 2 000 000 元。根据公司技术部门的预测，本季度销售的产品中，70%不会发生质量问题，20%可能发生较小质量问题，10%可能发生较大质量问题。

2×08 年第一季度末，甲公司应在资产负债表中确认的负债金额 =2 000 000×(2%×20%+10%×10%)=28 000(元)。

(二) 或有事项的具体会计处理

1. 未决诉讼或未决仲裁

【案例 14-23】 2×08 年 12 月 10 日，甲公司因合同违约而被丁公司起诉。2×08 年 12 月 31 日，公司尚未接到法院的判决。咨询公司的法律顾问后，甲公司认为最终的法律判决很可能对公司不利。预计赔偿金额为 1 200 000～2 000 000 元范围内的某一金额，而且这个区间内每个金额的可能性都大致相同，其中诉讼费为 20 000 元。

甲公司应在资产负债表中确认一项预计负债，金额 =(1 200 000+2 000 000)÷2=1 600 000(元)。

借：管理费用——诉讼费　　　　　　　　　　　　　20 000
　　营业外支出　　　　　　　　　　　　　　　　1 580 000
　　贷：预计负债——未决诉讼　　　　　　　　　　1 600 000

2. 债务担保

【案例 14-24】 甲公司为 B 公司银行贷款提供担保，B 公司银行贷款金额为 10 000 000 元，甲公司担保 50%。2×08 年 12 月 31 日，B 公司贷款逾期未还，银行已起诉 B 公司，甲公司因连带责任需要赔偿的金额很可能为 5 000 000 元。

甲公司应在资产负债表中确认一项预计负债，金额为 5 000 000 元。

借：营业外支出　　　　　　　　　　　　　　　　5 000 000
　　贷：预计负债——债务担保　　　　　　　　　　5 000 000

3. 产品质量保证

【**案例 14-25**】 沿用案例 14-22 的资料，甲公司 2×08 年第一季度账务处理如下。

确认与产品质量保证有关的预计负债：

借：销售费用——产品质量保证	28 000
贷：预计负债——产品质量保证	28 000

假定甲公司 2×08 年第一季度发生维修费用 20 000 元，其中原材料费用 15 000 元，银行存款 5 000 元：

借：预计负债——产品质量保证	20 000
贷：银行存款	5 000
原材料	15 000

在对产品质量保证确认预计负债时，需要注意：

(1) 如果发现保证费用的实际发生额与预计数相差较大，应及时对预计比例进行调整；

(2) 如果企业针对特定批次产品确认预计负债，则在保修期结束时，应将"预计负债——产品质量保证"科目的余额冲销，不留余额；

(3) 已对其确认预计负债的产品，如果企业不再生产了，那么应在相应的产品质量保证期满后，将"预计负债——产品质量保证"科目的余额冲销，不留余额。

4. 亏损合同

待执行合同变为亏损合同，同时该亏损合同产生的义务满足预计负债的确认条件的，应当确认为预计负债。待执行合同是指合同各方未履行任何合同义务，或部分履行了同等义务的合同。待执行合同不属于或有事项。但是，待执行合同变为亏损合同的，应当作为或有事项。亏损合同是指履行合同义务不可避免发生的成本超过预期经济利益的合同。

5. 重组义务

企业因重组而承担了重组义务，并且同时满足或有事项的三项确认条件时，才能确认预计负债。同时存在下列情况的，表明企业承担了重组义务：

(1) 有详细、正式的重组计划，包括重组涉及的业务、主要地点、需要补偿的职工人数、预计重组支出、计划实施时间等；

(2) 该重组计划已对外公告。

重组是指企业制定和控制的，将显著改变企业组织形式、经营范围或经营方式的计划实施行为。

企业应当按照与重组有关的直接支出确定预计负债金额。直接支出不包括留用职工岗前培训、市场推广、新系统和营销网络投入等支出。

(三) 或有事项的列报

企业应当在附注中披露与或有事项有关的下列信息。

1. 预计负债

(1) 预计负债的种类、形成原因以及经济利益流出不确定性的说明。

(2) 各类预计负债的期初、期末余额和本期变动情况。
(3) 与预计负债有关的预期补偿金额和本期已确认的预期补偿金额。

2. 或有负债

或有负债不包括极小可能导致经济利益流出企业的或有负债。
(1) 或有负债的种类及其形成原因,包括已贴现商业承兑汇票、未决诉讼、未决仲裁、对外提供担保等形成的或有负债。
(2) 经济利益流出不确定性的说明。
(3) 或有负债预计产生的财务影响,以及获得补偿的可能性;无法预计的,应当说明原因。

3. 企业通常不应当披露或有资产

企业通常不应当披露或有资产,但或有资产很可能会给企业带来经济利益的,应当披露其形成的原因、预计产生的财务影响等。

在涉及未决诉讼、未决仲裁的情况下,披露全部或部分信息预期对企业造成重大不利影响的,企业无须披露这些信息,但应当披露该未决诉讼、未决仲裁的性质,以及没有披露这些信息的事实和原因。

任务五 资产负债表日后事项核算

资产负债表日后事项有的直接影响财务报告年度的财务状态、经营成果和资金变动情况,有的虽然不影响财务报告,但会影响财务报告使用者的正确理解和做出正确决策。因此,企业对资产负债表日后事项进行正确处理,对于提高会计核算质量和保证财务信息的真实、可靠具有十分重要的意义。

一、资产负债表日后事项

资产负债表日后事项是指资产负债表日至财务报告批准报出日之间发生的有利或不利事项。资产负债表日后事项涵盖的期间是自资产负债表日次日起至财务报告批准报出日止的一段时间。

资产负债表日后事项包括资产负债表日后调整事项(以下简称调整事项)和资产负债表日后非调整事项(以下简称非调整事项)。

(一) 调整事项

资产负债表日后调整事项是指对资产负债表日已经存在的情况提供了新的或进一步证据的事项。

企业发生的资产负债表日后调整事项通常包括下列各项:①资产负债表日后诉讼案件结案,法院判决证实了企业在资产负债表日已经存在现时义务,需要调整原先确认的与该诉讼案件相关的预计负债，或确认一项新负债；②资产负债表日后取得确凿证据，表明某项资产在资产负债表日发生了减值或者需要调整该项资产原先确认的减值金额；③资产负债表日后进一步确定了资产负债表日前购入资产的成本或售出资产的收入；④资产负债表日后发现了财务报表舞弊或差错。

(二) 非调整事项

资产负债表日后非调整事项是指表明资产负债表日后发生的情况的事项。

企业发生的资产负债表日后非调整事项，通常包括下列各项：①资产负债表日后发生重大诉讼、仲裁、承诺；②资产负债表日后资产价格、税收政策、外汇汇率发生重大变化；③资产负债表日后因自然灾害导致资产发生重大损失；④资产负债表日后发行股票和债券以及其他巨额举债；⑤资产负债表日后资本公积转增资本；⑥资产负债表日后发生巨额亏损；⑦资产负债表日后发生企业合并或处置子公司。

资产负债表日后发生的某一事项究竟是调整事项还是非调整事项，取决于该事项表明的情况在资产负债表日或资产负债表日以前是否已经存在。若该情况在资产负债表日或之前已经存在，则属于调整事项；反之，则属于非调整事项。

二、资产负债表日后事项的账务处理

(一) 资产负债表日后调整事项的会计处理

1. 资产负债表日后调整事项的处理原则

企业发生的资产负债表日后调整事项，应当调整资产负债表日的财务报表。年度资产负债表日后发生的调整事项，应具体分为以下情况分别进行处理。

(1) 涉及损益的事项，通过"以前年度损益调整"科目核算。涉及损益的调整事项，如果发生在资产负债表日所属年度(即报告年度)所得税汇算清缴前的，应调整报告年度应纳税所得额、应纳所得税税额；发生在报告年度所得税汇算清缴后的，应调整本年度(即报告年度的次年)应纳所得税税额。

(2) 涉及利润分配调整的事项，直接在"利润分配——未分配利润"科目核算。

(3) 不涉及损益及利润分配的事项，调整相关科目。

(4) 通过上述账务处理后，还应同时调整财务报表相关项目的数字，包括：①资产负债表日编制的财务报表相关项目的期末数或本年发生数；②当期编制的财务报表相关项目的期初数或上年数；③经过上述调整后，如果涉及报表附注内容的，还应当做出相应调整。

2. 资产负债表日后调整事项的具体会计处理方法

为简化处理，如无特殊说明，下面所有案例均假定如下：财务报告批准报出日是次年3月31日，所得税税率为25%，按净利润的10%提取法定盈余公积，提取法定盈余公积后不再做其他分配；调整事项按税法规定均可调整应缴纳的所得税；涉及递延所得税资产的，均假定未来期间很可能取得用来抵扣暂时性差异的应纳税所得额。不考虑报表附注中有关现金流量表项目的数字。

(1) 资产负债表日后诉讼案件结案，法院判决证实了企业在资产负债表日已经存在现时义务,需要调整原先确认的与该诉讼案件相关的预计负债,或确认一项新负债。

【案例14-26】 2×07年8月31日前,甲公司按照合同规定应向乙公司提供一批物资。由于甲公司组织生产时,出现生产事故,未能按照合同发货,致使乙公司发生重大经济损失。乙公司要求甲公司赔偿,但双方协商未果。2×07年12月5日,乙公司将甲公司告上法庭,要求甲公司赔偿3 000 000元。2×07年12月31日法院尚未判决,甲公司咨询法律专家后,确认预计负债2 000 000元。2×08年2月10日,经法院判决甲公司应赔偿乙公司2 400 000元,甲、乙双方均服从判决。判决当日,甲公司向乙公司支付赔偿款800 000元。甲、乙两公司2×07年所得税汇算清缴均在2×08年3月20日完成。假定该项预计负债产生的损失不允许在预计时税前抵扣,只有在损失实际发生时才允许税前抵扣。

甲公司的账务处理如下:

① 2×08年2月10日,法院判决,记录并支付赔偿款:

借:预计负债	2 000 000
以前年度损益调整	400 000
贷:其他应付款	2 400 000
借:其他应付款	2 400 000
贷:银行存款	2 400 000

② 调整应交所得税及递延所得税资产:

应交所得税应调减=2 400 000×25%=600 000(元)
递延所得税资产应调减=2 000 000×25%=500 000(元)

借:应交税费——应交所得税	600 000
贷:递延所得税资产	500 000
以前年度损益调整	100 000

③ 将"以前年度损益调整"科目余额转入未分配利润:

借:利润分配——未分配利润	300 000
贷:以前年度损益调整	300 000

④ 调整盈余公积:

借:盈余公积	30 000
贷:利润分配——未分配利润	30 000

⑤ 调整报告年度财务报表(略)。

(2) 资产负债表日后取得确凿证据,表明某项资产在资产负债表日发生了减值或者需要调整该项资产原先确认的减值金额。

【案例14-27】 甲公司2×07年10月应收乙公司账款1 000 000元。由于乙公司财务状况不佳,至2×07年12月31日仍未付款。甲公司于12月31日编制2×07年财务报表时,已为该项应收账款提取坏账准备100 000元。12月31日资产负债表上"应收账款"项目的金额为900 000元。甲公司于2×08年1月30日(所得税汇算清缴前)收到法院通知,乙公司已宣告破产清算,无力偿还所欠部分贷款。甲公司预计可收回应收账款的60%,适用的所得税税率为25%。

甲公司的账务处理如下:

① 补提坏账准备：
应补提的坏账准备＝1 000 000×40%-10＝300 000(元)
借：以前年度损益调整　　　　　　　　　　　　　　300 000
　　贷：坏账准备　　　　　　　　　　　　　　　　　　300 000
② 调整递延所得税资产：
借：递延所得税资产　　　　　　　　　　　　　　　75 000
　　贷：以前年度损益调整　　　　　　　　　　　　　　75 000
③ 将"以前年度损益调整"科目的余额转入利润分配：
借：利润分配——未分配利润　　　　　　　　　　　225 000
　　贷：以前年度损益调整　　　　　　　　　　　　　　225 000
④ 调整利润分配有关数字：
借：盈余公积　　　　　　　　　　　　　　　　　　22 500
　　贷：利润分配——未分配利润　　　　　　　　　　　22 500
⑤ 调整报告年度财务报表相关项目的数字(略)。
(3) 资产负债表日后进一步确定了资产负债表日前购入资产的成本或售出资产的收入。

【案例14-28】 甲公司2×07年11月20日销售给乙公司一批商品，销售价格1 000 000元，增值税130 000元，该批商品成本800 000元。甲公司发出商品后，按照正常情况已确认收入，并结转了成本。2×07年12月31日，该笔货款尚未收到。2×08年1月20日，乙公司提出产品存在质量问题，要求退货，甲公司已同意并收到相关货物。甲公司于2×08年2月28日完成2×07年所得税汇算清缴。公司适用的所得税税率为25%。

甲公司的账务处理如下。
① 2×08年1月20日，调整销售收入：
借：以前年度损益调整　　　　　　　　　　　　　　1 000 000
　　应交税费——应交增值税(销项税额)　　　　　　　130 000
　　贷：应收账款　　　　　　　　　　　　　　　　　　1 130 000
② 调整销售成本：
借：库存商品　　　　　　　　　　　　　　　　　　800 000
　　贷：以前年度损益调整　　　　　　　　　　　　　　800 000
③ 调整应缴纳的所得税：
借：应交税费——应交所得税　　　　　　　　　　　50 000
　　贷：以前年度损益调整　　　　　　　　　　　　　　50 000
④ 将"以前年度损益调整"科目的余额转入利润分配：
借：利润分配——未分配利润　　　　　　　　　　　150 000
　　贷：以前年度损益调整　　　　　　　　　　　　　　150 000
⑤ 调整盈余公积：
借：盈余公积　　　　　　　　　　　　　　　　　　15 000
　　贷：利润分配——未分配利润　　　　　　　　　　　15 000
⑥ 调整相关财务报表(略)。

(4) 资产负债表日后发现了财务报表舞弊或差错。

【案例 14-29】 甲公司在 2×08 年 1 月 25 日发现，2×07 年公司漏记一项固定资产的折旧费用 150 000 元，所得税申报表中未扣除该项费用。假设 2×07 年适用所得税税率为 25%，无其他纳税调整事项。假定税法允许调整应交所得税。

甲公司的账务处理如下：
① 补提折旧：
借：以前年度损益调整　　　　　　　　　　　150 000
　　贷：累计折旧　　　　　　　　　　　　　　　　150 000
② 调整应交所得税：
借：应交税费——应交所得税　　　　　　　　37 500
　　贷：以前年度损益调整　　　　　　　　　　　　37 500
③ 将"以前年度损益调整"科目余额转入利润分配：
借：利润分配——未分配利润　　　　　　　　112 500
　　贷：以前年度损益调整　　　　　　　　　　　　112 500
④ 调整利润分配有关数字：
借：盈余公积　　　　　　　　　　　　　　　11 250
　　贷：利润分配——未分配利润　　　　　　　　　11 250
⑤ 财务报表调整和重述(略)。

(二) 资产负债表日后非调整事项的会计处理

1. 资产负债表后非调整事项的处理原则

资产负债表日后发生的非调整事项是表明资产负债表日后发生的情况的事项，与资产负债表日存在状况无关，不应当调整资产负债表日的财务报表。但有的非调整事项对财务报告使用者具有重大影响，如不加以说明，将不利于财务报告使用者做出正确估计和决策，因此，应在附注中加以披露。

2. 资产负债表日后非调整事项的主要类别

企业发生的资产负债表日后非调整事项，通常包括下列各项：
(1) 资产负债表日后发生重大诉讼、仲裁、承诺；
(2) 资产负债表日后资产价格、税收政策、外汇汇率发生重大变化；
(3) 资产负债表日后因自然灾害导致资产发生重大损失；
(4) 资产负债表日后发行股票和债券，以及其他巨额举债；
(5) 资产负债表日后资本公积转增资本；
(6) 资产负债表日后发生巨额亏损；
(7) 资产负债表日后发生企业合并或处置子公司；
(8) 资产负债表日后，企业利润分配方案中拟分配的以及经审议批准宣告发放的股利或利润，不确认为资产负债表日的负债，但应当在附注中单独披露。

思考练习

一、单项选择题

1. 企业外购、自行建造等取得的投资性房地产,应按投资性房地产准则确定的成本,借记( )科目,贷记"银行存款""在建工程"等科目。
   A. 投资性房地产　　B. 固定资产　　C. 在建工程　　D. 无形资产

2. 天海公司以一台甲设备换入蓝山公司的一台乙设备。甲设备的账面原价为600万元,已提折旧30万元,已提减值准备30万元,其公允价值为600万元。天海公司另向蓝山公司支付补价50万元。天海公司支付清理费用2万元。假定天海公司和蓝山公司的商品交换不具有商业实质。天海公司换入的乙设备的入账价值为( )万元。
   A. 597　　B. 590　　C. 592　　D. 652

3. 企业以低于应付债务账面价值的现金清偿债务的,支付的现金低于应付债务账面价值的差额,应当计入( )。
   A. 盈余公积　　B. 资本公积　　C. 营业外收入　　D. 其他业务收入

4. 根据国家统一的会计准则的规定,下列有关或有事项的表述中,正确的有( )。
   A. 或有负债与或有事项相联系,有或有事项就有或有负债
   B. 对于或有事项既要确认或有负债,也要确认或有资产
   C. 由担保引起的或有事项随着被担保人债务的全部清偿而消失
   D. 只有对本单位产生不利影响的事项,才能作为或有事项

5. 股份有限公司自资产负债表日至财务会计报告批准报出日之间发生的下列事项中,属于调整事项的是( )。
   A. 资产负债表日后发生重大诉讼
   B. 发生资产负债表所属期间所售商品的退回
   C. 资产负债表日后发生巨额亏损
   D. 一栋厂房因地震发生倒塌,造成公司重大损失

二、多项选择题

1. 下列不属于投资性房地产的有( )。
   A. 出租的土地使用权　　　　　　B. 融资出租的建筑物
   C. 出租拥有产权的建筑物　　　　D. 出租拥有使用权的建筑物

2. 下列资产中,属于非货币性资产的有( )。
   A. 存货　　　　　　　　　　　　B. 预付账款
   C. 其他债权投资　　　　　　　　D. 准备持有至到期的债券投资

3. 债务重组的方式主要包括( )。
   A. 以资产清偿债务　　　　　　　B. 将债务转为资本
   C. 修改其他债务条件　　　　　　D. 以上三种方式的组合

4. 根据国家统一的会计制度规定，下列各项中，属于或有事项的有( )。
   A. 某公司为其子公司的贷款提供担保   B. 某单位为其他企业的贷款提供担保
   C. 某企业以财产作抵押向银行借款   D. 某公司被国外企业提起诉讼
5. 下列资产负债表日后事项中，属于非调整事项的是( )。
   A. 发行债券   B. 发生巨额亏损   C. 发生重大诉讼   D. 处置子公司

三、判断题

1. 资产负债表日后事项中的调整事项，涉及损益调整的事项，直接在"利润分配——未分配利润"科目核算。   ( )
2. 交易性金融资产因资产负债表日后市价严重下跌，公司应将其视为资产负债表日后调整事项。   ( )
3. 修改其他债务条件进行债务重组的，债务人不能确认债务重组收益。   ( )
4. 对资产负债表日后事项中的调整事项，涉及损益的事项，通过"以前年度损益调整"科目核算，然后将"以前年度损益调整"科目的余额转入"本年利润"科目。   ( )
5. 或有事项是指过去的交易或者事项形成的，其结果须由某些过去或未来事项的发生或不发生才能决定的不确定事项。   ( )

附　　录

附录A　会计科目

会计科目作为会计要素的构成及其变化情况，是会计信息记录、生成、归类、传输的重要手段，为此会计科目的设置应当努力做到科学、合理、适用。设置具体会计科目时，一般应从会计要素出发，将会计科目分为资产、负债、所有者权益、成本、损益类和共同类等。我国《企业会计准则——应用指南》提供了会计科目设置的指引，具体如表 A-1 所示。企业在不违反会计准则中确认、计量和报告规定的前提下，可以根据本单位的实际情况自行增设、分拆、合并会计科目；企业不存在的交易或者事项，可不设置相关会计科目；会计科目编号供企业填制会计凭证、登记会计账簿、查阅会计账目、采用会计软件系统参考，企业可实际情况自行确定会计科目编号。

表 A-1　主要会计科目表

顺序号	会计科目名称	顺序号	会计科目名称
一、资产类		13	在途物资
1	库存现金	14	原材料
2	银行存款	15	材料成本差异
3	其他货币资金	16	库存商品
4	交易性金融资产	17	发出商品
5	应收票据	18	委托加工物资
6	应收账款	19	周转材料
7	预付账款	20	存货跌价准备
8	应收股利	21	合同资产
9	应收利息	22	合同取得成本
10	其他应收款	23	合同履约成本
11	坏账准备	24	应收退货成本
12	材料采购	25	债权投资

(续表)

顺序号	会计科目名称	顺序号	会计科目名称
26	其他债权投资	59	专项应付款
27	其他权益工具投资	60	预计负债
28	长期股权投资	61	递延所得税负债
29	长期股权投资减值准备	三、共同类	
30	投资性房地产	62	清算资金往来
31	长期应收款	63	衍生工具
32	未实现融资收益	64	被套期项目
33	固定资产	四、所有者权益类	
34	累计折旧	65	实收资本
35	固定资产减值准备	66	资本公积
36	在建工程	67	其他综合收益
37	工程物资	68	盈余公积
38	固定资产清理	69	本年利润
39	无形资产	70	利润分配
40	累计摊销	71	库存股
41	无形资产减值准备	五、成本类	
42	长期待摊费用	72	生产成本
43	递延所得税资产	73	制造费用
44	待处理财产损溢	74	研发支出
二、负债类		75	工程施工
45	短期借款	76	工程结算
46	应付票据	六、损益类	
47	应付账款	77	主营业务收入
48	预收账款	78	其他业务收入
49	合同负债	79	公允价值变动损益
50	应付职工薪酬	80	投资收益
51	应交税费	81	资产处置损益
52	应付利息	82	其他收益
53	应付股利	83	营业外收入
54	其他应付款	84	主营业务成本
55	长期借款	85	其他业务成本
56	应付债券	86	税金及附加
57	长期应付款	87	销售费用
58	未确认融资费用	88	管理费用

(续表)

顺序号	会计科目名称	顺序号	会计科目名称
89	财务费用	92	营业外支出
90	信用减值损失	93	所得税费用
91	资产减值损失	94	以前年度损益调整

附录B 《企业会计准则》目录

1. 《企业会计准则——基本准则》
2. 《企业会计准则第 1 号——存货》
3. 《企业会计准则第 2 号——长期股权投资》
4. 《企业会计准则第 3 号——投资性房地产》
5. 《企业会计准则第 4 号——固定资产》
6. 《企业会计准则第 5 号——生物资产》
7. 《企业会计准则第 6 号——无形资产》
8. 《企业会计准则第 7 号——非货币性资产交换》
9. 《企业会计准则第 8 号——资产减值》
10. 《企业会计准则第 9 号——职工薪酬》
11. 《企业会计准则第 10 号——企业年金基金》
12. 《企业会计准则第 11 号——股份支付》
13. 《企业会计准则第 12 号——债务重组》
14. 《企业会计准则第 13 号——或有事项》
15. 《企业会计准则第 14 号——收入》(2017)
16. 《企业会计准则第 15 号——建造合同》
17. 《企业会计准则第 16 号——政府补助》
18. 《企业会计准则第 17 号——借款费用》
19. 《企业会计准则第 18 号——所得税》
20. 《企业会计准则第 19 号——外币折算》
21. 《企业会计准则第 20 号——企业合并》
22. 《企业会计准则第 21 号——租赁》
23. 《企业会计准则第 22 号——金融工具确认和计量》
24. 《企业会计准则第 23 号——金融资产转移》
25. 《企业会计准则第 24 号——套期会计》
26. 《企业会计准则第 25 号——原保险合同》
27. 《企业会计准则第 26 号——再保险合同》

28.《企业会计准则第 27 号——石油天然气开采》
29.《企业会计准则第 28 号——会计政策、会计估计变更和差错变更》
30.《企业会计准则第 29 号——资产负债表日后事项》
31.《企业会计准则第 30 号——财务报表列报》
32.《企业会计准则第 31 号——现金流量表》
33.《企业会计准则第 32 号——中期财务报告》
34.《企业会计准则第 33 号——合并财务报表》
35.《企业会计准则第 34 号——每股收益》
36.《企业会计准则第 35 号——分部报告》
37.《企业会计准则第 36 号——关联方披露》
38.《企业会计准则第 37 号——金融工具列报》
39.《企业会计准则第 38 号——首次执行企业会计准则》
40.《企业会计准则第 39 号——公允价值计量》
41.《企业会计准则第 40 号——合营安排》
42.《企业会计准则第 41 号——在其他主体中权益的披露》
43.《企业会计准则第 42 号——持有待售的非流动资产、处置组和终止经营》

参 考 文 献

[1] 中国注册会计师协会. 会计[M]. 北京：中国财政经济出版社，2021.
[2] 王宗江，张洪波. 财务会计[M]. 北京：高等教育出版社，2016.
[3] 财政部会计资格评价中心. 中级会计实务[M]. 北京：经济科学出版社，2021.
[4] 财政部会计资格评价中心. 初级会计实务[M]. 北京：中国财政经济出版社，2021.
[5] 李海波，刘学华. 财务会计[M]. 上海：立信会计出版社，2012.
[6] 王华，石本仁. 中级财务会计[M]. 北京：中国人民大学出版社，2017.
[7] 赵智全. 中级财务会计[M]. 上海：立信会计出版社，2010.
[8] 高翠莲. 企业财务会计[M]. 北京：高等教育出版社，2021.
[9] 刘红岩，丁希宝. 初级会计学[M]. 上海：立信会计出版社，2007.